Marie Louise Fischer

Ulrike
im Internat

Die Deutsche Bibliothek – CIP-Einheitsaufnahme

Fischer, Marie Louise:
Ulrike im Internat / Marie Louise Fischer. – München :
F. Schneider, 1992
   ISBN 3–505–04623–X

Dieses Buch wurde auf chlorfreies,
umweltfreundlich hergestelltes
Papier gedruckt.

© 1992 by Franz Schneider Verlag GmbH
Frankfurter Ring 150 · 80807 München
Alle Rechte vorbehalten
Titelbild: Bildagentur Mauritius/Pega
Umschlaggestaltung: Claudia Böhmer
Lektorat: Vera Fiebig-Coldewey
Herstellung: Gabi Lamprecht
Satz: Ludwig Auer GmbH, Donauwörth, 11˙ Garamond
Druck: Presse-Druck Augsburg
ISBN 3-505-04623-X

Überraschender Besuch

Ulrike macht ihren Eltern klar, daß sie kein kleines Kind mehr ist. Aber warum haben sie so viel an ihr auszusetzen?

Es war elf Uhr, als Ulrike Moeller aus der Schule kam – ungewöhnlich früh, denn es war der letzte Schultag vor den großen Ferien – ein wolkenloser, verheißungsvoller Sommermorgen. Noch ahnte sie nicht, daß sich an diesem Tag die Ereignisse anbahnen würden, die ihr Leben von Grund auf ändern sollten.

Ulrike fühlte sich sehr wohl in ihrer Haut, war mit sich und der Welt vollkommen zufrieden. Langsam schlenderte sie, ihre Mappe unter dem Arm, zwischen den Gruppen und Grüppchen der anderen Mädchen über den Schulhof und auf die Straße.

Sie wollte gerade die Richtung zur Haltestelle der Straßenbahn einschlagen, als sie den kleinen weißen Sportwagen der Tanten entdeckte. Tante Sonja saß am Steuer und winkte ihr lächelnd zu.

In diesem Augenblick bekam sie einen leichten Stoß in den Rücken, und eine fröhliche Stimme rief: „Tschüß, Bohnenstange!"

Ulrike drehte sich nicht einmal um. Sie zuckte nur kurz und verächtlich mit den Achseln, murmelte: „Albern!"

Sie ging weiter, öffnete die Wagentür. „Hallo, Sonja", sagte sie mit der gemacht tiefen, leicht näselnden Stimme, die sie in der letzten Zeit sehr schick fand, „reizend von dir, daß du mich abholst!" Sie setzte sich, zog die Tür hinter sich ins Schloß.

Tante Sonja ließ den Motor an. „Ich habe in der Stadt Einkäufe gemacht, und da dachte ich..." Sie sprach den Satz nicht zu Ende, fragte statt dessen: „Sag mal, Uli, war das nicht eben Gaby Reitmann?"

„Wer?"

„Die dich geschubst hat."

„Schon möglich. Ich habe sie mir nicht angeschaut. Warum interessiert dich das?"

„Bloß weil ich mir gedacht habe, wir hätten sie doch eigentlich mitnehmen können. Sie wohnt ja nur ein paar Häuser weiter."

„Ausgerechnet Gaby?" Ulrike sah die Tante erstaunt an. „Wie kommst du auf *die* Idee? Gaby ist einfach unmöglich."

Tante Sonja bestand nicht auf ihrem Vorschlag. „Wieso?" fragte sie nur. „Ich kenne sie ja kaum. Ist sie sehr schlimm? Erzähl doch mal!"

Ulrike hatte es sich auf dem gut gepolsterten Sitz bequem gemacht und streckte die Beine aus. „Ach", sagte sie, „was soll ich dich mit diesen albernen Schulgeschichten langweilen. Erzähl mir lieber... was hast du eingekauft?"

„Nur ein paar Kleinigkeiten", erklärte Tante Sonja,

„einen Gürtel und ein seidenes Halstuch für mein weißes Kleid..."

„Darf ich mal sehen?"

„Bitte!" Tante Sonja beobachtete aufmerksam die Fahrbahn, während sie den Wagen durch die belebten Straßen der Innenstadt lenkte. „Ich habe dir übrigens auch etwas mitgebracht... eine neue Perlonstrumpfhose!"

„Oh, danke! Du bist wirklich ein Schatz!" Ulrike drehte sich um und angelte vom hinteren Sitz die Päckchen nach vorne. Sie öffnete die Tüten. „Erdbeerfarben", sagte sie und betrachtete den weichen Ledergürtel voller Anerkennung. „Und das Tüchlein paßt haargenau! Du wirst todschick damit aussehen, Tante Sonja! Wie bist du gerade auf diese Farbe gekommen?"

„Weil das der hübscheste Gürtel war!"

„Kann ich mir denken. Darf ich ihn mir mal ausleihen? Und den Schal dazu?"

Tante Sonja lachte. „Von mir aus. Aber nicht gleich jetzt. Erst möchte ich mich mal eine Zeitlang dran erfreuen!"

„Aber natürlich, Sonjalein", betonte Ulrike gnädig, „ich bin ja kein Unmensch!"

Sie hatten den stärksten Verkehr schon hinter sich gelassen, überquerten den Fluß und erreichten die Vorstadt mit ihren baumbestandenen schattigen Straßen.

„Wirklich eine gute Idee von dir, mich abzuholen", sagte Ulrike, „mit der Straßenbahn hätte ich mindestens doppelt so lange gebraucht."

„Weißt du übrigens, daß Emmys Verleger heute morgen angerufen hat, Uli?" fragte Tante Sonja. „Ach nein, das kannst du ja nicht wissen, du warst ja schon in der Schule. Sie hat einen neuen, ganz dicken Übersetzungsauftrag bekommen, einen modernen französischen Roman."

„Wirklich? Oh, das freut mich. Obwohl ich finde, daß ihr eine kleine Pause gutgetan hätte. Sie hat meiner Meinung nach in der letzten Zeit viel zuviel gearbeitet."

Ulrike und ihre Tante plauderten in dieser Tonart weiter, bis Tante Sonja vor dem kleinen weißen Haus bremste, das Ulrikes Eltern gehörte und in dem sie aufgewachsen war. Wenn jemand anders diese Unterhaltung mit angehört hätte, würde er sie wahrscheinlich sehr sonderbar gefunden haben; denn Tante Sonja war zwar jung, aber immerhin doch eine erwachsene Dame Mitte zwanzig, und Ulrike war zwar lang aufgeschossen, aber doch nur ein Mädchen von knapp zwölf Jahren. Trotzdem sprachen beide miteinander, als wären sie gleichaltrig, und fanden selber gar nichts dabei.

Wie war das möglich? Das kam so:

Ulrikes Vater war Ingenieur. Er hatte vor zwei Jahren einen großen und interessanten Auftrag bekommen. Er sollte den Bau eines Staudammes in Persien leiten. Diese Arbeit sollte mehrere Jahre dauern.

Frau Moeller, Ulrikes Mutter, war sofort bereit gewesen, ihn zu begleiten – aber was sollte inzwischen aus ihrer kleinen Tochter werden? Ulrike war damals zehn Jahre alt und ein zartes Kind. Der Arzt fürchtete, daß ihr das Klima in Persien nicht bekommen würde. Außerdem gab es dort, wo der Staudamm errichtet wurde – in der Nähe einer kleinen Stadt ganz im Inneren des Landes – keine deutsche Schule.

Frau Moeller wollte ihre Tochter nicht allein lassen, Herr Moeller wollte nicht ohne seine Frau fahren. So hätte Ulrikes Vater beinahe auf den ganzen Plan verzichten müssen, wenn, ja, wenn die Tanten nicht gewesen wären.

Tante Sonja und Tante Emmy waren Mutters Schwestern, sie lebten beide als Junggesellinnen in einer kleinen Atelierwohnung mitten in der Stadt. Tante Sonja war Sekretärin in einer Bank, und Tante Emmy verdiente ihren Lebensunterhalt, indem sie Bücher aus der englischen, der französischen oder auch der italienischen Sprache ins Deutsche übersetzte. Sie arbeitete zu Hause.

Diese beiden Tanten boten den Eltern an, Ulrike zu sich zu nehmen. Aber ihre Wohnung war zu klein. So schlugen sie vor, sie weiterzuvermieten und während der Abwesenheit von Ulrikes Eltern in das kleine weiße Haus in der Vorstadt zu ziehen.

Natürlich waren Herr und Frau Moeller sehr besorgt. Es wurde noch viel überlegt und beraten, aber eines Tages war es dann doch soweit – Ulrikes Eltern flogen nach Teheran, und Ulrike blieb mit ihren beiden Tanten zu Hause zurück.

Die drei vertrugen sich prächtig. Die beiden Tanten fühlten sich zu jung, um Mutterstelle an Ulrike zu vertreten; so behandelten sie ihre Nichte wie eine Kameradin. Und Ulrike fand das wundervoll. Ohne daß sie es selber merkte, gewöhnte sie sich an, wie die Tanten zu reden und sich wie eine große Dame zu benehmen. Es gab niemanden, der ihr gesagt hätte, daß sie eben doch noch ein Kind war.

Als Ulrike diesen Samstag mittag nach Hause kam, stieg sie aus dem Auto und öffnete für Tante Sonja das Gartentor und die Garage. Wenige Minuten später gingen sie – Ulrike bei Tante Sonja eingehakt – von hinten durch den kleinen Garten auf das Haus zu.

Tante Emmy hatte die Gartenstühle nach draußen gestellt und die Markise heruntergelassen. Jetzt brachte sie in einem gläsernen Krug eisgekühlte Limonade aus dem Haus.

„Da seid ihr ja endlich!" rief sie fröhlich. „Wir haben gerade noch Zeit, einen Schluck zu trinken, dann muß ich mich drinnen um das Essen kümmern!"

„Ich komme sofort", sagte Ulrike, „ich möchte mir nur erst die Hände waschen."

„Dann nimm bitte meine Päckchen mit hinein."

Ulrike ging ins Haus, legte die Päckchen auf den Dielentisch, hängte ihren Mantel in der Garderobe auf, brachte die Schulmappe nach oben in ihr Zimmer. Sie war überaus ordentlich und sehr stolz darauf.

Dann wusch sie sich im Badezimmer die Hände, bürstete ihre hellblonden, seidigen Haare sehr sorgfältig, betrachtete flüchtig ihr blasses, schmales Gesicht im Spiegel, lief wieder hinunter und trat auf die Terrasse hinaus.

„Uli, mein Schatz", sagte Tante Emmy, „trink! Die Limonade wird warm. Hast du einen aufregenden Tag gehabt?"

„Aufregend?" Ulrike hob die schmalen Augenbrauen. „Wieso?"

„Nun, ich denke... ihr solltet doch heute Zeugnisse kriegen! Oder etwa nicht?"

„Tatsächlich!" sagte Tante Sonja. „Das hatte ich ganz vergessen! Zeig uns doch mal dein Zeugnis!"

Ulrike hatte es sich auf der Rohrliege bequem gemacht, saugte durch einen langen Halm an ihrer Limonade. „Lohnt sich nicht", meinte sie ruhig.

Tante Emmy machte entsetzte Augen. „Lohnt sich nicht? Soll das etwa heißen, du hast eine schlechte Note bekommen?"

Ulrike sah sie aus ihren kühlen grauen Augen an. „Traust du mir das tatsächlich zu?"

„Nein, natürlich nicht. Aber warum jagst du mir dann einen solchen Schrecken ein?"

„Oh, das bedaure ich außerordentlich", betonte Ulrike geschraubt, „es lag ganz gewiß nicht in meiner Absicht, dich zu beunruhigen. Du kannst wirklich unbesorgt sein, Emmylein. Mein Zeugnis ist tadellos. Wie immer." Nicht ohne Selbstgefälligkeit fügte sie hinzu: „Das beste in der Klasse."

„Wie wunderbar, Liebling!" rief Tante Emmy begeistert. „Dafür muß ich dir einen Kuß geben!"

„Übertreib nicht, alter Schatz", sagte Ulrike abwehrend und bemühte sich, ein verlegenes Gesicht zu machen. Tatsächlich aber genoß sie diese Schmeicheleien wie eine Hummel den Blütenhonig.

„Ehre, wem Ehre gebührt", meinte Tante Sonja lächelnd, „aber ich ... ich hatte so eine Vorahnung. Deshalb die Strumpfhose. Ich hoffe, daß du wenigstens ein Festtagsessen gekocht hast, Emmy."

„O ja, es gibt schon was Gutes", sagte Tante Emmy verheißungsvoll, „ein paar kleine Leckerbissen." Sie stand auf. „Es dauert höchstens noch zehn Minuten."

Auch Tante Sonja erhob sich. „Warte. Ich helfe dir!"

Ulrike sah gemächlich zu, wie die beiden im Haus verschwanden. Sie fühlte sich als Ehrengast und dachte nicht daran, sich von der Stelle zu rühren. Mit halb geschlossenen Augen schlürfte sie ihre Limonade und blickte in das Blättergewirr der großen Kastanie. Acht Wochen unbeschwerter Ferien lagen vor ihr. Das Leben war wundervoll.

Sie stand auch dann nicht auf, als an der Haustür geklingelt wurde, sehr scharf und mit Nachdruck – einmal, zweimal und noch einmal.

Erst als Tante Sonja auf die Terrasse gestürzt kam, hob sie den Kopf. Sie öffnete den Mund, aber sie kam nicht dazu, eine Frage zu stellen.

„Uli! Denk dir! Deine Eltern kommen!" rief Tante Sonja vergnügt. „Ja, freust du dich denn gar nicht? Sie kommen, Uli, sie kommen auf Urlaub nach Hause!"

Ulrike sah ihre Tante an. „Das glaub ich nicht", sagte sie ruhig, „das haben sie schon so oft geschrieben, und nachher ist nie etwas daraus geworden."

„Aber diesmal stimmt's! Sie haben ja nicht geschrieben, sondern telegrafiert..." Sie wandte sich um und rief ins Haus zurück: „Stell dir vor, Emmy, Uli glaubt mir nicht! Bring doch bitte das Telegramm! Es ist aus Zürich, Uli... sie sind schon in der Schweiz. Morgen kommen sie hier an."

Jetzt endlich stieg Farbe in Ulrikes schmales Gesicht. „Na, so etwas!" sagte sie. „Das sieht ihnen ähnlich. Erst bleiben sie jahrelang weg, und dann so ganz einfach... ohne Vorwarnung!" Sie schwang die Füße auf den Boden und setzte sich auf. „Kommen sie mit dem Flugzeug, Tante Sonja? Darf ich sie abholen? Und was zieh ich an?"

„Was du willst, nur nicht meinen neuen Gürtel und das Tüchlein. Die Sachen mußt du in Ruhe lassen."

Ulrike stand auf, dehnte und reckte sich. „Ich kann's noch gar nicht glauben, Tante Sonja ... Ich kann es einfach nicht fassen, verstehst du das? Ich habe immer noch das Gefühl, als wenn es nicht wahr wäre! Nicht wahr sein könnte. Vater und Mutter kommen nach Hause. Glaubst du, daß ich sie überhaupt noch erkenne?"

Als Ulrike am nächsten Morgen mit Tante Sonja zum Flugplatz fuhr, pochte ihr Herz zum zerspringen. Sie war ganz durcheinander vor lauter Glück und Erwartung.

Aber weil die Tanten so heiter und gelassen waren, wollte sie es sich nicht anmerken lassen. So zwang sie sich, ein möglichst gleichmütiges Gesicht zu machen, was ihr auch einigermaßen gut gelang. Auf dem Weg zum Flughafen saß sie stumm auf ihrem Sitz und ließ Tante Sonja reden – sie spürte, daß ihr vor lauter Aufregung die Stimme nicht richtig gehorcht hätte.

Es war viel Verkehr auf den Straßen, und sie kamen nur langsam vorwärts. Die halbe Stadt schien sich entschlossen zu haben, an diesem ersten Ferientag auf Reisen zu gehen.

Am Hauptplatz gerieten sie in eine Verkehrsstokkung. Tante Sonja lehnte sich gemütlich zurück, zündete sich eine Zigarette an. Ulrike konnte nicht stillsitzen; sie rutschte unruhig herum, immer wieder schaute sie auf die elektrische Uhr am Armaturenbrett.

„Glaubst du, daß wir es noch schaffen?" fragte sie heiser, als sie gute sieben Minuten nicht vom Fleck gekommen waren.

„Nur keine Bange!" Tante Sonja drückte ihren Zigarettenstummel im Aschenbecher aus. „Und wenn nicht, schadet's auch nichts. Die Zollabfertigung dauert eine ganze Zeit. Bis sie die hinter sich haben, sind wir längst da."

„Ob sie mir wohl was mitgebracht haben?" platzte Ulrike heraus.

Tante Sonja überhörte die Frage, denn gerade in diesem Augenblick setzte die Autoschlange vor ihnen sich in Bewegung, sie mußte losfahren. „Ich glaube, es hat einen Unfall gegeben", sagte sie, als sie langsam über die Kreuzung rollten.

Diese Worte lösten in Ulrike eine kleine Panik aus – wenn bloß den Eltern nichts passiert war! Sie biß fest die Zähne zusammen, aber sie konnte nicht verhindern, daß sie zitterte.

Erst als Tante Sonja das Auto auf dem großen Parkplatz vor dem Flughafen untergebracht und den Zündschlüssel abgezogen hatte, sah sie, wie blaß Ulrike war.

„Was ist los mit dir, Schätzchen?" fragte sie besorgt. „Ist dir schlecht?"

„Nein", preßte Ulrike heraus, „kein bißchen!" Sie zwang sich sogar zu einem Lächeln.

Tante Sonja sah sie liebevoll an. „Das ist bloß die Aufregung, Uli! Warte nur, wenn du deine Eltern erst wieder ans Herz drücken kannst, geht's dir gleich besser!"

Als sie das langgestreckte Gebäude betraten, erkundigte Tante Sonja sich als erstes am Schalter der Lufthansa und erfuhr, daß die Maschine aus Zürich tatsächlich vor wenigen Minuten gelandet war.

Sie liefen zur Zollabfertigung, Ulrike den dicken Strauß dunkelroter Rosen fest in der Hand, den sie am Morgen im Garten für die Mutter gepflückt hatte.

Viele Leute, die ihre Angehörigen abholen wollten, standen beim Zoll, Kinder und Erwachsene. Sie lachten und plauderten miteinander, als wenn das gar nichts Besonderes wäre, und Ulrike kam sich mit ihrer Aufregung und Sorge auf einmal sehr albern vor.

Immer wieder ging die Tür auf, und ein Herr oder eine Dame oder auch eine ganze Familie kam aus dem Zoll heraus, meist begleitet von einem Gepäckträger.

Einmal gelang es Ulrike, einen Blick in das Innere des großen Raumes zu werfen – sie hatte Glück. Gerade in derselben Sekunde sah ihre Mutter zur Tür, und sie konnte ihr sogar eine Kußhand zuwerfen.

„Gott sei Dank", sagte sie aus tiefstem Herzen, „sie sind wirklich da!"

„Hast du immer noch daran gezweifelt?" fragte Tante Sonja lachend.

„Ach wo!" Ulrike zuckte die Achseln. „Ich habe doch bloß Spaß gemacht!" Mit einem Schlag war ihre ganze Aufregung verflogen.

Sie drehte sich um und versuchte, sich in der schimmernden Scheibe eines Ausstellungskastens zu spiegeln, fuhr sich mit der Hand über die glatte blonde Frisur. Ihr Spiegelbild war zwar ziemlich verzerrt, aber sie wußte trotzdem, daß sie schick aussah – sie trug einen modischen Hosenanzug, den sie mit ihren Tanten zum letzten Geburtstag hatte selber aussuchen dürfen, dazu weiße elegante Sandaletten.

Ulrike war so sehr in ihren eigenen Anblick vertieft, daß ihr tatsächlich der große Augenblick entging, als ihr Vater die Tür der Zollstation öffnete und mit der Mutter in den lichtüberfluteten Gang trat. Erst als sie die Stimmen ihrer Eltern hörte, wandte sie sich um.

Herr Moeller hatte nach der ersten Begrüßung die Tante Sonja ziemlich laut und ungeduldig gefragt: „Wo ist denn Ulrike? Hast du sie etwa zu Hause gelassen, Sonja?"

„Aber nein, Ulrich, ich habe sie ja eben noch gesehen", sagte die Mutter besänftigend; sie drehte sich um und entdeckte ihre Tochter. „Da ist sie ja!"

Ulrike flog nicht in die ausgebreiteten Arme ihrer Mutter, obwohl sie es am liebsten getan hätte. Sie zwang sich, langsam und gelassen auf sie zuzugehen, machte einen damenhaften kleinen Knicks und überreichte ihre Rosen. „Herzlich willkommen zu Hause, liebe Mutter!" Sie gab dem Vater die Hand. „Ich freue mich sehr, daß ihr gekommen seid!"

„Nanu!" sagte Herr Moeller. „Das klingt aber reichlich komisch! Willst du mir nicht wenigstens einen Kuß geben?"

Ulrike stellte sich auf die Zehenspitzen und gab ihrem Vater einen flüchtigen Kuß auf die Wange. Als er sie kräftig in die Arme nehmen wollte, wich sie rasch zurück. „Bitte, nicht, Vati... du zerdrückst mir ja meine Sachen!"

„Ja", sagte die Mutter rasch, „der Anzug ist wirklich hübsch! Laß dich doch mal ansehen... dreh dich mal um! Sehr hübsch. Und wie groß du geworden bist, Uli... fast hätte ich dich vorhin nicht wiedererkannt!" Sie musterte Ulrike von Kopf bis Fuß. „Und so elegante Sandaletten trägst du auch schon?"

„Warum denn nicht, Mutti?" betonte Ulrike ungeduldig. „Schließlich bin ich kein Kind mehr."

Die Eltern tauschten einen raschen Blick. Ulrike bemerkte es wohl, aber sie reagierte in keiner Weise. „Darf ich euch zum Auto führen?" fragte sie höflich.

Tante Sonja hatte dem Gepäckträger inzwischen schon ihren Sportwagen gezeigt und ihm geholfen, die Koffer zu verstauen. Auf der Heimfahrt saß die Mutter vorne, Herr Moeller und Ulrike quetschten sich auf die Rücksitze. Die Erwachsenen plauderten lebhaft miteinander. Ulrike war froh, daß sie nichts zu sagen brauchte.

Sie fühlte sich sehr enttäuscht. Sie hatte Eindruck machen wollen, aber es war mißglückt. Die Eltern schienen nicht mit ihr zufrieden zu sein. Warum eigentlich nicht? Sie hatte sich doch tadellos benommen.

Zu Hause gab es noch einmal eine große Begrüßung. Die Mutter lief durch alle Zimmer und freute sich, daß Tante Sonja und Tante Emmy alles so gut gehalten hatten. Ulrike tat die Rosen in eine Vase und stellte sie auf den Tisch im Wohnzimmer. Der Vater trug die Koffer ins Schlafzimmer hinauf. Eine halbe Stunde später saßen alle auf der Terrasse.

„Ich kann mir vorstellen, daß du sehr erschöpft bist, Susanne", sagte Tante Sonja zu Ulrikes Mutter, „wenn du möchtest, packen Ulrike und ich dir die Koffer gleich aus."

„Ach nein, sehr lieb von euch, aber es hat Zeit." Die Mutter lächelte Ulrike an. „Es sei denn, Ulrike kann es schon jetzt vor Spannung nicht mehr aushalten."

Ulrike schwieg und schlürfte ihre Limonade.

„Du möchtest sicher gerne wissen, was wir dir mitgebracht haben, nicht wahr, Uli?" versuchte die Mutter sie noch einmal zum Reden zu bringen.

„O ja", meinte Ulrike höflich, „aber du brauchst dir meinetwegen keine Umstände zu machen."

„Es ist ja auch noch gar nicht heraus, daß Ulrike überhaupt etwas bekommt", sagte der Vater, „erst einmal möchte ich wissen, ob sie auch brav war!"

„Das ist sie!" riefen beide Tanten wie aus einem Munde.

„Wirklich", erklärte Tante Emmy, „ein angenehmeres junges Mädchen als Ulrike kann man sich gar nicht vorstellen. Sie hat uns, seit wir mit ihr zusammen leben, auch nicht eine Stunde Kummer oder Sorgen gemacht, nicht war, Sonja?"

„Ganz bestimmt", bestätigte Tante Sonja, „an Ulrike ist wirklich nichts auszusetzen."

„Hm", sagte Herr Moeller, und es klang nicht sonderlich zufrieden, „ein Musterkind also! Und wie steht es mit deinem Zeugnis, Uli?"

„Es ist natürlich gut", sagte Ulrike gelassen.

„Bist du dessen so sicher?" Man konnte Herrn Moellers Stimme anhören, daß er langsam anfing, gereizt zu werden. „Mädchen, rede doch nicht so gräßlich blasiert. Ich kenne mein eigenes Kind nicht wieder. Vielleicht sind wir auch über das, was gut und was nicht gut ist, verschiedener Meinung."

„Ulrike ist die Beste in ihrer Klasse", erwiderte Tante Sonja.

Ulrike stellte ihr Glas aus der Hand. „Danke, Sonjalein."

Herr Moeller wollte etwas bemerken, aber Ulrikes Mutter legte beschwichtigend ihre Hand auf seinen Arm. „Ich glaube, wir sollten Uli nicht länger auf die Folter spannen. Gib mir doch mal meine Tasche, Liebling!"

Ulrike stand gehorsam auf und brachte ihrer Mutter die Handtasche. Sie bemühte sich, nicht hinzugucken, während die Mutter ein kleines längliches Päckchen herausholte.

Ulrike wickelte das Seidenpapier ab, öffnete die Schachtel und – fand eine wunderhübsche kleine Armbanduhr. Das Blut schoß ihr vor Freude in die Wangen.

„Na, gefällt sie dir?" fragte die Mutter ermunternd.

„Sie ist ganz entzückend! Tausend, tausend Dank!" Ulrike küßte ihre Mutter rasch auf beide Wangen.

„Na, mir könntest du ruhig auch einen Kuß geben! Ich habe sie dir nämlich gekauft!" sagte der Vater.

Ulrike tat, als wenn sie diese Aufforderung überhört hätte. „Ist sie aus der Schweiz?" fragte sie.

„Ja", sagte die Mutter, „eine echte Schweizer Uhr, verzollt haben wir sie auch!"

Ulrike versuchte, sich die Uhr anzulegen, aber es gelang ihr nicht gleich, Tante Emmy mußte helfen.

„Dank dir, Emmylein", sagte Ulrike und betrachtete sehr stolz ihr schmales Handgelenk mit der schönen Uhr.

„Ich höre wohl nicht recht", staunte der Vater, „wie redest du deine Tanten an? Eben ist mir das schon aufgefallen! Sonjalein... Emmylein! Sag, bist du denn von allen guten Geistern verlassen?"

Ulrike hob die schmalen hellen Augenbrauen. „Ich weiß gar nicht, was du hast, Vati!"

„Wirklich nicht? Dann muß ich wohl deutlicher werden. Sonja und Emmy sind erwachsene Damen und dazu noch deine Tanten... und wer bist du? Ein altkluger, vorlauter kleiner Fratz. Du weißt sehr genau, daß du Tante Sonja und Tante Emmy zu ihnen sagen mußt. Das gehört sich einfach."

Ulrike stand einen Augenblick ganz starr. Dann drehte sie sich auf dem Absatz um und lief ins Haus zurück. Niemand sollte ihre Tränen sehen. Sie rannte die Treppe hinauf und in ihr Zimmer, warf sich quer über ihr Bett und schluchzte bitterlich.

Seit Jahren hatte niemand mehr so mit ihr gesprochen. Dabei hatte sie doch gar nichts Unrechtes getan! Der Vater hatte von Anfang an etwas an ihr auszusetzen gesucht. Wenn er sie nicht mehr lieb hatte, warum war er dann überhaupt wieder nach Hause gekommen?

„Du darfst mit Uli nicht so schimpfen", sagte Tante Sonja unten auf der Terrasse.

„Und warum nicht, bitte? Ihr seid viel zu zimperlich mit ihr umgegangen. Eine Standpauke ist gerade das, was ihr gefehlt hat."

„Das kann ich wirklich nicht finden, Ulrich", sagte Tante Emmy, „deine Angriffe waren tatsächlich ein bißchen ungerecht. Wenn es dir nicht paßt, daß Ulrike uns manchmal bloß mit den Vornamen anredet, dann mußt du es uns sagen. Es ist unsere Schuld, wir haben es ihr durchgehen lassen."

„Eben. Ihr seid nicht streng genug mit ihr."

„Zum Strengsein", sagte Tante Sonja, „hatten wir auch keinen Grund. Ulrike hat sich wirklich immer tadellos benommen. Wir haben wie drei gute Freundinnen zusammen gelebt." Sie sah Herrn Moeller kampfeslustig an.

Er zog es vor, sich auf keine Auseinandersetzung einzulassen. „Ich will euch ja keine Vorwürfe machen", meinte er, „wir haben allen Grund, euch dankbar zu sein, daß ihr euch all die Zeit um Ulrike gekümmert habt. Nur... ich habe mir das Wiedersehen mit meiner Tochter anders vorgestellt."

„Wenn man sich zu sehr auf etwas freut", betonte Ulrikes Mutter, „wird es meist eine Enttäuschung. Sie ist uns ein wenig fremd geworden. Zwei Jahre machen im Leben eines Kindes viel aus. Wir müssen uns wieder aneinander gewöhnen."

Zum Mittagessen erschien Ulrike mit blanken Augen und gleichmütiger Miene – sie hatte ihr verweintes Gesicht lange in kaltem Wasser gekühlt, bevor sie hinunterging. Niemand, am allerwenigsten der Vater, sollte es merken, wie gekränkt sie sich fühlte. – Moellers aßen in der Wohnküche.

Nach der Suppe gab es Hähnchen vom Grill, Salat und Reis. Ulrike stand auf und half Tante Emmy. Sie räumte die Suppenteller ab, setzte die große Salatschüssel in die Mitte. Vor ihren eigenen Platz setzte sie eine andere, viel kleinere.

Die Mutter teilte den Salat aus. „Gib mir deinen Teller, Uli", sagte sie, als sie den Vater und die Tanten versorgt hatte.

„Nein, danke, ich habe schon!" erklärte Ulrike und wies auf ihre kleine Schüssel.

Tante Sonja sah, daß Herr Moeller schon wieder die Stirn runzelte, und erklärte rasch: „Sie hat genau dasselbe wie wir... grünen Salat. Nur machen wir ihn ihr mit Sahne, Zucker und Zitrone an und nicht scharf."

Ulrike sah ihre Mutter an. „Du weißt doch, ich habe Zwiebeln nie vertragen können."

„Sagen wir lieber... du hast sie nie gemocht!" betonte Herr Moeller.

„Ich sehe da keinen Unterschied", behauptete Ulrike, „ich weiß aus Erfahrung, daß Dinge, die mir widerstreben, mir auch nicht bekommen."

Herr Moeller schwieg eine Sekunde, dann sagte er: „Unser Urlaub ist begrenzt, Uli. Ich habe nicht vor, ihn mir durch Streitereien mit dir zu verderben. Ich begreife nur nicht, wie ein Kind sich in kurzer Zeit so völlig zu seinem Nachteil verändern kann..."

Ulrike konnte sich nicht länger beherrschen: „Was habe ich dir eigentlich getan?" rief sie hitzig. „Den ganzen Tag beschimpfst du mich." Dann begriff sie plötzlich, daß sie aus der Rolle gefallen war, und setzte rasch hinzu, indem sie so tief und nasal wie irgend möglich sprach: „Entschuldige bitte, Vater, aber mir sind die Nerven gerissen."

„Nerven!? Was redest du daher? In deinem Alter hat man doch Nerven wie Drahtseile."

Ulrike zuckte die Achseln und wandte sich an Tante

Sonja. „Kann ich ein bißchen Reis haben, Tante Sonja?" Sie betonte das Wort „Tante" auf herausfordernde Weise. „Das Hähnchen schmeckt wirklich köstlich, Tante Emmy!" Sie wandte sich an ihre Mutter. „Ich hoffe, es schmeckt dir auch, Mutti!"

„O ja... danke, sehr gut", sagte Frau Moeller, ein wenig verwirrt durch die altkluge Art, in der Ulrike die Unterhaltung zu lenken versuchte.

„Das freut mich", sagte Ulrike gönnerhaft. „Du sollst dich recht wohl bei uns zu Hause fühlen!"

Man sah Herrn Moeller an, daß er gerne etwas gesagt hätte. Aber er tat es nicht. Er aß schweigend und hastig, war der erste, der vom Tisch aufstand. „Entschuldigt mich", sagte er, „ich bin müde. Ich werde mich hinlegen."

Ulrike atmete auf, als der Vater nach oben gegangen war. Sie begann das gebrauchte Geschirr abzuräumen, stellte alles fein säuberlich neben dem Spültisch auf, während Mutter und die Tanten noch eine Zigarette rauchten. Dann ließ sie heißes Wasser in das große Becken laufen.

„Fang noch nicht an, Uli", sagte Tante Emmy, „warte bis ich ausgeraucht habe... überhaupt, heute mittag solltest du lieber mal gar nichts tun. Geh mit deiner Mutter hinaus in den Garten. Ihr beiden habt euch sicher viel zu erzählen."

Ulrike warf einen zögernden Blick auf die Stöße von Tellern. „Aber zu zweit sind wir viel schneller fertig, Tante Emmy..."

„Die zweite Kraft bin diesmal ich", erbot sich Tante Sonja. „Geht ruhig hinaus. Wir kommen nach."

Uli folgte der Mutter ein wenig befangen auf die Terrasse.

„Tust du das immer?" fragte Frau Moeller. „In der Küche helfen, meine ich?"

„Nicht nur in der Küche", sagte Ulrike. „Wir helfen alle drei zusammen, die Tanten und ich, denn so ein Haus macht doch viel Arbeit."

„Mir ist das früher nie so vorgekommen."

„Natürlich nicht. Weil du nicht berufstätig warst. Aber die Tanten und ich, wir machen das Haus ja bloß so nebenbei."

Frau Moeller hatte den Arm um die Schulter ihrer Tochter gelegt und sie in den kleinen Garten hinuntergeführt. Jetzt blieb sie stehen und sah Ulrike mit einem seltsamen Blick an. „Eigentlich müßte ich ja wohl sehr stolz auf dich sein", sagte sie, „so tüchtig, wie du bist... hilfst im Haushalt und bist die Beste in deiner Klasse. Aber tatsächlich... sieh mich nicht so an, Uli... mache ich mir Gedanken über dich. Genau wie Vater. Du bist so gewachsen..."

Ulrike versuchte zu lachen. „Wäre es dir lieber, wenn ich zusammengeschrumpft wäre?"

„Du verstehst mich sehr genau, Uli, du wirst schon wissen, was ich meine! So lang und so dünn bist du... und ganz blaß! Kommst du denn nie in die Sonne?"

„Ich kann keine Hitze vertragen", erklärte Ulrike und begann ungeduldig von einem Fuß auf den anderen zu treten. „Hast du das ganz vergessen?"

Frau Moeller seufzte. „Du darfst nicht das Gefühl haben, daß ich dich verhören will, Uli. Es interessiert mich einfach alles, was dich betrifft. Du hast mir ja immer sehr schöne lange Briefe geschrieben... aber wie es dir wirklich geht und wie du lebst, das habe ich nirgends herauslesen können."

„Mir geht es gut", sagte Ulrike, „merkst du das denn nicht? Es könnte mir gar nicht besser gehen!"

„Anscheinend fühlst du dich so großartig, daß du dich gar nicht mal richtig freust, deine Eltern wiederzusehen."

„Doch", sagte Ulrike, „ich habe mich sehr gefreut."

„Aber...?"

„Gar kein Aber. Ich habe mich gefreut."

„Das hast du dir aber nicht anmerken lassen. Vater ist sehr enttäuscht. Du hast ihn schrecklich gekränkt."

„Ich... Vater!?"

„Ja, du warst sehr wenig nett zu ihm. Überhaupt nicht herzlich. Du behandelst ihn wie einen Störenfried..."

„Ja, aber wie behandelt er mich denn? Dauernd hat er etwas an mir auszusetzen! Ich weiß schon gar nicht mehr, wie ich mich benehmen soll!"

„Er ist dein Vater", sagte Frau Moeller ernst, „und er ist durchaus im Recht, wenn er versucht, dich zu erziehen."

Ulrike schwieg. Sie bückte sich und pflückte eine welke Rose ab.

„Oder bildest du dir tatsächlich ein, du hast es nicht mehr nötig, erzogen zu werden?" fragte die Mutter.

„Alle waren mit mir zufrieden... bevor ihr kamt."

„Wenn man dich so hört, könnte man glauben... möchtest du etwa, daß wir bald abfahren?"

Ulrike stand ganz still und sah ihre Mutter an.

„Nein", sagte sie, „nein, ich wünsche mir nur, daß ihr mich lieb habt... so, wie ich bin."

Frau Moeller nahm ihre große Tochter in die Arme. „Mein dummes kleines Mädchen", sagte sie, „wir haben dich doch lieb. Mehr als alles andere auf der Welt! Ja, glaubst du denn, der Vater würde sich so über dein Benehmen kränken, wenn er dich nicht lieb hätte! Dann könnte es ihm doch ganz gleichgültig sein, wie du dich aufführst!"

Ulrike stiegen die Tränen in die Augen, sie wußte selber nicht recht, warum. „Ich habe mir immer so viel Mühe gegeben, vernünftig zu sein!" schluchzte sie.

Frau Moeller streichelte sie zärtlich. „Vielleicht ein bißchen zuviel. Du hast, scheint mir, ganz vergessen, daß du noch ein kleines Mädchen bist. Niemand verlangt von dir, daß du dich wie ein Erwachsener benimmst."

„Aber ich möchte doch gerne..."

„Erwachsen sein kannst du noch ein ganzes Leben lang. Komm, putz dir die Nase..." Frau Moeller gab Ulrike ein frisches Batisttüchlein. „Sonst denken die Tanten, ich habe ihren Liebling verhauen."

Ulrike mußte unter Tränen lachen, und die Mutter beobachtete sie zärtlich.

„So ist's schon besser", sagte sie, „und jetzt wollen wir lieber von angenehmeren Dingen sprechen. Gehen wir auf die Terrasse zurück, ja?" Sie schob ihre Hand unter Ulrikes Arm. „Erzähl mir mal von deinen Freundinnen, Uli... wir waren ja schon in Persien, als du auf die höhere Schule gekommen bist. Sicher hast du nette Klassenkameradinnen, nicht wahr?"

Ulrike zögerte mit der Antwort. „Es geht", sagte sie dann.

„Sei nicht so einsilbig. Mit wem bist du näher befreundet?"

„Näher befreundet?"

„Na, ich meine einfach... mit wem spielst du?"

„Aber Mutti", sagte Ulrike, „ich spiele doch nicht mehr!"

„Nicht? Was tust du dann in deiner Freizeit?"

„Lesen."

„Ja natürlich. Eine kleine Leseratte warst du ja immer schon. Aber trotzdem... wen lädst du denn zu deinem Geburtstag ein? Und von wem wirst du eingeladen?"

Sie hatten die Terrasse erreicht. Ulrike streckte sich auf der Rohrliege aus, verschränkte die Hände hinter dem Kopf. „Ach weißt du, Mutti", sagte sie, „das ist heute alles nicht mehr so, wie es war, als du noch in die Schule gingst. Wir verkehren privat überhaupt nicht miteinander. Außerdem... die meisten wohnen ja am anderen Ende der Stadt."

„Soll das heißen... du hast überhaupt keine Freundin?"

„Wozu? Ich wüßte gar nicht, was ich mit einer Freundin machen sollte. Ich habe doch die Tanten."

Frau Moeller stand unruhig auf. „Jetzt sag mir mal etwas ganz ehrlich, Ulrike... ich will dir nicht weh tun, aber ich glaube, ich muß dich das fragen... bist du vielleicht... nicht sehr beliebt in deiner Klasse? Ich meine... weil du so gute Noten hast?"

„Ach so! Du glaubst, daß niemand mit mir zusammen sein will? Ach wo. Du hast komische Vorstellungen,

Mutti. Ich will nichts mit den anderen zu tun haben. Sie sind mir viel zu blöd." Als sie sah, daß ihre Mutter ganz erschrockene Augen bekam, fügte sie rasch hinzu: „Und außerdem, ich habe dir ja schon gesagt... keines von den Mädchen, die ich kenne, wohnt hier draußen. Ehe eine bei mir wäre oder ich bei ihr, wäre bestimmt der halbe Nachmittag vertrödelt."

„Sind Doktor Reitmanns denn weggezogen?"

„Wieso?"

„Aber, Uli, das weißt du doch ganz genau! Gabriele Reitmann ist genau in deinem Alter. Ihr habt früher mal so nett zusammen gespielt."

„Ja, im Kindergarten!" Ulrike setzte sich auf. „Mutti", rief sie, „ich weiß ja, daß du es gut meinst... aber bitte, gib es auf. Es ist zwecklos. Warum willst du mir einreden, daß ich eine Freundin haben müßte? Ich brauche keine."

Tante Emmy kam auf die Terrasse, um den Kaffeetisch zu decken. Ulrike stand sofort auf, um zu helfen. Frau Moeller konnte nicht mehr weiterreden. Wenig später kam der Vater herunter, Tante Sonja brachte die Kaffeekanne aus dem Haus und schenkte ein.

Ulrike war sehr froh, daß sie nicht mehr Rede und Antwort stehen mußte. Sie gab sich sehr viel Mühe, nichts zu tun, was den Vater ärgerte, und Herr Moeller seinerseits zwang sich, Ulrikes Angewohnheiten, die ihm nicht paßten, stillschweigend zu übersehen.

Es wurde ein gemütlicher Nachmittag. Die Eltern hatten viel aus Persien zu erzählen. Sie hatten auch ein ganzes Album mit Fotografien mitgebracht.

„Um eines beneide ich euch auf alle Fälle", sagte

Tante Sonja im Gespräch, „ihr seid alle beide so wundervoll braun. Hier kann man den ganzen Sommer in der Sonne liegen, ohne auch nur halbwegs eure Farbe zu erreichen."

Die Mutter strich sich das blonde Haar aus der Stirn. „Findet ihr wirklich, daß mir das steht?"

„Doch, unbedingt!" erklärte Ulrike, ehe die Tanten noch antworten konnten. „Nur ein ganz klein bißchen mußt du aufpassen, Mutti..."

Frau Moeller sah ihre Tochter erstaunt an. „Aufpassen? Wie meinst du das?"

„Bloß wegen der Falten. Vielleicht solltest du mal eine gute Nährcreme benutzen... wie du, Tante Emmy!"

Herrn Moellers Stirn krauste sich bedrohlich. Er öffnete schon den Mund, um Ulrike zurechtzuweisen, da legte die Mutter begütigend ihre Hand auf seinen Arm. „Nicht, bitte nicht! Du hattest mir doch versprochen..."

Der Vater schwieg. Diesmal ging das Unwetter noch an Ulrike vorüber. Aber es war ihm anzusehen, daß er sich seine Gedanken machte.

Bis zum Schlafengehen fiel kein böses Wort mehr.

Dann, als Ulrike schon frisch gewaschen und mit sich und der Welt zufrieden in ihrem Bett lag, kam die Mutter noch einmal zu ihr hinein.

„Ich habe eine Überraschung für dich, Uli", sagte sie vorsichtig.

„Was ist es?" Ulrike richtete sich in ihren Kissen auf.

„Du bekommst morgen Besuch. Ich habe eben mit Frau Reitmann gesprochen. Sie schickt Gaby und Klaus herüber."

Das Blut schoß Ulrike in das helle Gesicht. „Mutter!" sagte sie entsetzt. „Wie konntest du!"

„Na, na, na!" Frau Moeller versuchte zu lachen. „Du tust gerade so, als ob dieser harmlose Besuch eine Katastrophe wäre!"

„Stimmt genau. Eine Katastrophe. Du weißt nicht, wie Gaby und Klaus sind! Bitte, Mutti, bitte... mach diese Einladung rückgängig!"

„Das kann ich nicht."

Ulrike sah die Mutter schweigend an, dann ließ sie sich auf ihr Kopfkissen zurücksinken, schloß die Augen und rollte sich zur Seite.

„Uli", sagte die Mutter, „Uli, was ist mit dir? Willst du mir nicht wenigstens einen Gute-Nacht-Kuß geben?"

Aber Ulrike rührte sich nicht. Sie wollte nichts mehr sehen und nichts mehr hören.

Frau Moeller wartete noch eine ganze Weile. Dann endlich verließ sie sehr langsam und sehr nachdenklich das Zimmer.

Eine unglaubliche Idee

Nun soll Ulrike ins Internat. Sie ist empört und spielt die gekränkte Leberwurst

Gaby und Klaus Reitmann klingelten am nächsten Nachmittag pünktlich um drei Uhr.

Ulrike öffnete die Tür. Sie hatte sich fein gemacht;

sie trug ein duftiges hellblaues Kleid mit einem weiten Rock und um die Taille eine schmale Schärpe, die hinten zu einer Schleife gebunden war.

Klaus und Gaby erschienen in Räuberzivil. Beide trugen Blue jeans und bunte, überfallende Hemden, die nicht einmal mehr ganz sauber waren.

Einen Augenblick starrten sich die drei ganz entgeistert an.

Dann sagte Gaby: „Menschenskind, Uli, hast du etwa Geburtstag? Ich dachte, wir sollten einfach bloß zum Spielen zu dir rüberkommen."

„Von Geburtstag kann keine Rede sein."

Ulrike betrachtete die beiden abschätzend mit hochgezogenen Augenbrauen.

„Warum hast du dich dann so aufgedonnert?" fragte Klaus. Er war zwei Jahre jünger als Gaby, sah ihr aber sehr ähnlich. Die Geschwister hatten beide vergnügte Gesichter, pfiffige braune Augen und nußbraune Locken.

Ulrike antwortete Klaus voll Verachtung: „Ich bin angezogen, wie es sich gehört... was man von euch nicht gerade behaupten kann."

Gaby versuchte zu vermitteln. „Das ist ein sehr schönes Kleid, Uli, wirklich wahr! Aber darin kannst du doch nicht richtig spielen!"

„Ich schon", sagte Uli, „ich habe ja nicht vor, mich im Dreck zu wälzen."

„Komm", sagte Klaus und zerrte seine Schwester am Arm. „Haun wir ab! Die ist wirklich zu affig."

„Aber nein, Klaus, das geht doch nicht!" tuschelte Gaby zurück. „Wir haben Mutter versprochen..."

„Meinetwegen braucht ihr euch keinen Zwang anzutun", erklärte Uli eisig. „Bildet euch bloß nicht ein, daß ihr mir mit eurem Besuch einen Gefallen tut. Ich kann auf eure Gesellschaft jederzeit verzichten."

„Na bitte!" sagte Klaus erleichtert. „Komm schon, Gaby."

Die beiden waren drauf und dran, den Rückzug anzutreten, als Frau Moeller in der Haustür erschien.

„Warum kommt ihr nicht herein?" fragte sie freundlich. „Habt ihr wirklich so viel miteinander zu reden, daß ihr es gar nicht abwarten könnt? Aber der Nachmittag ist ja noch lang." Sie legte ihren Arm um Gabys Schulter und zog sie ins Haus hinein.

Ulrike und Klaus folgten, und die Blicke, die sie sich dabei zuwarfen, waren alles andere als liebenswürdig.

Frau Moeller führte die drei durchs Haus und auf die Terrasse hinaus. Ulrike hatte dort schon den Tisch gedeckt. Die Mutter schnitt einen großen Apfelkuchen auf, Tante Emmy brachte eine Kanne Kakao aus der Küche.

Ulrike, Gaby und Klaus setzten sich und schmausten friedlich miteinander. Frau Moeller war ins Haus gegangen. Sie hielt es für richtiger, die drei allein zu lassen.

Ulrike beobachtete ihre Gäste und bemängelte innerlich deren schlechte Manieren. Sie steckten sich riesige Stücke Kuchen in den Mund und kauten mit vollen Backen, ja, sie brachten sogar das Kunststück fertig, dabei auch noch zu reden.

„Du, Klaus", sagte Gaby und versuchte, einen ihrer Riesenbissen mit einem Schluck Kakao hinunterzuschwemmen, „kennst du eigentlich den Witz von dem Lehrer, der die Vornamen von seinen Schülern wissen wollte? Habe ich dir den schon erzählt?"

„Mindestens dreimal!"

„Und du, Uli... kennst du ihn?"

„Nein."

„Dann paß mal auf!" Gaby nahm einen neuen Bissen und begann fast gleichzeitig zu sprechen. „Eine Schulklasse in Bayern bekam einen neuen Lehrer. Und der..."

„Nicht einfach einen neuen Lehrer", unterbrach Klaus sie, „einen aus Norddeutschland!"

„Erzähle ich, oder erzählst du? Also: der neue Lehrer kam in die Klasse und begrüßte die Jungen. ‚Nun sagt mir eure Namen. Aber nicht bloß Meier oder Huber oder Stolz, sondern auch die Vornamen. Also, wie heißt du?'

‚I bin da Sepp', sagte der erste.

Nun kam der Lehrer aber aus Norddeutschland und war die bayerischen Abkürzungen nicht gewöhnt..." Gaby warf ihrem Bruder über den Tisch hinweg einen Blick zu. „Siehst du, ich habe es nicht vergessen! Hier braucht man erst zu erwähnen, daß der Lehrer aus Norddeutschland kam!" Sie sah Ulrike an. „Bitte, kann ich noch ein Stück Kuchen kriegen?"

„Bedien dich nur", erklärte Ulrike kühl.

„Also", fuhr Gaby fort, „der Lehrer sagte zu dem Jungen: ‚Sepp heißt du gewiß nicht; so ruft man dich bloß. Du bist der Josef. Verstanden?'

‚Jo, wenn S' moana, Herr Lehrer', antwortete der Sepp.

‚Und wie heißt du?' fragte der Lehrer den nächsten.
‚I bin da Hansl.'
‚Hansl – aber das ist doch auch nicht dein richtiger Name. Du bist der Johann, nicht wahr?'
‚Freili, Herr Lehrer.'
‚Und du?' fragte der Lehrer weiter.
‚Ja mei', sagte der dritte. ‚Eigentlich bin i da Kurtl. Aber wenn i Sie so hör, Herr Lehrer, dann werd i halt da Joghurt sei.'"

Gaby hatte sich, schon während sie den letzten Satz sprach, vor Lachen kaum noch halten können. Jetzt prustete sie los, und die Kuchenkrümel flogen über den Tisch.

Auch Klaus lachte schallend, obwohl er, wie er selber gesagt hatte, den Witz ja eben zum viertenmal gehört hatte.

Es dauerte eine ganze Weile, bis die beiden bemerkten, daß Uli keine Miene verzog.

Gaby riß vor Staunen Augen und Mund auf. „Sag mal, Uli, was ist denn los mit dir! Warum lachst du nicht? Das ist doch ein toller Witz... findest du den etwa nicht komisch?"

„Er ist blöd und geschmacklos", sagte Ulrike kalt.

Gaby sprang auf. Einen Augenblick lang sah es so aus, als wenn sie Ulrike das Stück Kuchen, das sie in der Hand hatte, an den Kopf werfen würde.

Aber gerade da kam Frau Moeller auf die Terrasse zurück. „Ich freue mich, daß ihr so fröhlich seid", sagte sie sorglos, „man hört euch ja bis ins Haus hinein lachen." Sie sah, daß Gaby aufgestanden war. „Ja, bist du denn schon satt, Gaby?"

Gaby stopfte sich rasch ihr letztes Stück in den Mund, sagte: „Hm!"

„Hm heißt bei Gaby: Danke, ja!" erklärte Ulrike spöttisch.

„Das habe ich schon verstanden", sagte Frau Moeller lächelnd.

„Ich wollte danke sagen", verteidigte sich Gaby, „aber mit vollem Mund spricht man doch nicht!"

„Auf einmal?" fragte Ulrike.

„Komm, komm!" sagte Frau Moeller. „Sei nicht boshaft, Uli! Hast du dir denn überhaupt schon überlegt, was du mit deinen Gästen spielen willst?" Ulrike schwieg.

„Denk doch nach! Irgend etwas wird dir doch einfallen!"

Ulrike hätte am liebsten wieder eine böse Antwort gegeben, aber dann fing sie einen mahnenden Blick ihrer Mutter auf und fand, daß es doch wohl besser war, gute Miene zum bösen Spiel zu machen.

„Vielleicht... Halma?" schlug sie mit gelangweilter Stimme vor. „Oder Domino?"

„Ja, Menschenskind, bist du wahnsinnig?" platzte Gaby heraus. „Bei dem Wetter? So was spielt man doch nur, wenn es regnet."

„Was spielt ihr denn, wenn die Sonne scheint?" fragte Frau Moeller.

„Och..." Gaby und Klaus wechselten einen Blick.

Dann sagte Klaus: „Das kommt hier alles nicht in Frage."

„Und warum nicht?"

„Weil... es wäre viel zu umständlich, alles zu erklären", sagte Gaby rasch, „und dann braucht man viel mehr Mitspieler dazu. Zu Hause sind immer mindestens vier... ich, Klaus und die beiden Kleinen, und dann kommen immer noch eine Menge aus der Nachbarschaft dazu. Da kann man natürlich ganz anders spielen."

„Ich verstehe", sagte Frau Moeller, „aber zu dreien muß man doch auch schon was anfangen können. Der ganze Garten steht euch zur Verfügung. Wie wäre es, wenn ihr euch erst mal gründlich umschauen würdet? Sicher fällt euch dann etwas ein."

Auch Gaby und Klaus waren inzwischen aufgestanden, und etwas zögernd folgten sie Ulrike in den Garten. Frau Moeller sah ihnen nachdenklich nach. Dann ging sie ins Haus zurück.

Moellers Garten war nicht groß, aber er war von einem dichten Gürtel von Büschen und Bäumen umgeben, der, wenn man genügend Phantasie hatte, als eine kleine Wildnis gelten konnte.

Gaby erkannte es sofort. „Mensch, das ist ja prima!" rief sie. „Hast du ein Zelt, Uli? Hier könnte man Indianer spielen!"

Uli schwieg und sah voll Abscheu in das grüne Dickicht.

„Ob du ein Zelt hast, habe ich gefragt", brüllte Gaby, die glaubte, daß Ulrike sie nicht verstanden hätte.

„Nein."

„Dann spielen wir Robinson und Freitag", schlug Klaus vor.

„Gemacht!" stimmte Gaby zu. „Aber nur, wenn ich Robinson sein darf!"

„Einverstanden", sagte Klaus gutmütig.

„Also paß mal auf, Uli", begann Gaby zu erklären, „ich bin also Robinson. Ich komme mit einem Schiff an... hier, wo der Weg ist, ist natürlich lauter Wasser, mußt du dir vorstellen. Dann kommt ein furchtbarer Sturm, und das Schiff geht unter. Bloß ich allein werde gerettet. Und hier... hier ist dann die Insel. Da werde ich hingeschleudert. Eine ganz einsame, unbewohnte Insel, weißt du, und da lebe ich ganz allein, bis..."

„Hochinteressant", unterbrach Ulrike ihren Redefluß. „Ja, bildest du dir etwa ein, ich habe noch niemals ,Robinson Crusoe' gelesen?"

„Hast du? Na, um so besser", sagte Gaby, „los, dann können wir ja anfangen!"

„Hör mal, Gaby", sagte Klaus, „wen soll denn die Bohnenstange spielen?" Er machte eine Kopfbewegung zu Ulrike hin. „In dem Spiel gibt's ja nur zwei Personen."

„Ach, da erfinden wir einfach was dazu, wartet mal..." Sie legte ihren Finger an die Nase.

„Gebt euch keine Mühe", sagte Ulrike beleidigt, „ich lege gar keinen Wert darauf mitzuspielen."

„Nicht?" fragte Gaby verblüfft. „Warum hast du uns dann kommen lassen?"

„Ich habe euch ja schon gesagt..." begann Ulrike, dann aber bremste sie sich gerade noch rechtzeitig. Die Mutter würde bestimmt sehr böse werden, wenn sie Gaby und Klaus jetzt einfach nach Hause schickte. So unterbrach sie sich und sagte: „Ich schaue genau so gerne zu, wißt ihr! Fangt nur an zu spielen! Laßt euch von mir nicht stören."

„Du könntest den Papagei machen", schlug Klaus versöhnlich vor.

„Nein danke! Ich weiß was Besseres! Fangt ihr nur an."

Ulrike wartete gerade noch einen Augenblick, bis Gaby sich innerlich in Robinson verwandelte und mit ihrem ausgedachten Schiff in ein wildes Unwetter geriet. Dann ließ sie die Geschwister allein und rannte ins Haus zurück. Leise, leise kletterte sie die Treppe hinauf. Sie hörte die Stimmen von Tante Emmy und der Mutter aus der Küche. Tante Sonja arbeitete, wie an jedem Tag, im Büro in der Stadtbank.

Ulrike schlich sich in ihr Zimmer, nahm das dicke Buch, das sie bei Ferienanfang zu lesen begonnen hatte, und huschte damit die Treppe hinunter und wieder zum Haus hinaus. Auf der Terrasse schnappte sie sich einen Klappstuhl, den sie in den Garten mitnahm.

Klaus und Gaby waren schon mitten im schönsten Spiel, als Ulrike zu ihnen stieß. Sie liefen hintereinander her durch das Unterholz, und Gaby tat so, als wenn sie die Fußspuren von Klaus auf dem Boden entdeckte, ihn selber aber gar nicht sähe.

„Zu blöd!" sagte Ulrike halblaut. Sie hatte es sich schon auf ihrem Klappstühlchen bequem gemacht und ihr Buch aufgeschlagen.

Die nächste Stunde verlief friedlich. Ulrike las, und Gaby und Klaus waren ganz in ihre Robinsonade vertieft. Einmal hätte es beinahe Krach gegeben, nämlich in dem Augenblick, als Klaus es satt hatte, den Stummen zu spielen. Erst war Gaby empört, als er den Mund auftat. Aber nach einer heftigen Auseinandersetzung einigten sie sich schließlich darauf, daß Freitag inzwischen sprechen gelernt haben sollte.

Ulrike schenkte diesem Krach keine Aufmerksamkeit. Ihr Buch war so spannend, daß sie sich und ihre Umwelt vergaß. Sie merkte auch nicht, daß die Mutter gegen sechs Uhr aus dem Haus kam und einen Krug und drei Gläser auf den Terrassentisch stellte.

Frau Moeller wollte schon rufen, aber dann schien es ihr doch besser, sich einmal aus der Nähe anzusehen, was Ulrike und ihre Gäste trieben. So ging sie leise in den Garten.

Ulrike blickte erst auf, als die Mutter vor ihr stand. Hastig schlug sie ihr Buch zu und wollte es hinter dem Rücken verstecken. Aber da war es schon zu spät.

„Ja, Uli", sagte Frau Moeller entgeistert, „spielst du denn nicht mit den anderen?"

Ulrike war blutrot geworden. „Doch", stammelte sie, „natürlich... nur jetzt eben... ich habe mal eine Pause gemacht!"

Frau Moeller wandte sich kopfschüttelnd von ihrer Tochter ab. „Klaus!" rief sie. „Gaby! Kommt doch mal her!"

Die beiden kamen erhitzt, mit zerzaustem Haar und blitzenden Augen angeschossen.

„Was ist los?" fragte Frau Moeller streng. „Was hat es gegeben? Warum laßt ihr Ulrike nicht mitspielen?"

Klaus und Gaby standen ganz verdattert da.

„Aber... sie will ja nicht!" stieß Gaby endlich hervor.

„Nun, wahrscheinlich, weil ihr sie geärgert habt."

„Wir?" Klaus und Gaby sahen sich an. „Bestimmt nicht!"

„Höchstens", sagte Klaus, „Bohnenstange habe ich zu ihr gesagt! Aber das ist doch nicht schlimm... wegen so was kann man doch nicht beleidigt sein!"

„Nun, nett ist es aber auch nicht gerade", sagte Frau Moeller. „Hast du dich darüber geärgert, Ulrike?"

„Ach wo", sagte Ulrike, „das bin ich ja gewöhnt!"

„Warum hast du dann nicht mitgespielt?"

Ulrike war drauf und dran, Gaby und Klaus die Schuld in die Schuhe zu schieben. Dann aber siegte doch ihre Ehrlichkeit. „Weil es mir zu blöd war", sagte sie, „Robinson und Freitag... was soll denn das schon für ein Spiel sein!"

„Du hättest ja auch was anderes vorschlagen können", rief Gaby.

„Streitet euch jetzt nicht", sagte Frau Moeller und sah Ulrike mit einem merkwürdigen Blick an, „mir braucht ihr gar nichts zu erzählen. Kommt auf die Terrasse. Ich habe euch Limonade herausgebracht."

„Wir können wirklich nichts dafür", murmelte Klaus.

Die beiden Mädchen folgten Frau Moeller schweigend nach oben. Jede war auf die andere böse, sie wußten selber nicht, warum.

Später, als die Limonade getrunken war und Klaus und Gaby sich verabschiedet hatten, schlängelte Ulrike sich an ihre Mutter heran, die gerade damit beschäftigt war, den Abendbrottisch zu decken.

„Kann ich dir helfen?" fragte sie.

„Bitte", sagte Frau Moeller kurz.

Ulrike nahm die Servietten und begann sie zu verteilen. „Bist du mir böse, Mutti?"

„Nein. Nur ein wenig traurig. Und enttäuscht."

„Aber warum denn? Bloß weil ich mit den Reitmanns nicht spielen wollte?"

„Du wußtest, daß es mein ausdrücklicher Wunsch war."

„Aber warum, Mutti, warum verlangst du so etwas Dummes von mir?"

„Spielen ist nicht dumm."

„Aber kindisch."

Frau Moeller setzte den Stapel Teller, den sie in den Händen gehalten hatte, auf dem Tisch ab: „Du hältst dich wohl für vollkommen erwachsen, wie?"

„Nein, Mutti, natürlich nicht", erklärte Ulrike, aber es klang gar nicht überzeugend.

Frau Moeller faßte ihre Tochter bei den Schultern. „Ulrike, Liebling, begreifst du denn nicht, daß ich dir nur helfen will? Wie schön wäre es für dich, eine Freundin zu haben! Denk doch mal nach ... Gaby ist in deinem Alter, ihr habt denselben Schulweg, ihr geht in die gleiche Klasse ..."

Ulrike unterbrach ihre Mutter. „Schon nicht mehr!"

„Was soll das heißen? Ist sie sitzengeblieben?"

„Beinahe. Jedenfalls war ihr Zeugnis unter jeder Kritik. Und deshalb muß sie jetzt ins Internat."

„Hat sie dir das erzählt?"

„Nein. Aber Klaus hat es ihr an den Kopf geworfen, als sie sich gezankt haben. Während des Spiels. Ich habe bloß mit halbem Ohr hingehört."

Frau Moeller sah sie sehr nachdenklich an. „Das ist ja interessant", sagte sie nur.

Aber irgend etwas in ihrer Stimme ließ Ulrike aufhorchen. Sie hatte plötzlich das Gefühl, daß es besser gewesen wäre, die Sache mit dem Internat gar nicht zu erwähnen.

Es war jedes Jahr dasselbe. Zu Beginn der Ferien hatte Ulrike das Gefühl, daß eine endlose Spanne herrlicher freier Zeit vor ihr läge. Aber kaum waren die Ferien angebrochen, dann flogen sie schon nur so dahin, und hast-du-nicht-gesehen, waren sie fast wieder vorüber.

So ging es auch dieses Jahr. Eines schönen Morgens sah Ulrike, die gerade zum Frühstück heruntergekommen war, auf den Kalender und stellte fest, daß es nur noch acht Tage bis zum Schulbeginn waren – oje, dachte sie, das ist doch nicht zu fassen!

Sie drehte sich zu ihrer Mutter um, die schon am Tisch saß. „Du, Mutti, weißt du eigentlich, daß nächste Woche die Ferien zu Ende sind?"

„Ja, mein Liebling", sagte Frau Moeller.

„Komisch, wie schnell sie wieder vergangen sind."

„Du freust dich nicht auf die Schule?"

Ulrike lachte. „Also weißt du, Mutti, so eine Streberin bin ich nun auch wieder nicht."

„Es würde dir also nicht besonders weh tun, wenn du... die Schule verlassen müßtest?"

Ulrike sah ihre Mutter ganz verständnislos an. „Warum fragst du das?" Dann lachte sie und sagte: „Ich weiß schon, du willst mich nur aufs Glatteis führen. Ich kann doch gar nicht von der Schule. Ich bin ja erst zwölf."

„Trotzdem könntest du doch mal auf eine andere Schule gehen, nicht wahr?"

„Auf eine andere...? Was meinst du damit?"

„Genau was ich sage. Uli, komm, setz dich einmal her zu mir... ich glaube, ich muß mit dir sprechen. Wahrscheinlich haben wir es schon zu lange aufgeschoben. Aber wir wollten dir nicht deine Ferienruhe verderben und, ehrlich gestanden, auch uns nicht unseren kurzen Aufenthalt in der Heimat."

Ulrike versuchte sich aus den Armen ihrer Mutter zu befreien. „Du redest so komisch, Mutti", sagte sie beunruhigt, „ich verstehe gar nicht..."

„Hör mir nur erst zu. Gleich wirst du alles erfahren." Die Mutter machte eine Pause, es fiel ihr offensichtlich schwer, Ulrike die ganze Wahrheit zu sagen. „Du weißt Uli", begann sie zögernd, „dein Vater und ich, wir haben uns sehr viele Gedanken über dich gemacht..."

„Aber... doch nur zu Anfang! In der letzten Zeit wart ihr doch ganz zufrieden mit mir!"

„Es tut mir leid, Liebling, aber ich muß dich enttäuschen. Es ist dir nur so vorgekommen. Wir haben nur nichts mehr gesagt, weil es zwecklos war..."

„Aber...", rief Ulrike verzweifelt, „was habe ich getan?!"

„Nichts, was du aus eigener Kraft ändern könntest. Bestimmt kannst du nichts dafür, daß du geworden bist, wie du jetzt bist... so altklug und einzelgängerisch und übergescheit. Es ist unsere Schuld. Wir hätten dich nicht bei den Tanten lassen sollen. Zwei Junggesellinnen sind eben doch nicht der richtige Umgang für ein kleines Mädchen."

„Wir haben uns immer so gut verstanden."

„Ich weiß. Wahrscheinlich ein bißchen zu gut. Deshalb kannst du jetzt nur noch mit Erwachsenen umgehen und nicht mehr mit Gleichaltrigen. Wo wir auch in diesen Ferien mit dir hingefahren sind... zum Schwimmen oder in ein Gartenlokal oder auf eine Motorbootfahrt... nie hast du auch nur den leisesten Kontakt zu Jungen oder Mädchen deines Alters gefunden."

„Aber was liegt schon daran?" rief Ulrike. „Es dauert ja nur ein paar Jahre, dann bin ich auch erwachsen!"

„Eben. Aber bis dahin sind es, wie du selber sagst, noch einige Jahre, und dann... wer niemals wirklich jung gewesen ist, der kann auch nicht reifen. Stell dir mal einen kleinen Apfel vor, der goldgelb ist und rote Bäckchen hat, während alle seine Brüder noch grasgrüne Knirpse sind! Glaubst du, aus diesem kleinen Vorwitz würde jemals ein richtiger kräftiger, herzhafter Apfel wie aus den anderen?"

Ulrike schwieg. Dann sagte sie, ohne die Mutter anzusehen: „Ich verspreche dir, ich werde versuchen, mich zu bessern." Nach einem tiefen Atemzug fügte sie hinzu: „Wenn ihr nächstes Jahr nach Hause kommt, werde ich bestimmt anders sein."

„Das ist wunderbar." Frau Moeller gab Ulrike einen raschen Kuß. „Ich freue mich, daß du so einsichtig bist. Und damit dir das Anderswerden leichter fällt, haben wir uns etwas ausgedacht. Du gehst nicht mehr auf deine alte Schule zurück... nicht für immer, du brauchst keinen Schreck zu bekommen... sondern nur für dieses Jahr."

„Aber wieso denn? Wo soll ich denn sonst hin?"

„In ein Internat."

Ulrike starrte ihre Mutter ganz entgeistert an. Vor lauter Entsetzen war sie nicht fähig, einen Ton hervorzubringen.

„Es ist ein sehr gutes Internat", sagte Frau Moeller rasch, „es wird dir ganz bestimmt dort gefallen!"

Jetzt endlich hatte Ulrike ihre Sprache wiedergefunden.

„Nein", sagte sie, „nein... das könnt ihr mir nicht antun!"

„Ich bitte dich, Uli, sonst willst du immer ein so großes Mädchen sein, und jetzt benimmst du dich wie ein kleines Kind! Wir wollen dich doch nicht in eine Zwangserziehung schicken... weißt du überhaupt, was ein Internat ist?"

„Das kann ich mir sehr gut vorstellen! Eine Schule, in der man Tag und Nacht eingesperrt ist! In der man nie, auch nur fünf Minuten, für sich allein sein kann!" rief Ulrike. Ihr damenhaftes Getue war von einem Augenblick zum anderen von ihr abgefallen, sie stampfte mit dem Fuß auf den Boden und schrie außer sich: „Ich will nicht! Ich will nicht! Ihr könnt mich nicht dazu zwingen!" Sie brach in Tränen aus.

Frau Moeller sah sie erstaunt an. „Von dieser Seite kenne ich dich ja gar nicht, Uli..." Sie wollte sie an sich ziehen. „Mein Liebling, nimm es nicht so schwer. Du wirst schon sehen, es ist alles halb so schlimm, wie du es dir vorstellst..."

Aber Ulrike ließ sich nicht besänftigen. Sie riß sich von der Mutter los und schluchzte: „Du liebst mich nicht... du liebst mich kein bißchen, sonst könntest du mir das nicht antun!"

„Aber Uli! Wie kannst du so etwas Häßliches sagen! Wir schicken dich doch nur ins Internat, weil wir dich lieben und weil wir dir helfen wollen! Damit du wieder fröhlich und unbeschwert wirst, Freundinnen bekommst und..."

Ulrike ließ ihre Mutter nicht aussprechen. „Was sagen die Tanten dazu?" fragte sie unter Tränen. „Wollen die mich etwa auch fort haben?"

Frau Moeller zögerte eine Sekunde, dann sagte sie ehrlich: „Nein. Tante Emmy und Tante Sonja sind traurig, daß du nicht bei ihnen bleiben darfst. Aber natürlich verstehen sie, daß wir nur dein Bestes wollen."

Ulrike schluckte ihre Tränen hinunter, warf den Kopf in den Nacken und sagte: „Danke. Das genügt mir. Mehr brauchst du mir nicht zu sagen." Sie drehte sich um und stolzierte aus dem Zimmer.

„Uli, bitte laß dir doch erklären!" rief die Mutter hinter ihr her. „Du weißt ja noch gar nicht..." Sie verstummte, weil Ulrike die Tür mit einem Knall hinter sich zugeworfen hatte.

Wenig später kam der Vater herunter. „Uli ist auf der Treppe wie eine Wilde an mir vorbeigesaust", sagte er, „hast du es ihr gesagt?"

„Ja."

„Und... wie hat sie es aufgenommen?"

„Das fragst du? Du hast sie ja selber gesehen! Sie ist außer sich. Ich hätte nie für möglich gehalten, daß unsere stille, sanfte Ulrike ein solches Temperament entwickeln könnte."

Herr Moeller lachte.

„Daß du das so leicht nehmen kannst!" sagte seine Frau. „Mir hat ihre Verzweiflung direkt ins Herz geschnitten!" Sie legte ihre Hand auf seinen Arm. „Weißt du, ich habe mir überlegt... wäre es nicht doch besser, wenn ich dieses Jahr bei Uli zu Hause bleiben würde? Glaube mir, ich laß dich ungern allein zurück nach Persien fahren. Aber ist in diesem Fall das Kind nicht wichtiger als wir beide?"

„Unbedingt. Glaub mir, ich wäre der erste, der sagen würde: ‚Bleib du zu Hause', wenn ich mir auch nur das geringste für Ulrike davon verspräche. Aber selbst wenn du hier bliebest... was würde es schon ändern? Uli würde dann eben mit drei erwachsenen Frauen zusammenleben statt mit zweien. Seien wir ehrlich. Sonja und Emmy haben ja gar keinen Fehler gemacht. Sie haben ihr Bestes getan. Nur die Situation war falsch. Ich möchte dich nicht beleidigen, Susanne, aber ich könnte mir denken... wenn du vor zwei Jahren mit Ulrike hiergeblieben wärst und hättest mich allein nach Persien fahren lassen, so würde Ulrike sich wahrscheinlich auch nicht anders entwickelt haben. Eine Frau allein neigt immer dazu, sich ihren Kindern mehr anzuschließen, als gut ist... sie als Erwachsene zu behandeln, die sie eben doch nicht sind."

„Sehr weise gesprochen", erklärte Frau Moeller, „aber wenn du das alles wußtest, warum hast du dann überhaupt zugelassen, daß Ulrike bei Sonja und Emmy zurückblieb? Warum hast du sie dann nicht schon vor zwei Jahren in ein Internat gebracht? Oder noch besser... warum hast du den Auftrag in Persien überhaupt angenommen?"

„Weil ich damals noch nicht so schlau war wie heute. Erst jetzt sind mir die Augen aufgegangen. Ich habe viel über sie nachgedacht, und ich bin zu der Erkenntnis gekommen, daß ein Aufenthalt auf Burg Hartenstein das richtige für sie ist."

„Du willst sie also fortschicken... ohne Erbarmen?"

„Ja."

„Und wenn sie sich sträubt? Wenn sie schreit? Wenn sie weint? Wenn sie fortläuft?"

„Da kennst du unsere Ulrike schlecht."

„Oh, du hast sie eben nicht erlebt. Sie war ganz aus dem Häuschen."

„Aber nur, weil ihr deine Eröffnung sehr unerwartet kam. Inzwischen wird sie sich mit den Tatsachen, wenn auch nicht befreundet, so doch abgefunden haben. Sie wird die gekränkte Leberwurst spielen. Mehr nicht."

Herr Moeller behielt recht.

Ulrike blieb den ganzen Vormittag auf ihrem Zimmer – eigentlich hatte sie vorgehabt, überhaupt nicht mehr herunterzukommen. Aber gegen Mittag wurde ihr Hunger so groß, daß sie es einfach nicht mehr aushielt. Sie ging mit der Miene einer beleidigten Königin ins Wohnzimmer, wo der Mittagstisch gedeckt war.

Die Eltern taten so, als wenn alles in bester Ordnung wäre, nur Tante Emmy schenkte ihr immer wieder einen besorgten und mitfühlenden Blick.

Später gab es Eis für Ulrike und Kaffee für die Erwachsenen. Die Mutter ging in die Küche, um ihn aufzubrühen.

Herr Moeller wandte sich an seine Tochter. „Da wir gerade so gemütlich zusammensitzen", sagte er augenzwinkernd, „glaube ich, ist jetzt der richtige Moment, um dir ein paar Einzelheiten über das Internat mitzuteilen, Ulrike."

„Danke", erwiderte Ulrike, „das interessiert mich nicht."

Tante Emmy suchte zu vermitteln. „Auf Burg Hartenstein ist es wirklich schön, Liebling! Eine Freundin von Tante Sonja hat ihre ganze Schulzeit dort verbracht, und sie kehrt jedes Jahr wieder zum Klassentreffen dorthin zurück."

Ulrike löffelte mit finsterer Miene ihr Eis. „Ich habe nur eine einzige Frage", sagte Ulrike, „handelt es sich etwa um das gleiche Internat, in das Gaby soll?"

Die Mutter brachte das Tablett mit dem Kaffeegeschirr ins Zimmer. „Ja, es ist das gleiche", sagte sie, „von Reitmanns haben wir ja die Empfehlung. Auch wenn du Gaby nicht besonders magst, wirst du jedenfalls nicht ganz allein sein. Und denk dir nur, das Internat ist auf einer richtigen alten Burg untergebracht, Burg Hartenstein eben. Ist das nicht romantisch?"

„Und die Burg liegt nur wenige Kilometer vom Bodensee entfernt", sagte der Vater. „Bestimmt könnt ihr oft zum Schwimmen hinunterradeln."

„Ich bin begeistert", sagte Uli böse.

Herr Moeller sah sie sanft an. „Hör mal! Jetzt werd aber nicht frech!"

„Es lag nicht in meiner Absicht, dich zu ärgern", sagte Ulrike geschraubt.

„Ach, wirklich nicht? Es machte aber ganz den Eindruck."

„Und zu Weihnachten", erwiderte Tante Emmy rasch, „kommst du zu uns nach Hause. Bis dahin sind es ja nur ein bißchen mehr als drei Monate."

„Nur keine Bange", sagte Ulrike, „so lange wird's bestimmt nicht dauern. Ich bin eher wieder da, als ihr denkt."

Herr Moeller runzelte die Stirn. „Falls du die Absicht hast auszureißen..."

Ulrike sah ihren Vater unschuldsvoll an. „Wie kommst du denn darauf? Nein, ich denke ja nicht daran. Die werden mich schon ganz von selbst nach Hause schicken. Sie werden froh sein, wenn sie mich los sind."

Der erste Eindruck

Ulrike zieht in ihr Zimmer ein und findet alles unmöglich. Warum machen die anderen nur so fröhliche Gesichter?

Als Ulrike mit ihren Eltern auf Burg Hartenstein eintraf, regnete es in Strömen. Das war kein guter Anfang. Ulrike fror in ihrem schicken Kleid, über das sie nur einen dünnen Regenmantel gezogen hatte. Sie kam sich sehr verloren unter all den fremden Gesichtern vor. Am liebsten hätte sie geweint.

Die Taxe hielt auf einem gepflasterten Hof. Hier ging es recht lebhaft zu. Autos parkten und fuhren wieder ab, Gepäck wurde ausgeladen, junge Mädchen verabschiedeten sich von ihren Eltern und begrüßten nach den langen Ferien ihre Freundinnen. Ein Omnibus hatte alle Schülerinnen vom Bahnhof abgeholt, die mit dem Zug gekommen waren.

Die Eltern sahen sich interessiert um. Sie fanden alles großartig – die romantischen alten Gebäude rings um den Hof, vor dem Park das Schwimmbecken, die Tennisplätze, die große Gärtnerei, in der Gemüse und Obst für den Bedarf des Internats gezogen wurden.

„Ist es nicht herrlich?" fragte die Mutter immer wieder. „Mach doch ein fröhliches Gesicht, Uli! Du mußt doch glücklich sein, dies alles genießen zu dürfen."

Ulrike schwieg verbissen.

„Nutz aus, was dir geboten wird", mahnte der Vater, „das Lernen macht dir ja keine Schwierigkeiten, also kannst du es dir erlauben. Nimm Tennisstunden, mach von mir aus einen Malkurs mit... es gibt so viele Möglichkeiten."

Endlich öffnete Ulrike den Mund. „Ich glaube kaum, daß sich das lohnt."

„Nicht lohnt? Was soll das heißen?"

„Ich habe euch ja schon gesagt... sie werden mich rauswerfen!"

Aber mit dieser erneuten Drohung erzielte Ulrike keinerlei Eindruck. Die Eltern lachten nur.

„Warte es ab", sagte die Mutter, „ich wette, nach einem Jahr gefällt es dir so gut, daß du gar nicht mehr nach Hause willst!"

„Ihr wollt mich nicht verstehen", erklärte Ulrike düster. Sie war sehr böse auf ihre Eltern. Aber als sie sich dann verabschiedeten und sie selber ganz allein unter lauter fremden Menschen zurückblieb, schossen ihr vor lauter Verzweiflung die Tränen in die Augen.

Die Eltern waren in den großen Bus gestiegen, der zum Bahnhof zurückfuhr. Ulrike sah zu, wie er wendete und langsam durch das Burgtor hinausrollte. Die Mutter hatte ihr Gesicht ganz nahe an eines der Fenster gedrängt und winkte ihr zu.

Ulrike stand wie versteinert. Selbst wenn sie gewollt hätte, wäre es ihr unmöglich gewesen, den Arm zu heben. Sie fühlte sich wie ein verstoßenes Waisenkind.

Dann spürte sie eine Hand auf ihrer Schulter und fuhr herum. Sie sah sich einem großen Mädchen in einem leuchtend blauen Kapuzenmantel gegenüber, einem Mantel, wie sie ihn schon bei vielen Schülerinnen von Burg Hartenstein gesehen hatte. Das Mädchen hatte rote Haare, grüne Augen, eine sehr weiße Haut und winzige Sommersprossen auf der Nase. Ohne die Spur eines Lächelns fragte es sehr geschäftsmäßig: „Bist du zufällig Ulrike Moeller?" – Es hatte einen Zettel in der Hand, von dem es den Namen ablas.

Ulrike gewann sofort ihre überlegene Haltung zurück. „Bin ich", sagte sie schnippisch, „aber ich glaube kaum, daß das ein Zufall ist."

Das Mädchen machte große Augen. „He?" fragte es verständnislos.

„Wenn du willst, schreibe ich einen Aufsatz darüber!" erklärte Ulrike. „Da mein Vater Moeller heißt und ich das Kind meiner Eltern bin..."

„Muffel!" sagte die Rothaarige kurz.

Ulrike wandte langsam den Kopf zur Seite. „Was?"

„Muffel habe ich gesagt", wiederholte die andere.

„Was soll das heißen?"

„Da du eine Neue bist, will ich es dir erklären. Muffel nennen wir Hartensteiner alle Dummköpfe, die sich gern aufblasen."

Ulrike schnappte nach Luft.

„Übrigens zu deiner Kenntnis", sagte die Rothaarige ganz ruhig, als wenn sie gar nichts Beleidigendes geäußert hätte, „ich bin Katja Kramer, Verantwortliche für Stube siebzehn, und dies ist genau die Stube, in der du wohnen wirst."

„Mein Zimmer?"

„Unser Zimmer." Katja wandte sich einem der Nebenhäuser zu, einem langgestreckten Gebäude, das im Regen sehr düster wirkte. Einzig die blau-weiß gestrichenen Fensterläden gaben ihm ein bißchen Farbe. „Komm mit. Wo hast du deinen Koffer?"

Ulrike zeigte auf das Hauptgebäude, auf die eigentliche Burg, die mit ihren Türmen, Zinnen und Erkern aus einer Spielzeugschachtel zu stammen schien. „Drüben im Hausflur."

„Dann hol ihn. Ich warte auf dich."

Katja trat in die Tür des Nebengebäudes, während Ulrike lief, um ihr Gepäck zu holen. Es bestand aus einem Koffer, einer vollgepackten Tasche und ihrer Schulmappe.

Als Katja sie damit über den Hof keuchen sah, kam sie ihr entgegen und half tragen. „Allerhand Kram", sagte sie, „wahrscheinlich wirst du die Hälfte nicht brauchen. Aber mach dir nichts daraus. Das geht den meisten so, wenn sie zum erstenmal kommen."

„Bei mir wird's kein zweitesmal geben", erwiderte Ulrike trotzig.

Katja antwortete nicht darauf, sondern warf ihr nur einen raschen, prüfenden Seitenblick zu. Dann ging sie, Ulrikes schweren Koffer in der Hand, über einen breiten Flur und eine Treppe nach oben. Die ausgetretenen Bohlen knarrten unter ihren Schritten.

Ulrike folgte ihr ziemlich beklommen. Der Gedanke, ihr Zimmer mit diesem energischen und selbstbewußten Mädchen teilen zu müssen, war ihr alles andere als behaglich. Ihr wurde klar, daß sie besser getan hätte, die andere nicht von Anfang an so herauszufordern.

Katja und Ulrike waren nicht allein im Treppenhaus. Andere Mädchen liefen hinauf und hinunter, musterten Ulrike, riefen Katja Grußworte und Neckereien zu, verschwanden in den Zimmern, tauchten wieder auf, knallten mit den Türen. Es ging zu wie in einem Bienenhaus.

Ulrike fiel auf, daß die meisten fast einheitlich gekleidet waren. Sie trugen graue Faltenröcke mit weißen Blusen, blauen oder grauen Pullovern, manche auch blaue Clubjacken mit goldenen Knöpfen und blau-weiß-goldenen Wappen. Sie wollte gerne mit der schweigenden Katja wieder ins Gespräch kommen. „Ist das ein Verein?" fragte sie. „Ich meine die in der gleichen Tracht."

„Nein", erwiderte Katja ruhig, „das ist die Schulkleidung. Mein Mantel gehört auch dazu."

Ulrike war entsetzt. „Soll das heißen... ich darf meine eigenen Kleider hier gar nicht tragen?"

„Schrecklicher Gedanke, wie?" sagte Katja mit leichtem Spott; aber wieder blieb ihr ernstes Gesicht ohne ein Lächeln. „Tröste dich, es ist genau umgekehrt. Unsere Kleidung darfst du erst dann tragen, wenn du dich bewährt hast... und auch dann bleibt's immer freiwillig."

„Warum tragen sie dann so viele?" fragte Ulrike mit ehrlicher Verständnislosigkeit.

„Weil sie stolz sind, dazuzugehören."

„Das verstehe ich nicht."

„Glaube ich dir. Möglicherweise wirst du es sogar niemals begreifen lernen."

Katja hatte das ganz gleichgültig gesagt, wie es ihre Art war. Ulrike spürte, daß dieser Ausdruck ein vernichtendes Urteil bedeutete. Sie schämte sich, wußte aber nicht, weswegen.

Das Zimmer, in das Katja sie führte, war mit hellen, praktischen Möbeln und freundlichen goldgelben Vorhängen ausgestattet. Aber alles war sehr einfach – mehr als einfach, dachte Ulrike: ein Tisch, vier Stühle, zwei Schränke und vier Betten, die zu zweien übereinander standen.

Beim Anblick der Betten begriff Ulrike, daß sie nicht nur mit Katja, sondern mit noch zwei anderen Mädchen das Zimmer teilen mußte, und ihr Widerwillen gegen dieses Leben, das man ihr aufzwingen wollte, stieg.

Es machte sie auch nicht gerade vergnügter, daß Katja das Licht ausknipste und sagte: „Licht darf nur bei Dämmerung oder mit Sondererlaubnis gebrannt werden. Sonst gibt es einen Strafpunkt."

In diesem Augenblick schluchzte ein jämmerliches Stimmchen auf, so schwach und kläglich, daß es Ulrike an das Maunzen eines frierenden Kätzchens erinnerte. Sie sah sich um, konnte aber nichts entdecken als einen Hügel unter der Decke eines der oberen Betten.

„Was ist das?" fragte sie verdutzt.

„Eine Kleine. Gerti Moll heißt sie. Ist auch heute erst gekommen."

„Warum weint sie denn?"

„Dreimal darfst du raten." Katja hatte Ulrikes Koffer abgesetzt und ihren Mantel ausgezogen. Sie öffnete einen der Schränke. „Hier, diese Hälfte gehört dir. Das kleine Fach dort oben ist abschließbar. Dort kannst du deine geheimen Dokumente unterbringen. Falls du welche hast, heißt das. Alles andere muß immer aufgeräumt sein. Es kann kontrolliert werden."

Ulrike starrte unbehaglich auf das schmale Teil. „Da krieg ich ja höchstens die Hälfte meiner Sachen unter."

„Dann läßt du eben die andere Hälfte im Koffer. Wenn du willst, helfe ich dir aussortieren, was du nicht brauchst."

„Nein, danke", wehrte Ulrike ab, „das mache ich lieber selber."

„Wie du willst. Ich mache dich nur darauf aufmerksam, daß die Koffer nachher auf den Speicher kommen. Erst zu den Weihnachtsferien kannst du wieder ran." Sie wandte sich zu den Betten. „Willst du oben oder unten schlafen? Du kannst es dir noch aussuchen. Diese beiden Betten sind frei."

„Unten", sagte Ulrike sofort. Der Gedanke, über ein kleines Leiterchen ins Bett steigen zu müssen, schien ihr unangenehm.

„Von mir aus. Aber jetzt fang an auszupacken. Um sechs Uhr wird geläutet. Dann mußt du fertig sein."

Ulrike zog ihren Mantel aus, öffnete den Koffer. Kleider, Blusen, Strumpfhosen, Schals und Handschuhe quollen ihr entgegen. Mit leiser Reue dachte sie daran, daß die Mutter ihr bei manchem Stück gesagt hatte: „Laß das doch zu Hause. Das wirst du bestimmt nicht brauchen. Und wenn, brauchst du ja nur zu schreiben; die Tanten werden es dir schicken."

Sie begriff, wie recht die Mutter gehabt hatte.

Katja war inzwischen die Leiter zu ihrem Oberbett hinaufgestiegen, legte ihre Hand auf das schluchzende Bündel unter der Decke und sagte mit einer Stimme, die ganz anders klang, als sie zu Ulrike gesprochen hatte: „Nun hör auf, Gerti, jetzt hast du wirklich schon genug geweint. Oder willst du dem Regen Konkurrenz machen?" Sie zog der Kleinen sachte die Decke vom Kopf.

Ulrike blickte nach oben, sah ein spitzes Gesichtchen mit großen, dunklen verstörten Augen, darüber schwarzes verstrubbeltes Haar.

„Komm runter", bat Katja, „niemand frißt dich hier, du wirst schon sehen. Willst du denn nicht deine Sachen auspacken?"

„Nein", sagte die kleine Gerti kläglich, „ich will... nach Hause!"

Katja strich ihr über das zerzauste Haar. „Das geht allen am Anfang so, aber es hilft nichts. Du mußt schon hierbleiben. Dein Vater ist längst weit fort. Du kannst ihn nicht mehr einholen. Jetzt komm herunter... zeig mir mal, was du mitgebracht hast. Ich möchte es doch gerne sehen."

Katja hatte sehr sanft und sehr herzlich gesprochen, und tatsächlich gelang es ihr, die verzweifelte Gerti herunterzuholen. Gemeinsam begannen sie, den Koffer der Kleinen auszupacken. Katja plauderte dabei, immer bemüht, sie abzulenken.

Ulrike kam sich richtig ausgeschlossen vor. – So ist das also, dachte sie, die beiden werden dicke Freundinnen, und ich bin die unerwünschte Dritte! Zu mir ist Katja keine Sekunde so nett gewesen, dieses hochnäsige Biest! Aber ich weiß schon, warum. Weil ich nicht mehr so babyhaft bin, daß sie mit mir rumkommandieren kann. Ich pfeife auf ihre Freundlichkeit. Ich werde es ihr schon zeigen!

Sie steigerte sich in einen großen Zorn hinein, weil sie ihren Kummer und ihr Heimweh vor sich selbst nicht wahrhaben wollte. Wütend zu sein war immer noch besser als zu weinen.

Punkt sechs Uhr begann eine kleine Glocke zu läuten – nicht schrill und fordernd wie die Schulglocken, die Ulrike bisher gekannt hatte, sondern sehr melodisch und vergnügt – bim, bam, bim, bam, bim, bam. Später sollte Ulrike feststellen, daß es eine richtige Turmglocke war, die zu der alten Burg gehörte.

Gleich beim ersten Glockenschlag trieb Katja ihre Mitbewohnerinnen an, alles liegen und stehen zu lassen und in die Mäntel zu schlüpfen. „Es läutet genau drei

Minuten... wer bis dahin nicht im Speisesaal ist, muß sich einen Strafpunkt geben."

Ulrike hätte gerne gefragt, was es mit diesen Strafpunkten, die Katja schon einmal erwähnt hatte, auf sich hatte. Aber dazu blieb jetzt keine Zeit. Vom Strom der anderen, die aus ihren Zimmern stürmten, unwillkürlich mitgerissen, rannte sie die Treppen hinunter zum Haupthaus hinüber.

Dieses Gebäude hatte sie schon gleich nach ihrer Ankunft mit den Eltern besichtigt. Es gab dort nicht nur einen riesigen, holzgetäfelten Saal, der zum Essen und den gemeinsamen Feiern diente, sondern hier waren auch die Schulklassen, die Küche und die Verwaltung untergebracht. In der Burg wohnten auch die meisten Lehrer und Lehrerinnen mit ihren Familien, und zwar in den oberen Stockwerken, den Türmen und Erkerzimmern.

Aus allen Häusern kamen die Mädchen über den Hof gerannt. Es waren so viele, die gleichzeitig in den Speisesaal drängten, daß Ulrike mit Zusammenstößen und Anrempeln rechnete. Aber sie hatte sich geirrt. Alles verlief glatt und reibungslos. Ulrike stellte mit Erstaunen fest, daß eine auf die andere Rücksicht nahm, so daß gar nichts passieren konnte.

Natürlich hatten weder Ulrike noch Gerti Moll eine Ahnung, wo sie sitzen sollten. Sie hielten sich dicht an Katja und erreichten so glücklich den langen Tisch, an den sie gehörten. Ein großes Mädchen mit weißblondem Haar – sicher war sie in einer der obersten Klassen – bestimmte die Sitzordnung. Sie hatte eine lange Liste mit Namen in der Hand und wies jeder ihren Platz an.

Während diese Einteilung vor sich ging, klärte Katja Ulrike und Gerti Moll darüber auf, daß das große Mädchen Irene Sievers hieß und Verantwortliche für das Stockwerk sei, in dem sie wohnten. Jedes Stockwerk hatte eine Verantwortliche, eine sogenannte V. A., die vom Direktor aus den Schülerinnen der vorletzten Klasse bestimmt wurde. Die Schülerinnen der letzten Klasse wurden nicht mehr für solche Posten herangezogen; sie waren von allen Nebenarbeiten beurlaubt, damit sie sich voll und ganz den Vorbereitungen für die Abschlußprüfung widmen konnten.

Ulrike hörte kaum zu. Sie interessierte das alles nicht. Sie sehnte nur den Augenblick herbei, wo sie endlich in ihrem Bett liegen, mit ihren Gedanken allein sein würde. Die vielen fremden Gesichter um sie herum, das allgemeine Gemurmel in dem großen Saal – auch an den anderen Tischen wurde die Sitzordnung neu eingeteilt – beängstigte sie. Wenn doch wenigstens ein erwachsener Mensch dagewesen wäre!

Ulrike wußte noch nicht, daß es zum Prinzip dieses Internates gehörte, die jungen Mädchen alles unter sich erledigen zu lassen, wofür sie nicht unbedingt eine Aufsicht brauchten.

Die anderen schienen diesen Zustand zu genießen, aber sie, die es gewohnt war, sich Erwachsenen anzuschließen, fühlte sich denkbar unbehaglich.

„Gabriele Reitmann!" sagte Irene Sievers.

Bei diesem Namen wurde Ulrike aufmerksam. Gaby, natürlich, sie hatte ja ganz vergessen, daß Gaby auch hier sein würde! Sie sah sich suchend unter den Mädchen um, die immer noch an dem langen Tisch standen, aber sie konnte keine Gaby entdecken. Wo steckte sie nur?

Noch einmal, diesmal sehr viel lauter und nachdrücklicher, rief Irene den Namen Gabriele Reitmann auf.

Aber auch diesmal ohne Erfolg.

„Eine Neue", sagte sie, „vielleicht hat sie sich verlaufen. Hat denn niemand von euch sie gesehen? – Sie muß heute eingetroffen sein!"

Aber keiner wußte etwas.

„Gabriele Reitmann!" rief Irene noch einmal, diesmal so laut, daß sie das Stimmengesumm übertönte.

„Hier!" kam aus der anderen Ecke des Saales die Antwort, und Gaby stürzte mit hochroten Wangen, die Augen blank vor Aufregung, zum Tisch.

Alle Blicke wandten sich ihr zu, aber sie wurde kein bißchen verlegen. „Na endlich!" sagte sie nur aufatmend. „Kein Mensch hat mir gesagt, wo ich hin soll. Ich dachte schon, ich wäre auf einem falschen Dampfer!"

Irene runzelte die Stirn, aber Gaby sah sie so treuherzig an, daß sie auf eine Ermahnung verzichtete. „Weißt du etwa auch nicht, in welches Zimmer du gehörst?"

„Keine Ahnung!"

„Augenblick mal." Irene holte ein Notizbuch aus ihrer Tasche und begann zu blättern. „Da hab ich's", sagte sie. „Stube siebzehn..." Sie hob den Kopf und sah Katja Kramer an. „Dann bist du für sie verantwortlich, Katja! Warum hast du dich nicht um Gabriele gekümmert?"

„Ich dachte, es wäre eine vom vorigen Jahr. Ich hatte

doch keine Ahnung, daß ich drei Neue bekommen würde", sagte Katja. „Aber ich will mich gar nicht herausreden", fügte sie rasch hinzu, „ich weiß schon. Einen Strafpunkt."

Ulrike hatte inzwischen begriffen, daß ein Strafpunkt etwas ziemlich Ärgerliches war. Katja tat ihr durchaus nicht leid. Im Gegenteil, sie gönnte ihr den Reinfall von Herzen.

In diesem Augenblick hatte Gaby Ulrike entdeckt. „Mensch, Uli, du!" schrie sie begeistert. „Prima, daß du auch hier bist, alte Bohnenstange!"

In jedem anderen Augenblick hätte Ulrike sich über die Art von Gabys Begrüßung geärgert, aber jetzt stellte sie zu ihrer eigenen Überraschung fest, daß es ihr wohl tat, Gaby zu sehen – endlich jemand, der ihr vertraut war.

Sie stimmte zwar nicht in Gabys Begeisterung ein, aber sie sagte doch halblaut: „Wir wohnen im selben Zimmer!"

Ein Blick von Irene Sievers unterbrach ihre Unterhaltung. Weiter wurden die Plätze angewiesen, und jetzt ging es sehr schnell. Ulrike hatte schon ausgerechnet, daß sie bestimmt nicht neben Gaby sitzen würde, und es tat ihr leid. Aber diesmal hatte sie Glück. Sie bekam den Platz gegenüber.

Plötzlich schrie jemand: „Ruhe!"

Auf dieses Kommando hin wurde es ganz still in dem riesigen Saal. Ulrike warf rasch einen fragenden Blick zu Gaby hin. Aber die zuckte nur die Achseln.

Dann begriff sie selber, was die plötzlich eingetretene Stille zu bedeuten hatte – die Lehrerinnen und

Lehrer zogen ein. Eine kleine Gruppe von ihnen, darunter Direktor Heilmann, der Leiter des Internats, nahm an einem quergestellten Tisch dicht bei den bunten Glasfenstern Platz. Die anderen verteilten sich an die Tische der Schülerinnen.

An Ulrikes Tisch kam Fräulein Faust, die Turnlehrerin, wie sie später erfuhr. Sie war gleichzeitig Vorsteherin des Hauses, in dem sie wohnte.

Ohne Kommando, aber fast im gleichen Augenblick, wurde an allen Tischen Platz genommen. Es war leicht zu merken, daß diese Gleichzeitigkeit auf jahrelange Übung der alten Schülerinnen zurückzuführen war.

Aber auch dann gab es immer noch nichts zu essen. Erst sagte Direktor Heilmann, der sich nicht gesetzt hatte, ein paar Worte der Begrüßung, die mit allgemeinem Füßescharren quittiert wurden – eine Sitte, die Gaby so komisch fand, daß sie vor Lachen quietschte.

Ulrike wunderte sich, wie Gaby so unbefangen und vergnügt in dieser fremden Umgebung sein konnte. Als die Suppenschüsseln herumgereicht wurden – eine Küchenhilfe schob einen Wagen mit Terrinen in den Saal, je zwei Schülerinnen von jedem Tisch nahmen eine Schüssel und teilten aus –, rief Gaby laut und vernehmlich: „Hei, hab ich einen Hunger!"

Alle lachten, und mit einem kleinen Anflug von Neid stellte Ulrike fest, daß es Gaby hier wie in der alten Schule bestimmt sehr schnell gelingen würde, sich beliebt zu machen – trotz ihrer Oberflächlichkeit, ihren schwachen Schulleistungen und ihrem mangelnden Ordnungssinn.

Auch sie selber hatte Appetit bekommen, allerdings

nicht auf Suppe, sondern auf einen der leckeren kleinen Salate, wie es sie zu Hause bei den Tanten oft zum Abendessen gegeben hatte.

Als die Suppe zu ihr kam, rümpfte sie die Nase und sagte voll höflicher Ablehnung: „Danke. Ich möchte nicht."

Das Mädchen, das die Suppe austeilte, war ganz verblüfft. „Nicht?" fragte sie, die Kelle schon in der Hand. „Aber warum denn nicht?"

Ulrike sah die andere hoheitsvoll an. „Ich bin es nicht gewöhnt, Suppen zu essen."

„Du mußt", flüsterte ihre Nachbarin zur Linken ihr zu. „Sonst gibt es einen Strafpunkt."

„Von mir aus", erwiderte Ulrike kühl. Aber sie hatte doch ein sehr merkwürdiges Gefühl, als alle sie ansahen, als wenn sie etwas Ungehöriges geäußert hätte.

Die beiden Mädchen mit der Suppenterrine wanderten weiter. Alle ließen sich bedienen, wenn auch Gerti Moll, die an Ulrikes rechter Seite saß, offensichtlich nur mit äußerster Selbstüberwindung ihre Suppe löffelte. Gaby aß mit größtem Appetit, ließ sich sogar noch einmal etwas geben, als die Suppe das zweite Mal herumgereicht wurde.

Ulrike saß mit halb geschlossenen Augen dabei und versuchte, nicht daran zu denken, wie schön es jetzt zu Hause gewesen wäre. Sie hätte gemütlich mit den Tanten in dem gepflegten kleinen Wohnzimmer gesessen, sie hätten geplaudert und sich auf den Abend gefreut – ja, richtig, heute war sogar Samstag, da hätte sie bestimmt aufbleiben und sich das Fernsehprogramm anschauen dürfen, statt dessen –!

Unversehens spürte Ulrike, wie aufsteigende Tränen ihr im Hals würgten – nur das nicht, nicht vor allen anderen zu weinen anfangen!

Sie riß die Augen auf und sah, wie Katja ganz schnell ihren eigenen leeren Teller mit dem immer noch halbvollen von Gerti Moll austauschte, hörte Gerti ein leises „Danke!" flüstern.

Also so wird das gemacht, dachte Ulrike, das werde ich mir merken. Ich soll einen Strafpunkt bekommen, und Gerti wird noch geholfen, weil sie ihre Suppe nicht aufessen will!

Die Mädchen, die ausgeteilt hatten, räumten jetzt die leeren Teller ab. Wieder wurde der Küchenwagen in den Saal geschoben, diesmal mit Platten belegter Brote und Körben voll Äpfel beladen.

Die beiden Helferinnen nahmen eine Platte und einen Apfelkorb herunter, stellten die leeren Teller ab und begannen zum drittenmal ihren Weg um den Tisch.

Die Brote sahen sehr gut aus, und Ulrike nahm sich gleich zwei – eines mit Wurst und eines mit Käse, dazu einen Apfel, obwohl er ihr schon beim Anblick das Wasser im Mund zusammenzog, so sauer sah er aus. Sie hatte Hunger bekommen und wollte gerade in eines der Brote beißen, als ein Verdacht in ihr hochstieg. Sie klappte die Wurst zurück, roch an dem Aufstrich, sagte laut und voller Entsetzen: „Das ist ja... Margarine!"

Gaby hatte schon zu kauen begonnen. „Na wenn schon", sagte sie vergnügt, „schmeckt prima!"

„Nein", erklärte Ulrike und schob die Brote voll Abscheu von sich. „Margarine eß ich nicht!"

Zum erstenmal hielt es Fräulein Faust für angebracht, sich einzumischen. „Ja, es ist Margarine", sagte sie ruhig, „aber du kannst sie unbesorgt essen. Sie ist mit Vitaminen angereichert und außerordentlich gesund."

Ulrike spürte, daß es nicht klug war, sich den Ärger der Hausvorsteherin zuzuziehen. „Das stimmt sicher", gab sie zu, „nur... ich bin es nicht gewöhnt, Margarine zu essen."

„Nun, das wird sich sicher sehr bald ändern", erklärte Fräulein Faust und wandte sich wieder ihrer eigenen Mahlzeit zu, ohne sich weiter um Ulrike zu kümmern.

Ulrike ließ ihre Brote liegen. Es fiel ihr zwar nicht ganz leicht, denn ihr Magen knurrte. Aber sie wollte nicht nachgeben. Warum sollte sie sich zwingen lassen, Dinge zu essen, die man ihr zu Hause nicht zugemutet hätte? Wenn sie es nicht durchsetzen konnte, wenigstens Brote mit Butter zu bekommen, würde sie lieber ganz aufs Essen verzichten. Überhaupt – war das nicht eine Idee? Durch Ulrikes Kopf schoß der phantastische Plan, in den Hungerstreik zu treten. Sie hatte einmal gelesen, daß man auf diese Weise alles erreichen konnte, was man wollte. Es war alles ganz einfach. Sie brauchte von jetzt ab nur keinen Bissen mehr zu essen, dann würden sie sie nach Hause schicken müssen.

Gaby hatte sie beobachtet. „Ißt du nicht mal deinen Apfel, Uli?" fragte sie halblaut.

„Wenn du ihn willst, kannst du ihn haben", erklärte Ulrike gnädig und gab dem Apfel einen kleinen Stoß, so daß er auf die andere Seite rollte.

Fast mitleidsvoll sah sie zu, wie Gaby hineinbiß –

arme Gaby! Sie würde womöglich noch jahrelang auf Burg Hartenstein schmachten, während sie selber bestimmt spätestens in einer Woche wieder zu Hause sein konnte.

Eine Sonderrolle

Es ist Ehrensache, daß sich jeder selbst Strafpunkte gibt.
Aber Ulrike pfeift auf alle Ehre und alle Klubs

Natürlich ließ sich die Idee mit dem Hungerstreik nicht durchführen. Das merkte Ulrike schon in der Nacht. Ihr Magen knurrte so laut, daß sie dachte, die anderen müßten davon wach werden.

Aber Katja und Gaby schliefen tief und fest, und Gerti Moll – unwillkürlich hielt Ulrike den Atem an, um zu lauschen. Da war es ihr, als wenn sie ein feines, wimmerndes Schluchzen hörte. Tatsächlich, jemand weinte, und das konnte nur die kleine Gerti sein.

Ulrike wußte, daß Katja oder Gaby bestimmt versucht hätten, die Kleine zu trösten. Die konnten es ja auch, sie schienen sich ja pudelwohl in ihrer Haut zu fühlen. Aber sie, Ulrike, hatte mit ihrem eigenen Kummer genug zu tun.

Sie preßte ihre Handballen vor die Ohren, rollte sich zur Seite und versuchte einzuschlafen. Aber es dauerte lange, bis es soweit war. Das Bett war hart, das Kopfkissen nicht dick und weich wie zu Hause, sondern flach, und es war ein ungewohntes Gefühl, nicht allein im Schlafzimmer zu sein. Dazu kam, daß das alte Haus voller Geräusche war; die Stiegen ächzten, die Fensterläden knarrten, und manchmal war es Ulrike, als wenn sie ein leises Rascheln hinter der Wand gehört hätte. Es nützte gar nichts, die Ohren zuzuhalten. Ulrike war schon so übermüdet, daß sie sich die Geräusche, die sie gar nicht hören konnte, selber einbildete. Sie legte sich auf den Rücken, verschränkte die Arme über dem Kopf und machte sich selber vor, daß sie um jeden Preis wachbleiben müßte – das war das beste Mittel einzuschlafen, wie sie aus Erfahrung wußte.

Es hatte aufgehört zu regnen, aber es tropfte noch aus den Rinnen. Mondschein fiel wie ein helles schmales Band durch eine Vorhangritze in das Zimmer.

Ulrike zwang sich, mit weit offenen Augen in die Dunkelheit zu schauen.

Plötzlich hörte sie Schritte draußen auf dem Gang. Ihr Herz setzte vor Schreck fast aus. Sie versuchte sich einzureden, daß sie sich getäuscht hätte – aber nein, da waren die Schritte wieder. Tap, tap, tap. Was war das?

Plötzlich schoß Ulrike alles, was sie von alten Burgen und Schloßgespenstern je gelesen oder gehört hatte, auf einmal durch den Kopf. Sie wollte die anderen wecken. Aber sie fand nicht den Mut dazu. Sie hatte Angst, sich zu rühren, starrte wie gebannt zur Tür.

Immer näher kamen die unheimlichen Schritte. Tap, tap, tap. Auch Gerti mußte sie bemerkt haben, denn ihr Schluchzen war verstummt. Es war nichts zu hören als die Atemzüge der beiden Schläfer und das schreckliche Tappen.

Dann knarrte eine Diele dicht vor der Tür.

Mit angstgeweiteten Augen sah Ulrike, wie sich die Klinke bewegte – langsam, ganz langsam wurde sie niedergedrückt, die Tür öffnete sich einen Spalt breit, und etwas Weißes, Schimmerndes wurde sichtbar.

Ulrike ertrug es nicht länger. Sie fuhr in ihrem Bett hoch und schrie: „Ein Gespenst!"

Gellend zerriß ihr Schrei die nächtliche Stille. Gleichzeitig gab es einen dumpfen Krach. Ulrike schrie noch einmal auf, diesmal aber nicht vor Angst, sondern vor Schmerz. Sie hatte das Gefühl, als wenn ihr jemand mit einem Hammer auf den Kopf geschlagen hätte. Vor ihren Augen flimmerten rote und gelbe Sternchen.

Das Licht ging an. Im Zimmer siebzehn und im ganzen Stockwerk wurde es lebendig. Türen wurden geöffnet, nackte Füße liefen über den Flur. Katja war mit einem Satz aus dem Bett gesprungen, und Gaby starrte mit schlaftrunkenen Augen in die plötzliche Helle.

Sie war die erste, die die Sprache wiederfand: „Ein Gespenst?" fragte sie. „Wo?"

Ulrike hielt sich mit der einen Hand ihren schmerzenden Kopf, mit der anderen zeigte sie zur Tür. „Dort! Dort ist es eben hereingekommen! Ich habe es deutlich gesehen!"

Alle, selbst die kleine verheulte Gerti, blickten zur Tür, aber was sie dort sahen, war alles andere als ein Gespenst – es war Irene Sievers, die, in einem langen weißen Nachthemd mit einem hellblauen Bademantel darüber, selber ganz verdutzt dastand.

Katja war die erste, die begriff, was passiert war.

„Ein Gespenst?" rief sie und lachte – es war das erstemal, daß Ulrike die ernste Katja lachen hörte, und sie nahm es ihr in diesem Zusammenhang sehr übel. „Weißt du, was du in Wirklichkeit gesehen hast, du Schaf? Irene! Sie geht immer abends nochmal durch ihr Stockwerk und schaut nach, ob alles in Ordnung ist!"

Auch Irene lachte jetzt. „Du hast gleich losgeschrien, als ich hereinkam", sagte sie. Sie drehte sich um und scheuchte die Schülerinnen aus den anderen Zimmern zurück, die neugierig, aufgeregt und vergnügt vom Gang hereindrängten. „Geht schlafen, Mädels, es ist nichts passiert... wirklich nicht! Eine Neue hat schlecht geträumt. Geht schlafen, sonst hagelt es Strafpunkte!" Sie ging mit der zurückweichenden Schar auf den Flur hinaus und kam erst wieder, als alle in ihren Zimmern verschwunden waren. „In die Betten!" rief sie ihnen noch nach. „In zwei Minuten komme ich nachsehen!"

Ulrike fühlte sich schrecklich beschämt. Sie wollte die nüchterne Wahrheit nicht anerkennen. „Aber", stotterte sie, „jemand hat mir doch auf den Kopf geschlagen! Hier! Ihr könnt's ja sehen... eine Riesenbeule."

Jetzt kam sogar Gaby aus ihrem oberen Bett die Leiter heruntergerutscht, um Ulrikes Kopf in Augenschein zu nehmen. Katja und Irene beugten sich gleichzeitig mit ihr über Ulrike.

„Eine Beule", sagte Gaby verblüfft, „ein Riesenei!"

„Na so etwas!" stieß auch Katja ganz beeindruckt hervor.

Irene schüttelte den Kopf. „Ihr seid ja wohl alle drei

dümmer, als die Polizei erlaubt! Wißt ihr, woher die Beule kommt? Weil die Neue... wie heißt du eigentlich?"

„Ulrike Moeller!"

„Jetzt denk doch mal nach, Ulrike! Du hast geschrien und bist in die Höhe gefahren, nicht wahr? Und hast vor Schrecken ganz vergessen, daß noch ein Bett über deinem Kopf ist." Sie sah, daß Ulrike errötete, und sagte besänftigend: „Du bist nicht die erste, der das passiert ist. An diese Art von Doppelbetten muß man sich erst gewöhnen."

Ulrike wollte nichts mehr hören und nichts mehr sehen, hatte nur den einen Wunsch – weit, weit fort zu sein.

Sie hörte nicht, als die Glocke am nächsten Morgen zum Aufstehen läutete, und als Katja sie mit energischem Schütteln weckte, glaubte sie, gerade erst eingeschlafen zu sein. „Wie spät ist es denn?" fragte sie schlecht gelaunt, denn sie war es nicht gewohnt, so unsanft wachgerüttelt zu werden.

„Sieben!" antwortete Gaby, die schon von oben heruntergeklettert war.

Katja fügte mit einem – wie Ulrike fand – bösartigen Unterton hinzu: „Weil heute Sonntag ist. Wochentags müssen wir um sechs aus den Federn."

Ulrike hatte nicht die geringste Lust, jetzt schon aufzustehen, aber als sie sah, wie ihre Stubenkameradinnen sich beeilten, und an dem Stimmengewirr draußen auf dem Gang hörte, daß das ganze Haus schon wach zu sein schien, wurde sie ganz von selber munter. Sie lief mit Gaby in den Waschraum hinüber, brauste sich ab, putzte die Zähne, zog sich nachher genauso geschwind an wie die anderen.

Aber sie meuterte immer noch. „Das soll ein Sonntag sein! Warum dürfen wir nicht wenigstens heute ausschlafen?"

„Das kannst du in den Ferien zu Hause", erklärte Katja, „zum Faulenzen wirst du hier keine Gelegenheit finden."

„Ich bin auch noch schrecklich müde", klagte Gerti. „Ist es wirklich wahr, daß wir morgen noch früher aufstehen müssen? Oder hast du nur Spaß gemacht, Katja?"

„Wenn ich euch was sage, könnt ihr euch schon darauf verlassen."

„Ja, in Kuckucks Namen, fängt der Unterricht etwa schon um sieben an?" fragte Gaby.

„Um halb acht", antwortete Katja trocken. „Aber vorher machen wir Frühsport. Gleich nach dem Aufstehen."

Ulrike mußte tief Luft holen. „Auch das noch", sagte sie ehrlich entsetzt, denn gerade Turnen war immer das Fach gewesen, dem sie am wenigstens abgewinnen konnte.

Sie hätte Gaby prügeln mögen, die ganz vergnügt sagte: „Dauerlauf und so? Das finde ich knallig."

Sie beeilten sich alle vier mit dem Anziehen, und dennoch verloren sie viel Zeit, weil sie sich hübsch machen wollten. Zum Schluß mußten sie im Galopp über den Burghof zum Speisesaal rennen – Ulrike ahnte an diesem Morgen noch nicht, daß das kaum jemals anders sein würde.

Ihr Hunger war so groß, daß sie alle schlimmen Vorsätze über Bord warf. Sie war bereit, auch Margarinebrote zu essen, wußte nur noch nicht recht, wie sie es anfangen sollte, damit die anderen sie nicht auslachten.

Aber dieses Problem löste sich von ganz allein. An Sonn- und Feiertagen gab es nämlich auf Burg Hartenstein Weißbrot mit Butter und selbsteingekochter Marmelade, dazu einen Milchkakao. Ulrike konnte also essen, soviel sie wollte, oder, besser gesagt, soviel sie bekam, ohne daß jemand eine Bemerkung darüber verlor.

Als die Teller abgeräumt waren, sagte Fräulein Faust, die Vorsteherin des Hauses, in das allgemeine Geplauder hinein: „Alles mal herhören! Ich habe etwas zu sagen... das gilt besonders den Neuen, die Alten wissen es zwar schon, aber ich möchte sie bitten, trotzdem ruhig zu sein. Um acht Uhr ist Kirchgang. Die Katholikinnen versammeln sich in der Kapelle, die Evangelischen im Gebetssaal..." Sie machte eine kleine Pause.

Ulrike witterte eine Chance und erhob ihren Finger.

„Ja... bitte?" sagte Fräulein Faust.

„Entschuldigen Sie", sagte Ulrike mit ihrer höflichsten Stimme, „aber ich möchte heute keinen Gottesdienst besuchen. Darf ich auf mein Zimmer hinaufgehen?"

Fräulein Faust sah sie mit einem sehr merkwürdigen Blick an, und so beeilte Ulrike sich, erklärend hinzuzufügen: „Ich bin auch mit dem Auspacken und Einordnen meiner Sachen noch gar nicht fertig."

„Für diese Arbeit ist heute nachmittag noch einmal eine Stunde angesetzt", erwiderte Fräulein Faust unbewegt, „aber wenn du nicht willst..." Sie wandte sich an die Allgemeinheit. „Für alle, die einmal nicht zur Kirche gehen wollen... während derselben Zeit findet ein Vortrag von Doktor Schütz im Handarbeitsraum statt."

„Über was denn?" fragte Gaby rasch, um Ulrike aus der Verlegenheit zu helfen.

„Über das Liebesleben der Hirschkäfer!" rief eine vorlaute Stimme vom unteren Ende des Tisches.

Es wurde gelacht, und auch Fräulein Faust konnte ein Lächeln nicht unterdrücken. „Doktor Schütz ist unser Biologielehrer", erklärte sie, „er pflegt in seinen Vorträgen meist Randgebiete der Naturkunde zu behandeln... sehr interessant. Jedenfalls für Kenner."

Sie stand auf, und die anderen folgten ihrem Beispiel.

Ulrike hatte ihren Reinfall immer noch nicht verwunden.

Als ihre Nachbarin zur Linken – ein schwarzhaariges, braungebranntes Mädchen, von den anderen Lola genannt – sie ganz unschuldig fragte: „Na, was wirst du denn nun tun, Ulrike?", da erwiderte sie patzig: „Geht dich das was an?"

Lola grinste nur. „Na, na, na, hab dich nicht so. Im übrigen... du brauchst dich gar nicht zu ärgern. Du bist nicht die erste, die auf den glorreichen Gedanken gekommen ist, den Kirchgang auszulassen und dafür eine Freistunde zu gewinnen. Gretchen wartet geradezu darauf... deshalb die kleine Kunstpause."

„Gretchen... wer?" fragte Ulrike verblüfft.

„Gretchen! Ach so, du weißt noch nicht... so nennen wir Fräulein Faust. Weil in Goethes Drama ‚Faust' die weibliche Hauptfigur Gretchen heißt... das haben mal die Großen ausgeheckt, schon vor etlichen Jahren."

Auch die meisten anderen Lehrer hatten Spitznamen, das merkte Ulrike bald, obwohl sie sich, soweit es eben ging, abseits von ihren Kameradinnen hielt. Direktor Heilmann wurde ‚Eisenbart' genannt – entweder wegen seines Namens, der an einen Arzt denken ließ, oder auch wegen seines eisgrauen Spitzbartes. Doktor Schütz hieß allgemein nur ‚der Hirsch' und der alte Gärtner ‚Rübezahl'. Es gab auch noch andere Spezialausdrücke auf Burg Hartenstein. Alles, was angenehm war, wurde mit ‚knallig' bezeichnet, alles Unangenehme als ‚eulenhaft' oder ‚makaber', ein Feigling war ein ‚Klemmer', ein einfallsreiches Mädchen eine ‚Sauserin', und das höchste Lob, das sich eine Hartensteinerin wünschen konnte, war ein ‚Knaller' oder ‚Oberfrosch'.

Ulrike fand alle diese Ausdrücke kindisch und nahm sich vor, sie nie und unter keinen Umständen in den Mund zu nehmen, während Gaby sich Mühe gab, so viele wie möglich aufzuschnappen, und sie ständig gebrauchte.

An diesem Sonntag ging Ulrike natürlich doch zum Gottesdienst, denn der Vortrag von Dr. Schütz lockte sie gar nicht, wenigstens nicht an einem Sonntagmorgen. Nachher versammelte Fräulein Faust ihre Schützlinge auf dem Gang des obersten Stockwerks. Jedes der Mädchen mußte sich seine eigene Sitzgelegenheit mitbringen, und es verging eine ganze Zeit mit Geschrei,

Poltern und Stühlerücken, ehe „Gretchen" beginnen konnte. Dann, als endlich Ruhe eingetreten war, begrüßte sie als erstes jede einzelne der „Neuen", ließ sie vortreten, nannte sie beim Namen, um sie den anderen bekannt zu machen.

Gaby grinste dabei wie ein Honigkuchenpferd, während Ulrike es maßlos peinlich fand. Sie setzte ihr hochmütigstes Gesicht auf.

Dann sprach Fräulein Faust ein paar Worte über die Hausordnung, über Aufstehens-, Schlafens- und Essenszeiten und über die ganze Tageseinteilung auf Burg Hartenstein. Ulrike erkannte mit Entsetzen, daß jeder Schritt, den man hier tat, „geplant" war. Man behielt jeden Tag höchstens zwei bis drei Stunden für sich frei.

„Die arbeitsfreien Stunden", erklärte die Vorsteherin, „sind so angelegt, daß sie für alle Schülerinnen gleichzeitig sind..."

Ulrike dachte: Auch das noch, da werde ich das Zimmer also nie für mich allein haben!

„Das hat den Sinn", fuhr Fräulein Faust fort, „daß in dieser Zeit die verschiedenen Klubs, Vereine und Arbeitsgruppen tagen können. Zum Beitritt wird jeder, gleich welchen Alters und welcher Klasse, aufgefordert. Die Entscheidung, für welche dieser Gruppen man sich entschließt, ist ganz frei. Die Listen liegen bis Ende dieser Woche in den Pförtnerstuben des Hauses auf. Wie jedes Jahr möchte ich aber auch diesmal mahnen... nehmt euch nicht zuviel vor. Ihr wißt, der Eintritt ist freiwillig. Nachher aber müssen Versäumnisse ebenso wie bei den regulären Pflichten mit Strafpunkten geahndet werden."

Ulrike wollte schon fragen, aber ein rundliches Mädchen, das schräg vor ihr saß, kam ihr zuvor: „Was ist das mit diesen Strafpunkten?" rief sie. „Von wem kriegt man sie? Wer schreibt sie auf? Und was haben sie zu bedeuten?"

„In jeder Klasse und in jedem Wohnraum hängt eine Liste mit den Namen. Wer sich etwas hat zuschulden kommen lassen, setzt einen Strich in die betreffende Spalte..."

„Selber?!" rief Gaby ganz entgeistert.

„Ja, selber", bestätigte Fräulein Faust ruhig, „wir sind ja wohl alle schon verständig genug, zu erkennen, wann wir etwas falsch gemacht haben... und daß jeder anständige Mensch für seine Fehler einstehen muß, das gerade sollt ihr hier bei uns lernen. Die Listen aus dem Haus und den Klassenzimmern werden Ende jeder Woche von den Vorstehern und Verantwortlichen miteinander verglichen. Wer zwölf Strafpunkte hat, dem steht ein Spaziergang nach Pochingen bevor... das sind sechs Kilometer hin und sechs Kilometer zurück, im ganzen also zwölf Kilometer. Außerdem hat eine Anhäufung von Strafpunkten den Verlust von Posten und Ehrenämtern zur Folge. Alles klar?"

Noch einmal meldete sich das rundliche Mädchen. „Für was genau muß man sich denn einen Strafpunkt anschreiben... und für was nicht?"

„Das ist weitgehend eurem eigenen Ermessen überlassen. Bestimmte Vergehen, die mit Strafpunkten gekennzeichnet werden müssen, werdet ihr von eurer Z. V., eurer Zimmerverantwortlichen, erfahren."

Ulrike stand auf. Noch während sie sprach, wußte sie,

daß es besser gewesen wäre, den Mund zu halten. Aber sie konnte nicht anders, sie mußte reden.

„Was ist", fragte sie, „wenn eine sich einfach keinen Strafpunkt aufschreibt? Niemand kann einen doch zwingen, sich selber anzuzeigen!"

Fräulein Faust runzelte die Stirn. „Diese Frage", sagte sie abweisend, „hätte wirklich nicht kommen dürfen."

„Aber wieso denn nicht!" Ulrike wurde rot. „Ich möchte einfach wissen, wie das ist! Wer kontrolliert, ob man sich wirklich einen Strafpunkt gibt oder nicht? Die Verantwortliche? Oder alle? Wenn es so ist, dann kann ja von Freiwilligkeit keine Rede mehr sein!" Ulrike sah sich herausfordernd im Kreise um.

Überraschend kam ihr Hilfe von einer anderen Neuen, die ganz hinten saß. „Ich finde, das ist ein sehr wichtiger Einwand!" sagte sie laut.

Irene Sievers sprang auf. „Seid ihr so dumm, oder stellt ihr euch nur so? Es ist Ehrensache, daß man sich einen Strafpunkt gibt, wenn man was versiebt hat... so etwas braucht doch nicht kontrolliert zu werden."

„Und wenn jemand nun auf diese Ehre pfeift?" Ulrike konnte und konnte nicht klein beigeben. „Wer bestimmt überhaupt, was Ehre ist und was nicht? Das alles ist doch so blöd und so..."

Sie kam nicht dazu, ihren Satz zu Ende zu sprechen.

Katja fiel ihr ins Wort. „Ulrike!" sagte sie mahnend. „Unsere Schule besteht seit über hundert Jahren. Sie wird nach Regeln geleitet, die nicht wir erfunden haben, sondern die Gründer. Wer diese Regeln nicht achten will, gehört nicht zu uns. Du bist freiwillig hierhergekommen..."

„Ich? Aber da bist du entschieden auf dem Holzweg. Gezwungener als ich ist noch nie ein Schaf zur Schlachtbank geführt worden..."

Das Läuten der Turmglocke übertönte ihre Worte.

„Mittagszeit", sagte Fräulein Faust, „Schluß der Debatte. Wir müssen uns beeilen... los! Laßt eure Stühle stehen, die könnt ihr nachher wegräumen."

„Du willst also nach Hause?" fragte Katja, während sie wie die wilde Jagd die Treppen hinunterstürmten.

„Ja", gab Ulrike ein wenig atemlos zurück, „lieber heute als morgen."

„Da kann ich dir einen Tip geben... mach nur weiter so. Du wirst staunen, wie schnell du geflogen bist!"

Ulrike begriff, daß es Katja ganz Ernst mit dieser Behauptung war. Über die Aussicht, hinausgeworfen zu werden, hätte sie ja eigentlich erfreut sein müssen. Sie hatte es doch ihren Tanten versprochen und ihren Eltern gedroht, sich nach Hause schicken zu lassen.

Seltsamerweise war ihr aber bei diesem Gedanken auf einmal alles andere als wohl. Ob es etwas mit der Ehre zu tun hatte, von der auf Burg Hartenstein so viel Aufhebens gemacht wurde?

Ulrike wußte es nicht. Sie wußte nur, daß sie das Internat freiwillig und nicht gezwungen verlassen wollte.

Im Unterricht fand Ulrike sich ohne Schwierigkeiten zurecht. Sie hatte bald heraus, daß die Anforderungen, die hier an die Schülerinnen gestellt wurden, nicht größer waren als in ihrer früheren Schule. Schon am ersten Schultag konnte sie ein paarmal glänzen, und das tat ihrem Ehrgeiz gut.

In der Arbeitsstunde am Nachmittag war sie früher als die anderen fertig und benutzte die gewonnene Zeit, um einen langen Brief an ihre Tanten zu schreiben.

„Hier ist es mehr als blöd", schrieb sie, „einfach schauderhaft! Eine richtige Zwangserziehungsanstalt! Stellt euch nur vor, um sechs Uhr aufstehen, rein in das Turnzeug, runter in den Hof, Frühsport. Dauerlauf um das ganze Gebäude herum, wieder nach oben, brausen, anziehen, runter zum Frühstück – das alles in einer Affenhetze. Zurück in unser Haus, Zimmer aufräumen, Betten machen! Anschließend beginnt der Unterricht. Mit Pausen dauert er bis halb eins, dann Händewaschen, Mittagessen. Danach eine halbe Stunde Zimmerruhe – aber wirklich Ruhe! Kein Wort darf dabei gesprochen werden! Das würde mir ja nichts ausmachen, aber lesen dürfen wir auch nicht! Eigentlich dürfen wir überhaupt nicht im Zimmer lesen, sondern nur im Bibliotheksraum zu besonders angesetzten Stunden! Nach der Zimmerruhe kommen von zwei bis vier zwei sogenannte Arbeitsstunden, in denen die Aufgaben erledigt und Vorbereitungen für den Unterricht am nächsten Tag getroffen werden – alles unter Aufsicht! Dann ist endlich frei bis zum Abendessen, aber nur, wenn man keinen dummen Sonderdienst hat. Könnt ihr euch vorstellen, daß ich das aushalten kann? Zudem ist das Essen schauderhaft – Brote mit Margarine, stellt euch vor! Den anderen macht es anscheinend nicht viel aus, sie sind sehr primitiv. Ich muß mein Zimmer mit dreien teilen. Mit Gaby Reitmann, die ihr ja kennt, Katja Kramer, unserer ‚Verantwortlichen', drei Jahre älter als wir, und Gerti Moll..."

Genau bis hierher war Ulrike gekommen, als Dr. Schütz, der gerade die Arbeitsstunden beaufsichtigte, mit der flachen Hand auf das Katheder klopfte. „Schluß für heute... auf Wiedersehen, meine jungen Damen!" sagte er mit seinem dröhnenden Baß.

Diese Verabschiedung wurde mit begeistertem Gelächter quittiert. An den Arbeitsstunden im großen Saal nahmen nur die jüngeren Jahrgänge teil, die älteren durften ihre Aufgaben auf den Zimmern erledigen.

„So ein Witzbold", sagte Ulrike abfällig und begann ihre Siebensachen und ihren Brief zusammenzupacken.

„Ich finde ihn nett", erklärte Gabi, „und außerdem... er ist sehr wichtig. Man muß sich gut mit ihm stellen."

„Warum?" fragte Ulrike, wider Willen interessiert.

„Er leitet den Naturkundekursus!"

„Na und?"

„Da möchte ich gerne rein. Aber er nimmt nie mehr als höchstens zwanzig."

„Jetzt wirst du aber wirklich komisch", sagte Ulrike. „Seit wann interessierst du dich für Naturkunde?"

Gaby grinste vergnügt. „Seit ich auf Hartenstein bin."

„Verstehe ich nicht."

„Paß auf. Ich will's dir erklären." Sie liefen mit einem ganzen Schwarm Mädchen die Treppen hinunter; Gaby sah sich mit Verschwörermiene nach allen Seiten um und dämpfte ihre Stimme. „Du weißt doch, daß wir das Gelände um die Burg herum nicht verlassen dürfen..."

„Höchstens zum Strafmarsch!"

„Oder mit Sondererlaubnis!" bestätigte Gaby. „Und

jetzt kommt der Knall... Mitglieder des Naturkundekurses dürfen es doch."

„Wahr?"

„Ehrlich. Ich habe es herausgebracht. Von einer aus der dritten Klasse, die auch drin ist. Sie dürfen in den Wald... bis zu dem Zaun, wo der Privatbesitz abgetrennt ist... da staunst du, was? Aber das ist noch nicht alles! Sie dürfen sogar bis zum Dorf hinunter."

„Nicht schlecht", sagte Ulrike beeindruckt, denn das Gefühl des Eingesperrtseins hatte sie vom ersten Augenblick an besonders gestört.

„Mach mit!" bat Gaby. „Wenn wir es zu zweit versuchen, geht es bestimmt viel leichter. Weil wir doch von derselben Schule kommen! Wir können uns gegenseitig ein Alilibi geben oder wie das Ding heißt."

„Alibi!" verbesserte Ulrike.

„Ist ja egal. Jedenfalls, wenn du sagst, ich hätte zu Hause 'ne Schmetterlingssammlung, dann sage ich von dir, du hättest dich immer schon besonders für... für Botanik interessiert!"

„Ich verstehe, was du meinst", sagte Ulrike langsam. „Aber ich möchte es doch nicht machen!"

„Wegen der kleinen Schwindelei?"

„Nein. So heikel bin ich gar nicht. Außerdem... ich finde, sie zwingen einen ja geradezu zum Schwindeln..."

„Also... du machst mit?"

„Nein! Das habe ich dir ja schon mal gesagt! Mir ist es zu blöd, so zu tun, als ob ich Schmetterlinge fangen oder Raupen sezieren wollte!"

„Aber dafür könntest du doch..."

„Ich weiß, ich weiß! Aber ich werde schon andere Mittel und Wege finden, hier herauszukommen."

„Dann nicht", sagte Gaby enttäuscht, „dann muß ich es eben allein machen..."

„Na und? Zu Hause war dir ja auch nicht so viel daran gelegen, mit mir zusammen zu sein!" Ulrike fühlte selber, daß diese Bemerkung recht gehässig war. Außerdem traf sie nicht zu. Gaby, die rasch Freundschaften schloß, war viel weniger auf sie angewiesen, als es umgekehrt der Fall war. Deshalb fügte sie versöhnlich hinzu: „Entschuldige schon, das habe ich nicht so gemeint. Mir geht der ganze Betrieb hier bloß schrecklich auf die Nerven."

Gaby war nicht nachtragend. Sie warf Ulrike einen raschen Seitenblick zu und sagte mitfühlend: „Für dich muß es makaber sein. Verstehe ich. Weißt du schon, wo du dich einschreiben lassen willst?"

„Überhaupt nicht", gab Ulrike kurz zur Antwort.

„Nicht?"

„Nein. Mir ist lieber, ich habe jeden Tag wenigstens ein paar Stunden für mich."

„Ich muß schon sagen... du bist 'ne Nummer! Ich hätte geschworen, daß du wenigstens... na... einen Malkurs mitgemacht hättest. Zeichnen war doch immer deine starke Seite. Oder der Theaterklub, wäre das nicht was für dich? Sie machen richtige Aufführungen im Winter."

„Wenn du so begeistert davon bist, warum machst du es nicht?"

Gaby seufzte. „Es gibt so vieles, was mich reizt, daß ich nicht weiß, für was ich mich entscheiden soll!"

So hatte jede der beiden ungleichen Kameradinnen ihre eigenen Sorgen, und jede meisterte sie auf ihre Art. Am Ende der Woche, als die Listen der Kursteilnehmer eingesammelt wurden, hatte Gaby den Sportklub gewählt – selbstverständlich, denn sie war eine hervorragende Turnerin –, einen Antrag auf Aufnahme in den Naturkundeverein gestellt, sich beim Theaterklub und für einen Kunstgewerbekursus eingeschrieben. Ulrike dagegen hatte auf jede Beteiligung an Sonderkursen verzichtet, um wenigstens einen Teil ihrer goldenen Freizeit zu bewahren.

Die rothaarige Katja galt als hervorragendes Mitglied des Theaterklubs. Ihre Eltern waren, das hatten die „Neuen" inzwischen erfahren, beide berühmte Schauspieler, und diese Tatsache umgab Katja mit einem gewissen Nimbus. Allerdings hatte sie den Vorteil, interessante Eltern zu haben, damit bezahlen müssen, daß sie niemals ein richtiges Zuhause besessen hatte. Selbst in den Ferien konnte sie höchstens acht oder vierzehn Tage mit ihrem Vater oder ihrer Mutter zusammen sein. Die andere Zeit verbrachte sie meistens in Ferieninternaten in der Schweiz oder in England. Das war auch der Grund, warum Katja fest entschlossen war, nicht den Beruf ihrer Eltern zu ergreifen. Sie wollte so früh wie möglich heiraten, Kinder kriegen und ein richtiges Heim haben. Das Theaterspielen sollte für sie immer nur ein Hobby sein.

Sie hatte die kleine Gerti Moll, die immer noch sehr unter Heimweh litt, überredet, auch dem Theaterklub beizutreten.

Als Ulrike davon hörte, sagte sie abfällig: „So eine

Idee! Ausgerechnet Gerti! Die kann ja nicht einmal deutlich sprechen... wie mag die sich bei einer Aufführung anstellen!"

Katja sah sie zornig an. „Dein Glück, daß Gerti das jetzt nicht gehört hat! Dann hätte sie dir nämlich eine schmieren müssen, das wäre mir der fällige Strafpunkt wert gewesen."

„Warum? Weil du die Wahrheit nicht vertragen kannst?"

„Du bildest dir wohl ein, du hast die Weisheit mit Löffeln gegessen, wie? Dabei habe ich manchmal den Eindruck, als wenn deine Hirnwindungen restlos verstopft wären. Kannst du dir denn nicht denken, warum ich Gerti in den Theaterklub geholt habe? Gerade weil sie so schüchtern ist! Damit sie lernt, aus sich herauszugehen!"

„He, wirklich?" fragte Gaby verblüfft, die das Gespräch mitangehört hatte. „Das finde ich aber toll von dir!"

„Es ist ganz selbstverständlich", wehrte Katja ab, „ich selber bin ja auch im Theaterklub, weil mir das liegt... und außerdem im physikalischen Kurs, weil gerade Physik meine ganz schwache Seite ist!"

Gaby lachte. „Reich mir die Hand, Genossin", sagte sie, „diese Seite ist auch bei mir, gelinde gesagt, sehr, sehr unterentwickelt. Trotzdem denke ich nicht daran, mich ausgerechnet in der Freizeit damit zu befassen."

„Das kann jeder machen, wie er will", sagte Katja, „ich finde es nur unfair zu lachen, wenn jemand etwas lernen will, was ihm nicht liegt."

Ulrike fühlte sich zurechtgewiesen, und das paßte

ihr gar nicht. Überhaupt Katja! Sie hatte so eine Art, mit ihnen umzugehen, als wenn sie die einzige Erwachsene unter lauter Babys wäre! „Ich bin für euch verantwortlich", pflegte sie mindestens dreimal am Tage zu sagen. – Verantwortlich! Für wen denn? Für Gaby, Gerti und sie! Als wenn das schon etwas sein sollte! –

Am nächsten Sonntag nach dem Mittagessen sagte Katja zu Ulrike und Gaby, die sich gerade auf ihren Betten ausgestreckt hatten: „Daß ich es nicht vergesse... ihr beide sollt um zwei Uhr bei Gretchen erscheinen."

„Wieso denn?" fragte Gaby. „Was sollen wir dort?"

„Sprechstunde."

„Ich kann mir nicht vorstellen, weshalb Fräulein Faust uns sprechen möchte!" sagte Ulrike hochnäsig.

„Warte es ab. Du wirst es ja erfahren."

„Es sei denn, du hast uns wegen irgendwas verpetzt!" fügte Ulrike hinzu.

Katja sah sie so zornig an, daß Ulrike plötzlich Angst vor ihrer eigenen Frechheit bekam. Aber statt des erwarteten Ausbruchs sagte Katja nur mit bewundernswerter Gelassenheit: „Diese Anschuldigung ist zu dumm, als daß ich darauf antworten möchte." –

Gleich nach Beendigung der Zimmerruhe liefen Ulrike und Gaby zusammen hinunter. Gaby klopfte an die Tür mit der Aufschrift „Hausvorsteherin", und als Fräulein Faust „Herein!" rief, traten sie hintereinander ein.

„Ach ja, ihr beiden!" sagte Fräulein Faust. „Ihr seid sehr pünktlich." Sie zögerte ein wenig, dann sagte sie: „Tut mir leid, daß ich euch nichts Angenehmes mitzuteilen habe. Vielleicht ist es besser, wenn ich mit jeder von euch allein spreche?"

Ulrike und Gaby wechselten einen Blick, und gleichzeitig wurde ihnen klar, daß es besser war, die Unheilsbotschaft gemeinsam in Empfang zu nehmen.

„Mich stört Uli nicht", sagte Gaby großzügig.

„Von mir aus kann Gaby ruhig bleiben!" erklärte auch Ulrike.

„Also gut. Dann, bitte, setzt euch. Es handelt sich, wie ihr euch sicher schon denken könnt, um eure Teilnahme an Klubs und Arbeitsgruppen..."

„Ich habe mich nirgends eingeschrieben!" sagte Ulrike.

„Stimmt. Darauf kommen wir später noch zu sprechen. Ich möchte mich erst einmal mit Gabriele befassen." Sie sah Gaby, die sehr unbehaglich auf der vordersten Kante eines kleinen Sessels hockte, mit einem durchaus nicht unfreundlichen Blick an. „Du hast dich, wie ich den Listen entnommen habe, bei vier Arbeitskreisen auf einmal eingetragen. Findest du das nicht selber ein bißchen viel?"

„Na, den Theaterklub könnte ich ja sausen lassen", sagte Gaby entgegenkommend, „da sind ja sowieso schon viel zu viel drin! Und außerdem... ob Doktor Schütz mich in den Naturkundeverein nimmt, das ist noch sehr die Frage."

Fräulein Faust sah auf einen Notizblock, den sie vor sich auf dem kleinen runden Tisch liegen hatte. „Bleiben der Kunstgewerbekurs und der Sport. Kunstgewerbe ist gut, das kann bleiben. Es wird ein netter Ausgleich für dich sein und nimmt nur eine Doppelstunde in der Woche in Anspruch. Aber was den Sport betrifft..."

Gaby riß die glänzenden braunen Augen auf. „Was? Sie wollen mir den Sport streichen? Dabei haben Sie doch selber gesagt... erinnern Sie sich denn nicht mehr, daß Sie selber gesagt haben, Sie sind froh, daß endlich mal wieder eine begabte Sportlerin in die Hausriege kommt?"

Fräulein Faust lächelte. „Ja, das habe ich gesagt... und ich habe es auch so gemeint. Du mußt mir glauben, Gaby, es tut mir ehrlich leid, dich zu verlieren..."

„Aber warum? Warum denn nur?"

„Kannst du dir das wirklich nicht denken? Das Zeugnis, mit dem du zu uns kamst, war schwach, sehr schwach. In Mathematik eine Fünf, in Französisch und Deutsch eine Vier... wie inzwischen dein Französisch- und dein Deutschlehrer bei der Lehrerkonferenz äußerten, in beiden Fällen eine knappe Vier. Du brauchst also eine ganze Zahl Nachhilfestunden, wenn du deine Noten aufbessern willst."

Gaby machte den Mund auf, als wenn sie etwas sagen wollte, brachte aber keinen Ton heraus und klappte ihn wieder zu.

„Natürlich wollen wir dich nicht aus dem Sportklub ausschließen", versicherte Fräulein Faust, „du kannst zu uns kommen, wann immer du Zeit hast... nur, ich fürchte, daran wird es eben hapern. In der Riege, die wir für die Wettkämpfe aufgestellt haben, kannst du jedenfalls nicht bleiben. Denn wer dabei mitmacht, muß eine Menge trainieren." Fräulein Faust machte eine Pause und sah Gaby erwartungsvoll an.

„Wenn du dir Mühe gibst", sagte Fräulein Faust, „hast du vielleicht bis Weihnachten, spätestens bis zum Frühjahr, deine Lücken ausgefüllt. Du weißt, daß wir auf dich warten."

Gaby erhob sich langsam, stand wie ein begossener Pudel da. „Ist das alles?" fragte sie mit gepreßter Stimme.

„Ja, Gaby... glaube mir, es tut mir sehr leid, daß ich dir das habe verkünden müssen. Aber... was sollte ich machen?" Gaby drehte sich wortlos auf dem Absatz um und verließ das Zimmer.

Fräulein Faust seufzte. Dann wandte sie sich Ulrike zu. „Nun zu dir. Du hast dich, wie du selber schon eben sagtest, nirgends eingeschrieben. Darf ich daraus schließen, daß du keinerlei besondere Interessen hast?"

„Keine Interessen, die ich mit anderen teilen möchte", erklärte Ulrike kühl.

Fräulein Faust hatte eine hübsche kleine Nase, die, wenn sie sich ärgerte, nervös zu zucken begann. Jetzt zuckte sie heftig. „Du hast es also darauf abgesehen, eine Sonderrolle zu spielen?"

„Durchaus nicht!" sagte Ulrike ganz gelassen, wobei sie sich bewußt bemühte, ihre Stimme ein paar Töne tiefer zu drücken, um ihr einen interessanten Klang zu geben. „Ich möchte nur die knappe Freizeit, die mir hier bleibt, für mich allein genießen."

„Und wie, wenn ich fragen darf?"

„Muß ich darüber Auskunft geben?"

„Ich bitte darum."

Ulrike schlug die Beine übereinander und lehnte sich bequem in ihren Sessel zurück. Fräulein Faust war nicht älter als ihre Tanten, nicht halb so elegant und bestimmt nicht gescheiter. Ulrike dachte gar nicht daran, sie ernst zu nehmen. „Sie sollten sich nicht so aufregen", sagte sie gönnerhaft, „es steht Ihnen gar nicht, und man wird vorzeitig alt dadurch!"

Fräulein Faust starrte Ulrike an, als wenn sie Chinesisch gesprochen hätte. „Was hast du gesagt?"

„Daß es gar keinen Sinn hat, wenn Sie sich so aufregen", wiederholte Ulrike gelassen. „Warum eigentlich auch? Mit der armen Gaby ist es ja wirklich ein Kreuz, das muß ich zugeben. Aber meine Schulleistungen sind doch tadellos. Ich habe mir bisher auch noch keinen einzigen Strafpunkt zu geben brauchen... was verlangen Sie denn noch von mir?"

„Daß du den Ton änderst, wenn du mit mir sprichst!" sagte Fräulein Faust aufgebracht.

„Ich spreche doch sehr höflich und nett, wie es unter zivilisierten Menschen üblich ist."

„Niemals... nicht in meinen bösesten Träumen... hätte ich eine solche Unverschämtheit für möglich gehalten!"

Ulrike erhob sich. „Ich ahne zwar nicht", sagte sie mit hochgezogenen Augenbrauen, „was ich angestellt haben soll. Aber da meine Gegenwart Ihnen offensichtlich nicht bekommt, möchte ich mich lieber zurückziehen!"

Hocherhobenen Hauptes verließ sie den Raum, jeden Augenblick gewärtig, zurückgerufen zu werden. Aber nichts dergleichen geschah.

Als Ulrike auf den Gang hinaustrat, warteten dort einige Mädchen aus anderen Zimmern. Auch sie waren bestellt, Ulrike sah spöttisch zu ihnen hin, sie hatte das Gefühl, einen leichten Sieg errungen zu haben.

Der große Reinfall

Ulrikes Bockigkeit hat Folgen. Sie wird zum Zimmerdienst und zur Gärtnereiarbeit verdonnert

Als Ulrike nach oben kam, saß Gaby mitten im Zimmer am Tisch, hatte den Kopf in den Armen vergraben und heulte.

Die rothaarige Katja stand bei ihr und versuchte sie zu trösten, und selbst Gerti Moll schien über Gabys Kummer das eigene Elend für einen Augenblick vergessen zu haben.

„Mach dir doch nichts daraus", sagte Katja, „glaubst du, du bist die einzige, der es so geht? Sybill Andersen, unsere Musikkanone, hat im vorigen Jahr sogar ihre Klavierstunden einschränken müssen, weil's bei ihr in Biologie und Physik haperte... und jetzt hat sie wieder alles eingeholt und ist fein heraus!"

„Das interessiert mich nicht", schluchzte Gaby.

„Dir wird es geradeso gehen. Du bist doch nicht blöd. Ein, zwei Monate Nachhilfestunden, und du hast's geschafft. Die Sportwettkämpfe finden ja überhaupt erst nächsten Juni statt, und bis dahin..."

Gaby hob ihr tränenüberströmtes Gesicht. „Das ist es ja gar nicht", sagte sie, „nur... diese Gemeinheit, die

ertrag ich nicht! Wenn ihr wüßtest, wie goldig Gretchen zu mir war, als ich in den Sportklub kam! Und jetzt! Das ist einfach eine Schikane! Weil sie nicht ertragen kann, daß ich besser bin als ihre Lieblinge!"
„Quatsch!"
„Kein Quatsch. Gerade darum geht es. Kunstgewerbe darf ich machen..." Gaby verstellte ihre Stimme und flötete in den süßesten Tönen: „Das wird ein hübscher Ausgleich für dich sein! Außerdem ist es ja nur eine Doppelstunde in der Woche!" Sie fuhr sich mit der Hand durch das krause braune Haar. „Wenn die sich einbildet, daß ich nicht weiß, wohin der Hase läuft..."
„Du verstehst das ganz falsch", sagte Katja ruhig. „Gaby, glaub mir doch! Gerade weil Gretchen Sportlehrerin ist, muß sie in diesem Punkt doppelt streng sein. Unser Haus liegt im Sport immer an der Spitze. Wenn sie dich in der Riege behalten hätte, würde das so aussehen, als wenn sie die Schülerinnen am Lernen hindert, bloß um eine starke Mannschaft zusammenzubekommen."
„Das ist mir egal!" schrie Gaby aufgebracht. „Eure verdammten Ehrbegriffe sind mir ganz egal! Ich will nicht jeden Nachmittag sitzen und büffeln, ich will einfach nicht!"
Katja zuckte die Achseln. „Niemand kann etwas dafür, daß du bisher gebummelt hast. Wenn du in der Stadt geblieben wärst, würdest du bestimmt nächstes Jahr sitzenbleiben!"
„Und wenn schon! Glaubst du, es stört mich vielleicht, eine Klasse zweimal zu machen?"
„Hier bei uns wirst du dazu keine Gelegenheit haben.

Auf Hartenstein bleibt niemand hängen. Wer schwerer lernt, muß mehr arbeiten. Anders macht es der Direx nicht."

Gerti Moll war von einem Bein auf das andere getreten. „Ärgere dich doch nicht, Gaby", sagte sie nett, „heute hast du ja nochmal frei, nicht wahr? Komm mit uns! Wir wollen beim Tennis zusehen."

„Ja, tu das", sagte auch Katja. „Heute sind die letzten Turniere in diesem Jahr."

Aber Gabys Enttäuschung saß zu tief. „Haut ab", sagte sie zornig, „laßt mich in Frieden. Ihr seid nicht von der Heilsarmee."

Ulrike hatte sich bisher mit keiner Silbe an diesem Gespräch beteiligt. Sie war an ihren Schrank gegangen, hatte ein Buch herausgenommen, das sie sich gestern aus der Schülerbibliothek ausgeliehen hatte.

„Ich kenn dich ja gar nicht wieder, Gaby", sagte sie jetzt spöttisch, „ich dachte immer, du wärst so begeistert von dem Betrieb hier? Bist du endlich auch darauf gekommen, daß es zum Himmel stinkt?"

„Halt du dich nur da raus!" sagte Katja, die allmählich die Geduld zu verlieren begann.

„Oh, entschuldige!" sagte Ulrike mit gespielter Bestürzung. „Entschuldige vielmals, Verehrteste, daß ich gewagt habe zu sprechen! Muß ich mir jetzt einen Strafpunkt geben? Ich mache alles, was du willst, das weißt du ja... schließlich bist du ja für uns verantwortlich, nicht wahr?"

Katja nahm Gerti Moll bei der Hand. „Gehen wir, ehe mir schlecht wird!" In der Tür drehte sie sich noch einmal um. „Ich möchte wirklich wissen, womit ich es verdient habe, ein solches Ungeheuer wie dich in meine Stube zu bekommen."

„Du darfst Katja nicht so ärgern", sagte Gaby, als sie mit Ulrike allein im Zimmer zurückgeblieben war.

„Und warum nicht? Du warst doch eben selber noch ganz schön wütend."

„Stimmt. Aber nicht auf Katja."

„Ob Katja oder Gretchen... wo ist denn da der Unterschied? Sie halten sich alle für wer weiß was, bloß, weil sie uns rumschubsen dürfen. Aber ich lasse mir nichts gefallen. Von niemandem. Wie käme ich denn dazu?"

Gaby nahm sich ein Taschentuch, wischte sich die Tränen ab und putzte sich kräftig die Nase. „Hast du das auch dem Gretchen gesagt?"

„So ungefähr. Ich habe ihr deutlich zu verstehen gegeben, daß sie mir den Buckel hinunterrutschen kann."

„Wirklich? Das hast du gesagt?"

„Was glaubst du denn? Ich lüge doch nicht."

„Was hat sie denn überhaupt von dir gewollt?"

Ulrike mußte nachdenken. „Ehrlich... das weiß ich nicht genau. Ich habe sie erst gar nicht zum Zuge kommen lassen."

„Du traust dich was!" sagte Gaby mit ehrlicher Bewunderung.

„Vor was soll ich mich denn fürchten? Das Schlimmste, was mir passieren kann, ist, daß sie mich nach Hause schicken... na, und das könnte ich gerade noch ertragen."

Ulrike glaubte in diesem Augenblick selber, was sie sagte. Aber als sie ein paar Tage später – sie hatte inzwischen ihre täglichen Freistunden weidlich genossen – zu Direktor Heilmann zitiert wurde, klopfte ihr das Herz doch gewaltig.

„Eisenbart" empfing sie in seinem Arbeitszimmer, einem altertümlichen Raum mit Spitzbogenfenstern, einem langen Eichentisch und hochlehnigen geschnitzten Stühlen. Sicher hatte das Zimmer schon genauso ausgesehen zu der Zeit, als noch Raubritter auf Burg Hartenstein hausten.

Zum erstenmal, seit sie mit ihren Eltern eingetroffen war, stand Ulrike dem Leiter des Internats gegenüber. Damals hatte er sich mehr mit den Eltern beschäftigt als mit ihr. Jetzt betrachtete er sie aufmerksam, und unter dem durchdringenden Blick seiner klugen grauen Augen wurde es Ulrike immer bänglicher zumute. Sie kam sich klein und unbedeutend vor.

Er bot ihr keinen Platz an, und sie stand ziemlich verloren vor dem riesigen Tisch, hinter dem er saß.

„Ulrike Moeller", sagte er, „du wirst dir nicht vorstellen können, warum ich dich habe kommen lassen. Soll ich es dir sagen? Aus Neugier, aus reiner Neugier. Ich habe mir das Mädchen einmal ansehen wollen, das es in kürzester Zeit fertiggebracht hat, unser gutmütiges Fräulein Faust so zu verbittern, daß sie beinahe an ihrer Eignung als Pädagogin gezweifelt hätte. Ulrike Moeller, so sieht sie also aus! Eine halbe Portion mit einem bemerkenswerten Mundwerk."

Ulrike holte tief Luft. Dennoch konnte sie nicht verhindern, daß ihre Stimme ein ganz klein wenig zitterte, als sie sagte: „Wenn Fräulein Faust mich bei Ihnen verklagt hat..."

Er unterbrach sie. „Was heißt hier... wenn? Sie hat sich über dich beschwert, und das ist doch wohl ihr gutes Recht. Oder hast du etwas dagegen einzuwenden?"

Ulrike nahm allen Mut zusammen. „Ich finde es nicht richtig", erklärte sie mit Nachdruck. „Ich möchte überhaupt wissen, was sie Ihnen gesagt hat! Ich habe ihr ja nichts getan, wirklich nicht, ich habe nur..."

„Was du gesagt oder getan hast, interessiert mich nicht im geringsten", schnitt ihr Direktor Heilmann das Wort ab. „Ja, sieh mich jetzt nur böse an! Du hast allen Grund, wütend auf mich zu sein, denn ich gebe dir keine Gelegenheit, dich zu verteidigen. Nein, sag jetzt nichts, ich will nichts hören. Ich bin ein vielbeschäftigter Mann und habe keine Lust, mir eure Ungezogenheiten anzuhören. Du hast deine Hausvorsteherin geärgert, und das mag ich nicht. Ist das klar?"

„Ja", sagte Ulrike kleinlaut.

„Sehr schön. Damit wäre dieser Punkt erledigt. Nun zu etwas anderem. Ich höre, daß du dich an keinem unserer zahlreichen Kurse und an keiner Arbeitsgruppe beteiligen willst?"

„Nein", sagte Ulrike, aber es kam alles andere als sicher heraus.

„Du möchtest also soviel wie möglich allein sein?"

„Ja."

Ulrike hatte plötzlich das Gefühl, daß der Direktor mehr Verständnis für sie hatte, als sie erwarten konnte. „Ich lese sehr viel", sagte sie.

„Du liest? Ausgezeichnet. Lesen ist eine der nützlichsten Beschäftigungen. Schreibst du vielleicht auch selber?"

„Schreiben?" fragte Ulrike verblüfft. „Was? Briefe?"
„Das auch. Aber ich dachte mehr an... Geschichten. Oder Gedichte."
„Nein", sagte Ulrike.
„Und warum nicht?"
Ulrike zögerte mit der Antwort. „Ich wüßte nicht, was ich schreiben sollte", sagte sie, „ich habe noch zu wenig erlebt."
„Eine gute Antwort. Wirklich, du überraschst mich. Ich hatte nicht gehofft, daß unsere kleine Unterhaltung so aufschlußreich werden würde. Wo nun, glaubst du, kann man denn etwas erleben? Etwas, worüber man nachher schreiben könnte?"
Ulrike dachte nach. „Auf einem Spaziergang vielleicht? Man könnte die Tiere beobachten, die Vögel, die Blumen..."
„Nicht schlecht. Ich könnte mir allerdings noch etwas Interessanteres vorstellen." Er sah Ulrike aufmunternd an, und erst, als ihr offensichtlich nichts einfiel, fügte er hinzu: „Menschen. Das Interessanteste auf dieser Welt sind wir selber und unsere lieben Mitmenschen. Ein unerschöpfliches Thema. Habe ich recht?"
„Vielleicht", sagte Ulrike zögernd.
„Ganz bestimmt. Und weil ich glaube, daß du eine schriftstellerische Ader hast, möchte ich dir Gelegenheit geben, Menschen kennenzulernen. Wenn du dich für einen unserer Kurse und Klubs entschieden hättest, würde ich mich nicht weiter um dein Wohl gekümmert haben. So aber..." Direktor Heilmann blätterte in einem Kalender auf seinem Schreibtisch, „...möchte ich mir erlauben, dein Schicksal in meine bewährten

Hände zu nehmen. Damit du dich nicht langweilst, wirst du in der Woche fünf Stunden Haushaltsdienst machen und drei Stunden in der Gärtnerei arbeiten. Dann bleibt dir zum Lesen... und vielleicht auch... Schreiben immer noch Zeit genug." Direktor Heilmann lächelte freundlich. „Ich danke dir für deinen Besuch, Ulrike, und hoffe, daß wir uns das nächste Mal unter angenehmeren Vorzeichen begegnen."

Die Verabschiedung war so deutlich, daß Ulrike nichts anderes tun konnte als einen kleinen Knicks andeuten, sich umdrehen und den Arbeitsraum des Direktors verlassen.

Sie war wie betäubt. Irgendwie hatte die Art, in der Direktor Heilmann mit ihr geredet hatte, ihr geschmeichelt. Er hatte ihr etwas zugetraut – Geschichten zu schreiben –, an das sie selber nicht einmal im Traum gedacht hatte. War es möglich, daß sie so etwas tatsächlich fertigbringen konnte?

Erst als sie in ihr Zimmer trat und ihre drei Stubengenossinnen ihr erwartungsvoll entgegensahen, fand sie wieder in die Wirklichkeit zurück.

„Fragt mich nicht, wie es war!" sagte sie. „Fragt mich nicht! Eisenbart war reizend, nett und verständnisvoll... ja, wirklich! Aber ihr braucht mich deshalb nicht zu beneiden. Er hat mich fürchterlich hereingelegt. Fünf Stunden Zimmerdienst und drei Stunden Gärtnerei! Das hat mir dieses gemeine Gretchen eingebrockt!"

Und dann warf sie sich auf ihr Bett und weinte bitterlich.

*

Nach ein paar Wochen, Mitte November, wurde Katja krank.

Anfangs versuchte sie ihre Krankheit kleinzukriegen. Sie schlang sich einen dicken Schal um den Hals, lutschte ununterbrochen Hustenbonbons, sprach, wenn man sie danach fragte, von einer „leichten Verkühlung".

Lange ließ sich das nicht durchführen. Schon wenige Tage, nachdem sie die ersten Halsschmerzen gespürt hatte, mußte sie, fieberheiß und kaum noch fähig zu schlucken, in das Krankenrevier eingeliefert werden. Sie war viel zu elend, um sich dagegen zu wehren.

Am Abend ging es wie ein Lauffeuer durch das Haus und weiter durch das ganze Internat: Katja Kramer hat Diphtherie!

Für den Theaterklub war das ein schwerer Schlag. Die Proben zu der Weihnachtsaufführung hatten bereits begonnen. Wie immer war Katja für die Hauptrolle ausersehen worden. Jetzt war sie schwerkrank, und es war nicht mehr damit zu rechnen, daß sie noch zeitig genug wieder auf den Beinen sein würde.

Natürlich gab es auch einige Mädchen, die sich bei dieser Gelegenheit endlich in den Vordergrund zu schieben versuchten. Anwärterinnen auf Katjas Rolle waren genügend da. Aber nur sie selber glaubten, daß sie ihre Rolle annähernd so gut meistern würden, wie die erkrankte Katja es gekonnt hätte.

Auch auf Katjas Stube herrschte Verwirrung. Gerti Moll, ihrer Beschützerin beraubt, lief herum wie ein verlorenes Hündchen. Gaby hatte Angst: Sie war fest überzeugt, sich bei Katja angesteckt zu haben, und fand, daß niemand ihrem Zustand genügend Beachtung schenkte. Nur Ulrike war nicht im geringsten beeindruckt. Sie war ehrlich froh, die Aufpasserin wenigstens für eine Weile vom Halse zu haben. Natürlich wünschte sie Katja keine schwere Krankheit – nein, das wäre ihr selber denn doch zu gemein erschienen – Katja tat ihr leid. Aber irgendwie fand sie doch, daß diese Krankheit die Strafe für all die Schwierigkeiten war, die die Verantwortliche ihr bereitet hatte.

Irene Sievers, die Verantwortliche für das Stockwerk, erschien auf der Stube, kaum daß Katja abgeholt worden war. Sie war ziemlich verlegen, und es dauerte eine ganze Weile, bis Ulrike begriff, warum.

Schließlich rückte Irene mit der Sprache heraus: „Hört mal her", sagte sie, „es tut mir riesig leid, aber... ich meine, ich habe Katjas Ausfall ja schon seit Tagen kommen sehen. Es ist ein schwerer Verlust, besonders für euch. Ihr seid alle drei neu, nicht wahr? Ich müßte euch also eine stellvertretende Verantwortliche geben... der Jammer ist bloß, ich habe keine. Alle, die für dieses Amt in Frage kämen, sind schon vollkommen ausgelastet. Ich hatte mehrere Ausfälle in der vorigen Woche... es ist wirklich ärgerlich."

„Soll das heißen", fragte Ulrike und achtete sehr darauf, so gleichgültig wie nur möglich zu sprechen, „es gibt niemanden, der Katjas Posten hier bei uns übernehmen könnte?"

„Niemanden... das will ich nicht sagen. Man könnte den Fall natürlich vor die Hausvorsteherin bringen. Vielleicht weiß Gretchen..." Irene Sievers schwieg und biß sich unbehaglich auf die Unterlippe.

Tatsache war, daß sie auf keinen Fall Fräulein Faust in die Sache hineinziehen wollte. Sie hatte sich seit den großen Ferien schon mehrmals bei der Hausvorsteherin Rat holen müssen – zu oft, wie Fräulein Faust fand. Sie hatte Irene gesagt, daß sie sich um größere Selbständigkeit bemühen oder ihr Amt niederlegen müßte. Das aber mochte Irene natürlich Ulrike, Gaby und Gerti, die Jahre jünger waren als sie selber, nicht eingestehen. Sie wußte auch, daß es einige unter den Großen ihres Stockwerkes gab – Henny Pfeiffer zum Beispiel oder Traudel Simson –, die bei gutem Willen durchaus imstande gewesen wären, Katjas Posten als Verantwortliche zu übernehmen. Aber eben an diesem guten Willen fehlte es. Sie hatte mit Henny und Traudel gesprochen. Die beiden hatten ihr unumwunden zu verstehen gegeben, daß sie gar nicht daran dächten, die vertrauten Zimmer zu verlassen, und sei es auch nur für ein paar Wochen. Irene Sievers war gewissenhaft und gab sich viel Mühe. Aber sie konnte sich – besonders bei den Großen – nicht die nötige Achtung verschaffen, die sie gebraucht hätte, um sich durchzusetzen. So schwieg sie denn verlegen.

„Nein, nicht Gretchen", sagte sie rasch. „Gehe nie zu deinem Fürst, wenn du nicht gerufen wirst. Gretchen würde sich nur einen Haufen neuer Vorschriften ausdenken."

„Ich meine auch", stimmte Ulrike ihr zu, „daß wir mit diesem Problem allein fertig werden sollten." Sie hätte gerne noch mehr gesagt, wollte aber ihren Wunsch, ohne Verantwortliche zu bleiben, nicht allzu deutlich zeigen.

Irene räusperte sich. „Nun, ich meine... ihr beide, Gaby und du, ihr seid doch schon ziemlich groß... und Gerti Moll dürfte ja wohl auch kein Problem sein..."

Gaby wollte etwas sagen, aber Ulrike bohrte ihr noch gerade im richtigen Moment einen ausgestreckten Zeigefinger zwischen die Rippen.

„Aua, was ist denn?" schrie Gaby.

„Wolltest du etwas fragen?" forschte Irene.

Gaby sah Ulrikes beschwörenden Blick und sagte: „Nnein... du wolltest uns gerade einen Vorschlag machen, Irene."

„Ja, ich meine... es ist natürlich nicht korrekt, sondern... na, eben, es ginge nur ganz ausnahmsweise... könntet ihr die paar Wochen, die Katja im Bett liegen muß, mal allein bleiben?"

Ulrike hätte vor Freude am liebsten einen Luftsprung gemacht. Aber sie nahm sich zusammen und fragte mit deutlicher Zurückhaltung: „Allein? Du meinst... ganz ohne Verantwortliche?"

„Nur für kurze Zeit", erklärte Irene fast entschuldigend.

Ulrike wandte sich an Gaby. „Glaubst du, das könnte klappen?"

„Aber natürlich!" Gaby grinste von einem Ohr bis zum anderen. „Was ist denn schon dabei?"

„So darfst du das auch nicht sehen", wies Irene sie zurecht, „es könnten Probleme auftauchen..."

„Wenn etwas nicht in Ordnung ist", sagte Ulrike ernsthaft, „dann dürfen wir uns doch an dich wenden, nicht wahr?"

„Ja, selbstverständlich... immer, jederzeit", sagte Irene ganz erleichtert, weil alles so glatt gegangen war. „Ihr könnt immer kommen, das gilt auch für dich, Gerti. Und sonst... ich mache euch beide gemeinsam verantwortlich, Ulrike und Gaby. Wenn irgendwas nicht klappt, seid ihr beide dran."

Irene Sievers zögerte noch einen Augenblick, dann verließ sie das Zimmer.

„Mensch, Uli!" schrie Gaby, kaum daß sich die Tür hinter Irene geschlossen hatte. „Wir sind allein! Ganz allein! Ist das nicht pfundig? Ohne Aufpasserei, ohne Nörgelei, ohne... ohne..." Sie fand vor Aufregung nicht die richtigen Worte; ihre Angst wegen der Ansteckung hatte sie vor Begeisterung vollkommen vergessen.

„Du sagst es", stimmte Ulrike ihr zu, „und wem verdankst du das? Mir. Mir ganz allein."

„Dir! Da kann ich ja bloß sagen... deine Einbildung, die möchte ich haben."

„Wie kann man bloß so blöd sein", sagte Ulrike verächtlich, „hast du wirklich nicht gemerkt, daß du durch dein albernes Grinsen beinahe alles verdorben hättest? Wenn ich dich nicht in die Rippen gestoßen hätte, hättest du womöglich noch laut geschrien: ‚Ohne Verantwortliche – au fein!'"

„Und warum nicht? Was wäre schon dabei gewesen?"

„Sag mal, Hirn hast du wohl nicht für fünf Pfennige? Wenn Irene gemerkt hätte, worauf wir aus waren, dann hätte sie doch gedacht, daß wir was im Schilde führen... logisch, wie?"

„Kann ich nicht finden. Wir freuen uns doch tatsächlich, ohne irgendwas Besonderes vorzuhaben..."

„Aber Irene hätte es gedacht. Du kennst sie doch. Sie ist so mißtrauisch. Verdrängte Minderwertigkeitsgefühle, nehme ich an."

„Ist mir zu hoch", gab Gaby unumwunden zu, „aber von mir aus... du sollst recht haben. Hauptsache, wir haben es geschafft." Sie wandte sich Gerti Moll zu, die mit hängenden Schultern beim Fenster stand. „Was ist denn los mit dir, Gerti? Freust du dich etwa nicht?"

„Ich möchte, daß Katja wieder gesund wird."

„Wird sie ja auch. Nur keine Bange, Kleine. Aber bis dahin wollen wir unsere goldene Freiheit genießen."

„Nun mach nicht so ein Gesicht, Gerti", sagte Ulrike ungeduldig, „wenn du mich fragst... es wäre ganz gut, wenn du dir endlich abgewöhnen würdest, dich an Katjas Rockzipfel zu hängen."

Gertis dunkle Augen füllten sich mit Tränen.

„Jetzt heul bloß nicht wegen nichts und wieder nichts", sagte Ulrike gereizt, „du glaubst wohl, nur du bist hier unglücklich! Andere Leute sind's genauso; sie reißen sich aber ein bißchen zusammen und plärren nicht immer so drauflos wie du."

„Das stimmt schon", sagte auch Gaby, „denk bloß mal an die zusätzlichen vielen Arbeitsstunden, die mir der Eisenbart aufgebrummt hat. Bildest du dir etwa ein, das wäre für mich ein Vergnügen!?"

Ulrike konnte den Schluß dieser Auseinandersetzung nicht abwarten. Ihr war eingefallen, daß es höchste Zeit für sie war, sich zum Haushaltsdienst zu melden. So riß sie ihre blaue Kittelschürze aus dem Schrank und trabte los.

Tatsächlich war sie überzeugt, daß sie in einem Wettstreit, wer die Unglücklichste von ihnen dreien war, bestimmt den ersten Preis verdient hätte. Während sie über den winterlichen Hof zum Hauptgebäude hinüberlief, dachte sie, daß ihr in der ganzen Zeit auf Burg Hartenstein noch niemals etwas wirklich Erfreuliches passiert war. Außer Katjas Erkrankung vielleicht. Aber das war ein Geschenk des Himmels, das mit dem Schulsystem gar nichts zu tun hatte.

Sie fand es immer noch grauenhaft im Internat.

Dabei hätte es ganz nett sein können, wenn man sie wenigstens in Ruhe gelassen hätte. Der Unterricht war interessant und die Schulbibliothek überaus reichhaltig. Aber das konnte Ulrike nicht dafür entschädigen, daß sie, seit sie hier war, niemals länger als fünf Minuten allein gewesen war. Immer waren andere um sie herum – Mädchen aus ihrer Klasse, aus ihrem Zimmer, aus dem gleichen Stockwerk. Es war zum Davonlaufen.

Das Schlimmste aber war der Haushaltsdienst. Ulrike fand ihn geradezu geisttötend. Mit einigen anderen, die, wie sie stark vermutete, auch nicht freiwillig zu dieser Arbeit gekommen waren, mußte sie die Lehrsäle ordnen, die Pulte abstauben, die Instrumente im Musikzimmer polieren – wenn Ulrike nur daran dachte, daß sie in der gleichen Zeit mit einem guten Buch in irgendeinem versteckten Winkel hocken und lesen könnte, fehlte nicht viel, und sie hätte genauso hemmungslos losgeheult wie Gerti Moll.

Innerlich schimpfend und grollend tat sie diese verpönte Arbeit, und sie begriff nicht, daß die meisten ihrer Leidensgenossinnen noch ganz vergnügt dabei waren.

Ulrike hatte zu Hause mit den Tanten zusammen immer ganz gerne Hausarbeit gemacht – aber wie anders war da alles gewesen! Sie hatte sich erwachsen gefühlt, wenn sie half, und die Tanten hatten sie über den grünen Klee gelobt.

An diesem Nachmittag war es besonders scheußlich. Sie mußten den großen Eßsaal aufräumen – Geschirr abräumen, Stühle zurechtrücken und Tische abwaschen. Wirklich keine angenehme Arbeit! Und zu allem Überfluß sang und flötete Eva Klostermann – ein Mädchen aus Ulrikes und Gabys Klasse – unentwegt dabei vor sich hin, als wäre das die vergnüglichste Sache der Welt.

Endlich konnte Ulrike es nicht mehr aushalten. „Hör auf damit!" sagte sie wütend. „Wer soll das mitanhören?"

Eva war gar nicht beleidigt. „Du!" gab sie vergnügt zurück. „Aber wenn es dir nicht paßt, mach die Ohren zu!"

„Du bist wirklich rücksichtslos!"

„Besser als dauernd so schlecht gelaunt wie du!"

„Aber ich bin doch gar nicht...", wollte Ulrike schon protestieren, dann siegte ihre Selbsterkenntnis. „Na klar bin ich schlecht gelaunt. Ich habe ja auch allen Grund dazu. Findest du etwa, daß das hier lustig ist! Ganz bestimmt nicht. Ich verstehe nicht, wie du dabei noch jodeln kannst."

„Glaubst du, es würde angenehmer, wenn wir die Nasen hängen lassen?"

Auf diese Frage wußte Ulrike nicht so rasch eine treffende Antwort, und Eva fuhr unbekümmert fort: „Der olle Eisenbart hat uns hereingelegt. Mich jedenfalls. Ich habe mir postlagernd Freßpakete schicken lassen. Weil wir doch alle Pakete, die wir bekommen, in Gegenwart unserer Hausvorsteherin öffnen müssen. Und dann lassen sie einem höchstens 'ne Tafel Schokolade oder ein paar Äpfel."

„Ja", sagte Ulrike, „ich weiß. Deshalb habe ich auch nach Hause geschrieben, daß sie mir nur Kleinigkeiten zum Essen schicken dürfen."

„Na, ich wollte es eben ganz schlau anfangen, und damit bin ich hereingefallen. Die Idee an sich war ja auch nicht schlecht. Bloß hätte ich mich nicht erwischen lassen dürfen." Eva schrubbte den langen Tisch, den sie gemeinsam bearbeiteten, daß die Seifenlauge nur so spritzte.

„Und da hat der Direx dich als Strafe zum Haushaltsdienst kommandiert?" fragte Ulrike.

„Nicht zur Strafe. Wo denkst du hin? Der Haushaltsdienst soll eine besondere Vergünstigung für mich darstellen. Alle, die hier mitarbeiten, dürfen sich doch noch ein drittesmal mittags und abends ihren Teller füllen... deshalb." Eva zog eine Grimasse. „Eisenbart sagte, er könnte nicht mitansehen, wie der Hunger mich zur Übertretung der Hausordnung verleitete... oder so ähnlich. Ich konnte mich überhaupt nicht verteidigen. Zwei Minuten war ich bei ihm drin, und als ich wieder herauskam, wußte ich gar nicht, wie mir eigentlich geschehen war."

„So ähnlich ist's mir auch gegangen", sagte Ulrike

nachdenklich. „Ich hatte gedacht, ich könnte ein paar Freistunden für mich allein herausschinden, deshalb habe ich mich zu keinem dieser blöden Klubs gemeldet..."

„Wenn's das ist", sagte Eva und ließ die Bürste sinken, „dann ist's doch gar kein Problem. Du brauchst ja bloß zu ihm zu gehen und zu sagen, du willst... na, sagen wir... in die Handballmannschaft eintreten oder bei den Briefmarkensammlern oder..."

„Den Gefallen tue ich ihm nicht", sagte Ulrike hitzig, „da kann er lange warten. Und wenn ich bis zur Reifeprüfung putzen müßte. Mich kriegt er nicht klein."

Ein böses Erwachen

Hätte Ulrike nicht doch nett sein können zur kleinen Gerti? Nun macht sie sich selbst Vorwürfe

Ulrike war wirklich sehr unglücklich. Aber das Merkwürdigste war, daß sie trotz aller Unzufriedenheit körperlich prächtig gedieh. Sie schoß nicht mehr wie ein blasser Spargel in die Länge, sondern sie setzte Muskeln und Fleisch an. Die dunklen Schatten unter den Augen – Ulrike selber hatten sie eigentlich immer sehr gefallen, weil sie ihr eine „interessante Note" gegeben hatten, wie sie sich einbildete – waren ganz verschwunden. Ihre Wangen waren voller geworden, ihre Gesichtshaut rosig, und sogar ihre Stimme hatte sich verändert; ohne es selber zu merken, redete sie jetzt meist genauso laut und lebhaft wie die anderen.

Sie hatte ständig Hunger. Natürlich schimpfte sie auch wie die anderen über das Essen, aber immer versuchte sie auch, soviel wie möglich auf ihren Teller zu häufen.

Nach Hause schrieb sie, daß sie niemals richtig satt würde, worauf die guten Tanten sofort versuchten, ihr in jedes Paket so viel wie möglich Leckereien zu schmuggeln. Manches wurde von Fräulein Faust beschlagnahmt, aber einiges durfte sie auch auf ihr Zimmer nehmen.

Solange Katja noch bei ihnen war, hatte niemand etwas heimlich für sich allein vernaschen dürfen. Ulrike und Gaby hatten ihre Schätze mit den anderen teilen müssen. Das hatten sie leichten Herzens getan, denn Katja war die reichste von ihnen. Sie hatte sehr viel Extrageld und fand immer Möglichkeiten, sich unten im Dorf einzudecken.

Nur die kleine Gerti Moll bekam nichts von zu Hause, aber da die anderen mit ihr teilten, ging es ihr auch nicht schlecht.

Seit Katja im Krankenrevier lag, war alles anders geworden. Ulrike und Gaby hatten eine sehr einfache Methode herausgefunden, den Tag zu ihrem eigenen Vergnügen zu verlängern. Abends drehten sie pünktlich das Licht aus, schlüpften in ihre Betten und stellten sich schlafend, bis Irene Sievers in ihrem Zimmer nachgeschaut hatte, ob alles in Ordnung war. Dann knipsten sie ihre Taschenlampen an und machten es sich gemütlich. Ulrike las, und Gaby aß. Beide waren sicher, daß Gerti Moll, die auf ihre Fragen nicht mehr antwortete, längst eingeschlafen war.

Eines Abends hatte Ulrike es sich mit einer Tafel Schokolade, die sie gerade an diesem Nachmittag mit einem Paket von zu Hause bekommen hatte, und einem interessanten Buch im Bett bequem gemacht. Die Schokolade schmeckte so gut, daß Ulrike noch zwischen den einzelnen Bissen das Wasser im Munde zusammenlief. Nur mit Überwindung brach sie einen Riegel ab und reichte ihn Gaby nach oben. Denn Gaby hatte ihr von ihren Näschereien auch immer etwas angeboten.

Gaby reagierte auf das Klopfzeichen – dreimal mit der großen Zehe gegen die Bodenbretter des oberen Bettes gestoßen – sofort. Sie streckte ihre Hand hinunter, nahm die Schokolade in Empfang, sagte: „Danke, prima!" Dann, während sie schon kaute, fügte sie mit vollem Mund hinzu: „Du, Uli, ich glaube, Gerti schläft noch nicht!"

Ulrike richtete sich hoch. „Was hast du gesagt?"
„Gerti schläft nicht. Sie weint."
„Na und? Was soll ich dabei tun?"
„Vielleicht... gibst du ihr ein Stück Schokolade ab?"
„Ich!? Wieso ausgerechnet ich? Sie hat mir ja auch noch niemals was gegeben."
„Weil sie nichts hat."

Eine Sekunde lang kämpfte Ulrike mit sich. Ihr besseres Ich gab ihr zaghaft zu verstehen, daß es nicht nett war, Gerti einfach zu übergehen – aber eben nur sehr zaghaft. Wenn man so großen Appetit hat, zeigt das bessere Ich meist nicht genügend Energie, und so war es auch diesmal.

„Wenn es dir leid tut", sagte Ulrike, „warum gibst du ihr dann nichts von deiner Schokolade?"

„Ich hab ja kaum was."

„Wenn du selber nicht willst, dann verschon mich auch bitte mit deinen guten Ratschlägen!"

Ulrike vertiefte sich wieder in ihr Buch, aber es war nicht mehr ganz so interessant wie vorher. Auch die Schokolade schmeckte nur noch halb so gut. Ulrike ärgerte sich über Gaby, und sie ärgerte sich über Gerti. Sehnsuchtsvoll dachte sie an zu Hause und an ihr eigenes Zimmer, in dem sie hatte tun und lassen können, was sie wollte.

War sie denn geizig? Nein, gewiß nicht. Wenn sie zu Hause Pralinen oder Schokolade gehabt hatte, dann hatte sie doch allen Erwachsenen davon angeboten, und die Tanten oder auch die Eltern hatten ein Stückchen genommen und lächelnd gedankt. Aber wie konnte man von ihr verlangen, daß sie alles mit den anderen teilte? Mit Gaby – na schön. Das war mehr ein Geschäft auf Gegenseitigkeit. Aber mit Gerti? Was ging sie denn diese Heulsuse Gerti an?

Erst als Ulrike die Schokolade bis auf den letzten Krümel verputzt hatte, wagte ihr besseres Ich sich wieder zu melden, und diesmal hatte es mehr Erfolg.

Ulrike hatte die Taschenlampe ausgeknipst und sich zum Schlafen zurechtgekuschelt. Da hörte sie Gertis leises, ersticktes Weinen. Sie begriff plötzlich, daß Gerti sehr unglücklich war – viel unglücklicher als sie selber. Sie kämpfte mit sich, und beinahe wäre sie tatsächlich noch einmal aufgestanden und zu Gertis Bett gehuscht.

Aber dann tat sie es doch nicht. Denn während sie sich noch ausdachte, was sie Gerti alles Tröstendes sagen wollte, war sie schon eingeschlafen. –

Am nächsten Tag wurde nach dem Mittagessen bei der Postverteilung auch Gerti Molls Name aufgerufen. Strahlend lief Gerti nach vorne und nahm ihren Brief entgegen.

Als sie wieder auf ihren Platz neben Ulrike zurückkam, hielt sie den Brief fest an ihr Herz gepreßt. „Von meinem Vater", sagte sie und hatte ganz glückliche Augen.

„Willst du ihn nicht aufmachen?" fragte Ulrike, die sich bemühte, freundlich zu sein.

„Nein", sagte Gerti, „den heb' ich mir auf... für später!"

Da Ulrike nicht wirklich an Gertis Brief interessiert war, kümmerte sie sich auch nicht weiter darum. Erst als Gerti ihr am Nachmittag blaß und verheult über den Weg lief, wurde es Ulrike klar, daß dieser Brief, über den Gerti sich so sehr gefreut hatte, keine guten Nachrichten enthalten hatte. Sie wollte mit ihr reden, aber da sie es eilig hatte – sie mußte ihren Dienst in der Gärtnerei antreten –, verschob sie es auf später.

Aber bevor es noch dazu kam, erhielt sie eine Nachricht, die alle ihre guten Vorsätze über den Haufen warf.

Vor dem Abendessen ging sie in den Waschraum, um sich die Hände zu säubern, als ihr ein kleines Mädchen vor die Beine lief, das sie noch nie bewußt gesehen hatte.

„Hoppla", sagte Ulrike und fing die Kleine auf. „Du bist doch nicht aus unserem Haus?"

„Nein, ich gehöre zum Haus von Frau Doktor Henning. Ich gehe in die erste Klasse."

„Weißt du nicht, daß man nicht in fremden Häusern herumrennen darf? Wenn du erwischt wirst, setzt es was. Ein Strafpunkt ist jetzt schon fällig."

„Ich habe einen Auftrag", sagte die Kleine wichtig und holte tief Luft: „Kennst du eine Ulrike Moeller?"

„Was ist mit der?"

„Das kann ich dir nicht sagen."

„Schade", sagte Ulrike und wandte sich wieder dem Waschraum zu.

Die Kleine kam ihr nachgelaufen. „Bitte, hilf mir doch! Ich muß diese Ulrike finden. Ich habe einen Brief für sie."

„Von wem?"

„Aber das darf ich ja eben nicht sagen."

Es ging auf sechs Uhr zu. Die Gänge begannen sich mit heimkommenden Schülerinnnen zu füllen. Ulrike wollte die Kleine nicht länger auf die Folter spannen. „Ich bin Ulrike Moeller", sagte sie, „also rück deinen Brief schon heraus."

„Schwindelst du mich auch nicht an?"

„Komm! Gib schon den Brief, sonst wirst du noch erwischt!"

Aber die Kleine hielt beide Hände auf dem Rücken. „Sag mir erst... wer ist deine Zimmerverantwortliche?"

„Augenblicklich haben wir gar keine", erklärte Ulrike, „früher war es Katja Kramer."

„Dann stimmt's!" Die Kleine drückte Ulrike einen Brief in die Hand und wollte verschwinden.

Ulrike packte sie bei den Zöpfen. „Stop! Woher hast du den Brief?"

„Katja hat ihn mir gegeben. Wir waren zur gleichen Zeit auf dem Revier. Aber jetzt bin ich entlassen."

„Ach so", sagte Ulrike. Sie biß sich auf die Lippen und sah der davonstiebenden Kleinen nachdenklich nach. Dann betrachtete sie den Umschlag. Es stand kein Wort darauf. Sie drehte ihn um und um, riß ihn endlich auf. Was drinnen steckte, war kein richtiger Briefbogen, sondern nur eine Seite, aus irgendeinem Schulheft gerissen.

Ulrike überflog die ersten Zeilen. „Heute hat mir der Arzt gesagt, daß es sicher noch vierzehn Tage dauert, bis ich wieder aufstehen kann." Weiter schrieb Katja dann: „Ich mache mir große Sorgen um euch. Was werdet ihr bloß alles anstellen, bis ich wieder da bin! Bitte, diese Bitte geht an dich, Ulrike, und auch an Gaby – kümmert euch um Gerti! Sie braucht viel Verständnis und Fürsorge, weil es ihr schwerer wird als den meisten anderen, sich bei uns einzuleben. Bitte, kümmert euch um sie. Behandelt sie nicht wie das fünfte Rad am Wagen. Und noch etwas: versucht, das Zimmer in Ordnung zu halten! Eßt, bitte, nicht nachts im Bett! Das ist schlecht für die Zähne! Und du, Ulrike, lies nicht zuviel! Jetzt, wo ich nicht da bin, mußt du die Verantwortung für die anderen übernehmen, denn du bist, trotz all deiner Fehler, doch die Vernünftigste von euch."

Ulrike ließ den Brief sinken. Ihr Gesicht hatte sich verfinstert. – So eine Unverschämtheit, dachte sie, was fällt denn dieser Katja ein? Wer glaubt sie denn, daß sie ist? – „Trotz all deiner Fehler!" – Als wenn sie keine hätte! So etwas von einer eingebildeten Gans! Noch vom Krankenrevier aus versucht sie, uns ihre Befehle und Anweisungen zukommen zu lassen. Aber wenn sie glaubt, daß ich nach ihrer Pfeife tanze, dann hat sie sich geschnitten!

Ulrike kämpfte mit der Versuchung, Katjas Brief kurzerhand ins Klo zu werfen und hinunterzuspülen. Dann aber überlegte sie es sich anders. Nach dem Abendessen, als alle sich zu einem Lichtbildervortrag im großen Saal versammelten, zeigte sie ihn Gaby.

„Du lieber Himmel!" sagte die Leidensgenossin. „Über was die sich Gedanken macht! Was gehen Katja unsere Zähne an. Sie muß einen Totaltick haben."

„Aber darum geht's doch gar nicht", sagte Ulrike, immer noch sehr verärgert. „Hast du das andere nicht gelesen? Wegen Gerti?"

„Na und?" gab Gaby ungerührt zurück. „Da hat sie ja recht. Wir müßten uns mehr um die Kleine kümmern."

„Dann tu's doch."

„Ich? Warum ich? Mich nimmt sie ja sowieso nicht für voll ... sonst hätte sie ja an mich und nicht an dich geschrieben."

„Ohne Katjas weise Ratschläge hätte ich heute mal mit Gerti gesprochen. Ich hatte es mir vorgenommen. Aber Vorschriften machen lasse ich mir nicht."

„Und überhaupt", stimmte Gaby ihr zu, „wie Katja sich das vorstellt. Ich mit meinen vielen Arbeitsstunden und du mit deinem blöden Haushaltsdienst ... wann hätten wir überhaupt Zeit, Kindergärtnerin zu spielen?"

„Genau. Um uns kümmert sich auch niemand. Und so viel jünger als wir ist Gerti ja gar nicht." Ulrike betrachtete das Stück Papier, das sie immer noch in der Hand hielt, mit Widerwillen. „Also, was ist? Kann ich diesen Wisch wegwerfen? Oder willst du ihn dir hinter den Spiegel stecken?"

„Ich finde, wir sollten ihn Gerti zeigen."

„Warum?"

„Nur so. Damit sie weiß, daß ihre große Beschützerin immer noch an sie denkt."

„Von mir aus", sagte Ulrike.

Der Vortrag hatte noch nicht begonnen. Alle Lichter brannten in dem großen Saal, und Hunderte von Mädchenstimmen redeten durcheinander.

Gaby und Ulrike schlängelten sich durch die Stuhlreihen und sahen sich suchend um. Aber es dauerte eine ganze Weile, bis sie Gerti Moll entdeckten. Sie saß ganz hinten, weit entfernt von ihren Klassenkameradinnen, ganz verloren zwischen lauter großen Mädchen, die nicht zu ihrem Haus gehörten.

„He, Gerti", rief Gaby Reitmann, „was machst du denn hier? Warum sitzt du denn nicht vorne bei den anderen?"

Gerti antwortete nicht. Sie saß nur ganz verstört da und starrte ihre beiden Zimmergenossinnen an wie ein erschrockenes Kaninchen.

„Hier hinten siehst du ja nichts", sagte Ulrike, „komm mit uns nach vorne!"

Jetzt endlich öffnete Gerti den Mund. „Da ist kein Platz mehr frei", sagte sie zaghaft.

„Quatsch!" Gaby sagte es barsch, aber nicht unfreundlich. „Du hast dich bloß nicht richtig umgeschaut. Notfalls treiben wir einfach ein paar Größere nach hinten."

„Ich... ich sitze hier ganz gut", murmelte Gerti.

„Ach, laß sie doch!" Ulrike war schon wieder ganz nahe daran, die Geduld zu verlieren. „Wer nicht will, der hat schon!"

„Der Brief!" sagte Gaby mahnend. „Wir wollten ihr doch den Brief zeigen."

„Ach ja. Natürlich. Aber dafür mußt du schon aufstehen, Gerti..." Ulrike musterte mißtrauisch die blonden, braunen, schwarzen und rothaarigen Köpfe ringsum. „Es ist nicht nötig, daß morgen die ganze Schule Bescheid weiß."

Gerti erhob sich so zögernd, folgte Gaby und Ulrike so furchtsam, als wenn sie Angst hätte, daß die beiden sie in eine Falle locken wollten.

„Nun stell dich bloß nicht so an", sagte Ulrike böse, „bildest du dir im Ernst ein, wir wollen dir was tun? Warum denn? So interessant bist du ja gar nicht."

„Ich weiß", sagte Gerti leise, „ihr macht euch nichts aus mir."

„Was erwartest du denn eigentlich von uns? Glaubst du etwa, ich mach mir etwas aus Gaby? Oder sie sich aus mir? Im Gegenteil, wir haben uns nie gemocht... ist das nicht wahr, Gaby! Aber jetzt, wo uns das Schicksal an den gleichen Ort verschlagen hat... sogar in dasselbe Zimmer... versuchen wir einfach, das Beste daraus zu machen. Warum kannst du das nicht?"

Gaby lachte. „Sie hat es ja noch nicht einmal versucht. Du verschwendest deine Spucke, Uli!"

Gerti hob ihr blasses spitzes Gesichtchen und sagte mit unerwarteter Würde: „Wenn ihr mich nur beschimpfen wollt..." Es sah aus, als wenn sie sich auf der Stelle umdrehen und auf ihren früheren Platz zurückgehen wollte.

„Also komm schon!" sagte Ulrike. „Du hast ein Talent, alles zu dramatisieren..."

„Kein Wunder", sagte Gaby grinsend, „sie ist ja auch im Theaterklub!"

Ulrike sah, daß Gerti schon wieder Tränen in die Augen stiegen, und sie sagte rasch: „Wir wollten dir bloß einen Brief zeigen... von deiner Katja. Ich habe ihn heute bekommen. Aber er geht auch dich an." Sie hielt Gerti den inzwischen schon reichlich mitgenommenen Bogen hin.

Aber Gerti nahm ihn nicht. Sie verbarg ihre Hände hinter dem Rücken, sagte mit zitternder Stimme: „Dir hat sie also geschrieben... und mir, wo ich so oft beim Revier gefragt habe, wie es ihr geht..."

„Nun fang bloß nicht gleich wieder an zu plärren!" rief Ulrike. „Sie hat mir ja deinetwegen geschrieben. Daß wir uns mehr um dich kümmern sollen." Plötzlich fiel ihr etwas ein, und sie fragte scharf: „Wenn du so oft beim Revier warst... hast du dann Katja etwa auch bestellen lassen, daß wir dich schlecht behandeln?"

„Nein..."

„Ach, laß doch, Ulrike", sagte Gaby, „sie wird's doch nie zugeben. Außerdem... wenn die alle naselang hinläuft, muß Katja doch den Eindruck haben, daß wir ihren Liebling schlecht behandeln. Da braucht Gerti gar nicht lange was zu..."

Gaby kam nicht dazu, den angefangenen Satz zu beenden, denn in diesem Augenblick verlöschten die Lichter, und ein vielstimmiger Aufschrei wurde laut. Ulrike und Gaby ließen Gerti Moll stehen und rannten eiligst durch den Haupteingang nach vorne. Es gab viel Lärm und Gekicher, bis die beiden im Dunkeln ihre Plätze wiedergefunden hatten, und gerade als sie saßen, ging das Licht wieder an. Es stellte sich heraus, daß das frühzeitige Erlöschen nur ein Irrtum gewesen war.

Direktor Heilmann trat auf das Podium und stellte den Gast des Abends vor – eine ehemalige Schülerin von Hartenstein, die im Auftrag einer großen Zeitung zusammen mit ihrem Mann und einer Kamera ein ganzes Jahr lang kreuz und quer durch Indien gestreift war.

Sie bekam, schon bevor sie begann, viel Beifall – schon allein deshalb, weil sie eine ehemalige Hartensteinerin war. Als sich dann aber auch noch herausstellte, daß ihr Bericht und ihre Dias unerhört interessant waren, schlug die Begeisterung hohe Wogen.

Als Ulrike und Gaby an diesem Abend ins Bett gingen, hatten sie Gerti, Katjas Brief und alles, was damit zusammenhing, völlig vergessen.

Der nächste Tag begann mit der üblichen Hetze. Nach dem Wecken schlüpfte Ulrike noch ganz schlaftrunken in ihren Trainingsanzug und zog ihre Turnschuhe an. Sie wechselte dabei kein einziges Wort mit Gaby, die genauso verschlafen war wie sie selbst. Noch während die Turmglocke läutete, raste sie die Treppen in den Hof hinunter, wo sich alle Schülerinnen auf einen schrillen Pfiff hin in Reih und Glied der Größe nach aufstellten.

Dann begann der morgendliche Namensaufruf. Er erfolgte bei allen Häusern gleichzeitig – sämtliche Schülerinnen des Internats Hartenstein mußten sich zu dieser frühen Morgenstunde auf dem Hof versammeln.

Aufruf und Antwort kamen Schlag auf Schlag, denn alle hatten nur eines im Sinn, diese lästige Sache so rasch wie möglich hinter sich zu bringen. Außerdem war es jetzt Ende November selbst im milden Bodenseeklima schon beträchtlich kalt.

Fräulein Faust las die Namen von einer Liste ab, machte nach dem Melden hinter jeden ein kleines Zeichen.

„Jürgens!" rief sie.

„Hier!"

„Kaiser!"

„Hier!"

„Kramer..." Fräulein Faust gab sich selber die Antwort: „Krank!" Sie machte ihr Zeichen, rief: „Lehnertz!"

„Hier!"

„Moeller!"

„Hier!" schrie Ulrike.

„Moll!"

Niemand meldete sich.

Fräulein Faust sah von ihrer Liste auf. „Moll!" wiederholte sie energisch und übersah suchend die ihr anvertrauten Schülerinnen.

Dann wandte sie sich an Ulrike. „Was ist mit Gerti Moll? Ist sie krank?"

„Ich weiß es nicht. Jedenfalls hat sie nichts gesagt."

Fräulein Faust machte ein Zeichen auf ihre Liste. „Sie soll sich noch vor dem Frühstück bei mir melden." Der Aufruf ging weiter.

Ulrike war zunächst nicht im geringsten beunruhigt. Dennoch dachte sie, während sie recht gemächlich hinter ihrem Vordermann her um Burg, Gärtnerei und sämtliche Sportplätze durch den kleinen Wald trabte, über Gertis seltsames Verhalten nach. Hatte sie sich vielleicht verspätet und nicht mehr recht gewagt, zum morgendlichen Aufruf nach unten zu kommen?

Wann hatte sie Gerti überhaupt zuletzt gesehen? Bei jenem Gespräch im großen Saal. Als sie und Gaby später in ihr Zimmer kamen, hatte Gerti schon im Bett gelegen. Ihre Kleidungsstücke hatte sie, wie immer, sehr säuberlich über einen Stuhl gelegt. War Gerti heute früh überhaupt aufgestanden?

Ulrike war geneigt, es zu glauben. Aber sie war ihrer Sache nicht ganz sicher. Das morgendliche Aufstehen ging immer so blitzschnell vor sich, daß sie beim besten Willen nicht entscheiden konnte, ob sie Gertis verschrecktes Gesichtchen heute, gestern oder vorgestern aus ihren Kissen hatte auftauchen sehen.

Der morgendliche Frühsport dauerte zehn Minuten, dann stürzte alles wieder nach oben. Gaby erreichte das Zimmer als erste, Ulrike folgte ihr auf dem Fuße.

„Heda! Schlafmütze!" schrie Gaby schon in der Tür, war mit zwei Sätzen über Gertis Bett, riß die Decke herunter.

Dann blieb sie mit offenem Mund, das Deckbett immer noch in der Hand, mitten im Zimmer stehen.

Auch Ulrike starrte entgeistert auf das obere Bett, in dem sie, wie Gaby, die kleine Gerti vermutet hatte.

Das Bett war leer.

Nur Gertis Schlafanzug lag drin und auf dem Kopfkissen eine Pelzmütze, die man mit etwas Phantasie und wenn sie von der Decke halb verdeckt war, gut und gerne für Gertis Haarschopf hatte halten können.

Gaby fand als erste die Sprache wieder, wenn auch das, was sie sagte, nicht gerade geistreich war. „Sie ist fort!" Sie sah auf den Stuhl, auf den Gerti Kleider und Unterwäsche sorgfältig hingelegt hatte. „Und ohne Kleider!"

Ulrike war sehr blaß geworden; sie hatte Mühe, ihre Stimme in der Gewalt zu behalten. „Die Kleider", sagte sie, „hat sie doch nur dahin gelegt, damit wir glauben sollten, sie läge schon im Bett."

„Schon? Wieso? Noch, willst du wohl sagen."

„Ich bin sicher, sie ist schon seit gestern abend fort." Ulrike öffnete den Kleiderschrank, den Gerti mit der kranken Katja teilte, musterte Gertis Eigentum. „Sie hat anscheinend ihren Wintermantel angezogen ... Kleid fehlt keines ... natürlich, Skihose und Pullover!"

Jetzt erst begann Gaby die ganze Wahrheit zu begreifen. „Du meinst ... sie ist ausgerissen?"

„Was denn sonst?"

„Gerti? Nein. Das ist doch ausgeschlossen. So etwas hätte sie sich doch nie getraut."

Ulrike nahm sich nicht die Mühe, Gaby zu überzeugen. „Wir müssen das sofort melden", sagte sie.

„Aber wir dürfen keine Zeit verlieren, sonst kommen wir zu spät zum Frühstück."

„Als wenn das jetzt noch wichtig wäre!" –

Irene Sievers war noch dabei, sich anzuziehen, als Ulrike und Gaby mit ihrer Unglücksbotschaft erschienen. Sie war mindestens ebenso erschrocken wie die beiden selber.

„Das ist ja entsetzlich", konnte sie nur immer wieder sagen, „grauenhaft ... seid ihr auch sicher?"

Sie folgte Ulrike und Gaby in ihr Zimmer, untersuchte den Schauplatz persönlich, sagte mit schwacher Stimme: „Ich muß sofort zu Fräulein Faust!" Dann, schon an der Tür, fügte sie hinzu: „Sprecht mit niemandem darüber, hört ihr! Mit niemandem!"

Obwohl Ulrike und Gaby sich streng an diese Weisung hielten, ging das Gerücht von der Flucht der kleinen Gerti Moll wie ein Lauffeuer durch das Haus und darüber hinaus durch das ganze Internat. Es wurde mit den tollsten Phantasien verknüpft. Die einen behaupteten, Gerti habe sich an einer Strickleiter aus dem Fenster gelassen und sei auf diese Weise geflohen. Als Grund für ihre Flucht wurde angegeben, sie sei ein Zirkuskind und hätte wieder zu ihren Leuten zurückgewollt. Andere tuschelten, Gerti sei überhaupt nicht geflohen, sondern entführt worden, weil man von ihrem Vater Lösegeld erpressen wollte.

Tatsache jedoch und für jeden erkennbar war: Gerti Moll blieb verschwunden. Fräulein Faust kam sehr erregt aus dem Zimmer von Direktor Heilmann. Irene Sievers wurde als Verantwortliche für das Stockwerk abberufen, Henny Pfeiffer trat an ihre Stelle. Schweigend sahen Irenes ehemalige Schützlinge zu, wie sie ihr Einzelzimmer mit Sack und Pack verließ und Henny

Platz machte – schlimmer noch: sie mußte in Ulrikes und Gabys Zimmer ziehen, in dem jetzt ja zwei Betten frei standen.

Ulrike spürte bei diesem jammervollen Umzug kein bißchen Schadenfreude. Sie fühlte sich selber viel zu elend, um jemand anderem einen Reinfall zu gönnen.

„Irene", sagte sie, viel zaghafter, als es sonst ihre Art war, „es tut mir leid!"

Irene bemühte sich krampfhaft, Haltung zu bewahren. „Mir auch", sagte sie mit einem schiefen Lächeln, „das kannst du mir glauben."

„Es war meine Schuld", bekannte Ulrike. „Wenn ich besser aufgepaßt hätte, wäre das nie passiert."

„Nett, daß du mich entlasten willst. Aber du bildest dir was ein. Ich war für euch verantwortlich, und ich habe versagt. Ich hätte euch nie allein lassen dürfen ... ausgerechnet drei Neue. Der Eisenbart ..." Ihre Stimme brach, und sie wandte sich rasch ab.

Ulrike begriff, daß jedes weitere Wort die Demütigung, die Irene empfand, nur noch vertiefen konnte. So machte sie sich stumm davon.

Zum erstenmal in ihrem Leben hatte sie das peinliche Gefühl, daß andere für ihr Versagen litten. Wenn sie wenigstens selber auch bestraft worden wäre, wäre alles leichter zu ertragen gewesen.

Aber um sie und Gaby kümmerte sich kein Mensch. Niemand machte ihr auch nur den leisesten Vorwurf, nicht einmal ein böser Blick traf sie.

Und dennoch fühlte Ulrike sich im Grunde ihrer Seele ganz allein an Gertis Flucht schuldig.

Immer wieder mußte sie daran denken, wie oft sie

ihr gegenüber ungeduldig, gereizt, gleichgültig gewesen war. Niemals hatte sie der Kleinen auch nur ein gutes Wort, ein freundliches Lächeln, einen Scherz gegönnt. Wie verzweifelt mußte die arme Gerti gewesen sein, daß sie tatsächlich bei Nacht und Nebel ausgebrochen war!

Ulrike hatte in den ersten Wochen ihrer Anwesenheit auf Burg Hartenstein selber mehr als einmal mit diesem Gedanken gespielt. Daß sie trotz ihrer inneren Auflehnung gegen das Internat niemals den Versuch gemacht hatte, diesen Plan auszuführen, lag vor allen Dingen daran, daß der Mut sie im letzten Augenblick immer wieder verlassen hatte. Sich mutterseelenallein, mit nur ein paar Mark in der Tasche, nach Hause durchzuschlagen, davor war sie doch immer wieder zurückgeschreckt.

Aber Gerti hatte es gewagt, obwohl sie viel zarter und viel unselbständiger war als Ulrike. Wie groß mußte ihre Verzweiflung gewesen sein!

Ulrikes Stimmung war düster, aber das fiel niemandem auf. Es war, als ob sich über das ganze sonst so lebhafte Internat ein dunkler Schatten gelegt hatte. Selbst diejenigen, die Gerti Moll gar nicht gekannt hatten, warteten jetzt auf eine Nachricht, wo sie geblieben war. Gertis Flucht und das große Rätselraten um ihren Verbleib waren Gesprächsthema auf Hartenstein.

Am Abend hielt Ulrike es nicht länger aus. Sie mußte mit irgendeinem Menschen über Gerti sprechen. Mit Gaby war das unmöglich. Gaby begriff gar nicht, wieso Ulrike sich Vorwürfe machte.

So schlich sich Ulrike denn nach dem Abendessen

ins Krankenrevier hinüber. Sie wußte, daß man wegen der Ansteckungsgefahr nicht zu Katja hinein durfte. Aber sie hoffte, durch den Türspalt mit ihr sprechen zu können.

Zögernd betrat sie die Station, die in einem einzeln stehenden Nebengebäude der alten Burg untergebracht war. Von einer hellen kleinen Diele führten weiß lakkierte Türen – wahrscheinlich in die Krankenzimmer, dachte Ulrike. Keine Schwester war weit und breit zu sehen. Wenn sie gewußt hätte, in welchem Zimmer Katja lag, hätte sie ohne weiteres eintreten können.

Ulrike überlegte noch, was sie tun sollte, als eine der Türen sich öffnete und eine ältliche Schwester, mit einem Tablett in den Händen, herauskam.

„Was machst du denn hier?" fragte sie streng.

In diesem Augenblick verließ Ulrike aller Mut. Ihr wurde klar, daß sich mit dieser Schwester schwer verhandeln ließ. „Nichts", sagte sie, „entschuldigen Sie, bitte..." Sie wollte sich rasch aus dem Staube machen. Aber ein beschwörendes „Halt!" der Schwester brachte sie zum Stehen. „Du hast doch sicher jemanden besuchen wollen?"

„Ja", gab Ulrike widerwillig zu, „Katja Kramer!"

„Da hast du Glück. Gerade heute hat der Herr Doktor gesagt, daß Katja nicht mehr ansteckend ist." Die Schwester wies mit ihrem Ellenbogen auf eine der Türen. „Geh nur hinein! Sie wird sich freuen!"

Katja lag blaß in ihren Kissen. Es war ihr anzusehen, daß sie sehr krank gewesen war. Selbst ihr rotes Haar und ihre blauen Augen wirkten nicht mehr so strahlend wie früher.

„Guten Abend, Katja", sagte Ulrike und blieb verlegen in der Tür stehen. Plötzlich fiel ihr ein, daß Katja vielleicht noch gar nichts von Gertis Flucht gehört hatte.

„Du kommst wegen Gerti?" fragte Katja.

„Ja..."

„Dann ist es also wahr. Sie ist fort." Katja atmete schwer. „Ich hatte gehofft, es wäre ihr vielleicht doch nicht gelungen."

„Es tut mir leid", sagte Ulrike, „ich weiß, es war meine Schuld. Ich habe deinen Brief bekommen, aber gerade deswegen..." Sie wußte nicht weiter.

„Nimm es nicht so schwer", sagte Katja überraschend, „wir sind alle schuld."

„Du doch nicht!"

„Gerade ich. Ich habe mir eingebildet, es ganz schlau anzufangen, dabei habe ich alles falsch gemacht. Komm, setz dich doch ... oder ist es schon zu spät? Ich möchte nicht, daß du dir meinetwegen einen Strafpunkt geben mußt."

„Darauf kommt es nun auch nicht mehr an", sagte Ulrike und zog sich einen Stuhl an Katjas Bett.

„Stimmt auffallend." Katja zögerte, dann sagte sie: „Ich habe eine Nachricht von Gerti bekommen. Willst du sie lesen?"

„Wann?" fragte Ulrike. „Ich meine ... soll das heißen ... ist sie ..."

„Vor ihrer Flucht", erklärte Katja, „sie hat mir eine Mitteilung unter der Tür durchgeschoben. Heute früh hat die Schwester sie gefunden." Sie holte Gertis Brief unter dem Kopfkissen hervor. „Da, lies nur! Wahrscheinlich wird es dich beruhigen ... aber halt, warte noch!" sagte sie, als Ulrike zugreifen wollte. „Erst muß ich dir erklären. Ich habe euch nie gesagt ... wahrscheinlich hätte ich es tun sollen, dann hättet ihr bestimmt mehr Verständnis für Gerti gehabt..., daß sie keine Mutter mehr hat. Ihre Mutter ist schon vor ein paar Jahren gestorben. Sie hat, bis sie nach Hartenstein kam, mit ihrem Vater zusammengelebt. Mit ihrem Vater und einer alten Haushälterin. Als diese kündigte, hat Herr Moll Gerti ins Internat gegeben."

„Hm", sagte Ulrike, „keine Mutter zu haben ... das muß sehr schlimm sein."

„Das Allerschlimmste. Aber es geht weiter; Gerti hat nicht ins Internat gewollt. Sie hat immer noch gehofft, daß ihr Vater sie zurückholen würde. Aber dann hat er ihr geschrieben, daß er heiraten wird. Seine Sekretärin. ‚Wenn du Weihnachten nach Hause kommst, wirst du eine neue Mutter haben!' So, wie wenn das für Gerti ein Grund zu himmelhochjauchzender Freude sein müßte." Jetzt gab sie Ulrike endlich Gertis Brief. „Aber da, lies selber. Es steht alles drin. Sie ist in der irren Hoffnung geflohen, den Vater im letzten Augenblick doch noch von diesem Schritt zurückhalten zu können..."

Ulrike überflog, was Gerti in ihren kindlichen Krikkelkrakel-Buchstaben aufgeschrieben hatte. Sie sah Katja an: „Aber warum hast du uns das nicht erzählt? Daß sie keine Mutter hat, meine ich?"

„Weil ich überschlau sein wollte. Ich dachte, es wäre besser, niemand außer mir wüßte das ... niemand würde etwas davon erwähnen. Ich dachte, so käme sie besser über alles weg." Katja seufzte. „Aber es war grundfalsch."

„Du hast es gut gemeint." Ulrike reichte Gertis Brief zurück.

„Was nutzt das schon?"

„Eine Menge. Jedenfalls brauchst du nicht wie ich das Gefühl zu haben, daß du dich schäbig benommen hast. Mir ist scheußlich zumute."

„Weil niemand dir Vorwürfe macht?" fragte Katja hellsichtig. „So was habe ich auch schon mal erlebt. Ein guter Rat ... knall dir selber einen Schwung Strafpunkte auf. Wenn du erst einmal hin und zurück nach Pochingen gelaufen bist, fühlst du dich unter Garantie besser."

„Aber Gerti nützt das gar nichts." Ulrike stand auf. „Was würde ich drum geben, wenn ich wüßte, wo sie jetzt steckt! Glaubst du, daß sie wirklich bis nach Hause gekommen ist? Und wenn, daß ihr Vater sie behalten wird? Oder ... so ein kleines Ding! Wie leicht kann ihr etwas zugestoßen sein!"

„Das glaube ich nicht", sagte Katja ruhig, „mach dich nicht verrückt, Ulrike. Gerti ist nicht die erste, die versucht hat auszureißen. Bisher sind alle immer noch wohlbehalten nach Hartenstein zurückgebracht worden."

Ein neuer Anfang

*Eine kleine Geschichte bringt eine große Wende für
Ulrike: Sie darf in der vielgefragten Redaktion
mitarbeiten*

Katja Kramer behielt recht. Schon am nächsten Morgen – Ulrike hatte die unruhigste Nacht ihres Lebens verbracht – ging das Gerücht durch das Internat, Gerti Moll sei in Hannover von der Polizei aufgegriffen worden.

Wie an den meisten Schulgerüchten war auch an diesem etwas Wahres. Gerti Moll hatte versucht, per Anhalter in ihre Heimatstadt zu kommen. Bis Nienburg an der Weser war sie von einem Lastkraftwagen mitgenommen worden. Dann war sie an einer Tankstelle in einen Personenwagen umgestiegen, in dem ein Herr und eine Dame saßen. Die merkten gleich, daß mit Gerti etwas nicht in Ordnung war. Unterwegs versuchten sie sie auszufragen. Gerti versuchte zu schwindeln. Doch dadurch wurde das Ehepaar noch mißtrauischer. Sie lieferten Gerti in Hannover auf einer Polizeiwache ab.

Einzelheiten über Gertis Flucht wußte man in Hartenstein natürlich noch nicht. So hatten die Klatschbasen und Märchenerzähler Anlaß, ihren Zungen freien Lauf zu lassen. Gertis Flucht und Festnahme wurde zu einer richtigen Moritat. Ulrike, die sonst immer einen kühlen Kopf behielt, war diesmal von den umlaufenden Geschichten sehr beeindruckt. Gaby dagegen genoß den Fall geradezu und flunkerte tüchtig mit.

Die Naturkundestunde fiel aus, weil Dr. Schütz verreiste. Aha – überlegten die Mädchen –, er wird Gerti in Hannover abholen! Er ist ja ihr Klassenlehrer...

Ulrike befolgte Katjas Rat. Sie gab sich soviele Strafpunkte, bis sie zwölf beisammen hatte und eine Fußwanderung fällig war. Gaby war auch gerade so weit, daß sie zum Strafmarsch antreten mußte, schon zum zweitenmal. Durch ihre Unordnung und Unpünktlichkeit hatte sie es soweit gebracht. Außerdem hatte sie sich selber ein paarmal beim Abschreiben erwischt.

Sie wanderten schweigend, wie es Vorschrift war. Ulrike und Gaby waren nicht die einzigen, die an diesem kühlen sonnigen Samstagnachmittag auf der Landstraße unterwegs waren. Vor ihnen und hinter ihnen marschierten andere straffällig gewordene Hartensteinerinnen.

Ulrike mußte sich Mühe geben, diese Wanderung als Strafe zu empfinden. In Wahrheit war es außerordentlich wohltuend, an diesem schönen Vorwintertag drauflozumarschieren. Am freien Samstagnachmittag kamen die meisten Klubs, Vereine und Arbeitsgruppen zusammen. – Aber Ulrike versäumte in diesen beiden Stunden nicht das geringste. Es fiel ihr auch nicht schwer zu schweigen, und auf Gabys Geplauder zu verzichten war ihr nur angenehm. Sie konnte ihren Gedanken freien Lauf lassen, und merkwürdig, je weiter sie vorwärts schritt, desto mehr verzogen sich die dunklen Ängste und Selbstvorwürfe, die sie in den letzten Tagen beherrscht hatten. Immer stärker wurde das Gefühl, daß alles noch gut werden könnte.

Gegen vier Uhr trafen sie auf der Burg ein. Da hatte Ulrike innerlich alles, was Gertis Flucht und ihre Schuld daran betraf, wieder und wieder durchgekaut und fühlte plötzlich das Bedürfnis, die ganze Geschichte niederzuschreiben. Sie setzte sich in die Bibliothek, wo es auch Lesetische gab, schrieb und schrieb, bis die Glocke zum Abendessen läutete. Sie steckte das Heft, das sie benutzt hatte, in ihre Bluse und lief zum Eßsaal hinüber.

Auch jetzt noch war Gertis Flucht Thema Numero eins. Ulrike dagegen dachte an ihre eigene Geschichte. Hatte sie auch die wesentlichsten Punkte erfaßt? Hatte sie nichts ausgelassen? Sie wartete auf den Augenblick, wo sie auf ihrem Zimmer sein und endlich noch einmal alles von Anfang an durchlesen konnte.

Aber dann hatte sie einen anderen Einfall. Sie lief zur Krankenstation. Diesmal fragte sie nicht um Erlaubnis, Katja sprechen zu dürfen, sondern sie gab der energischen Schwester ihr vollgeschriebenes Heft mit der Bitte, es Katja zu geben.

In dieser Nacht – nach einem langen Gebet, das mit vielen guten Vorsätzen gespickt war – schlief Ulrike tief und traumlos. Beim Aufwachen hatte sich das Gefühl, daß alles wieder in Ordnung kommen würde, noch verstärkt.

Sie war gar nicht überrascht, als nach der Kirche ein kleines Mädchen aus Gertis Klasse zu ihr und Gaby gelaufen kam und erzählte, Gerti sei wieder da.

„Sie liegt jetzt auf der Krankenstation", berichtete die Kleine aufgeregt, „schon ganz früh heute morgen soll sie gekommen sein, nur haben wir's nicht gewußt."

„Ist sie denn krank?" fragte Ulrike erschrocken.

„Ach wo! Quietschfidel ist sie. Bloß ... der Herr Direktor hat's so angeordnet, damit sie sich erholen kann und überhaupt!"

Gaby wollte noch etwas fragen, aber die Kleine hatte sich schon wieder umgedreht. „Keine Zeit mehr!" zwitscherte sie. „Ich muß sie doch besuchen ... unsere ganze Klasse besucht sie heute!"

„Na, das muß eine tolle Erholung sein", sagte Gaby und grinste. „Wollen wir auch mal 'rüber?"

„Sinnlos", antwortete Ulrike, „entweder darf sie keinen Besuch kriegen, oder ihr Zimmer wird gestopft voll sein. Ich warte lieber, bis sich der erste Ansturm gelegt hat." Es genügte ihr, daß Gerti gerettet und in Sicherheit war.

Sie mußte sich jetzt mit anderen Problemen befassen. Sie hatte eingesehen, daß ihre Haltung Gerti gegenüber ganz falsch gewesen war, und das hatte sie nachdenklich gemacht. Vielleicht war ihr Widerwille, sich in die Gemeinschaft auf Burg Hartenstein einzufügen, genauso verkehrt.

Ihr Vater hatte gewünscht, daß sie so viele Kurse wie möglich mitmachen sollte. Schon aus Trotz hatte sich alles in ihr dagegen gesträubt. War es aber nicht töricht, immer weiter diesen schrecklichen Haushaltsdienst zu machen statt Hockey zu spielen oder töpfern zu lernen?

Die Arbeit in der Gärtnerei mochte noch angehen,

gestand sich Ulrike. Dort waren sie zu dreien oder vieren, und die Aufgaben, mit denen der alte Gärtner sie beschäftigte, waren auf ihre Art interessant. Besonders das Umtopfen der kleinen Pflänzchen in größere Behälter liebte Ulrike. Dazu brauchte man Fingerspitzengefühl, und es war hübsch, von einem zum anderen Mal zu erleben, wie die kleinen Pflanzen wieder gewachsen waren.

Aber der Haushaltsdienst – nein. Sie hatte genug davon. Am liebsten hätte sie sich sofort bei einer Arbeitsgruppe angemeldet, nur um von der lästigen Putzerei loszukommen. Doch sie mußte natürlich erst den Direktor fragen, und zu diesem Gang konnte sie sich nicht überwinden.

So saß sie denn an diesem schönen Sonntagmorgen wieder einmal ganz allein auf ihrem Zimmer – aber diesmal in einer anderen Stimmung als sonst. Bisher hatte sie es genossen, allein zu sein. Wenn jemand neben ihr nur herumkramte, während sie lesen oder einen Brief schreiben oder auch nur nachdenken wollte, hatte das sie gestört. Mit einemmal fühlte sie sich aus der Gemeinschaft ausgestoßen.

Irene Sievers war schon seit Jahren auf Hartenstein. Deshalb fühlte sie sich hier wie zu Hause und lebte mitten in der Gemeinschaft. Aber auch Gaby, die nicht einen Tag länger auf der Burg war als Ulrike selber, hatte Anschluß, soviel sie wollte. Sie kannte jede Schülerin im eigenen Haus und noch eine ganze Anzahl aus den anderen Häusern. Sie wußte alle Schulgeschichten und konnte über jedes Thema mitreden. Viel wichtiger aber war – sie war beliebt. Jeder hatte die fröhliche, unbekümmerte Gaby gern, während Ulrike nur eben geduldet wurde.

Sie machte sich nichts mehr vor. Sie wußte: es lag nur an ihr, daß sie keine Freundinnen hatte. Bisher hatte sie das nie gestört, plötzlich erschien es ihr wie ein Makel. Sie ging zum Fenster, sah die anderen Gruppen und Grüppchen beieinanderstehen und fühlte sich sehr elend.

Sie war immer so überzeugt gewesen, in jeder Beziehung untadelig zu sein. In Wirklichkeit war sie nichts als eine eingebildete Gans. Sie hatte wahrhaftig geglaubt, es mit Erwachsenen aufnehmen zu können – und das erstemal in ihrem Leben, da sie sich hätte bewähren können, hatte sie kläglich versagt. Sie hatte nicht auf Gerti aufgepaßt, und wenn die Kleine jetzt wohlbehalten wieder zurückgekommen war, so hatte sie gar nichts dazu getan.

Den ganzen Sonntag blieb Ulrike für sich allein – wie immer, wenn sie nicht gezwungen war, mit den anderen zusammen zu sein. Am Abend hielt sie es nicht länger aus. Sie lief zur Krankenstation hinüber. Seit ihrem letzten Gespräch hatte sie das Gefühl, daß Katja Kramer als einzige einen Rat für sie haben würde.

Ohne jemandem zu begegnen, drang sie bis zu Katjas Krankenzimmer vor, klopfte leise an die Tür und trat ein.

Ein überraschendes Bild bot sich. Katja war nicht mehr allein, ein zweites Bett war in ihr Zimmer gestellt worden, und in diesem zweiten Bett saß die kleine Gerti.

Aber nicht das war es, was Ulrike so sehr verblüffte, sondern etwas anderes: Gertis Gesichtsausdruck. Sie war fast nicht wiederzuerkennen. Ihre Backen glühten, ihre großen dunklen Augen strahlten. Sie erzählte – sicher zum fünfzigstenmal heute – einer Schar von Bewunderinnen die Geschichte ihrer Flucht. Ihr Nachttisch sah aus wie nach einem Geburtstag. Mitschülerinnen hatten Geschenke herbeigeschleppt: Äpfel und Apfelsinen, Schokolade, Blumen, ja sogar Bücher.

Ulrike stand immer noch ganz verblüfft in der Tür – Gerti und ihre Bewunderinnen hatten ihren Eintritt nicht einmal bemerkt. Da sprach Katja sie an. „Hei, Ulrike ... willst du mich besuchen? Oder unseren Star?"

Ulrike näherte sich langsam Katjas Bett. „Geht das den ganzen Tag so?" fragte sie.

„Seit die Kirche aus ist. Es herrscht ein Treiben, daß ich allen Ernstes den Entschluß gefaßt habe, recht bald wieder gesund zu werden."

„Daß so etwas erlaubt ist!" Ulrike konnte ihre Mißbilligung nicht unterdrücken.

„Absicht", behauptete Katja. „Eisenbart denkt wahrscheinlich ... je eher Gerti es allen erzählt hat, desto schneller schwindet das Interesse."

Ulrike beobachtete immer noch das andere Bett. „Gerti fühlt sich jedenfalls im siebten Himmel." Sie seufzte leicht. „Aber ich gönn es ihr ... wirklich, Katja, sieh mich nicht so an! Ich gönn's ihr von Herzen."

In diesem Augenblick hatte Gerti sie entdeckt. „Ulrike!"

Ulrike drehte sich zu ihrem Bett hin um. „Freut mich, daß es dir so gut geht!" sagte sie mit einer kleinen Grimasse.

„Sie hat Furchtbares mitgemacht!" rief eine von Gertis Bewunderinnen ganz empört.

„Sicher. Aber sie hat's gut überstanden."

„Soll ich's dir erzählen?" fragte Gerti.

„Von mir aus." Ulrike gelang es beim besten Willen nicht, liebenswürdiger zu sein.

Während Gerti berichtete, konnte sie gar nicht richtig zuhören. Sie hatte den starken Verdacht, daß Gerti im Laufe des Tages die Geschichte ihrer Flucht immer mehr und mehr ausgeschmückt hatte, so daß jetzt, kurz vor dem Schlafengehen, kaum noch ein wahrer Kern zu finden war.

„Wirklich toll", sagte sie, als Gerti geendet hatte und die anderen Zuhörerinnen in lebhafte Fragen und Begeisterung ausbrachen, „das hätte ich dir gar nicht zugetraut."

„Nicht wahr?" sagte Gerti strahlend. „Ihr habt mich immer für eine Zimperliese gehalten, aber in Wirklichkeit..."

"... bist du 'ne Wolke!" ergänzte eine ihrer Bewunderinnen bereitwillig.

Ulrike war erleichtert, als sie sich endlich wieder zu Katjas Bett zurückziehen konnte.

„Enttäuscht?" fragte Katja lächelnd.

„Wie sollte ich?"

„Es wäre doch nur natürlich. Wenn Gerti schwer verunglückt oder gar tot zurückgekommen wäre, dann hättest du dich bestimmt vor Reue zerwuzzelt... aber diese neue, selbstbewußte und vergnügte Gerti paßt einfach nicht in das Bild, das du dir von ihr gemacht hast..."

„In deines etwa? Solange sie bei uns war, hat sie doch immer nur geheult."

„Ihr fehlte eben ein gewisser Auftrieb ... die allgemeine Anerkennung ... und die hat sie jetzt in vollem Maße."

„Komisch", sagte Ulrike, immer noch sehr wenig überzeugt, „und daß sie keine Mutter hat ... und daß ihr Vater eine andere heiraten will, das spielt nun plötzlich alles gar keine Rolle mehr?"

„Nicht die geringste. Sie weiß jetzt, wohin sie gehört..."

„Wenn ich das bloß auch von mir sagen könnte!" platzte Ulrike heraus.

Sie schämte sich ein wenig über dieses Bekenntnis – ausgerechnet Katja gegenüber, die sie doch lange Zeit hindurch so heftig abgelehnt hatte. Andererseits hoffte sie im geheimen, daß Katja auf ihre Sorgen eingehen würde.

Katja tat nichts dergleichen. „Kommt Zeit, kommt Rat", sagte sie lächelnd. „Warte es ab!"

Der Dezember, der Weihnachtsmonat, kam heran. Im Internat herrschte überall eifrige Tätigkeit. Die Mitglieder des Theaterklubs stöhnten über die vielen Proben, die angesetzt waren. Das Stück – die Arbeit einer ehemaligen Hartensteinerin – sollte am letzten Tag vor Ferienbeginn aufgeführt werden. Katja Kramer war wieder gesund und in ihre alte Stube zurückgekehrt, aber sie spielte diesmal nicht mit. Sie hatte die Aufgabe einer „künstlerischen Beraterin" übernommen.

Gaby Reitmann war froh, daß Fräulein Faust ihr den Eintritt in den Theaterklub verwehrt hatte. Sie schwor auf den Bastelkurs, den sie mitmachte. Tatsächlich hatte sie schon für alle Mitglieder ihrer großen Familie reizende Geschenke hergestellt – selbstgetöpferte Vasen und Schalen, Kästchen in Laubsägearbeit und einen kleinen Turner am Reck für ihren jüngsten Bruder.

Ulrike beneidete Gaby um diese neu erworbene Kunstfertigkeit. Sie war bisher nicht dazugekommen, etwas zu basteln, weder für die Tanten noch für die Eltern. Sie mußte in der Stadt Geschenke einkaufen.

Alle anderen schienen es besser zu haben als sie. Denn auch die anderen Arbeitsgruppen beschäftigten sich in der Vorweihnachtszeit mit Basteleien. Alle Vorbereitungen gingen sehr geheimnisvoll vor sich, und Ulrike fühlte sich ausgeschlossen.

Immer wieder versuchte sie sich einzureden, daß sie allen Grund zur Freude hatte. Bald würden die Ferien beginnen. Sie durfte heim zu ihren Tanten fahren – endlich wieder einmal richtig ausschlafen, endlich wieder ein eigenes Zimmer zur Verfügung haben, an einem weiß gedeckten Tisch mit silbernem Besteck essen, gut zubereitete kleine Mahlzeiten und nicht den berüchtigten „Schlangenfraß", wie das Gemeinschaftsessen sogar von den begeisterten Hartensteinern bezeichnet wurde.

Dennoch empfand sie keine rechte Freude. Sie litt unter dem Bewußtsein, daß sie dem Leben auf Hartenstein nicht gewachsen war. Wenn sie mitansehen mußte, wie Gaby behutsam ihre selbstgefertigten Geschenke Stück für Stück verpackte, wie Gerti – eine fröhliche, ganz und gar veränderte Gerti – sich immer wieder von Katja ihre Rolle im Weihnachtsstück abhören ließ, fühlte sie sich elend und übergangen. Am liebsten hätte sie sich in eine dunkle Ecke verkrochen, um nichts mehr zu sehen und zu hören.

Aber auf Hartenstein gab es keine dunklen Ecken. Niemand, ob er sich in die Gemeinschaft fügte oder sich dagegen sträubte, war je wirklich allein. Ulrike blieb nichts anderes übrig, als ihr inneres Elend hinter einem betont hochnäsigen und ablehnenden Wesen zu verbergen.

Ganz besonders kränkte es sie, daß Katja Kramer mit keinem Wort auf ihre Niederschrift zurückkam, die sie ihr in die Krankenstation geschickt hatte. – Vielleicht war sie für Katja wirklich nicht interessant. Vielleicht hat sie sogar darüber gelacht, dachte Ulrike. Trotzdem hätte sie doch mit mir darüber reden oder mir wenigstens das Heft ohne Kommentar zurückgeben können!

Aber sie war zu stolz, Katja von sich aus zu erinnern.

Am 15. Dezember, zwei Tage vor Beginn der Weihnachtsferien, die bis zum 15. Januar dauern sollten, kam die neueste Nummer des „Hartensteiner Boten" heraus. Das war die Schulzeitung des Internates und von Schülerinnen selbst herausgegeben. Es gab auf der Burg eine richtige kleine Setzerei. Dort stellte die Redaktion der Zeitung eigenhändig den Satz zusammen. Eine Druckerei in Überlingen druckte dann.

Der „Hartensteiner Bote" erschien in über fünfhundert Exemplaren. Alle Schülerinnen erhielten ihn kostenlos. Papier, Druck und Porto wurden von Spenden früherer Schüler bestritten. Die Weihnachtsnummer war, wie jedes Jahr, mit Rücksicht auf die Eltern gestaltet worden, die zahlreich zur Feier erwartet wurden.

Die Ausgabe einer neuen Zeitungsnummer war immer ein Ereignis auf Burg Hartenstein. Die Schülerinnen rissen sich die Exemplare gegenseitig aus den Händen. Wie Fliegen auf den Honig, so stürzten sie sich auf die neuesten Nachrichten, auf Schulklatsch, Schulwitze und auch auf die sehr offene Kritik, die der „Bote" übte.

Ulrike war diesmal auf die Lektüre genauso neugierig wie alle anderen, aber sie wollte es sich um keinen Preis anmerken lassen. Deshalb ging sie erst dann zum Essensschalter, wo – statt Suppe und Kartoffeln – die Schulzeitung ausgegeben wurde, als fast alle anderen ihr Blatt schon eifrig lasen.

„Mensch, Uli!" schrie Gaby plötzlich, als Ulrike sich mit betonter Gelassenheit dem Schalter näherte. „Hier steht was von dir drin!"

Ulrike wurde abwechselnd blaß und rot. Da war sie gewiß zum Zielpunkt einer jener berühmt-berüchtigten Glossen des „Boten" geworden, die bei allen, die nicht selbst betroffen waren, hellsten Jubel auslösten. Am liebsten wäre sie auf und davon gelaufen. Aber sie wußte, daß sie auch auf diese Weise dem Spott ihrer Mitschülerinnen nicht entgehen konnte.

So preßte sie denn die Lippen zusammen, bemühte sich, ein möglichst gleichmütiges Gesicht zu machen, und schritt, ohne links und rechts zu blicken, auf den Schalter zu.

Gaby ahnte nicht, was in Ulrike vor sich ging. „Mensch, guck doch mal, hier ... dein Name schwarz auf weiß. Ulrike Moeller! Mensch, hast du schon jemals deinen Namen gedruckt gesehen?" Sie versuchte, Ulrike am Arm festzuhalten.

Ulrike riß sich los. „Das interessiert mich nicht", sagte sie kalt und stolzierte weiter. Sie spürte mit Entsetzen, wie sich mehr als fünfzig Augenpaare mit unverhohlener Neugier auf sie richteten. „Ein Blatt, bitte", sagte sie am Schalter, und Traudel Simson, die Chefredakteurin, die die Zeitungsausgabe persönlich kontrollierte, übergab ihr eine Zeitung.

Gaby hatte ein dickes Fell, sie fühlte sich durch Ulrikes unfreundlichen Ton gar nicht beleidigt. „Ach so!" sagte sie nur. „Du wußtest es schon! Natürlich, das hätte ich mir denken können! Aber du bist wirklich eine Geheimniskrämerin ... warum hast du mir denn keinen Ton davon gesagt? Ich habe ja nicht einmal geahnt, daß du schreiben kannst!"

Ulrike hatte eigentlich vorgehabt, die Zeitung allein für sich in irgendeinem Winkel zu lesen, aber das hielt sie nun doch nicht durch. Mit zitternden Händen begann sie zu blättern, überflog die neuesten Nachrichten, die Glosse, die angesichts der Weihnachtszeit diesmal ziemlich mild ausgefallen war, fand jedoch nirgends ihren Namen. „Wo?" fragte sie Gaby.

„Hinten im Feuilleton", sagte Gaby und sprach das schwierige Wort so falsch wie nur möglich aus, „was hattest du denn gedacht?"

Ulrike blätterte bis zur vorletzten Seite, las die fettgedruckten Buchstaben „Die Flucht", darunter, etwas kleiner, aber durchaus nicht undeutlicher: „Eine Erzählung von Ulrike Moeller". Sie überflog die ersten Zeilen, stellte – fassungslos vor Überraschung – fest, daß es sich tatsächlich um ihre Niederschrift handelte, die sie vor Wochen in der Aufregung und Sorge um Gertis Flucht geschrieben hatte.

Sie war so überwältigt, daß sie sich setzen mußte. „Ich habe nichts gewußt", sagte sie atemlos, sah zu dem Kreis von Mitschülerinnen auf, die sich um sie drängten. „Stellt euch vor ... ich hatte keine Ahnung!"

„Quatsch", sagte ein älteres Mädchen gar nicht überzeugt, „du mußt die Geschichte doch eingereicht haben!"

„Habe ich eben nicht! Nicht mal dran gedacht habe ich!"

„Aber wie kommt sie denn dann in die Zeitung?"

„Katja hat es getan ... ja, nur Katja kann es gewesen sein! Der habe ich die Sache zu lesen gegeben!"

„Egal wie", sagte Irene Sievers, die auch bei der Gruppe stand, „die Geschichte ist gut ... ganz große Klasse sogar! Ich bin zwar noch nicht zum Schluß gekommen ... aber man braucht ja eine Suppe auch nicht bis zum letzten Löffel aufzuessen, um festzustellen, ob sie versalzen ist."

Es wurde gelacht, der kleine Auflauf verlief sich. Ulrike blieb allein zurück. Jetzt endlich konnte sie ihre eigene Geschichte lesen. Wie anders sah sie jetzt aus, als sie gedruckt war, wieviel endgültiger stand jedes einzelne Wort! Ulrike konnte es kaum fassen, daß sie selber diese anschaulichen Schilderungen geschrieben haben sollte!

Nach und nach kam sie darauf, daß einiges gestrichen, manches geändert worden war. Sie hätte sich fast ein wenig darüber geärgert, aber dann siegte ihre bessere Einsicht. Die Fassung, die die Redakteurin vom „Hartensteiner Boten" ihrer Erzählung gegeben hatte, war ausgezeichnet; bestimmt war es nur ein Gewinn, daß sie das Ganze gerafft, Übertreibungen und Wiederholungen kurzerhand gestrichen hatte.

Ulrike war sehr glücklich. Den ganzen Tag ging sie wie im Traum einher, hätte ihr Zeitungsexemplar am liebsten keine Sekunde aus der Hand gelassen.

Nach der Arbeitsstunde schrieb sie – zum erstenmal, seit sie im Internat war – einen wirklich langen und ausführlichen Brief an ihre Eltern in Iran und legte den Zeitungsausschnitt mit ihrer Geschichte bei.

Erst als sie den Brief in den Kasten geworfen hatte, wurde ihr klar, daß sie jetzt ihr einziges Exemplar zerschnitten hatte. Sie machte sich auf, um Traudel Simson zu suchen, von der man, jedoch gegen Bezahlung, noch weitere Zeitungen bekommen konnte.

Sie fand Traudel in ihrem Zimmer, wäre aber an der Tür beinahe wieder zurückgewichen. Der kleine Raum war gestopft voll mit Traudels Klassenkameradinnen, die zu einer Besprechung hier zusammengekommen waren. Die Mädchen hockten zu dreien und vieren auf den unteren und oberen Betten, auf der Fensterbank und auf dem Tisch und schwatzten miteinander.

Doch ehe Ulrike sich zurückziehen konnte, hatte Traudel sie schon entdeckt. Sie hüpfte mit Schwung vom Tisch, sagte: „Du, Ulrike? Gut, daß du kommst!" Zu den anderen gewandt: „Entschuldigt mich bitte fünf Minuten!" Sie trat mit Ulrike auf den Gang hinaus. „Was willst du? Exemplare? Kriegst du morgen, sind jetzt alle in der Redaktion eingeschlossen ... halt, lauf doch nicht gleich weg! Ich muß über etwas anderes mit dir reden."

„Ja?" sagte Ulrike ziemlich beklommen. Sie hatte das Gefühl, daß jetzt gleich eine Enttäuschung kommen würde, weil ihr Glückszustand schon viel zu lange gedauert hatte.

„Es ist etwas sehr Unangenehmes passiert", sagte Traudel Simson auch tatsächlich, „vielleicht hast du schon davon gehört ... Susanne Kohlhammer, ein Mitglied unserer Redaktion, das nun wirklich schreiben konnte, hat in diesem ersten Vierteljahr ein paar saumäßige Klassenarbeiten geliefert. Eisenbart hat ihr daraufhin Nachhilfestunden aufgebrummt, daß es nur so kracht. Sie fällt also für unsere Redaktion die nächste Zeit flach ..."

Mit Erleichterung hatte Ulrike festgestellt, daß sich die peinliche Eröffnung nicht auf sie bezog. Jetzt begann sie schon zu ahnen, auf was Traudel hinaus wollte, wagte es aber einfach noch nicht zu glauben.

„Hättest du nicht Lust, bei uns mitzumachen?" fragte Traudel. „Damit wir uns nicht falsch verstehen: Das ist kein Vorschlag von mir. Die Redaktion hatte gestern eine Konferenz und hat über dieses Thema beraten. Dabei haben wir beschlossen, dich zur Mitarbeit aufzufordern ..."

„Du meinst, ich soll Geschichten schreiben?"

„Auch das. Aber vor allem natürlich Artikel, Kritiken, Berichte ... wir werden sehen, für was wir dich jeweils einsetzen. Wir geben uns alle Mühe, nicht zu einseitig zu werden ... das wird ja auch in deinem Sinne sein."

„Natürlich", sagte Ulrike ganz verwirrt.

„Also ... willst du?"

„Ich möchte gern", sagte Ulrike, „ich weiß auch, daß es eine große Ehre ist. Es ist einfach fabelhaft, möchte ich sagen ..." Sie stockte. „Aber vielleicht wißt ihr nicht, ich habe sehr wenig Zeit. Ich habe Haushaltsdienst und..."

„Macht nichts", sagte Traudel rasch, „unsere Zeitung geht vor, Redaktionsarbeit ist wichtiger als alles andere ... außer Nachhilfestunden natürlich oder Teilnahme beim Sport, falls man in der ersten Mannschaft ist..."

„Du meinst also, Eisenbart wird es gestatten?"

„Du brauchst ihn nicht einmal zu fragen. Das geht ganz automatisch."

„Dann", sagte Ulrike, „ja, dann bin ich riesig froh, daß ihr mich aufgefordert habt ... und ich nehme mit Freuden an!"

„Sehr gut", sagte Traudel und streckte Ulrike die Hand hin, „dann ist das also abgemacht. Du kriegst Nachricht, wann die erste Sitzung nach den Ferien ist."

Ulrike schlug ein.

Sie stand noch lange Zeit, als Traudel längst wieder zu den anderen zurückgegangen war, auf dem gleichen Fleck und starrte ihr nach.

Sie war in die Redaktion gewählt worden – ausgerechnet sie, Ulrike Moeller! Dann war sie also doch gar nicht so unbeliebt, wie sie geglaubt hatte, dann hatte sie ja auch Erfolg gehabt, mindestens soviel Erfolg wie Gaby, Gerti, Katja und die anderen.

Die Zimmergenossinnen freuten sich mit Ulrike – ehrlich und ohne Neid. Ulrike bedankte sich bei Katja und, mit einem kleinen Augenzwinkern, auch bei Gerti, die ihr ja den Stoff für die Geschichte geliefert hatte.

Auf einmal spürte auch Ulrike die Vorfreude auf Weihnachten. Sie konnte es kaum noch abwarten, wieder zu Hause bei den Tanten zu sein – nicht weil sie von Hartenstein weg wollte, jetzt, wo es gerade erst begann, interessant zu werden. Nein, sie hatte das dringende Bedürfnis, Tante Sonja und Tante Emmy alles zu berichten, was sie erlebt hatte.

Dazu sollte sie eher Gelegenheit haben, als sie gedacht hatte. Am Abschiedstag, an dem viele Väter und Mütter auf Burg Hartenstein eintrafen, um an der Weihnachtsfeier teilzunehmen und ihre Kinder persönlich abzuholen, trudelten auch die Tanten in ihrem kleinen schneeweißen Sportwagen ein. Sie hatten heimlich ein Zimmer im Ort bestellt.

Die Freude des Wiedersehens war auf beiden Seiten groß. Ulrike führte ihre Tanten durch die ganze Burg, besonders zu der Ausstellung, in der die Schülerinnen ihre Arbeiten zeigten – Zeichnungen, Aquarelle, Handarbeiten, Töpfereien, ja, sogar Schmiedearbeiten.

Mit ihnen zusammen erlebte sie auch das Weihnachtsstück des Theaterklubs. Es wurde ein schöner Erfolg. Gerti erhielt großen Beifall. Sie hatte einen kleinen Frechdachs zu spielen, eine Rolle, die sie dank Katjas ausdauernder Hilfe sehr gut meisterte.

Auch Gertis Vater kam zu der Aufführung. Er erschien mit einer Dame – sicherlich Gertis künftiger Stiefmutter. Ulrike fand sie sehr nett.

An diesem Tag gingen alle glücklich und zufrieden zu Bett, auch Katja, die am nächsten Tag zu ihrer Mutter nach London fliegen durfte.

Als schon das Licht gelöscht war, beugte sich Gaby noch einmal zu Ulrike hinunter und sagte: „Du, Uli, soll ich dir was Tolles erzählen? Der Direx hat mich heute angesprochen. Er sagt, nach Weihnachten kann ich mit den Nachhilfestunden aufhören ... bis auf weiteres, versteht sich ..., weil ich meine Lücken aufgeholt habe. Ist das nicht toll?"

„Gratuliere", sagte Ulrike schon ganz verschlafen; die wechselvollen Ereignisse des Tages hatten sie sehr müde gemacht.

Aber plötzlich fiel ihr etwas ein, und sie wurde wieder hellwach. „Du, Gaby", wisperte sie, „wie kommst du morgen eigentlich nach Hause? Von deinen Leuten war ja niemand da."

„Mit dem Bus und der Eisenbahn."

„Willst du nicht lieber mit uns fahren? Mit dem Auto geht's doch viel bequemer."

„Mit besonderem Vergnügen ... falls ihr überhaupt genug Platz in eurem Wägelchen habt."

„Ich werde meine Tanten fragen."

Das tat Ulrike am nächsten Morgen, und da die Tanten fast kein Gepäck hatten, konnte auch Gaby noch in dem kleinen Wagen verstaut werden.

„Mir scheint, ihr beiden seid inzwischen doch Freundinnen geworden!" sagte Tante Sonja lächelnd.

Ulrike und Gaby sahen sich an. „Freundinnen?" sagten beide wie aus einem Mund, und sie begannen vergnügt zu lachen.

„Nein, Hartensteinerinnen!" erklärte Ulrike.

Eifrige Reporterin

Ulrike ist gefragt und angesehen, macht sich aber durch ihre überhebliche Kritik Feinde

In den ersten Januartagen fuhren Ulrike Moeller und Gaby Reitmann aus ihrer Heimatstadt zurück nach Burg Hartenstein.

Hätte jemand im Herbst Ulrike prophezeit, daß sie eines Tages im besten Einvernehmen mit Gaby reisen und sich auf Burg Hartenstein sogar freuen würde, dann hätte sie ihm wahrscheinlich an die Stirne getippt und etwas von „überhitzter Phantasie" gemurmelt.

Und nun fuhr sie zurück ins Internat mit dem Gefühl, ganz dorthin zu gehören.

Nach den ersten Begrüßungen ging das Leben und Treiben im Internat weiter wie seit eh und je. Aber für Ulrike war alles anders geworden.

Ulrike sah jetzt alles mit anderen Augen. Sie hatte begriffen, daß alle diese Regeln und Vorschriften einen guten Sinn besaßen – die von der Schulleitung festgelegten genauso wie die ungeschriebenen, die sich die Schülerinnen selber gegeben hatten.

Oder kam es einfach daher, daß sie jetzt dazu gehörte? Ja, es war tatsächlich so: Ulrike hatte die Gesetze der Gemeinschaft anerkannt, und die anderen Mädchen behandelten sie nicht mehr als Einzelgängerin, sondern als eine der Ihren.

Katja, die ernste Fünfzehnjährige, hatte nach den Ferien ihr Amt als Zimmerverantwortliche, Z. V. genannt, wieder übernommen. Und soviel Ärger und Kummer es anfangs mit Ulrike, Gaby und Gerti gegeben hatte – nun schien es, als könne sie sich endlich an ihren Sorgenkindern freuen.

Denn auch die kleine Gerti Moll schien sich gewandelt zu haben. Sie schluchzte nachts nicht mehr wie ein verängstigtes Kaninchen oder schlich hinter der bewunderten Katja Kramer her; sie hatte ihren Platz unter den gleichaltrigen Jüngsten des Internats gefunden. Eigentlich kam sie nur noch zur Nachmittagsruhe, zum Umziehen und zum Schlafen ins Zimmer.

Gaby Reitmann, vergnügt und unternehmungslustig wie immer, machte es genauso. Sie brauchte, laut Erlaß von Direktor Heilmann, dem „Eisenbart", wie die Schülerinnen ihn nannten, keine Nachhilfestunden mehr zu nehmen. Aber sie hatte die scheußliche Zeit, in der fast ihre ganzen Nachmittage mit Extrastunden ausgefüllt gewesen waren, nicht vergessen und war eifrig bemüht, nicht mehr zurückzufallen. Endlich hatte sie ihr ersehntes Ziel erreicht und war in den Sportklub aufgenommen worden. Als hervorragende Turnerin war sie sofort in die erste Mannschaft, die Sportriege des Hauses, eingeteilt worden und verbrachte jede freie Minute beim Training.

Selbst die Ordnung klappte vorzüglich, seit Ulrike sich angewöhnt hatte, ohne große Worte hinter der hudeligen Gaby herzuräumen.

Eine Tatsache war es, die Ulrike gegen ihre Natur zu kameradschaftlichem Verhalten anspornte und sie alle Unbequemlichkeiten und Härten des Internatslebens klaglos ertragen ließ: Sie arbeitete als Reporterin für den „Hartensteiner Boten" und durfte sogar bei den allwöchentlichen Redaktionssitzungen mitreden.

Das brachte eine Menge Vorteile mit sich. Ulrike hatte Zugang zu allen Klubs, Vereinen, Arbeitsgemeinschaften des Internats und deren Veranstaltungen; es war sogar ihre Pflicht, sich über alles zu informieren, was auf Burg Hartenstein geschah. Wo sie auftauchte, kam man ihr mit betonter Höflichkeit entgegen, denn jeder Kreis legte natürlich Wert darauf, in der Internatszeitschrift lobend erwähnt zu werden. Außerdem durfte Ulrike lesen, soviel sie wollte, es war einzusehen, daß sie auch geistige Anregung für ihre Tätigkeit brauchte.

Ulrike fühlte sich großartig und merkte gar nicht, daß sie drauf und dran war, wieder in den leicht überheblichen Ton zurückzufallen, der sie in den ersten Monaten im Internat so unbeliebt gemacht hatte. Sie hatte das Gefühl, über den Dingen zu stehen, und das machte sie manchmal ausgesprochen unausstehlich. Aber da sie als Mitarbeiterin an der Zeitschrift einen gewissen Einfluß besaß, ließ man es ihr durchgehen: niemand mochte sich mit ihr anlegen.

An einem Sonntag Ende Februar hatte der Zeichen- und Malklub seine erste Ausstellung im neuen Jahr eröffnet. Am Vormittag nach der Kirche war ein großes Gedränge in dem oberen Saal des Hauptgebäudes gewesen, wo die Bilder hingen. Jetzt, gleich nach der Mittagsruhe, war es verhältnismäßig leer. Ulrike benutzte diese Stille, um, mit Notizblock und Bleistift bewaffnet, von Bild zu Bild zu schlendern. Mit kritischem Gesicht – die dünnen, schön geschwungenen Augenbrauen hochgezogen, die schmale Nase leicht gerümpft – kritzelte sie allerlei Stichworte als Gedächtnisstützen auf das geduldige Papier.

Sie war so in ihre Betrachtungen vertieft, daß sie Katja Kramer gar nicht herankommen sah. Katja war sehr fesch in einem flaschengrünen Rollkragenpullover, der ihr fabelhaft zu dem schimmernden roten Haar und den leuchtend grünen Augen stand.

„Großartig, nicht wahr?" sagte sie anerkennend und deutete auf das Aquarell einer Winterlandschaft: Im Vordergrund stand eine verschneite Birke an einem zugefrorenen Bächlein.

„Nun ja", erklärte Ulrike blasiert, „recht nett."

„Was?!" Katja starrte sie aus weit aufgerissenen Augen an. „Das gefällt dir etwa nicht?"

Ulrike zuckte die Achseln. „Verlangst du, daß ich vor diesem Bildchen in Begeisterungsstürme ausbreche?!"

„Nein! Aber daß du die ehrliche Arbeit anderer anerkennst!"

Ulrike setzte ihre Stimme tiefer an, sprach in jenem getragenen, leicht nasalen Ton, den sie selber todschick fand, der jedem anderen aber an den Nerven reißen mußte. „Ehrliche Arbeit ... du sagst es! Aber um ein

Kunstwerk zu schaffen, braucht es wohl doch etwas mehr."

Katja holte tief Atem, um die Beherrschung nicht zu verlieren. „Ach, du bist ja verrückt", sagte sie mit erzwungener Ruhe, „was verstehst du denn schon davon!"

„Vielleicht mehr als du denkst", erwiderte Ulrike herablassend.

Katja packte sie beim Arm. „Jetzt hör mich einmal an, jeder wird es dir bestätigen ... dies hier ist das beste Bild der ganzen Ausstellung!"

Ulrike steckte mit einem Schulterzucken ihren Bleistift ein, wandte sich ab. „Eben."

Katja lockerte ihren Griff nicht, riß sie zu sich herum. „Was soll das heißen?"

Ulrike erwiderte ihren flammenden Blick, ohne mit der Wimper zu zucken. „Genau das, was ich gesagt habe. Ich muß doch wohl nicht jedes Wort wiederholen, damit du es verstehst?"

„Du meinst also, daß diese Ausstellung nicht gut ist?"

„Du hast eine schnelle Auffassungsgabe."

„Und du willst das etwa auch im ‚Boten' schreiben?"

„Warum nicht? Ich glaube nicht, daß du mich daran hindern kannst!"

„Ulrike", sagte Katja beschwörend, „bist du denn wirklich unfähig, zu begreifen, mit wieviel Fleiß, wieviel Freude, wieviel ehrlichem Bemühen jedes einzelne dieser Bilder, von denen du so verächtlich sprichst, gestaltet worden ist?"

„Um so schlimmer, daß nicht mehr dabei herausgekommen ist", erwiderte Ulrike kühl. „Schau dich nur einmal um ... allein zwölf Linolschnitte, vierzehn Kreidezeichnungen, ich habe sie gezählt. Mir kann man nichts vormachen. Die vom Mal- und Zeichenklub haben gerade solche Techniken gewählt, durch die sich mit dem geringsten Können der größte Effekt erzielen läßt."

„Du sprichst wie ein Buch! Wo hast du das gelesen?"

„In einem Fachbuch. Irgend etwas dagegen einzuwenden?"

„Ja! Ich will nicht, daß du das schreibst! Ich will nicht, daß du den anderen die Freude verdirbst, ich will nicht..."

„Du hast nichts zu wollen, meine liebe Katja! Es genügt, wenn du mich als Z. V. von früh bis spät schikanierst. Meine Zeitungsarbeit geht dich gar nichts an."

Ulrike gelang es, sich mit einem scharfen Ruck aus Katjas Griff zu befreien. Den schmalen Kopf mit dem silberblonden Haar hocherhoben, schritt sie davon, die Erhabenheit in Person.

Aber Katja war noch nicht bereit, aufzugeben. Sie lief hinter Ulrike her, und es gelang ihr, sie gerade noch am Ausgang einzuholen.

„Hör mal, Ulrike", sagte sie, „vielleicht hast du mich falsch verstanden..."

„Gewiß nicht!"

„... ich gebe ja zu, wir haben schon bessere Ausstellungen gehabt!"

„Na also!"

Katja wollte sich einfach nicht unterbrechen lassen. „Aber darauf kommt es doch nicht an", erklärte sie unbeirrt, „wichtig ist doch bloß, daß jeder sein Bestes gegeben hat!"

„Finde ich nicht", behauptete Ulrike von oben herab. „Das Beste ist nicht immer gut genug. Was man in einer Ausstellung zeigt, hört auf, eine Privatsache zu sein. Von mir aus können die in ihrem Mal- und Zeichenklub machen, was sie wollen. Doch daß wir ihre öden Kritzeleien bewundern sollen, finde ich ein bißchen viel verlangt."

„Aber sie haben das Recht, einen Querschnitt durch ihre Arbeit zu zeigen."

„Sicher. Dann müssen sie sich auch gefallen lassen, daß man sie kritisiert."

Katja sah Ulrike mit einem sonderbaren Ausdruck an. „Wie kannst du nur so eingebildet und selbstgerecht sein! Als wenn du selber nie einen Fehler gemacht hättest."

Ulrike wurde rot. Katjas Bemerkung erinnerte sie unliebsam an jene Zeit, als sie vor Selbstvorwürfen fast nicht schlafen konnte, weil sie sich mitschuldig daran fühlte, daß die kleine Gerti Moll fortgelaufen war.

„Sehr taktvoll!" sagte sie giftig. „Aber es hilft dir nichts, wenn du versuchst, die Dinge zu verdrehen. Ich habe nie behauptet, daß ich unfehlbar bin. Doch vom Zeichnen verstehe ich zufällig etwas, und ich sage dir ... es ist höchste Zeit, daß in diesen vergammelten Klub mal ein frischer Wind hineinbläst. Und das werde ich auch im ‚Boten' schreiben."

„Warum trittst du nicht dem Klub bei und versuchst, die Dinge von innen heraus zu ändern? Warum zeigst du ihnen nicht, wie man es besser macht?"

„Das, liebe Katja, ist nicht meine Aufgabe!" Ulrike warf einen Blick auf ihre Armbanduhr. „Ich hoffe, du erlaubst, daß ich mich jetzt zurückziehe. Ich habe heute noch einiges zu erledigen."

Ulrike stolzierte davon, und Katja ärgerte sich über sich selber.

Warum konnte sie nicht endlich damit aufhören, sich für alle anderen verantwortlich zu fühlen? Ulrike würde schon selber sehen, wie weit sie mit ihrer unverschämten Haltung kam. Die Redaktion vom „Hartensteiner Boten" würde bestimmt nicht ohne weiteres abdrucken, was Ulrike anbrachte. Traudel Simson, die Chefredakteurin, war ein ausgesprochen vernünftiges Mädchen. Wie wäre es, wenn sie mal mit ihr sprechen würde?

Dieser Gedanke erschien Katja als eine gute Lösung. Sie entschloß sich, ihn sofort in die Tat umzusetzen.

Ulrike ahnte nichts von Katjas Vorhaben, und auch wenn sie es gewußt hätte, würde es sie nicht beunruhigt haben. Es tat ihr zwar ein wenig leid, daß sie schon wieder mit ihrer Zimmerverantwortlichen aneinandergeraten war, aber sie fühlte sich durchaus im Recht. Es wäre ja noch schöner, wenn sie sich Vorschriften machen lassen sollte, was sie in der Internatszeitung zu schreiben hatte! Zugegeben, Katja war fast fünfzehn, also beinahe drei Jahre älter als sie selber, zugegeben, sie war klug und meinte es gut; doch das durfte nicht dazu führen, daß sie ihre Nase in alles, aber auch alles steckte! Na ja, bei ihr war sie schlecht damit angekommen, das geschah ihr nur recht. Vielleicht würde es ihr für die Zukunft eine Lehre sein.

Sehr mit sich zufrieden trat Ulrike in den Burghof hinaus. Es war ein kalter, unfreundlicher Wintertag; nur wenige Mädchen waren draußen. Auf den Dächern lag dünner Schnee, der Himmel war grau und trostlos.

Ulrike, die keinen Mantel mitgenommen hatte, fröstelte in ihrer Jacke. Sie beeilte sich, den Hof zu überqueren und das Nebengebäude zu erreichen, in dem ihr Zimmer lag. Fünf solcher Häuser standen neben dem Haupthaus um den Burghof herum.

Schon von weitem hörte sie lebhaftes Stimmengewirr, und als sie die Tür aufstieß, sah sie, daß das halbe Haus im Flur versammelt war. Alle drängten sich um das Schwarze Brett, an dem eine neue Mitteilung angeschlagen war.

Ulrike versuchte, sich einen Weg nach vorn zu bahnen.

„Was ist los?" fragte sie. „Bitte, laßt mich durch! Ich bin doch von der Zeitung!" Sie fummelte den Ausweis, den alle Mitglieder des „Hartensteiner Boten" stets bei sich trugen, aus der Tasche, hielt ihn hoch in die Luft. „Presse!"

Sie verzog keine Miene, als alle Köpfe zu ihr herumfuhren.

„Mensch, du hast's aber wichtig!" rief Gisela Schütz.
„Gib bloß nicht so an!" mahnte Hertha Kaiser.

Auch die anderen murrten oder lachten. Aber Ulrike hatte ihren Zweck erreicht. Man ließ sie vor.

Dicht beim Schwarzen Brett stand – wie konnte es anders sein? – Gaby Reitmann, immer die erste, wenn irgend etwas los war.

„Ulrike, alte Bohnenstange!" schrie sie und hopste

vor Begeisterung von einem Fuß auf den anderen. "Stell dir bloß vor! Wir fahren ins Schilager!"

"Wer?"

"Jeder, der will! Siehst du denn nicht, hier steht's doch ... vierzehntägige Schikurse im Allgäu für Anfänger und Fortgeschrittene! Du, da mach ich mit!"

"Nicht so hastig", sagte Irene Sievers, "es stehen drei große Wenn davor! *Wenn* die Schneeverhältnisse im Februar günstig sind, *wenn* deine Regierung zu Hause es erlaubt und *wenn* deine Schulleistungen dir gestatten, vierzehn Tage mit dem Unterricht auszusetzen!"

"Kleinigkeit!" rief Gaby. "Das werde ich schon schaffen! Wo ein Wille ist, da ist auch ein Weg, wie mein Familienoberhaupt zu sagen pflegt!"

"Na, du scheinst ja fabelhafte Beziehungen zum ollen Petrus zu haben", rief eine von hinten, und die anderen lachten.

"Ich darf bestimmt nicht", klagte Gerti Moll, "mein Vater wird es nie erlauben, und Schier habe ich auch nicht!"

"Mach dir nichts draus", tröstete eine andere Kleine, "was glaubst du, wie schön es hier sein wird, wenn die Hälfte weg ist!"

"Hälfte ist nun doch wohl übertrieben", erklärte Irene Sievers, "mehr als zwanzig dürfen nie auf einmal fort."

So wurde noch eine ganze Weile über das Für und Wider der Beteiligung an einem Schikurs geredet, bis sich die Gruppe auflöste.

Ulrike war eine der ersten, die die Treppe zu ihrem Zimmer hinaufging.

Gaby Reitmann lief ihr nach. Vor lauter Eifer nahm sie immer zwei Stufen auf einmal. „Ich muß sofort nach Hause schreiben", sagte sie atemlos, als sie Ulrike erreicht hatte. „Meine Eltern sind bestimmt einverstanden; fragt sich bloß, ob mein großer Bruder mir seine Schier leiht. Du machst doch auch mit, was?"

„Ich denke gar nicht daran", gab Ulrike hochmütig zurück.

„Ja, aber warum denn nicht?" Vor lauter Staunen vergaß Gaby weiterzugehen und blieb mitten auf der Treppe stehen.

„Weil ich sehr froh sein werde, wenn ich Fräulein Faust einmal vierzehn Tage lang nicht zu Gesicht bekomme!"

„Bloß weil ‚Gretchen' die Kurse leitet? Also hör mal, sei kein Frosch, was kann die dir denn schon antun?"

„Nichts."

„Na also! Dann..."

Ulrike fiel ihr ins Wort. „Kennst du mich eigentlich immer noch so wenig? Ich habe nicht die geringste Lust, mir beim Schifahren die Haxen zu brechen. Du solltest doch schon langsam gemerkt haben, daß ich nicht der sportliche Typ bin!"

„Stimmt", gab Gaby ohne weiteres zu, „aber Schi fahren ist doch schließlich etwas anderes als Turnen! Ich habe da mal einen Film gesehen..."

„Bitte, Gaby, verschone mich!"

Gaby war nicht im gerinsten beleidigt. „Wie du willst", sagte sie, „bloß, ich hätt's großartig gefunden, wenn du mitgemacht hättest."

Plötzlich spürte Ulrike eine beschämende Verwunderung darüber, daß Gaby immer noch zu ihr hielt, obwohl sie sich selber doch alles andere als freundschaftlich ihr gegenüber verhielt, oft sogar mehr als unausstehlich war.

„Sei mir nicht böse", sagte sie versöhnlich, „aber ich passe nun einmal nicht zu so was. Ich würde bloß den ganzen Kurs aufhalten und euch anderen den Spaß verderben. Glaub mir, es ist viel besser, wenn ich hier bleibe. Aber ich werde dir beide Däumchen halten, daß es bei dir klappt."

„Tu das", sagte Gaby getröstet, „ich kann's brauchen!"

Es war gar nicht so einfach, Traudel Simson zu finden.

Katja suchte das ganze Internatsgebäude ab. Ohne Erfolg. Traudel war weder auf ihrem Zimmer noch in der Bibliothek, im Park oder in einem der Versammlungsräume der einzelnen Klubs. Schließlich bekam Katja heraus, daß Traudel ins Dorf gegangen war – als Chefredakteurin der Internatszeitung durfte sie das jederzeit, ohne die für jeden anderen erforderliche Sondererlaubnis einzuholen.

Katja blieb nichts anderes übrig als zu warten. Erst war sie darüber sehr ärgerlich, dann aber kam sie zu der Einsicht, daß ein Aufschub auch seine guten Seiten hatte. So hatte sie Gelegenheit, sich zurechtzulegen, was sie sagen wollte, und ihren Zorn verrauchen zu lassen.

Sie erwischte Traudel Simson erst nach dem Abendessen, als die Schülerinnen aus dem Speisesaal in ihre einzelnen Häuser zurückströmten. Sie machte sich an

Traudel, die in einer Gruppe größerer Mädchen den Hof überquerte, heran.

„Du Traudel, hast du fünf Minuten Zeit für mich?"

„Was gibt's?" fragte Traudel, die sich aus der Unterhaltung gerissen fühlte, nicht eben erfreut.

„Könnten wir irgendwo in Ruhe sprechen?"

Traudel zögerte eine Sekunde. Dann sagte sie: „Na schön. Komm mit auf mein Zimmer."

Katja wartete ab, bis Traudel sich von ihren Freundinnen verabschiedet hatte. Dann lief sie hinter ihr her nach oben. Traudel riß die Tür zu ihrem Zweibettzimmer auf, das sie zusammen mit der gleichaltrigen Henny Pfeiffer bewohnte.

Katja stellte mit Erleichterung fest, daß Henny noch nicht da war.

„Es ist wegen Ulrike", sagte sie, „Ulrike Moeller."

„Ah, ja?" sagte Traudel nicht besonders interessiert und hängte ihren Mantel auf einen Bügel.

„Ich bin mit ihr heute in der Ausstellung des Mal- und Zeichenklubs zusammengestoßen..."

„Da hatte ich sie hingeschickt. Sie soll darüber schreiben." Traudel setzte sich in einen der Korbsessel.

„Findest du das wirklich richtig?" fragte Katja.

„Was?"

„Das du ausgerechnet Ulrike mit so etwas betraust?"

„Warum nicht? Ich hielt sie dafür sehr geeignet. Oder stimmt's etwa nicht, daß sie im Kunstunterricht ganz vorne liegt?"

„Doch", mußte Katja zugeben.

„Na, also", sagte Traudel. „Sonst noch was?"

Katja begriff, daß Traudel dieses Gespräch so rasch

wie möglich zu beenden wünschte. Aber sie war nicht bereit, sich abwimmeln zu lassen. „Darf ich mich setzen?" fragte sie.

„Bitte..."

„Glaub nicht, daß ich dich gern mit diesen Dingen belästige. Aber ich mache mir große Sorgen um Ulrike."

Traudel lachte. „Das wundert mich nicht. Du bist ja berühmt für dein Talent, dir um andere Leute Sorgen zu machen. Aber meines Erachtens ist Ulrike in Ordnung."

„Das würdest du nicht sagen, wenn du sie so gut kennen würdest wie ich! Was sie da heute in der Ausstellung verzapft hat ... so etwas von Überheblichkeit war noch nie da! Und das Schlimmste ist, sie wird ihre Kritik genau in diesem Ton abfassen."

„Deshalb machst du dir Gedanken?" fragte Traudel erstaunt. „Selbstverständlich wird der Artikel gründlich redigiert, bevor er in Satz geht ... aber abgesehen davon kann ein bißchen Pfeffer gar nicht schaden. Mir ist das jedenfalls lieber als diese zuckersüßen Sachen, die wir immer wieder eingereicht bekommen."

„Aber das ist doch himmelschreiend!" sagte Katja, die die Geduld zu verlieren begann, aufgebracht. „Daß ausgerechnet jemand wie Ulrike, die außer der reinen Schularbeit überhaupt nichts leistet, sich getraut, über die anderen herzuziehen! Und du unterstützt das auch noch!"

„He, he! Nun mal langsam! Wer hat denn dieses Wunderkind bei uns angeschleppt?"

„Stimmt, das habe ich getan", erwiderte Katja hitzig,

„weil ich hoffte, daß dadurch ihr Interesse an der Gemeinschaft geweckt würde..."

„Hat es ja auch getan", sagte Traudel. „Wenn du bei unseren Sitzungen dabeisein könntest, würdest du mit Vergnügen feststellen, wie sehr sie an allem Anteil nimmt."

„Aber auf die ganz falsche Weise. Sie macht nirgends mit, sondern sie fühlt sich über alles erhaben. Glaub mir doch, Traudel, sie wird von Tag zu Tag überheblicher!"

„Das kann ich beim besten Willen nicht finden", sagte Traudel ungläubig, „auf unseren Redaktionssitzungen benimmt sie sich durchaus manierlich."

„Ja, weil ihr alle wesentlich älter seid als sie! Weil es ihr schmeichelt, mitmachen zu dürfen, weil sie euch vielleicht sogar bewundert! Aber den Gleichaltrigen und den Jüngeren gegenüber benimmt sie sich schauderhaft."

Traudel trommelte mit den Fingern auf die Tischplatte. „So eine Zeit hat wohl jede von uns einmal durchgemacht!"

„Aber dann hat uns niemand auch noch Oberwasser gegeben! Ganz im Gegenteil! Wir sind so eingedeckt worden, daß uns die Flausen sehr rasch vergangen sind."

„Na ja, vielleicht hast du recht", mußte Traudel zugeben, „aber du kannst nicht von mir verlangen, daß ich sie zusammenstauche, so lange sie nicht mir persönlich oder der Redaktion Anlaß zu Beschwerden gibt."

„Entlasse sie aus der Redaktion! Irgendeinen Anlaß wirst du schon finden! Laß sie Geschichten schreiben oder Kreuzworträtsel ausdenken oder was auch immer! Aber daß ausgerechnet sie herumzieht und an allem herumnörgeln darf, ist einfach ein Skandal!"

„Wir können nicht auf sie verzichten!"

„Wieso denn? Bisher ist es doch auch ohne Ulrike Moeller gegangen!"

„Komm, komm, Katja, nun reg dich doch nicht so auf", sagte Traudel beruhigend, „das sieht dir doch eigentlich gar nicht ähnlich. Du weißt genau, daß wir die ganzen beiden letzten Jahre knapp mit Leuten waren. Kurz vor Weihnachten mußte dann auch noch Susanne Kohlhammer, eine unserer besten, ausscheiden, weil sie ein paar saumäßige Klassenarbeiten geschrieben hat. Henny und ich können auch nur noch dieses Jahr mitmachen, weil wir uns dann auf die Prüfungen konzentrieren müssen. Alle anderen aber, und das weißt du selber, sind mehr oder weniger Nieten." Sie holte tief Atem. „Wir brauchen einfach Nachwuchs. Ulrike weiß, was sie sagen will, und sie kann es ausdrücken. Natürlich sind ihre Urteile oft falsch, fast immer überspitzt, vieles von dem, was sie schreibt, ist angelesen ... aber daß wir auf sie verzichten, ist einfach ausgeschlossen."

„Daß sie schreiben kann", sagte Katja, „weiß ich selber ... schlimm ist nur, daß sie schreiben darf. Sie hat kein Recht dazu. Nicht nur, daß sie unreif, eingebildet und egoistisch ist, ist sie ja außerdem noch kein halbes Jahr hier!"

Traudel sah Katja nachdenklich an. „Du magst sie wohl absolut nicht, wie?"

„Doch. Sonst wäre es mir ja vollkommen egal, daß sie

sich langsam aber sicher zu dem größten Ekel aller Zeiten entwickelt. Die Zeitungsarbeit bekommt ihr nicht, glaub mir doch, Traudel! Du mußt sie entlassen."

„Ausgeschlossen."

Katja erhob sich mit einem Ruck. „Dann muß ich mich an Direktor Heilmann wenden!"

„Nur zu, wenn du es nicht lassen kannst. Aber du wirst keinen Erfolg damit haben, das garantiere ich dir jetzt schon. Du weißt, ‚Eisenbart' vertritt das Prinzip, daß wir unsere Angelegenheiten möglichst untereinander erledigen sollen."

„Du willst mir ja gar nicht helfen..."

„Wer sagt das denn? Nur rauswerfen kann und will ich Ulrike nicht. Wenn du aber einen anderen Vorschlag machen kannst..."

Henny Pfeiffer trat ins Zimmer. „Tut mir leid, wenn ich störe", sagte sie, „aber in einer halben Stunde geht's Licht aus. Ich würde euch raten, eure Geheimkonferenz so rasch wie möglich zu beenden."

„Gut, daß du kommst!" sagte Traudel. „Wir knobeln da gerade über einem Problem. Vielleicht kannst du uns helfen." Sie wandte sich an Katja. „Ich darf sie doch einweihen, ja? Henny ist die Verschwiegenheit in Person!"

Katja gab ihre Einwilligung. Und dann besprachen die drei großen Mädchen den Fall Ulrike so lange und gründlich, daß Katja tatsächlich erst in ihr eigenes Zimmer zurückhuschte, nachdem das Licht gelöscht war.

„Das gibt einen Strafpunkt, aber einen ganz dicken!" rief Gaby vergnügt von ihrem oberen Bett herunter.

„Wo bist du denn so lange gewesen, Katja?" fragte die kleine Gerti Moll.

Nur Ulrike sagte gar nichts.

Sie ahnte auch nichts Böses, als Traudel Simson sie zwei Tage später in der großen Pause beiseite nahm. Im Gegenteil, es schmeichelte ihr, daß die anderen sie im Gespräch mit einer der „Großen" bemerken mußten. Es galt für die Jüngeren in Hartenstein als Auszeichnung, von den Schülerinnen der letzten Klassen beachtet zu werden.

Ulrike hätte gern gefragt, wie Traudel ihr Artikel über die Ausstellung gefallen hatte. Aber sie verkniff es sich. Sie war von Anfang an bemüht gewesen, auf die bewunderte Chefredakteurin einen möglichst guten, sogar bescheidenen Eindruck zu machen. Sie war sehr glücklich, als Traudel von selber die Sprache darauf brachte.

„Dein Bericht über die Ausstellung ist übrigens ausgezeichnet", sagte sie, „ein bißchen scharf, aber das macht nichts. Die paar Spitzen feilen wir leicht weg. Ich habe mit den anderen schon darüber gesprochen. Wir sind der Meinung, es ist an der Zeit, dir größere Aufgaben zu übertragen."

Ulrikes sonst so kühle graue Augen leuchteten auf. „Ach wirklich?" sagte sie. „Das ist herrlich! Du weißt, ich mache furchtbar gern bei euch mit!"

„Freut mich", sagte Traudel trocken, „also paß auf, um was es geht..." Sie unterbrach sich. „Du nimmst doch an einem der Schikurse im Allgäu teil ... oder?"

„Nein", sagte Ulrike, „warum? Das ist nichts für mich."

„Komisch. Warum eigentlich nicht?"
„Sport liegt mir überhaupt nicht."
„Na, das macht nichts. Im Gegenteil. Dann habe ich schon eine Überschrift für deinen Bericht. ‚Betrachtungen einer Unsportlichen'. Klingt ganz nett, nicht wahr?"

„Aber wie kann ich über einen Schikurs schreiben, wenn ich gar nicht mitfahre?!"

„Natürlich fährst du. Ich denke doch, du wirst dem ‚Boten' dieses kleine Opfer bringen können. Das Schifahren brauchst du ja nur pro forma mitzumachen."

Ulrike mußte schlucken. „Also, ganz ehrlich, Traudel ... das ist nichts für mich. Vom Sport verstehe ich gar nichts, und überhaupt! Warum wollt ihr ausgerechnet mich mitschicken?"

„Weil von uns Alten keine weg kann, und die anderen ... Na, du weißt ja selber, was sie schreiben ... Diese Schikurse sind aber wichtig ..."

Ulrike hatte das schlimme Gefühl, in eine Falle geraten zu sein. Sie hätte gern laut und kräftig protestiert. Aber sie wagte es nicht. Auf keinen Fall wollte sie sich Traudels Gunst verscherzen oder als Mitglied der Redaktion versagen.

„Ich weiß wirklich nicht", sagte sie. „Ich habe ja auch gar keine Schier."

„Werden wir schon auftreiben", erklärte Traudel ungerührt, „Schihose und Anorak hat ja heutzutage fast jeder ..." Sie betrachtete Ulrike abschätzend. „Die Hose, die du da anhast, würde es schon tun, passende Stiefel leiht dir bestimmt eine. Mach dir also nur ja keine Sorge."

„Aber", sagte Ulrike, der im letzten Augenblick noch etwas eingefallen war, „braucht man nicht die Sondergenehmigung der Eltern? Meine leben im Ausland ... ich glaube kaum ..."

„Auch das geht in Ordnung", sagte Traudel munter. „Ich habe mich schon im Büro erkundigt. Deine Eltern haben vorsorglich ihr Einverständnis gegeben, daß du an allen sportlichen und anderen Kursen und Sonderveranstaltungen teilnehmen darfst. Sehr großzügig von deinen alten Herrschaften, wirklich, du kannst von Glück sagen."

Plötzlich begriff Ulrike, daß sie sich nicht mehr herausreden konnte. Entsetzen schnürte ihr fast die Kehle zu. Vor lauter Schreck fiel alles überhebliche, altkluge Getue von einer Sekunde zur anderen von ihr ab, das kleine Mädchen, das sie wirklich war, kam unter all der gewollten Blasiertheit zum Vorschein.

„Ich will aber nicht!" rief sie. „Ich mag einfach nicht!"

Doch da hatte die kleine Turmglocke schon zu bimmeln begonnen, und Traudel tat einfach so, als wenn ihr dieser Ausbruch vollkommen entgangen wäre.

„Also dann, abgemacht, Ulrike", sagte sie unbefangen, „melde dich nach dem Unterricht bei ‚Gretchen‘ an ..."

Ulrike blieb wie verdonnert stehen und sah hinter ihr her. Ich fahre nicht mit! dachte sie.

Ein unfreiwilliger Schihase

Was versucht Ulrike nicht alles, um sich vor dem Schikurs zu drücken. Doch dann muß sie in den sauren Apfel beißen

Aber dann kam doch alles ganz anders.

Ulrike hatte sich zwar bei Fräulein Faust für den Anfängerkurs angemeldet, weil sie es sich um keinen Preis mit Traudel verderben wollte. Aber noch am gleichen Tag hatte sie während der nachmittäglichen Arbeitsstunden einen Brief an Tante Sonja und Tante Emmy, ihre besten Freundinnen, losgelassen, ihnen ihre Situation klargemacht und darum gebeten, sie in irgendeiner Form von der unfreiwillig übernommenen Verpflichtung loszueisen.

Doch zum erstenmal standen die beiden Tanten nicht auf ihrer Seite. Sie schrieben einen langen und liebevollen Brief voller Ermunterungen. Erst zu spät merkte Ulrike, daß sie sich mit ihrem Hilfeschrei an die falsche Adresse gewandt hatte: Beide Tanten schwärmten vom Wintersport – wenn sie das nur geahnt hätte! Emmy kündigte an, daß sie ihre eigenen, leider seit Jahren unbenutzten Schier und Schistiefel schon abgeschickt hätte. Aber damit nicht genug. Beide Tanten hatten zusammengelegt, um Ulrike eine neue Schihose und einen zünftigen Anorak zu kaufen.

Ulrike war wie vor den Kopf geschlagen. Sie hatte das beklemmende Gefühl, daß alles sich gegen sie verschworen hatte. Eine Woche lang lief sie mit tragischer Miene herum, und ihr Gesicht hellte sich keineswegs auf, als die Namen der Schülerinnen am Schwarzen Brett angeschlagen wurden, die ins Allgäu fahren durften.

„Jubel, Jubel!" schrie Gaby Reitmann begeistert. „Uli, Menschenskind, hast du Worte? Wir beide sind dabei! Ist das nicht knallig?!"

„Spar dir deinen Atem", gab Ulrike kühl zurück, „du wirst ihn noch nützlicher verwenden können!"

Gabys Begeisterung war nicht zu dämpfen. „Ich bin einfach platt! Daß der alte ‚Eisenbart' mich mitfahren läßt ... also, ganz ehrlich, ich hatte es kaum zu hoffen gewagt!"

Ulrike zuckte die Achseln. „Na, wenn schon", sagte sie verdrossen.

Sie hatten den Anschlag gelesen, als sie, wie stets in der letzten Minute, zum Speisesaal in das Hauptgebäude hinüber rasten. So blieb ihnen keine Zeit mehr, das Thema ausgiebig zu erörtern, sondern sie mußten sich beeilen, daß sie nicht zu spät kamen. Gerade noch rechtzeitig konnten sie auf ihre Plätze an der langen Tafel schlüpfen.

Erst als die Suppe aufgetragen worden war – Ulrike hatte inzwischen gelernt, sie zu essen, wenn sie es auch immer noch, wie am Anfang, mit deutlich zur Schau gestelltem Widerwillen tat –, brachte Gaby das Gespräch wieder in Gang. Sie saßen sich gegenüber, so daß sie sich trotz des Stimmengewirrs ringsum ganz gut miteinander unterhalten konnten.

„Warum hast du mir gar nichts davon gesagt, daß du dich gemeldet hast?" fragte sie. „Und warum hast du es überhaupt getan, wenn es dich jetzt nicht freut?"

„Höhere Gewalt", sagte Ulrike kurz angebunden.

Gaby vergaß vor Staunen den Löffel voll Suppe, den sie schon in Brusthöhe balancierte, zum Munde zu führen. „Das versteh ich nicht!"

„Warum auch?" sagte Ulrike kühl. „Es wird nicht das einzige sein, was du nicht begreifst!"

„Da kannst du recht haben", sagte Gaby, mußte lachen und verschluckte sich fürchterlich.

„Ich nehme in meiner Eigenschaft als Reporterin teil", erklärte Ulrike herablassend.

„Na, so etwas!" Gaby staunte. „Aber mir soll's recht sein. Hauptsache, du machst überhaupt mit."

Am Spätnachmittag nach der Arbeitsstunde wurde Ulrike zu Fräulein Faust gerufen. Ein dickes Paket war für sie angekommen, und es mußte, wie alle größeren Sendungen, die ins Internat geschickt wurden, in Anwesenheit der Hausvorsteherin geöffnet werden, damit niemand auf diesem Wege unkontrollierte Süßigkeiten und Eßwaren einschmuggeln konnte.

Ulrike machte sich nichts mehr daraus. Ihre Tanten wußten Bescheid, und sie war sicher, daß sie höchstens ein paar Äpfel und eine Tafel Schokolade zugepackt hatten, nicht mehr, als Ulrike sowieso behalten durfte.

So war es auch heute. Aber zum erstenmal interessierten Ulrike die sonst so begehrten Süßigkeiten gar nicht. Mit einem hellen Schrei der Begeisterung betrachtete sie den eleganten schneeweißen Anorak, den ihr die Tanten geschickt hatten.

Dann wühlte sie weiter, fand eine zartrosa Schihose, hielt sie sich vor und rief: „Ist sie nicht zauberhaft?!"

Fräulein Faust hatte Ulrike, ohne eine Miene zu verziehen, bei ihrem Tun beobachtet. „Ja wirklich, sehr hübsche Sachen", bemerkte sie jetzt, „aber leider nicht gerade praktisch!"

„Das ist doch egal", erklärte Ulrike unbekümmert.

„Nun, für einen Aufenthalt in einem mondänen Wintersportort mögen sie geeignet sein, aber fürs Schullager..." Fräulein Faust wendete den zarten Anorak kritisch hin und her. „Findest du nicht selber, Ulrike, daß sie ein wenig zu anspruchsvoll sind?"

Erst jetzt wurde Ulrike klar, daß Fräulein Faust nicht bereit war, ihre Freude zu teilen, und sie setzte sofort die wohlbekannte blasierte Miene auf, die die Hausvorsteherin ganz und gar nicht leiden konnte. „Nun", sagte sie von oben herab, „das kommt ganz darauf an, wie man es gewöhnt ist!"

Fräulein Fausts Nase begann nervös zu zucken, wie immer, wenn sie sich ärgerte. Ulrike beobachtete es voll Genugtuung. Sie hob den leeren Karton hoch in die Luft, drehte und wendete ihn. „Überzeugen Sie sich selber", sagte sie, „keine Geheimverstecke, kein doppelter Boden ... darf ich also wieder einpacken?"

Fräulein Faust wollte sich weiteren Ärger ersparen. So sagte sie nur sehr ruhig: „Ich bitte darum!"

„Oh, vielen Dank!" erwiderte Ulrike mit übertriebener Betonung. „Zu liebenswürdig!" Da sie fühlte, daß Fräulein Faust von ihrer Anwesenheit genug hatte, ließ sie sich Zeit beim Zusammenlegen der neuen Kleidungsstücke, obwohl sie selber darauf brannte, den neuen Glanz ihren Zimmerkameradinnen so bald wie möglich vorzuführen.

„Deine Schier sind übrigens auch gekommen", sagte Fräulein Faust.

Ulrike hätte auch auf diese Bemerkung eine freche Antwort gewußt. Aber gerade da kamen ein paar andere Schülerinnen, die ebenfalls Päckchen bekommen hatten, ins Zimmer, und sie zog es vor, die Dinge nicht auf die Spitze zu treiben. Ihr war, wenn auch reichlich spät, wieder eingefallen, daß sie bald vierzehn Tage lang von früh bis abends auf Fräulein Fausts Gewogenheit angewiesen sein würde. Es war also ein Fehler gewesen, sie wieder einmal so zu ärgern.

„Fein", sagte sie darum versöhnlich und fügte, ihren vollgepackten Karton schon unter dem Arm, hinzu: „Übrigens brauchen Sie sich wegen der schicken Sachen wirklich nicht zu beunruhigen. Zum Schifahren sind meine alten Klamotten vielleicht wirklich besser geeignet. Ich werde die neue Kombination, wenn Sie es wünschen, dann eben nur zum Après-Schi tragen."

„Zum ... was!?" fragte Fräulein Faust entgeistert.

„Zum Après-Schi", erklärte Ulrike seelenruhig. „Wenn man sich nach dem Sport fürs Hotel schick macht."

„Dazu", sagte Fräulein Faust mit zuckender Nase, „wirst du wohl kaum Gelegenheit haben."

Aber es gelang ihr nicht, Ulrikes Freude an den Geschenken der Tanten zu dämpfen. Auf ihrem Zimmer angekommen, zog sie sich sofort um, und sie erntete damit den bewundernden Beifall von Gaby wie auch Gerti Moll.

Selbst Katja sagte, wenn auch mit einem seltsamen Unterton: „Sieht wirklich gut aus, Ulrike! Man möchte fast glauben, daß du Schi laufen könntest!"

„Wahrhaftig!" rief Gaby. „Du wirkst geradezu olympiareif!"

Ulrike betrachtete sich lange und mit tiefer Genugtuung im Spiegel, obwohl das ein ziemlich schwieriges Unternehmen war. Die Spiegel in den Zimmern waren so klein, daß man sich wirklich nur mit den größten Schwierigkeiten von oben bis unten darin sehen konnte, und auch dann nie im Ganzen, sondern sozusagen nur ratenweise.

Aber Ulrike betrachtete sich mit ihrem inneren Auge. Sie sah sich in eleganter Haltung und mit wunderbaren Schwüngen eine Piste hinabsausen, so daß der Pulverschnee hinter ihr aufstob. Sie trug ihre zartrosa Schihose, dazu eine Mütze und Handschuhe, die genau im Ton paßten, und natürlich den schneeweißen Anorak. Die anderen Skifahrer bremsten ihre Abfahrt, um ihr nachzustaunen, und unten blieben die Leute stehen, um sie anzustarren.

Im Tal angekommen, löste sie lässig die Bindungen, legte die Schier über die Schulter und wandelte die Hauptstraße des Ortes entlang, auf ihr Hotel zu, wieder gefolgt von faszinierenden Blicken, während alle anderen Mädchen einen gebührenden Abstand zu ihr einhielten.

Ulrike mußte die Augen zukneifen und sie dann wieder aufreißen, um in die Gegenwart zurückzufinden. Aber auch, als sie zum Abendessen wieder in ihre Schulkleidung schlüpfte, blieb die Vorfreude in ihrem

Herzen. Der Ärger darüber, daß man sie gezwungen hatte, mitzumachen, war verflogen. Jetzt war sie Traudel Simson fast dankbar dafür, daß sie ihr dazu verholfen hatte. Wie die anderen Auserwählten, begann sie die Tage und Stunden zu zählen, bis es endlich losging.

Aber es wurde alles anders, ganz anders, als sie es sich vorgestellt hatte.

Die Fahrt ins Allgäu war herrlich. Unter den zwanzig Schi-Anfängerinnen, die teilnehmen durften, herrschte eine übermütige Stimmung, die selbst Fräulein Faust ansteckte.

Ulrike saß neben Gaby, der sie großzügig den Fensterplatz überlassen hatte. Aber bald darauf begann es ihr schon etwas leid zu tun, denn die Landschaft draußen wurde von Kilometer zu Kilometer reizvoller. Je weiter der Bodensee zurückblieb, desto dicker wurde die Schneedecke. Der Omnibus schob sich langsam in eine winterliche Berglandschaft hinauf. Personenwagen mit aufgeschnallten Schiern überholten ihn. Die Mädchen winkten vergnügt hinunter. Es wurde gesungen, gelacht und gealbert, und selbst Ulrike, die sonst immer so sehr auf ihre Würde bedacht war, machte vergnügt mit.

Nach einer Weile wurden alle ruhiger. Die Gespräche verstummten allmählich, und nur eine Gruppe Unentwegter ganz vorn im Wagen sang weiter. Ulrike holte sich ein Buch aus ihrem Rucksack und versuchte, trotz des Schaukelns zu lesen; Gaby begann zu futtern.

Sie waren etwa vier Stunden gefahren, als Fräulein Faust weithin vernehmbar verkündete: „Jetzt kommt Immdorf: der Ort, zu dem unsere Schihütte gehört!"

Alle Nasen preßten sich gegen die Fensterscheiben, und auch Ulrike ließ ihr Buch sinken, richtete sich auf, um über Gaby hinweg nach draußen zu sehen.

Ein kleines Dorf lag inmitten der tief verschneiten Winterlandschaft.

Ulrike war im ersten Augenblick enttäuscht. Aber als der Omnibus in die Hauptstraße einbog, besserte sich ihre Stimmung wieder. Fast war alles so, wie sie es sich erträumt hatte. Es gab Hotels und Cafés, Läden mit modischen Artikeln und Andenken.

„Toll, wie?" sagte Gaby, ehrlich begeistert.

„Ganz passabel", gab Ulrike zu.

„Ihr werdet nicht oft Gelegenheit haben, hier herunterzukommen", erklärte Fräulein Faust, „die Schihütte liegt weiter oben... und ganz einsam."

Mit einem Plumps ließ Ulrike sich auf ihren Sitz zurückfallen. „So habe ich mir das vorgestellt", stöhnte sie.

Aber dieser Stoßseufzer ging in dem allgemeinen Stimmengewirr unter, das durch Fräulein Fausts Erklärungen ausgelöst worden war.

Der Omnibus schraubte sich höher und höher. Dann, ganz plötzlich, endete die Straße auf einer Art Plattform. Der Omnibus hielt mit einem Ruck. Diejenigen, die neugierig aufgestanden waren, mußten sich krampfhaft festhalten, um nicht das Gleichgewicht zu verlieren. Manche landeten auf dem Schoß ihrer Nachbarin.

„Fertigmachen zum Aussteigen!" rief Fräulein Faust überflüssigerweise. Denn die meisten Mädchen hatten schon Rucksäcke und Taschen zusammengerafft. Jede wollte so rasch wie möglich nach draußen.

Gaby und Ulrike gelang es, mit den Allerersten ins Freie zu kommen. Sie rannten sofort an den Rand der Plattform und stellten mit Begeisterungsrufen fest, daß man von hier aus eine wunderbare Aussicht über verschneite Täler, ferne Kirchturmspitzen und prachtvolle Berge hatte.

Ulrike war die erste, die auf den Gedanken kam, sich umzusehen. „Wo ist denn die Hütte?" fragte sie verblüfft.

„Weiter oben", erklärte Fräulein Faust, „es führt ein Weg hinauf, aber der ist für den Omnibus zu schmal."

„Auch das noch", ließ Ulrike sich vernehmen.

„Wenn es dir nicht paßt, Ulrike", sagte Fräulein Faust ärgerlich, „hättest du in Hartenstein bleiben sollen."

Ulrike zuckte die Achseln. „Eine Reporterin muß eben Strapazen auf sich nehmen."

„Müssen wir unser Gepäck hinaufschleppen?" fragte jetzt auch Eva Klostermann, die mit Ulrike und Gaby in die gleiche Klasse ging.

„Das Handgepäck ja", sagte Fräulein Faust, „die Schier und alles andere wird hinaufgebracht. Also los, Mädel, wir wollen doch vor Dunkelheit unter Dach sein!"

Sie wandte sich ab und begann den schmalen, halb verwehten Pfad hinaufzustapfen. Die Mädchen folgten ihr, je nach Temperament langsam oder schneller.

Ulrike, Gaby und Eva blieben zusammen. Aber sie mußten oft stehenbleiben, um sich zu verschnaufen. Ulrike hatte es verhältnismäßig leicht, weil Traudel Simson ihr einen Rucksack geliehen hatte.

Sie hatte ihn gar nicht so gern genommen, weil sie

ihn „kindisch" gefunden hatte. Jetzt, nachträglich, war sie Traudel dankbar. Gaby und Eva, die ihre Habseligkeiten in Taschen verpackt hatten, mußten sich bei diesem steilen Aufstieg sehr plagen.

„Gut, daß Gerti nicht mit ist", sagte Gaby, als sie wieder einmal stehenbleiben mußte, „die hätte bestimmt schon zu weinen angefangen!"

„Und wir hätten ihr Gepäck mitschleppen müssen", stimmte Ulrike zu.

Gerti Moll hatte keine Erlaubnis von ihrem Vater bekommen, und auch Katja war nicht mitgekommen; sie würde später mit den Fortgeschrittenen fahren.

Alle, selbst die sportlichsten unter den Mädchen, atmeten auf, als die Hütte endlich in Sicht kam. Fräulein Faust stand schon vor dem Eingang und winkte ihnen zu.

„Beeilt euch! Was ist das für ein Schneckentempo!"

„‚Gretchen' hat gut reden", murrte Gaby, „die hat längere Beine als wir!"

„Aber schick sieht sie aus, was?" sagte Eva.

Tatsächlich kam Fräulein Fausts durchtrainierte sportliche Figur im Schianzug ausgezeichnet zur Geltung. Ihr frisches junges Gesicht war vom raschen Aufstieg erhitzt, ihr kurzgeschnittenes blondes Haar, jetzt ein wenig zerzaust, ließ sie weicher und weiblicher erscheinen als sonst.

„Sprüht nur so vor Energie", murmelte Ulrike, „paßt auf, die wird uns noch ganz schön strapazieren!"

Und damit hatte sie recht. Fräulein Faust gab den Mädchen weder Zeit noch Gelegenheit, sich zu verschnaufen, denn sie wußte, daß es dann schwer sein würde, sie wieder in Trab zu setzen. Kaum, daß die ersten Mädchen die Hütte betreten hatten, wurden sie schon losgeschickt, ihre Schlafsäcke nach oben zu bringen, und als Ulrike, Gaby und Eva, die sich beeilt hatten, wieder herunterkamen, mußten sie Wasser schleppen und Holz hereinholen.

Eva und Gaby lachten und schimpften. Für sie war alles neu und aufregend. Sie merkten gar nicht, wie Ulrike stiller und stiller wurde. Tatsächlich war Ulrike so maßlos enttäuscht, daß sie am liebsten losgeheult hätte, wenn das nicht gegen ihre Ehre gegangen wäre.

Sie fühlte sich furchtbar hereingelegt. Zwar war auf der Burg Hartenstein immer nur von einer Schihütte gesprochen worden, aber wie anders hatte sie sich alles vorgestellt! Nie hatte sie sich träumen lassen, daß sie in einer wirklichen Hütte untergebracht werden würden.

Es gab auf dem Almkogel weder elektrisches Licht noch fließendes Wasser, keinen Eisschrank und nur einen Kohlenherd. Es war ein richtiges hölzernes Blockhaus, sehr romantisch, wenn man nicht darin zu leben brauchte.

Ulrike begriff gar nicht, wieso die anderen das noch spaßig finden konnten. Aber tatsächlich schienen alle, außer ihr, hell begeistert.

Die Hütte hatte unten einen großen Aufenthaltsraum mit einem riesigen Kachelofen, daneben eine kleine Küche. Eine schmale Leiter – sage und schreibe eine Leiter! – führte in den Schlafraum im ersten Stock. Dort lagen zwanzig Strohsäcke auf dem Fußboden, und da die Wände schräg waren, konnte man nur in der Mitte aufrecht stehen. Nur Fräulein Faust hatte nebenan ein kleines Zimmer für sich. Es gab überhaupt keine Schränke, sondern die Mädchen mußten ihre Sachen in den langen Bänken im Aufenthaltsraum unterbringen, die wie Truhen gearbeitet waren. Gaby, Ulrike und Eva hatten noch Glück, daß sie sich wenigstens Fächer in der Ofenbank hatten reservieren können, auf der es schön warm war.

Erst als das große Gepäck angekommen und verstaut war, die Schier draußen an der windgeschützten Wand lehnten, ein Feuer im großen Ofen prasselte und in der Küche Suppe in einem riesigen Topf brodelte, gab sich Fräulein Faust zufrieden. „Jetzt schaut euch erst mal um, bis das Essen soweit ist", sagte sie.

Sie brauchte das nicht zweimal zu sagen. Die große Stube leerte sich, als wenn ein Windstoß hineingefahren wäre. Nur Ulrike blieb zurück. Sie hatte nicht die geringste Lust, noch einmal in die kalte Winterluft hinauszugehen. Sie zog die Füße hoch, kauerte auf der Ofenbank und versuchte in ihrem Buch zu lesen.

Aber viel wurde nicht daraus, denn es dauerte nicht lange, dann sagte Fräulein Faust: „Gut, daß du noch hier bist, Ulrike! Du kannst mir gleich helfen, den Tisch zu decken!"

Und Ulrike blieb nichts anderes übrig, als sich an die Arbeit zu machen.

Dann kamen die anderen zurück, mit geröteten Wangen und blitzenden Augen. Sie brachten einen Schwall eisiger Luft mit herein.

„Mensch, Ulrike!" schrie Gaby. „Warum bist du nicht mitgekommen?! Wir haben eine zünftige Schneeballschlacht veranstaltet! Es war einfach fabelhaft!"

„Laß sie doch!" sagte Eva. „Merkst du denn nicht, daß sie wieder einmal schlechte Laune hat?"

„Wirklich?" fragte Gaby verblüfft. „Warum denn?"

„Wahrscheinlich, weil es hier zu primitiv ist", erklärte Eva.

„Stimmt haargenau", gab Ulrike zu. „Ich halte das Ganze für eine ausgesprochene Zumutung!"

„Kann doch nicht wahr sein!" Gaby staunte ehrlich. „Sag mal, bist du sicher, daß du nicht krank bist?"

„Wahrscheinlich bin ich gesünder als du. Jedenfalls habe ich mir ein klares Urteil bewahrt."

Beinahe hätte Ulrike sich an diesem ersten Abend sogar mit Gaby verzankt. Aber zum Glück für sie beendete Fräulein Faust mit dem Ruf zum Abendessen die Auseinandersetzung.

Später wurde der sogenannte Zeitplan aufgestellt. Für jeden Tag wurden vier Mädchen eingeteilt, die früh, mittags und abends den Ofen versorgen, Wasser schleppen, Holz hereinholen, die Stube auskehren und kochen sollten. Ihre Schuhe einfetten, die Schier wachsen, ihre Kleidung in Ordnung halten, mußte jeder für sich selber.

Ulrike konnte sich wieder einmal eine freche Bemerkung nicht verkneifen. „Hoffentlich kommen wir dann überhaupt noch zum Schifahren", sagte sie, zwar nur halblaut, aber Fräulein Faust hatte sie doch verstanden.

„Nur keine Sorge, Ulrike", sagte sie mit freundlichem Lächeln, „Schi laufen werden wir... wahrscheinlich mehr, als dir lieb sein wird. Aber ich freue mich über deine neuerwachte Sportbegeisterung."

Ulrike wurde rot, als die anderen lachten.

Sie begriff nicht, daß sie es selber war, die sich dumm benommen hatte, sondern sie war wütend auf die anderen und besonders auf Fräulein Faust.

Denen werde ich es allen noch zeigen, dachte sie, und mit diesem Wunsch schlief sie später auch ein. Aber wie sie das anfangen sollte, das wußte sie nicht, und es fiel ihr auch im Traume nicht ein.

Am nächsten Morgen um Punkt neun zogen die Hartensteinerinnen zu ihrer ersten Schiübung aus.

Hier oben auf dem Almkogel strahlte schon die Sonne, während Immdorf noch in tiefem Schatten lag. Der Schnee glitzerte und funkelte wie Millionen kleiner Diamanten, und die meisten Mädchen hatten ihre Sonnenbrillen aufgesetzt. Aber der gleißende Sonnenschein trog. Schon nach wenigen Minuten begannen die Nasen steif zu werden und die Wangen vor Kälte zu brennen.

Die Mädchen hatten ihre Schier gleich vor der Hütte angeschnallt – mit gegenseitiger Hilfe, denn nur die wenigsten wußten schon richtig mit ihren Bindungen umzugehen. Jetzt glitten sie, im Gänsemarsch hinter Fräulein Faust her, schräg zum Hang, ganz allmählich höher und höher. Ihr Atem bildete kleine Dampfwolken in der eiskalten Luft.

Zu ihrer eigenen Verwunderung machte Ulrike dieser Spaziergang auf Schiern Freude. Das war entschieden besser als der morgendliche Dauerlauf rund um Burg Hartenstein. Man mußte sich nur an das Gefühl des Gleitens gewöhnen, aber Schi laufen schien gar nicht so schwer zu sein, wie sie es sich vorgestellt hatte.

Sie lachte, als Gaby, die vor ihr ging, umkippte, half ihr mit dem wohltuenden Bewußtsein von Überlegenheit wieder auf die Beine.

„Wie ist das bloß passiert?" fragte sie.

Gaby klopfte sich den Schnee von Hose und Anorak. „Wart's nur ab", sagte sie, „du wirst es auch noch erleben!"

Aber tatsächlich erreichte Ulrike ohne Schwierigkeiten die hochgelegene sonnige Mulde, zu der Fräulein Faust ihre Schar geführt hatte.

„Nebeneinander aufstellen", kommandierte die Lehrerin, „mit Abstand, bitte... mehr Abstand halten, Eva!"

Dann begann eine kleine Turnstunde auf Schiern. Das war schon weniger angenehm. Ulrike staunte, daß es so etwas überhaupt gab. Sie mußten die Knie beugen, die Arme schwenken, nach links und nach rechts, und wieder nach links, Rumpf drehen und springen. An sich waren es alles einfache Übungen, aber auf den ungewohnten Schiern machte es ganz unerwartete Schwierigkeiten.

Jetzt plumpste eine nach der anderen hin, aber Ulrike, immer auf Sicherheit bedacht, blieb auf den Beinen.

„Tiefer in die Knie, Ulrike", mahnte Fräulein Faust, „noch tiefer... wenn du in dieser Haltung hinunterfahren willst, liegst du schon auf der Nase. Und wieder hoch und... mit beiden Beinen springen! Nicht nur wippen, Ulrike! Beide Füße müssen vom Boden los. Knie anziehen, Schier schön parallel halten... und noch einmal!"

Das war zuviel für Ulrike. Sie verlor ihr Gleichgewicht und purzelte in den Schnee.

Gaby wollte ihr aufhelfen.

Aber Fräulein Faust rief: „Nicht, Gaby! Ulrike muß es allein versuchen! Auf der Piste hilft ihr auch niemand!"

Glücklicherweise half Gaby doch, als Fräulein Faust mal einen Augenblick weggsuckte. Sonst wäre Ulrike möglicherweise den ganzen Vormittag im Schnee herumgekrabbelt. Die Bretter waren ihr überall im Wege; es war scheußlich schwer, wieder hochzukommen, und unsportlich, wie sie war, stellte sie sich so ungeschickt an, daß sie um ein Haar auch noch Gaby mit hinuntergerissen hätte.

Endlich machte Fräulein Faust Schluß mit der Turnerei. Nicht nur Ulrike atmete erleichtert auf. Doch hatte die Morgengymnastik ihren doppelten Zweck erfüllt. In diesen zehn Minuten, die ihnen wie eine Ewigkeit erschienen waren, hatten die Mädchen das Frieren vergessen.

Alle hofften, daß es nun endlich mit dem Schifahren losgehen würde. Aber weit gefehlt. Fräulein Faust erklärte den Mädchen, daß erst eine Piste geschaffen werden müßte. Sie ordnete an, daß alle sich wieder nebeneinander aufstellen sollten, aber jetzt quer zum Hang. Sie machte vor, was jede einzelne tun mußte.

Mit kleinen Schritten, einen Schi neben den anderen setzend, bewegte sie sich den Hang hinab. Nach etwa zwei Metern blieb sie stehen und gab den vordersten das Kommando, ihr nachzukommen.

Der Hang war an dieser Stelle nicht steil, und es war

kein Kunststück, Fräulein Faust auf diese Art hinunterzufolgen. Aber als Ulrike unten war, taten ihr die Waden weh, und sie hatte das Gefühl, statt Stiefeln und Schiern Bleigewichte an den Füßen hängen zu haben.

Doch das Schlimmste kam erst. Jetzt ging es auf genau die gleiche Weise neben der glattgetrampelten Strecke wieder nach oben, und das war noch mühsamer und dauerte noch länger.

„Schneller!" rief Fräulein Faust, die längst oben war. „Wollt ihr den ganzen Vormittag damit verbringen?"

„Die hat gut reden", murmelte Ulrike böse, stützte sich auf ihre Schistöcke und wollte eine Verschnaufpause einlegen. Aber das ging nicht, denn Eva Klostermann, die nach ihr kam, hatte sie schon erreicht und drängte sie vorwärts. Fräulein Faust wartete, bis alle ihre Schihäschen wieder oben waren, dann machte sie sich bereit, die erste Abfahrt vorzuführen.

„Es ist ganz einfach", behauptete sie, „es kommt nur auf die Haltung an... nicht kerzengerade auf den Brettern stehen und nur ja nicht zurücklehnen, sondern ganz leicht in die Knie gehen... so! Paßt auf!"

Sie stieß sich ab und glitt in vorbildlicher Haltung den Hang hinunter. Sie bremste nicht, sondern ließ sich ausgleiten. Unten wurde das Gelände eben, sie verlor an Fahrt, blieb stehen.

Dann drehte sie sich mit Schwung um, stapfte zurück. „So wird's gemacht!" rief sie. „Habt ihr's gesehen? Und anschließend gleich wieder nach oben!" Mit erstaunlicher Geschwindigkeit kam sie, quer zum Hang, wieder hinauf. Dann erst gab sie dem vordersten Mädchen das Zeichen, loszufahren.

Es war die blonde Christel aus Köln, zwei Jahre älter als Ulrike, Gaby und Eva, ein ausgesprochen rundliches Mädchen. Alle starrten ihr gespannt nach, wie sie sehr vorsichtig den Hang hinabglitt.

„Schier zusammen!" schrie Fräulein Faust.

Da war es auch schon geschehen! Die Schier schienen sich selbständig machen zu wollen. Einer rutschte nach rechts, der andere nach links, und Christel plumpste in die Mitte.

Alle lachten, und Christel rappelte sich mit hochrotem Kopf wieder hoch.

Es stellte sich heraus, daß sie gar keinen Grund hatte, sich zu ärgern.

Gaby, als einzige, brachte diesen ersten Lauf ohne Sturz hinter sich, dafür flog sie, allzu mutig geworden, beim zweiten Versuch geradezu kopfüber in den Schnee. Ulrike passierte jedesmal dasselbe. Sie hatte das Gefühl, ziemlich sicher auf den Brettern zu stehen, bis Fräulein Faust ihr zurief: „Lockerer, bitte! In die Knie!" Sobald sie das versuchte, kam sie aus dem Gleichgewicht und fiel um.

Aber das war, so fand sie, nicht das Schlimmste. Der Schnee war weich, und auch das Aufstehen war gar nicht so schwer, wenn man es erst heraus hatte. Doch jedesmal, wenn sie dann zum Hang hinauf sah, dessen Höhe sie wieder erklettern mußte, sträubten sich ihr geradezu die Haare.

Für das Hochsteigen gab es keinen Trick, jedesmal wieder war es gleich mühsam, und die Knöchel schmerzten von Mal zu Mal mehr.

Ulrike versuchte jede Möglichkeit, sich davor zu

drücken. Sie blieb so lange im Schnee liegen, bis die nächste neben sie purzelte. Das war jedoch sehr kalt und ungemütlich und nur auf beschränkte Zeit durchzuhalten. Sie stieg den Hang so langsam wie eine Schnecke hinauf.

Aber immer warteten die anderen auf sie, ohne zur nächsten Übung überzugehen. Sie schrien ihr zu: „Los, Ulrike, dalli, dalli! Halt nicht die ganze Innung auf!"

Der Spott und das Schimpfen der anderen hätten Ulrike nicht weiter betroffen, darüber fühlte sie sich erhaben. Aber dann blieb Gaby einmal unten und wartete auf sie.

„Ich habe eine Idee", sagte sie, „halt dich an meinem Schistock fest! Ich zieh' dich nach oben!"

„Du", sagte Ulrike, ganz überwältigt, „fällt dir denn das Hochsteigen so leicht?"

„I woher denn! Nur... ich bin trainiert, und du nicht."

Ulrike hatte das Gefühl, sich entschuldigen zu müssen. „Die Waden tun mir furchtbar weh!"

„Meinst du etwa, mir nicht? An so etwas ist noch keiner gestorben!"

Ulrike ließ sich tatsächlich von Gaby nach oben ziehen, und so ging es wesentlich leichter. Niemand machte eine Bemerkung dazu, doch es schien Ulrike, daß alle, nicht nur Fräulein Faust, sie seltsam ansahen. Oder war es nur ihr eigenes schlechtes Gewissen, das ihr zusetzte?

„Dank dir, Gaby", sagte sie das nächste Mal, als die Freundin ihr wieder helfen wollte, „ich glaube, jetzt schaffe ich es schon allein."

„Bestimmt? Es macht mir aber wirklich nichts aus."

„Hör bloß auf, die Heldin zu spielen!" sagte Ulrike, die ihrer Beschämung irgendwie Luft machen mußte. Dann aber fügte sie rasch hinzu: „Sei mir nicht böse, das ist mir nur so herausgerutscht! Ich ... ich weiß selber, daß ich euch allen zur Last falle."

Gaby war, wie immer, nicht im geringsten gekränkt. „Das tust du doch gar nicht", sagte sie versöhnlich, „und außerdem, das wollte ich dir schon die ganze Zeit sagen ... du fährst sehr gut. Besser als manche andere!"

Gaby erreichte mit ihrem Lob mehr bei Ulrike als Fräulein Faust mit ihrer gutgemeinten Kritik. Ulrike nahm sich zusammen. Freude machte es ihr deswegen noch lange nicht, und die Waden taten genauso weh.

Sie begriff nicht, wie einige „Schade!" und „Oh, schon?" rufen konnten, als Fräulein Faust für diesen Vormittag Schluß machte. Sie hatte nur noch den einen Wunsch, die Schistiefel auszuziehen, die Füße hochzulagern und sich auf ihrem Schlafsack auszustrecken.

Jedoch von ausruhen konnte auch jetzt noch keine Rede sein. In der Hütte auf dem Almkogel angekommen, mußte wieder Wasser geholt, das Feuer geschürt, Suppe gekocht, Brot geschnitten und der Tisch gedeckt werden.

„Richtig kochen werden wir erst heute abend", sagte Fräulein Faust, „wir wollen uns doch die schöne Sonne nicht entgehen lassen. Nach Tisch gibt's noch eine halbe Stunde Ruhe, und dann geht's wieder los."

Ulrike konnte ihr Entsetzen nicht verbergen. „Was?!" rief sie. „Doch nicht schon wieder Schi fahren?"

Die anderen lachten, und die dicke blonde Christel sagte spitz: „Was glaubst du denn, wozu wir sonst hierhergekommen sind?"

„Wenn ich das geahnt hätte...", stöhnte Ulrike, und wahrhaftig, wenn sie vorher ganz genau gewußt hätte, wie es werden würde, hätte sie vielleicht wirklich lieber auf ihre Reportertätigkeit verzichtet, als mitzufahren.

Als sie nach der kurzen Mittagspause wieder auf den Brettern stand, fühlte sie sich wie zerschlagen, und am Abend war sie so müde, daß sie kaum noch Hunger hatte.

Übrigens erging es auch den anderen nicht viel besser. Es wurden noch ziemlich lustlos ein paar Gesellschaftsspiele gemacht, aber alle waren froh, als Fräulein Faust sie endlich hinauf auf ihre Schlafsäcke schickte. Gestern hatten sie sich noch vorgenommen, einen tollen Budenzauber zu veranstalten, wenn Fräulein Faust erst eingeschlafen war. Dieser Vorsatz blieb unausgeführt, denn als die Lehrerin die letzte Runde machte, schliefen alle längst tief und fest.

Am nächsten Morgen gab es eine kleine Katastrophe. Christel erwachte mit verschwollenen Augen und hochrotem Gesicht. „Die hat bestimmt Scharlach!" rief Gaby entsetzt.

Sofort wurden die tollsten Vermutungen laut. Die einen behaupteten, daß der Kurs abgebrochen werden und alle nach Burg Hartenstein zurück müßten, die anderen, daß sie jetzt für mindestens vier Wochen auf der Schihütte isoliert würden.

Nichts von alledem traf zu. Fräulein Faust stellte fest, daß Christel sich nur einen tüchtigen Sonnenbrand geholt hatte, weil sie es nicht für nötig gehalten hatte, ihr Gesicht mit einer Schutzcreme einzufetten. Christel bekam Hausdienst zudiktiert, und die anderen zogen ohne sie los.

Ulrike wußte nicht recht, ob sie Christel bemitleiden oder beneiden sollte. Dieser Sonnenbrand war ganz bestimmt scheußlich und tat sicher sehr weh. Dafür aber durfte Christel wenigstens zu Hause bleiben. Ulrike fühlte sich heute noch viel schlechter als gestern. Sie hatte sich einen heftigen Muskelkater in den Beinen geholt, aber Gaby, bei der sie sich darüber beklagte, lachte nur.

„Gegen Muskelkater gibt's nur ein Mittel ... weitermachen", sagte sie. „Du wirst staunen, wie schnell er dann verschwindet!"

Als alle Mädchen die einfache Abfahrt beherrschten, ging Fräulein Faust weiter. Jetzt kam das Bremsen an die Reihe, der Stemmbogen, dann Slalom – Stemmbogen rechts, Stemmbogen links – dann Abfahrt mit einem kleinen Sprung in der Mitte. Damit nicht genug, ließ sie die Mädchen immer wieder ohne Stöcke fahren. Es wurden kleine Tore gebaut, durch die man geduckt hindurchfahren mußte, Fräulein Faust verteilte Handschuhe auf der Piste, die in voller Fahrt aufgenommen werden sollten, kurzum, das Lehrprogramm war ebenso abwechslungsreich wie anstrengend. Alle, außer Ulrike, waren mit Feuereifer und Begeisterung dabei, und als Christel nach ein paar Tagen wieder mitmachen durfte, konnte sie nur staunen, wie weit die anderen inzwischen vorangekommen waren.

Dann, ganz plötzlich, am fünften Tag war Ulrikes

Muskelkater weg, die Füße hatten sich an die schweren Schuhe gewöhnt, die Beine beherrschten die Schier, und Ulrike beherrschte ihren Körper. Zu ihrer eigenen Überraschung stellte sie fest, daß sie sich vom Kopf bis zu den Zehenspitzen riesig wohl fühlte.

Es gelangen ihr ein paar Slalomfahrten – die Piste war inzwischen verlegt und wesentlich steiler und länger geworden –, die sogar Fräulein Fausts Lob hervorriefen.

„Gratuliere, Uli!" rief Gaby. „Du bist wirklich Klasse!"

Ulrike, beflügelt von dem allgemeinen Lob, legte bei der nächsten Abfahrt noch mehr Tempo vor und – sie begriff später selbst nicht, wie es passieren konnte – verlor das Gleichgewicht und stürzte beim Bogen nach rechts schräg vornüber.

Mit einem Aufschrei blieb sie liegen. Der rechte Schi hatte sich gelöst und glitt ganz allein den Hang hinab. Sekunden später war Fräulein Faust bei ihr und bemühte sich, ihr wieder auf die Beine zu helfen.

„Kannst du stehen?" fragte sie besorgt. „Geht es? Tritt einmal auf! Hast du dir nichts gebrochen?"

„Ich glaube nicht", sagte Ulrike mit schmerzverzerrtem Gesicht, „nur... das Fußgelenk tut furchtbar weh!"

„Wird wohl eine Verstauchung sein. Wenn es nicht mehr ist, dann hast du noch einmal Glück gehabt."

„Glück?!"

„Ja. Wenn du nämlich ganz gerade nach vorn gefallen wärst, hätte die Bindung sich nicht gelöst. Dann wäre das Bein gebrochen."

Aber gebrochen war wirklich nichts, und gestützt auf Gaby, die inzwischen den geflüchteten Schi wieder zurückgeholt hatte, konnte Ulrike die Hütte erreichen. Es war kurz vor Mittag, und die anderen folgten ihr.

„Tut's sehr weh?"

„Ziemlich!" mußte Ulrike zugeben. Dann fügte sie mit seltener Selbsterkenntnis hinzu: „Geschieht mir gerade recht, weil ich angeben wollte! Dann passiert meistens so was!"

„Wie wahr", sagte Gaby und schmunzelte.

Mit dem Schifahren war es, wenigstens für heute, aus. Fräulein Faust wies Ulrike an, sich kühlende Schnee-Verbände um das leicht geschwollene Gelenk zu machen und sich draußen vor der Hütte in die Sonne zu setzen.

Als die anderen eine Stunde später wieder abzogen, sah Ulrike ihnen mit gemischten Gefühlen nach. Das Leben war doch wirklich sehr verzwickt. Wie sehr hatte sie sich die ganzen vergangenen Tage gewünscht, einmal zu Hause zu bleiben und ausrasten zu dürfen! Und ausgerechnet heute, wo ihr das Schilaufen zum erstenmal wirklich Freude gemacht hatte, mußte ihr das passieren! Sie war doch wirklich ein Unglücksrabe!

Dann kam ihr ein Gedanke: Daß sie nicht Schi laufen konnte, war schlimm. Aber deshalb brauchte sie doch nicht den ganzen Nachmittag hier sitzen!

Sie warf einen Blick auf ihre Armbanduhr. Es würde fast drei Stunden dauern, bis die Sonne unterging und die anderen zurückkamen. In dieser Zeit ließ sich schon etwas unternehmen.

Ulrike erhob sich, humpelte in die Hütte und begann sich umzuziehen. Endlich hatte sie Gelegenheit, ihre schicke Schihose und den weißen Anorak zur Geltung zu bringen. Sie wurde mit einemmal sehr vergnügt. Der schmerzhafte Sturz hatte also doch etwas Gutes!

Die Mutprobe

Riesig wohl fühlt sich Ulrike auf Schiern. Doch fast bringt ihr Leichtsinn sie in eine gefährliche Situation

Als Ulrike sich zehn Minuten später in ihrem Taschenspiegel betrachtete, war sie immer noch nicht mit sich zufrieden. Sie hatte sich das hellblonde Haar mit viel Mühe zu einer komplizierten Hochfrisur aufgetürmt, dennoch wirkte sie – jedenfalls für ihren eigenen Geschmack – noch entschieden zu kindlich.

Sie zog die Oberlippe zwischen die Zähne, dachte nach. Dann lief sie zum Herd, fand die Streichholzschachtel, brannte ein Hölzchen ab und strich mit dem verkohlten Ende sehr behutsam die schmalen hellen Augenbrauen nach. Der Effekt war überraschend – ihre kühnen grauen Augen wirkten entschieden ausdrucksvoller.

Kühn geworden, kletterte Ulrike die Leiter zum Schlafboden hinauf, begann hastig im Waschbeutel eines der größeren Mädchen zu kramen, die gestern abend ihrer Freundin unter Beachtung aller Vorsichtsmaßnahmen einen Lippenstift gezeigt hatte. Sie fand das begehrte Requisit und stellte fest, daß der Stift zartrosa war und prächtig zu ihrer leicht gebräunten Haut passen mußte.

Sehr sorgfältig zog Ulrike sich die Lippen nach, preßte sie dann aufeinander, wie sie es von ihren Tanten gesehen hatte, steckte ihn an seinen alten Platz tief unten in dem Waschbeutel zurück. So, fertig! Aber jetzt war keine Zeit mehr zu verlieren, wenn sie den geschenkten Nachmittag wirklich ausnutzen wollte.

Ulrike steckte ihren Spiegel in die Tasche ihres Anoraks zu ihrer Geldbörse, kletterte die Leiter wieder hinunter und humpelte aus der Hütte.

Neben dem Schuppen stand der Schlitten, der zum Milchholen benutzt wurde. Sie nahm ihn ohne Bedenken, zog ihn bis zum Weg. Sie wußte, daß sie auf diese Weise in Windeseile ins Dorf gelangen würde – der Rückweg würde entschieden mühsamer sein, aber daran mochte sie jetzt noch gar nicht denken.

Die Schlittenfahrt, von der Hütte hinab zu der Plattform, wo sie damals dem Autobus entstiegen, war herrlich. Als Ulrike die kurvenreiche Straße erreichte, mußte sie immer wieder die Absätze benutzen, um die Geschwindigkeit zu bremsen und den Schlitten in der Gewalt zu behalten. Mit glühenden Wangen sauste sie an der Kirche vorbei mitten auf den Marktplatz von Immdorf – wenn sie den Schlitten nicht im letzten Moment herumgerissen hätte, wäre sie mit einem Auto zusammengestoßen, das aber glücklicherweise auf der schneeglatten Straße nur sehr gemächlich vorwärts kam. Der Schreck dämpfte ihre Freude beträchtlich.

Ulrike stieg ab, zog den Schlitten ein Stück bergauf, lehnte ihn im Winkel hinter der Kirche an eine Mauer. Ein Glück, daß sie sich ihre zartrosa Zipfelmütze fest über beide Ohren gezogen hatte, sonst wäre bei der wilden Fahrt ihre schöne Frisur bestimmt zerstört worden. Sie schob sich die Mütze aus der Stirn zurück, schlenderte unternehmungslustig los. Aber sie wurde enttäuscht. Viel gab es nicht zu sehen in Immdorf, und was noch schlimmer war – niemand beachtete sie.

Es war drei Uhr vorbei und herrlicher Sonnenschein, selbstverständlich, daß alle Sportler sich noch auf den Hängen tummelten. Niemand war da, der Ulrike bewundern konnte.

Sie trat in einen Laden, kaufte ein paar bunte Ansichtskarten, die sie den Tanten und den Eltern nach Persien schicken wollte, blieb lange vor einer Anschlagtafel stehen, auf der die Preise für die Seilbahn und die Fahrtzeiten der Omnibusse angegeben waren. Im Kino lief ein toller Film, der nicht einmal für Jugendliche verboten war – aber leider begann die Vorstellung erst um acht Uhr abends, und dann würde sie schon längst auf ihrem Lager oben in der Hütte schlafen.

Ulrike nahm sich Zeit.

Sie betrachtete die Auslagen in den Modegeschäften, in denen es schicke Wintersportsachen zu sehen gab, begutachtete ihre eigene Erscheinung in den spiegelnden Fensterscheiben, seufzte, ohne es selber zu merken.

Eigentlich, das gab sie sich zu, wäre es das beste gewesen, ihren Ausflug jetzt abzubrechen und sich an den beschwerlichen Aufstieg zu machen, der mit dem geschwollenen Fuß doppelt schwierig sein würde. Aber sie wollte nicht klein beigeben. Irgendwie mußte sich dieses Abenteuer doch lohnen.

Es war kurz vor vier, als sie sich entschloß, ins „Café Konrad" zu gehen. „Jeden Nachmittag Tanz", stand auf riesigen knallgrünen Plakaten, die an den Türen sämtlicher Läden und an den Scheiben des Cafés selber hingen. Ulrike spürte ein komisches Gefühl in der Magengrube, aber dann überwand sie sich, stieß mit einem Ruck die Tür auf, trat durch den Windfang und in den großen, sehr modern eingerichteten Raum.

Fast mit Erleichterung stellte sie fest, daß auch hier nicht viel los war. Nur wenige Tische waren besetzt. Ein paar alte Damen plauderten und strickten miteinander; zwei Herren, deren Gesichter Ulrike nicht sehen konnte, lasen Zeitung.

Aber kaum hatte Ulrike sich gesetzt, öffnete sich die Hintertür, und die Band, drei Herren in kurzen roten Jacken, zogen ein. Sie stimmten ihre Instrumente, überblickten abschätzend das kleine Publikum, und da Ulrike die einzige war, die ihnen Aufmerksamkeit schenkte, lächelten sie ihr zu.

Ulrike errötete voll Schrecken und senkte die Augen. Gerade in diesem Augenblick näherte sich eine Serviererin und fragte nach ihren Wünschen.

„Ich weiß nicht", sagte Ulrike verwirrt und hätte sich im gleichen Augenblick am liebsten selber für diese blöde Antwort geohrfeigt.

„Einen Sherry vielleicht?" schlug die Serviererin lächelnd vor.

„Einen... was? Ach nein. Ich möchte gern... haben Sie Kuchen?"

„Selbstverständlich. Ich werde Ihnen sofort das Tablett bringen... und was dazu?"

„Tee", sagte Ulrike, „ein Glas Tee, bitte!"

Die Serviererin verschwand zur Theke hin, kam gleich darauf mit einem riesigen Kuchentablett wieder. Ulrike wählte ein großes Stück Schokoladentorte – immerhin, langsam begann sich das Unternehmen doch zu lohnen!

Sie wartete nicht auf den Tee, sondern begann sofort mit Heißhunger die langentbehrte Süßigkeit zu verspeisen und sah erst wieder auf, als sie das ganze Stück, bis auf einen unscheinbaren Rest, vertilgt hatte.

Mit Erstaunen stellte sie fest, daß sich das Café inzwischen fast gefüllt hatte. Die jugendlichen Wintergäste von Immdorf waren also doch nicht ganz so sportbesessen, wie es den Anschein gehabt hatte. Ein guter Teil von ihnen schien den Tanzboden der Piste vorzuziehen.

Die Band intonierte einen Twist, und schon stürzten sich die Paare auf die kleine Fläche nahe dem Podium zwischen den Tischen, auf der sofort ein gefährliches Gedränge entstand. Ein langhaariges Mädchen hatte seine Schischuhe unter dem Tisch ausgezogen und hüpfte nun in Strumpfhosen herum, was einigermaßen komisch aussah. Ulrike konnte ein Lächeln nicht unterdrücken und malte sich aus, welchen Eindruck sie mit einer Schilderung dieses Tanztees bei Gaby und Eva erzielen würde. Zu schade, daß sie darüber nicht im „Hartensteiner Boten" schreiben konnte!

Ulrike schrak zusammen, als sich die breitschultrige Gestalt eines jungen Herrn im Rollkragenpullover zwischen sie und die Tanzfläche schob.

„Darf ich bitten?" fragte er mit einer Verbeugung.

Eine Sekunde lang war Ulrike wie verdonnert, daß ihr einfach keine Antwort einfiel. Siedendheiß war ihr das Blut zu Kopf gestiegen.

„Ich... nein", stotterte sie endlich. „Ich habe mir den Fuß verstaucht!"

„Wie schade!"

„Beim Schilaufen", fügte Ulrike, schon sicherer geworden, hinzu.

„Gestatten Sie, daß ich Ihnen dann wenigstens Gesellschaft leiste?"

Ehe Ulrike sich zu einer Antwort aufschwingen konnte, hatte er sich schon neben sie gesetzt.

„Bitte", sagte sie schwach.

Die Serviererin brachte das Glas Tee, das Ulrike bestellt hatte.

„Zwei Kognak, bitte", bestellte der junge Mann. „Sie trinken doch einen mit, wie?" wandte er sich an Ulrike.

Sie schüttelte heftig den Kopf. „Nein, danke, ich... ich möchte wirklich nicht." Sie begann, um ihre Verlegenheit zu verbergen, heftig in ihrem Glas zu rühren, führte es an die Lippen, setzte es aber hastig wieder ab, denn das Getränk war fast siedendheiß.

„Zigarette?" fragte der junge Mann und reichte ihr sein Päckchen.

Ulrike wollte nicht schon wieder und zum drittenmal nein sagen. Sie griff zu. Er bediente sich selber, gab ihr Feuer. Ulrike gab sich Mühe, die Zigarette so elegant wie möglich zu balancieren, zog sehr vorsichtig zwei-, dreimal den Rauch ein – es schmeckte scheußlich. Der Rauch stieg ihr in die Augen, sie mußte husten. Sie benutzte den Augenblick, als der junge Mann der Band zuklatschte und dadurch von ihr abgelenkt war, sie auszudrücken. Er wandte sich ihr wieder zu. „Schicker Laden, was?" fragte er.

„Ganz nett", sagte Ulrike so herablassend, wie nur sie es fertigbrachte.

„Komisch, daß ich Sie noch nie hier gesehen habe..."

„Im allgemeinen bin ich nachmittags auf der Piste!"

„Sie sind sicher eine gute Schifahrerin?"

Ulrike zuckte die Achseln. „Kommt ganz darauf an, welche Maßstäbe man anlegt."

„Seien Sie nicht so bescheiden! Die große Abfahrt vom Grainer Joch haben Sie doch sicher schon gemacht?"

„Natürlich", sagte Ulrike gelassen. Diese faustdicke Lüge war ihr herausgerutscht, ehe sie es selber gemerkt hatte.

„Habe ich es mir doch gedacht! Sagen Sie, hätten Sie nicht Lust, mal mit mir zusammen..."

„Nein", schnitt Ulrike das Wort ab, „ich bin schließlich nicht zu meinem Vergnügen hier."

„Nicht?" fragte der junge Mann verblüfft.

„Nein", erklärte Ulrike hochmütig, „ich bin Reporterin."

„Ah... wirklich!?" Der junge Mann gab sich beeindruckt – aber war er es wirklich? Der vergnügte Ausdruck seiner braunen Augen machte Ulrike mißtrauisch.

„Ob Sie es glauben oder nicht", sagte sie hitzig, „aber ich arbeite für eine Zeitung!"

„Warum sollte ich das nicht glauben?"

„Weil Sie so komisch gucken!"

„Ich?! Das tut mir leid, ist wirklich nicht mit Absicht geschehen. Es ist mein Schicksal, verkannt zu werden, müssen Sie wissen."

Ulrike sah ihn böse an. Wollte er sich etwa über sie lustig machen? Wenn er ein Junge und kein ausgewachsener Mann gewesen wäre, hätte sie ihm bestimmt etwas sehr Unfreundliches gesagt. So aber konnte sie es doch nicht tun.

Sie warf einen Blick auf ihre Armbanduhr und sagte: „Ich muß gehen."

„Schon?"

„Ich habe noch eine Menge zu tun", behauptete sie kurz angebunden.

„Ich vergaß, ja, natürlich, verzeihen Sie mir", sagte er mit gespielter Zerknirschung, „wenn man für eine Zeitung unterwegs ist, muß man immer auf Trab sein."

Ulrike hob die dunkel nachgezogenen Augenbrauen. „Sie sagen es!"

Der junge Mann war nicht beleidigt. „Wann werden wir uns wiedersehen?" drängte er.

Hoffentlich nie! – wäre Ulrike beinahe herausgeplatzt, aber im letzten Augenblick besann sie sich und erklärte hochnäsig: „Überlassen wir das dem Zufall."

„Abends werden Sie doch sicher Zeit haben!"

Die Serviererin brachte die beiden Kognaks, und Ulrike wurde dadurch einer Antwort enthoben. „Kann ich zahlen?" fragte sie.

„Komme sofort!" Damit war die Serviererin wieder entschwunden.

Der junge Mann gab immer noch nicht auf. „Wenn Sie mir nur sagen würden, in welchem Hotel Sie wohnen..."

Ulrike verlor die Geduld. „Aber wozu?" sagte sie frech. „Das geht Sie doch wirklich nichts an!"

Ulrikes Unverschämtheit hatte eine ganz andere Wirkung, als sie erwartet hatte.

Der junge Mann sprang wie elektrisiert auf und rief: „Entschuldigen Sie, aber ich habe doch tatsächlich vergessen, mich vorzustellen!" Er verbeugte sich formvollendet. „Horst Hübner..."

Ulrike wußte nicht recht, ob er jetzt erwartete, daß auch sie ihren Namen nennen würde, und sie hatte das unklare Gefühl, daß sich das vielleicht gehört hätte. Aber das kam natürlich gar nicht in Frage.

„Hochinteressant", sagte sie also nur und hielt verzweifelt Ausschau nach der Serviererin, die zwischen den Tischen entschwunden war.

In diesem Augenblick entdeckte sie Gaby.

Die Freundin stand vorn nahe dem Podium und winkte ihr verzweifelt zu.

„Entschuldigen Sie bitte", murmelte Ulrike, sprang auf und schlängelte sich nach vorn.

Die Musik war hier ohrenbetäubend. Ulrike mußte schreien, um sich verständlich zu machen. „Was ist los?"

Gaby packte sie beim Handgelenk und zerrte sie durch die Hintertür hinaus.

„Was fällt dir ein?" rief Ulrike.

Sie standen sich in einem schmalen, kühlen Flur gegenüber, durch den es links zur Küche und rechts in den Hof hinaus ging.

„Das hat gerade noch geklappt", sagte Gaby aufatmend. „Menschenskind, Uli, ich habe um dich gezittert!"

„Verstehe ich nicht." Ulrike rieb sich das Handgelenk. „Was ist denn los?"

„Fräulein Faust ist im Dorf! Sie hat uns nach dem Kurs allein zur Hütte zurückziehen lassen und ist selber gleich hinuntergezwitschert!"

„Aber dann..."

„Eben! Wir müssen so schnell wie möglich zurück... vorsichtig wie die Indianer auf dem Kriegspfad, sonst erwischt sie uns!"

„Aber woher wußtest du überhaupt, daß ich hier bin?"

Gaby klopfte sich selbstgefällig an die Stirn. „Köpfchen! Du warst nicht da, und der Schlitten auch nicht... ich brauchte also nur eins und eins zusammenzuzählen! Bloß wo du in Immdorf stecktest, konnte ich natürlich nicht raten. Überall habe ich dich gesucht... was glaubst du, was ich in der letzten halben Stunde durchgemacht habe!"

„Sehr anständig von dir", mußte Ulrike ein bißchen widerwillig zugeben. Sie öffnete die Tür zum Saal.

„Wo willst du hin?" schrie Gaby.

„Ich muß noch zahlen!"

Ohne sich um die Warnungen der Freundin zu kümmern, trat Ulrike wieder ein und – prallte auf der Schwelle zurück, als wenn ihr ein Ungeheuer begegnet wäre. Sie zog die Tür hinter sich zu, lehnte sich, sehr blaß geworden, gegen die Wand.

„Hast du ein Gespenst gesehen?" rief Gaby.

„Nein. Gretchen."

„Sie ist hier?"

„Genau."

„Wir müssen fort!"

Nebeneinander rannten sie in den Hof hinaus. Bevor sie die Straße betraten, lief Ulrike in eine Ecke, wo sauberer, unberührter Schnee lag, nahm sich zwei Hände voll davon und rieb sich das Gesicht ab.

„Gute Idee", sagte Gaby anerkennend, „ich hätte dich in voller Kriegsbemalung fast nicht erkannt, und wenn Gretchen dich so erwischen würde... hui!"

Vorsichtig spähte sie durch den Türbogen auf die Straße hinaus. „Die Luft ist rein!" rief sie.

Dämmerung hatte sich schon über das Dorf im Tal gelegt, während die Bergspitzen noch im letzten roten Glanz leuchteten. Aus den Fenstern des „Café Konrad" fiel warmes Licht.

Gaby konnte der Versuchung nicht widerstehen. „Wollen wir mal hineingucken?" fragte sie. „Mal sehen, ob sie noch drin ist?"

Ulrike zögerte. „Bißchen riskant, wie?"

„Ach was! Wenn sie uns entdeckt, verschwinden wir wie der Blitz!"

Sie kletterten vorsichtig auf den hervorspringenden Mauersims, preßten ihre Nasen gegen die Fensterscheiben und blickten in das Tanzcafé – nur eine Sekunde, dann zog Ulrike den Kopf blitzschnell zurück und stieg vorsichtig hinunter.

„Na, so etwas!" sagte sie fassungslos.

Gaby war ihrem Beispiel gefolgt. „Das hätte ich ihr nie zugetraut", bekannte Gaby. „Gretchen sitzt mit einem jungen Mann am Tisch und raucht eine Zigarette!"

„Wenn das alles wäre!"

„Nicht?"

„Weißt du, wer dieser junge Mann ist? Horst Hübner heißt er, das hat er mir wenigstens gesagt. Ein ganz gefährlicher Bursche. Mich hat er auch schon anzuquatschen versucht."

„Wirklich?" Gaby sah die Freundin mit gruselnder Bewunderung an.

„Tanzen wollte er mit mir, eine Zigarette hat er mir angeboten... aber ich bin natürlich nicht auf ihn hereingefallen."

„Eigentlich", sagte Gaby, „müßte man sie warnen."

„Aber wieso denn? Sie ist alt genug, auf sich selber aufzupassen."

„Stimmt", gab Gaby zu, „und außerdem... seien wir froh, daß sie beschäftigt ist. Jetzt können wir wenigstens in aller Ruhe hinaufstapfen." Sie faßte Ulrike unter. „Aber du mußt mir erzählen, was du erlebt hast... haarklein!"

Und das tat Ulrike auch, ohne das Geringste auszulassen, im Gegenteil, sie erfand noch ausschmückende Einzelheiten hinzu, so daß Gaby zwischen Lachen und Staunen hin und her gerissen wurde.

Bis zur Hütte hinauf brauchten Ulrike und Gaby eine gute Stunde, obwohl Gaby den Schlitten allein zog.

Aber für diesen beschwerlichen Aufstieg wurden sie nachher reichlich entschädigt. Von allen Seiten wurden sie mit Fragen bestürmt, und Ulrike hatte später auf dem Schlafboden noch einmal Gelegenheit, ihr abenteuerliches Erlebnis von Anfang bis Ende zum Besten zu geben. Sie erntete damit gruselnde Bewunderung bei den kleineren und leisen Neid bei den größeren Mädchen. Sie genoß es von Herzen, im Mittelpunkt zu stehen.

Aber dann, als die anderen eingeschlafen waren, verging ihr Triumphgefühl. Sie begriff, daß sie in eine sehr unangenehme Situation geraten war. Erstens einmal hatte sie im „Café Konrad" nicht bezahlt – mußte das nicht Folgen haben? Mit Schaudern stellte sie sich vor, daß die Serviererin auf der Hütte auftauchen und das Geld, das sie zu bekommen hatte, von ihr verlangen würde. Wie sollte sie das Fräulein Faust erklären?

Ulrike wurde es heiß bei diesem Gedanken.

Das war noch nicht alles. Auch Horst Hübner konnte auf die Idee kommen, zur Hütte hinaufzuklettern. Es war sogar möglich, daß er mit Fräulein Faust schon eine Verabredung getroffen hatte.

Bestimmt würde er sie erkennen und dann –!

Ulrike zog die Wolldecke über ihren Kopf, um nichts mehr hören und sehen zu müssen. Aber ihre Gedanken konnte sie dadurch nicht zur Ruhe bringen. Sie fühlte sich hundeelend.

Was war ihr bloß eingefallen, auf eigene Faust in den Ort hinunterzufahren! Und sich dazu noch anzumalen, obwohl sie wußte, daß das selbst den ältesten Mädchen streng verboten war!

Wenn alles herauskam, würde sie fliegen, das war so sicher wie nur etwas. Ulrikes Herz krampfte sich bei diesem Gedanken zusammen. Sie wollte nicht mit Schimpf und Schande nach Hause gejagt werden, nein, nur das nicht!

Mindestens genauso schlimm würde es sein, wenn Direktor Heilmann ein Auge zudrückte und sie nur ihrer Ämter enthoben würde. Nicht mehr für die Internatszeitung schreiben dürfen – eine härtere Strafe konnte Ulrike sich gar nicht vorstellen.

In dieser Nacht, während die anderen tief und fest schliefen, haderte Ulrike mit ihrem Schicksal. Warum mußte bloß sie immer solches Pech haben? Warum mußte Fräulein Faust ausgerechnet ins „Café Konrad" kommen, und warum mußte sie sich dann noch genau von diesem jungen Mann ansprechen lassen, der ihr, Ulrike, schon so zugesetzt hatte! Es war wirklich, als wenn alles sich gegen sie verschworen hätte.

Ulrike erwog ernsthaft, ob es nicht das Richtigste sein würde, Fräulein Faust ein freiwilliges Geständnis abzulegen. Vielleicht konnte sie auf diese Weise noch einmal mit einem blauen Auge davonkommen. Ja, das würde sie tun!

Dieser gute Vorsatz tröstete Ulrike einigermaßen, und endlich schlief auch sie ein.

Aber am nächsten Morgen sah alles anders aus. Sie begriff gar nicht mehr, wie sie auf die verrückte Idee gekommen war, alles zu beichten. Mit ein bißchen Glück würde Fräulein Faust ja nie etwas von diesem Abenteuer erfahren. Wenn sie ihr jetzt alles erzählte, würde sie es sie bestimmt büßen lassen, denn geärgert –

das mußte Ulrike sich zugeben – hatte sie die Lehrerin ja nur zu oft. Fräulein Faust würde froh sein, wenn sie endlich mal gegen sie durchgreifen konnte.

Also schwieg Ulrike, aber sie gab sich alle Mühe, sich einwandfrei, ja geradezu vorbildlich zu benehmen. Sie erklärte, daß ihr Fuß nicht mehr weh täte und daß sie wieder beim Schikurs mitmachen könnte.

Sah Fräulein Faust sie bei dieser Erklärung wirklich so sonderbar an?

Die ganzen nächsten Tage nahm Ulrike sich zusammen, denn ihr schlechtes Gewissen kam keinen Augenblick zur Ruhe. Sobald die Hüttentür sich öffnete, schlug ihr Herz bis zum Halse, und wenn sich ein Schiläufer der kleinen Mädchengruppe auf dem Übungshang näherte, hätte sie sich am liebsten hinter einer Schneewehe verborgen.

Doch nichts geschah, und allmählich gewann Ulrike ihre Sicherheit wieder.

Die Zeit des Schikurses näherte sich ihrem Ende, und für den letzten Nachmittag gab Fräulein Faust den Mädchen frei, damit sie sich nach eigenem Belieben vergnügen konnten. Die meisten schwärmten ins Dorf, das sie nur vom sonntäglichen Kirchbesuch oder vom Milchholen her kannten.

„Ich bleibe hier", sagte Ulrike, als Gaby Reitmann sie nach ihren Plänen fragte.

„Aber warum denn?"

„Glaubst du, ich möchte diesem Kerl... du weißt schon... über den Weg laufen?"

„Ach, der ist bestimmt längst abgereist!"

„Woher willst du das wissen?" fragte Ulrike. „Nein,

ich möchte lieber nichts riskieren." Nach kurzem Überlegen setzte sie hinzu: „Aber du könntest mir einen Gefallen tun..."

„Ja?"

„Geh ins ‚Café Konrad' und bezahl, was ich dort noch schuldig bin."

„Mach ich", erklärte Gaby bereitwillig, „aber weißt du, zum Herumsitzen hab ich keine Lust! Wie wäre es, wenn wir mit der Seilbahn zum Grainer Joch hinaufführen? Wir könnten da oben ein bißchen auf unseren Schiern herumrutschen! Ein Restaurant soll es da auch geben, wo man zu essen und zu trinken kriegt."

Die Versuchung war groß. Ulrike hatte die Aussicht, einen ganzen Nachmittag lang in der Schihütte zu hokken, während alle anderen sich vergnügten, niemals verlockend gefunden.

Gaby drängte: „Sei nicht fad! Mach mit! Wir brauchen ja bloß beide Augen offenzuhalten, dann kann uns gar nichts passieren!" – bis Ulrike nicht länger widerstehen konnte.

„Na schön", sagte sie, „aber auf deine Verantwortung!"

„Klar!" rief Gaby begeistert. „Die nehme ich auf mich, aber mit Vergnügen!"

Gabys gute Laune wirkte ansteckend. In Windeseile schlüpfte Ulrike aus ihren alten Hosen und in ihren schicken Schidreß hinein – auf eine komplizierte Frisur verzichtete sie allerdings diesmal.

Zehn Minuten später meldeten die beiden Mädchen sich von Fräulein Faust ab, schnallten die Schier an und glitten den Weg und die Straße hinab ins Tal. Gaby fuhr dabei entschieden waghalsiger als Ulrike und mußte immer wieder auf die Freundin warten.

Vor dem Dorf trennten sich die beiden. Sie lösten die Bindungen, Ulrike nahm Gabys Schier und ihre eigenen auf den Rücken und stapfte zur Seilbahnstation, während Gaby zum „Café Konrad" sauste.

Vor der Station stand eine Schlange Wintersportler, und Ulrike zog unwillkürlich den Kopf ein aus Angst, erkannt zu werden. Aber als sie dann vorsichtig um sich spähte, stellte sie mit Erleichterung fest, daß von dem jungen Mann mit dem Rollkragenpullover weit und breit nichts zu sehen war.

Sie hatte gerade die Karten erstanden, als Gaby sich zu ihr durchboxte.

„Alles in Butter", rief sie schon von weitem.

„Schrei doch nicht so", zischte Ulrike. „Willst du die gesamte Menschheit ins Vertrauen ziehen?"

Gaby zuckte die Achseln. „Ich dachte bloß, es würde dich interessieren!" Sie nahm Ulrike ihre Schier ab.

Eine leere Kabine glitt heran. Die beiden Mädchen befestigten ihre Schier außen, stiegen ein.

Erst als die Gondel sich in Bewegung setzte, fragte Ulrike. „Also... was war?"

„Alles bestens. Hab ich dir doch schon gesagt", erklärte Gaby kurz und bündig.

„Willst du mich auf die Palme bringen?"

Gaby lachte. „Ehrlich gestanden... ja. Du hättest es verdient, daß ich dich noch ein bißchen zappeln lasse..." Sie machte eine Kunstpause.

Ulrike kannte Gaby gut genug, um zu wissen, daß

sie ganz außerstande war, irgend etwas für sich zu behalten. Sie wartete deshalb schweigend und hatte mit dieser Taktik auch Erfolg.

„Er hat bezahlt", platzte Gaby heraus.

„Wer?"

„Natürlich dieser Knabe, der sich zu dir gesetzt hat... Horst Hübner oder wie er heißt."

„Bist du sicher?"

„Vollkommen. Ich habe dich der Serviererin genau beschrieben und ihr auch gesagt, was du gehabt hast... eine Tasse Tee und ein Stück Schokoladentorte, nicht wahr – ‚Schon erledigt‘, hat sie gesagt, ‚der Herr hat bezahlt!‘ – Glaubst du etwa, sie würde so etwas behaupten, wenn es nicht stimmte? Wenn sie unehrlich wäre, hätte sie sich's ja doppelt bezahlen lassen können!"

Ulrike krauste die Stirn. „Das ist mir aber sehr unangenehm", sagte sie.

„Quatsch! Warum denn?"

„Er könnte denken, ich hätte es darauf angelegt!"

„Na, wenn schon! Laß ihn doch denken, was er will! Du wirst ihn ja nie im Leben wiedersehen!"

Die Gondel schwebte immer höher, hinweg über Almen und Wälder, auf denen der Schnee funkelte und glitzerte. Eine helle gelbe Sonne strahlte vom blitzblauen Himmel, und der Berggipfel rückte näher und näher.

Alles war abenteuerlich und atemberaubend.

Endlich erreichten sie die Station „Grainer Joch", stiegen aus, ein wenig schwindelig und zitternd in den Knien, nahmen ihre Schier aus den Haltern.

„Was nun?" fragte Ulrike. „Wollen wir ein bißchen fahren?"

„Bist du verrückt?!" rief Gaby. „Jetzt habe ich Hunger!"

Sie fanden zwei freie Plätze auf der Terrasse des Bergrestaurants, bestellten Kuchen und Kakao, ließen es sich schmecken, genossen den weiten Ausblick über Täler und Höhenzüge, atmeten tief die reine Höhenluft. Die Sonne brannte hier oben so stark, daß sie nach einiger Zeit ihre Anoraks ausziehen konnten. Sie sprachen nicht viel, sondern ließen es sich einfach wohl sein.

„Na, war das nicht wirklich eine Pfunds-Idee von mir, hier heraufzufahren?" fragte Gaby, als sie nach einer guten Stunde endlich zahlten und aufbrachen.

„Du hast schon schlechtere Einfälle gehabt", bestätigte Ulrike. „Aber was machen wir nun?"

„Wir rutschen ein bißchen rum ... und dann fahren wir wieder mit der Bahn hinunter!"

Sie schnallten ihre Schier an, machten ein paar Kniebeugen, um gelenkig zu werden, schoben los, um ein Stück von der Station und dem Restaurant fortzukommen.

„Hallo, da ist ja meine kleine Reporterin!" rief plötzlich eine vergnügte männliche Stimme.

Ulrike fuhr herum und blickte fassungslos dem jungen Mann auf Schiern entgegen, der in eleganten Bogen von oben herab auf sie zukam.

„Schreck, laß nach", flüsterte Gaby, „er ist es!"

„Ich hätte es wissen müssen", murmelte Ulrike.

Gaby hatte sich schon wieder gefaßt. „Komm schnell!" rief sie. „Laß uns verduften!"

„Zu spät", sagte Ulrike verzweifelt.

Und es war wirklich zu spät. Der junge Mann hatte sie schon erreicht, blieb mit einem gekonnten Wedelschwung vor ihnen stehen, so daß seine Schier ihnen den Weg versperrten.

„Ich hoffe, Sie erinnern sich noch an mich", sagte er vergnügt, „Horst Hübner... wir haben uns im ‚Café Konrad' kennengelernt!"

„Wird mir ewig unvergeßlich bleiben", gab Ulrike zurück, aber ihre Hochnäsigkeit wirkte zum erstenmal nicht recht überzeugend.

„Sie waren plötzlich verschwunden...", sagte der junge Mann.

„Stimmt. Ich wurde abberufen." Ulrike begann in ihrer Anoraktasche herumzufummeln. „Darf ich Ihnen zurückgeben, was Sie für mich ausgelegt haben?"

„Aber ich bitte Sie, nicht der Rede wert! Es war mir ein Vergnügen..."

„Ich möchte trotzdem..."

„Kommt gar nicht in Frage! Wenn Sie es unbedingt wünschen, können wir darüber reden, wenn wir erst unten sind. Sie wollten doch gerade abfahren?"

„Ja", sagte Ulrike – und sie wußte selber nicht, wie sie zu dieser Antwort kam.

„Ulrike!" rief Gaby entsetzt, „aber du..."

„Halt dich raus", sagte Ulrike böse.

Gaby sah fassungslos zu, wie Ulrike Seite an Seite mit diesem unverschämten jungen Mann zu der Abfahrtsstelle glitt, die mit einem roten Fähnchen gekennzeichnet war. War Ulrike denn verrückt geworden? Sie konnte doch unmöglich die Talfahrt wagen! Soweit durfte doch ihre Eitelkeit nicht gehen. Oder ob sie einen Trick ausgedacht hatte, um diesen aufdringlichen Kerl abzuschütteln?

Es dauerte ein paar Sekunden, bis Gabys Verstand wieder soweit funktionierte, daß sie sich daran machen konnte, den beiden zu folgen.

Ulrike wußte selber, daß es Wahnsinn war, was sie tat, als sie sich in dieses Abenteuer stürzte. Aber sie sah beim besten Willen keine Möglichkeit, wie sie sich zurückziehen konnte, ohne sich bis auf die Knochen zu blamieren. Lieber wäre sie in den Erdboden versunken als zuzugeben, daß alles, was sie von ihren Schikünsten erzählt hatte, nichts weiter als Angabe gewesen war.

So biß sie denn die Zähne zusammen, schickte ein kurzes Stoßgebet zum Himmel, ging weich in die Knie, wie Fräulein Faust es ihr gezeigt hatte, und sauste in die Tiefe, Horst Hübner nach, der in rasanter Schußfahrt vorangepprescht war.

Anfangs ging es gut, viel besser, als Ulrike zu hoffen gewagt hatte. Aber dann, ganz plötzlich, entschwand Horst Hübner in einer scharfen Kurve ihren Blicken. Zu spät begriff Ulrike, daß auch sie abbiegen mußte. Sie legte alle Kraft in einen Stemmbogen und – stürzte kopfüber in den Schnee, der hier, auf der ausgefahrenen Piste, nicht einmal allzuweich war.

Es dauerte eine ganze Zeit, bis sie sich wieder einigermaßen befreit hatte, und dann war es um ihre Fassung geschehen. Sie blieb, Beine und Schier ein einziges Wirrwarr, im Schnee hocken und begann bitterlich zu weinen. Es war ihr plötzlich völlig gleichgültig, was dieser anmaßende junge Mann von ihr dachte.

Da tauchte Horst Hübner schon wieder von unten her auf.

„Was ist los?" fragte er. „Haben Sie die Kurve nicht bekommen?"

Ulrike wäre ihm am liebsten ins Gesicht gesprungen, aber in ihrer jetzigen Situation wäre es ihr nur schwer möglich gewesen, sich auch nur auf die eigenen Beine zu stellen.

Doch ganz überraschend kam ihr Hilfe. Gaby war der Freundin gefolgt; klugerweise war sie sehr vorsichtig gefahren, hatte den steilen Hang schräg genommen und niemals zuviel Tempo vorgelegt.

Jetzt fauchte sie Horst Hübner an. „Sie! Was fällt Ihnen überhaupt ein! Sind Sie denn wahnsinnig geworden? Ulrike hätte sich ja den Hals brechen können, und dann wären Sie schuld gewesen!" Sie beugte sich zu Ulrike herab, begann Schier und Beine auseinanderzusortieren, half ihr hoch.

„Aber hör mal, ich dachte doch... sie hat mir doch selber gesagt, daß sie diese Abfahrt schon gemacht hätte!"

„Und das haben Sie geglaubt?"

„Nein", gab der junge Mann überraschend zu, „ehrlich gestanden nicht!"

„Sie wollten mich blamieren", sagte Ulrike, tapfer bemüht, ihre Tränen hinunterzuschlucken, „und das ist Ihnen ja nun auch gelungen. Ich gebe zu, im Schilaufen bin ich erst Anfängerin... und Reporterin bin ich auch nicht, keine wirkliche, meine ich, bloß bei unserer Schulzeitung. Und jetzt verschwinden Sie, und lassen Sie uns gefälligst in Ruhe!"

„Aber hören Sie mal..."

„Wenn Sie noch einmal Sie zu mir sagen, passiert ein Unglück!" rief Ulrike aufgebracht. „Ich bin ein Schulmädchen, das wissen Sie doch genau... ich bin nicht älter als zwölf Jahre!"

„Na, endlich", sagte der junge Mann, „mir ist noch nie ein Mensch begegnet, dem es so schwergefallen ist, die Wahrheit zu sagen."

Ulrike putzte sich kräftig die Nase. „Ich weiß, daß ich mich dumm benommen habe", gab sie zu.

„Aber Sie noch viel dümmer!" rief Gaby Horst Hübner zu. „Ulrike hätte sich ja wirklich etwas brechen können!"

„Stimmt", sagte der junge Mann friedfertig, „du hast recht. Ich war vielleicht sogar der größere Esel. Wollen wir uns vertragen?"

Gaby hatte Oberwasser bekommen. „Nicht so rasch", sagte sie, „erst möchte ich einmal wissen... warum haben Sie Ulrike überhaupt im Café angesprochen? Darum hatte Sie doch wirklich niemand gebeten."

„Weil es mir merkwürdig vorkam... ein so junges Mädchen ganz allein und in voller Kriegsbemalung. Ich hatte sie älter geschätzt... so auf dreizehn, vierzehn! Aber immerhin, irgend etwas mußte dahinterstecken. Und ich bin nun mal von Natur aus neugierig."

„Und Gretchen... haben Sie die auch aus Neugier angesprochen?" fragte Ulrike.

Der junge Mann war ehrlich erstaunt. „Wen?"

„Ach, tun Sie doch nicht so, Herr Hübner", sagte Gaby, „wir meinen natürlich Fräulein Faust."

Der junge Mann brach in schallendes Gelächter aus. „Ihr meint... Liselotte?"

„Ja, Liselotte Faust heißt sie", sagte Gaby, „es muß sich also um die gleiche Dame handeln."

„Liselotte kenne ich seit zig Jahren", sagte der junge Mann, „wir haben zusammen dieselbe Schulbank gedrückt... da staunt ihr, was?"

„Mein Pech", sagte Ulrike. „Sie haben bestimmt mit ihr über mich gesprochen!"

„Wo denkst du hin! Ich bin doch kein Verräter!"

„Wirklich nicht?"

„Großes Ehrenwort!"

„Na, dann..." Gaby sah Ulrike an. „Wollen wir ihm noch einmal verzeihen?"

„Ich bitte euch", sagte Horst Hübner, „und verratet Fräulein Faust nichts von dieser Abfahrt, ja? Sie ist so... na, ihr wißt ja selber, wie sie ist. Sie würde es unverantwortlich finden."

„War's ja auch", sagte Gaby, „na... Schwamm drüber."

„Abgemacht! Und jetzt bringe ich euch wieder nach oben."

„Nach oben?" riefen Gaby und Ulrike aus einem Mund.

„Kommt gar nicht in Frage", fügte Ulrike hinzu, „jetzt müssen Sie uns nach unten bringen... aber schön sachte, damit nicht wieder etwas passiert!"

„Genau!" stimmte Gaby zu. „Dann hat's sich wenigstens gelohnt!"

Sie schafften die große Abfahrt tatsächlich. Sie brauchten zwar doppelt soviel Zeit dazu wie ein geübter Schifahrer, aber sie schafften sie. Und es war herrlich. Strahlend, wenn auch mit schwachen Knien, kamen sie im Tal an.

„So", sagte Horst Hübner, „das habt ihr gut gemacht! Wirklich... alle Achtung! Und jetzt bringe ich euch noch zur Hütte hinauf. Ich weiß schließlich, was ein Mann von Welt jungen Damen schuldig ist."

Gaby sah ihn mißtrauisch von der Seite an. „Sagen Sie mal, sind Sie vielleicht auch Lehrer?"

Der junge Mann lachte. „Nein. Bankangestellter."

„Eigentlich schade", sagte Ulrike, „so einer wie Sie hätte uns gerade noch auf Hartenstein gefehlt!"

„Wenn das ein Kompliment sein soll", sagte Horst Hübner, „möchte ich mich herzlichst bedanken!"

Ihre Rückkehr auf die Hütte wurde zu einem vollen Erfolg. Horst Hübner lobte seine Schützlinge, und alle, selbst Fräulein Faust, waren ehrlich beeindruckt, daß die beiden die große Abfahrt vom Grainer Joch tatsächlich geschafft hatten.

„Schade", sagte Gaby später, als sie die Leiter hinauf zum Schlafboden kletterten, „daß wir morgen zurück müssen. Wo es gerade erst angefangen hat, zünftig zu werden."

„Klar! Aber dann im Kurs für Fortgeschrittene!"

Auf hohem Roß

*Ulrikes selbstherrliche Art bringt die anderen auf die
Palme. Sie planen Rache!*

Bei ihrer Heimkehr nach Burg Hartenstein wurden die jungen Schifahrerinnen sehr bestaunt. Sie waren alle braungebrannt, von neuem Selbstbewußtsein erfüllt und brachten einen Hauch von Ferne und sportlichem Abenteuer in die grauen Mauern des Internats.

Ein paar großartige Stunden lang standen sie im Mittelpunkt des allgemeinen Interesses, aber dann nahm der harte Alltag sie wieder gefangen. Sich auf den Unterricht zu konzentrieren fiel allen, auch Ulrike, anfangs sehr schwer, dazu kam, daß die anderen inzwischen ein gutes Stück weitergekommen waren und daß es nun galt aufzuholen.

Gaby war ganz verzweifelt. „So was Gräßliches", stöhnte sie, „wenn ich das geahnt hätte, wäre ich überhaupt nicht mitgefahren. Meine nächsten Arbeiten werden wieder unter jedem Hund ausfallen..."

„Ach was", sagte Eva Klostermann. „Wir müssen uns einfach eine Zeitlang mal auf den Hosenboden setzen! Ich glaube, das war die Sache doch schon wert."

Sie standen in der großen Pause auf dem Burghof zusammen und kauten an ihren Äpfeln, die zum zweiten Frühstück verteilt worden waren.

„Sicher", bestätigte Ulrike, „überhaupt, so schwer ist es ja gar nicht. Wir müssen bloß die Hefte von den anderen mal durchackern, dann haben wir den Anschluß schon wieder!"

„Ja, du hast gut reden", erklärte Gaby bitter. „Wenn ich so eine Leuchte wäre wie du, würde es für mich wahrscheinlich auch eine Kleinigkeit sein!" Natürlich konnte Ulrike ihren Kummer nicht begreifen, dachte sie.

Ulrike sah die Freundin, deren rundes, sonst immer so vergnügtes Gesicht sich in Sorgenfalten gelegt hatte, nachdenklich an. „Wie wäre es", sagte sie, „wenn wir es zusammen machten? Ich könnte dir ja alles erklären – wenn du willst!"

„Uli!" Gabys Augen blitzten schon wieder auf. „Das willst du tun? Wahr und wahrhaftig?"

„Warum denn nicht?" sagte Ulrike unbehaglich, denn es kam ihr selber ungewohnt vor, daß sie sich freiwillig bereit erklärt hatte, einer Kameradin zu helfen.

„Da mache ich auch mit, wenn ihr einverstanden seid!" rief Eva Klostermann.

„Aber wo, wann und wie?" fragte Gaby. „Du gehörst doch nicht in unser Haus!"

„Macht nichts! Wir gehen zum Eisenbart und lassen uns eine Sondererlaubnis geben. Wir wollen ja nur arbeiten..."

Wie Eva es vorgeschlagen hatte, so geschah es. Direktor Heilmann gab die Genehmigung, und in den nächsten Tagen hockten die drei in jeder freien Minute zusammen und lernten, daß ihnen der Schädel brummte...

Ulrike hatte sich nicht nur deshalb bereit erklärt, Gaby zu helfen, weil Gaby ihr eine gute und verläßliche Freundin geworden war, sondern noch aus einem anderen, tieferen Grund. Ulrike hatte ein schlechtes Gewissen. Ihr schien, daß sie Fräulein Fausts Lob für ihre mutige Abfahrt vom Grainer Joch eigentlich gar nicht verdient hatte, denn die Lehrerin hatte ja immer noch keine Ahnung, wie es dazu gekommen war. Am liebsten hätte sie Fräulein Faust die ganze Geschichte gebeichtet, aber das schien ihr dann doch zu dumm, weil ja noch einmal alles gutgegangen war, und außerdem – warum sollte sie sich selber in Schwierigkeiten bringen?

Einmal deutete sie Gaby gegenüber sehr vorsichtig an, was sie bedrückte, und die Freundin verstand sie sofort.

„Wenn's weiter nichts ist!" rief sie. „Du mußt dich einfach selber bestrafen, dann wirst du dich besser fühlen... schreib dir zehn Strafpunkte auf, dann bist du reif für den Marsch nach Pochingen, und ich wette, der wird dir guttun."

Im Internat war es so üblich, daß man sich selbst Strafpunkte gab, wenn man etwas auf dem Kerbholz hatte – auch wenn kein anderer davon wußte. Und wer zwölf Strafpunkte hatte, mußte am Wochenende einen Marsch machen – ganz allein, sechs Kilometer nach Pochingen und zurück.

Ulrike tat, wie Gaby ihr geraten hatte. Der Plan klappte jedoch nicht so reibungslos, wie die beiden es sich vorgestellt hatten. Am Samstag nachmittag, als Ulrike sich gerade zum Strafmarsch fertigmachen wollte, kam eine der jüngeren Schülerinnen in ihr Zimmer und richtete ihr aus, daß Henny Pfeiffer, seit Weihnachten Verantwortliche für das Stockwerk, sie sprechen wollte.

„Ausgerechnet jetzt?" fragte Ulrike.

„Jawohl! Wenn möglich noch früher!" sagte die Kleine frech und entwischte lachend durch die Tür, als Gaby einen Schuh nach ihr warf.

Gerti Moll rannte ihr nach.

„Diese Fledermäuse werden immer unverschämter", sagte Gaby mißbilligend. „Fledermäuse" war der neueste Hartensteiner Ausdruck für die Allerjüngsten.

„Wahrscheinlich will sie mich nur wegen der Zeitung sprechen", sagte Ulrike, zog sich ihre Stiefel an und ging.

Aber sie hatte sich geirrt. Es stellte sich heraus, daß Henny sie in erster Linie deshalb hatte kommen lassen, weil ihr die Anhäufung von Ulrikes Strafpunkten aufgefallen war.

„Sag mal, wie kommt das?" fragte sie. „Ich weiß, du bist nicht verpflichtet, darüber Auskunft zu geben, aber... vielleicht kann ich dir helfen."

Ulrike zuckte die Achseln. „Ich wüßte nicht, wie."

„Du wirst doch wohl wenigstens verstehen, daß ich es komisch finde, nicht? Du hast dir bisher immer recht spärlich Strafpunkte gegeben... nicht, daß ich dir einen Vorwurf deswegen machen will, ich weiß schon, du bist ordentlich und so weiter! Ich wundere mich nur, was die Strafpunkte zu bedeuten haben, wo du überhaupt erst eine knappe Woche aus dem Schilager zurück bist."

Wenn Henny Pfeiffer nicht die rechte Hand von Traudel Simson, der Chefredakteurin des „Hartensteiner Boten" gewesen wäre, hätte Ulrike ihr wahrscheinlich eine patzige Antwort gegeben. So aber hielt sie es für richtig, eine entgegenkommende Haltung zu zeigen.

„Es hängt mit dem Schikurs zusammen", sagte sie, „ich habe mich einmal unerlaubt aus der Hütte entfernt und bin ins Dorf hinuntergefahren, dabei..."

Henny hob abwehrend die Hand. „Schon gut. Einzelheiten will ich gar nicht wissen. Hat Gretchen dich etwa erwischt?"

„Nein."

„Dann finde ich deine Haltung einfach hochanständig!"

Ulrike errötete. „Na ja, das ist doch wohl der Sinn der Strafpunkte: daß man sich selber erzieht."

Henny sah sie nachdenklich an. „Wenn ich dich so reden höre", sagte sie, „begreife ich gar nicht, wieso..." Sie hatte sagen wollen: Katja soviel an dir auszusetzen hat! – aber sie stoppte sich gerade noch rechtzeitig. „Warum schreibst du nicht mal darüber? Über dein Erlebnis, meine ich. Wir könnten für die nächste Nummer des ‚Boten' noch eine nette Geschichte brauchen."

„Ich werd's mir überlegen", sagte Ulrike und ging.

Während des Strafmarsches – es herrschte matschiges Schneewetter, das Gehen war mühsam, und Ulrike tat es fast leid, daß sie sich zu dieser Selbstbestrafung aufgeschwungen hatte – dachte sie über Hennys Vorschlag nach. Es reizte sie sehr, ihr Erlebnis zu Papier zu bringen, die Schwierigkeit war nur, eine Form zu finden, in der sie die Geschichte erzählen konnte, ohne sich bloßzustellen.

Aber als sie zwei Stunden später auf die Burg zurückkam, war alles in ihrem Kopf ganz klar. Sie setzte sich sofort hin und begann zu schreiben. Am Sonntag während der Freistunden schrieb sie weiter, und am Montag brachte sie ihre Erzählung ins reine.

Sie war sehr zufrieden mit ihrer Arbeit und brachte sie sofort zu Traudel Simson. Die Heldin von Ulrikes Geschichte war ein Mädchen namens Claudia – das war im Augenblick Ulrikes erkorener Lieblingsname –, die mit ihrer Klasse ins Schilager fuhr. Dort hatte sie die gleichen Erlebnisse wie Ulrike, nur die Sache mit dem Lippenstift und den nachgezogenen Augenbrauen ließ die Erzählerin wohlweislich unter den Tisch fallen, und auch das Ende des Abenteuers war anders. Claudia brach sich bei ihrer waghalsigen Schifahrt das Bein, der junge Mann, der sie dazu verlockt hatte, verschwand auf Nimmerwiedersehen, statt dessen tauchte die Lehrerin auf und brachte Claudia ins Krankenhaus. Unter Schmerzen beichtete Claudia alles, die Lehrerin zeigte Verständnis, und am Ende der Ausspruch der Lehrerin: „Du bist bestraft genug!"

Traudel Simson gefiel die Geschichte, und sie erschien – nur sehr behutsam redigiert – in der nächsten Nummer des „Hartensteiner Boten". Ulrike erntete allgemeine Anerkennung, und ihr schwoll wieder einmal der Kamm. Selbst Fräulein Faust lobte sie, und das wollte schon etwas heißen. Ihr Hochgefühl wurde nur wenig dadurch gedämpft, daß Ulrike aus Fräulein

Fausts Worten entnahm, daß sie die Zusammenhänge längst begriffen hatte.

Doch in der gleichen Nummer des „Boten" stand auch Ulrikes Betrachtung über die Ausstellung des Mal- und Zeichenklubs. Traudel hatte zwar, wie sie es Katja versprochen hatte, einige der besonders scharfen Formulierungen gemildert, aber immerhin blieb Ulrikes Kritik vernichtend genug. Die Unbeteiligten lasen sie mit Vergnügen – viele hatten etwas Ähnliches über diese Ausstellung gedacht, wenn sie es auch nicht laut zu sagen gewagt hatten –, die Mitglieder des Klubs aber waren empört.

Ulrike kümmerte sich nicht darum. Es war ihr gänzlich gleichgültig, was andere über sie dachten. Sie hatte in Gaby eine Freundin, in der Zeitschriftenredaktion einen festen Kreis gefunden, und sie fühlte sich vollkommen wohl in ihrer Haut.

Wie sehr sie die Eitelkeit einiger Mitschülerinnen verletzt hatte, daß sie mancher die Lust am Malen für immer verdorben hatte, das wurde ihr gar nicht klar. Mit hochgezogenen Augenbrauen schlenderte sie durchs Internat, steckte ihre Nase in alle Klubs und Zirkel und begann schon wieder Material für die nächste Ausgabe des „Boten" zu sammeln.

Der Theaterklub bereitete eine neue Aufführung vor. Katja Kramer, seine Leiterin, hatte, sobald sie vom Schikurs zurückgekehrt war, mit den Proben begonnen. Sie arbeiteten in einem Klassenzimmer.

Als Ulrike eines Nachmittags erschien, um sich die ersten Proben anzuschauen, sah sie zu ihrer Verwunderung eine Schülerin auf dem Flur vor der Tür stehen.

Es war Helga Schütz, ein langbeiniges Mädchen mit vielen Sommersprossen, ein Jahr jünger als Ulrike.

„He", grüßte Ulrike, „wie steht's bei euch?"

„Was geht dich das an?" gab Helga frech zurück.

„Na, erlaube mal! Ich wollte mich nur erkundigen..."

„Ich bin nicht befugt, dir irgendwelche Auskünfte zu geben!"

„Na, dann laß mich mal rein!"

Helga stellte sich mit ausgebreiteten Armen vor die Tür. „Unbefugten ist der Eintritt verboten!"

„Ich bin nicht unbefugt", sagte Ulrike, „ich bin von der Presse!"

„Eben drum!"

Ulrike stutzte.

„Sag mal, was soll das eigentlich heißen?"

„Genau das, was ich gesagt habe. Du kommst hier nicht rein."

Ulrike sah Helga an, sie war nicht gekränkt, dazu fühlte sie sich viel zu erhaben, sie war nur maßlos verblüfft. „So was ist mir noch nie passiert!" sagte sie. „Bei dir ist wohl 'ne Schraube locker?"

„Darauf gebe ich keine Antwort!"

Ulrike zuckte die Achseln. „Na schön. Ganz, wie du willst. Wenn ihr keinen Wert darauf legt, daß über euch geschrieben wird..."

„Doch! Aber wir wollen uns nicht durch den Kakao ziehen lassen", sagte Helga hitzig.

„Ihr habt wohl selber das Gefühl, nicht gerade Hervorragendes zu leisten, wie? Na, bitte, ich werd's Traudel Simson ausrichten."

„Ja, tu das! Und sag ihr, daß wir jede andere von der Redaktion zuschauen lassen... nur dich nicht!"

„Hochinteressant! Dann richte du bitte Katja Kramer aus, daß ich in Zukunft keinen Wert mehr darauf lege!" Und hocherhobenen Hauptes stolzierte Ulrike davon.

Aber sie war nun doch etwas erschüttert und machte sich auf die Suche nach Traudel Simson. Sie fand die Chefredakteurin im Musiksaal, wo sie mit einigen Freundinnen zusammen einen neuen Modetanz ausprobierte. Sie ließ ihre Partnerin stehen, als sie Ulrike sah, und zog sie mit sich in eine stille Ecke.

„Na, was gibt's?" fragte sie. „Du siehst aus, als wenn dir die Petersilie verhagelt wäre!"

„Ich hab mich wirklich geärgert", sagte Ulrike, und dann erzählte sie, was ihr passiert war.

„Idiotisch", sagte Traudel. „Da steckt natürlich Katja Kramer dahinter. Die Gute scheint einen Totaltick bekommen zu haben..."

„Wenn ihr jemand anderen hinschicken wollt..."

„Kommt ja gar nicht in Frage! Nächstens werden sie uns noch diktieren wollen, was wir zu schreiben haben. Laß dich bloß nicht erschüttern, Ulrike, die lassen wir jetzt mal am ausgestreckten Arm verhungern. Du wirst sehen, wie schnell die weich werden, wenn sie merken, daß kein Hahn mehr nach ihnen kräht."

Sehr in ihrem Selbstgefühl gestärkt, zog Ulrike ab, und als Katja noch am gleichen Abend mit ihr sprechen wollte, saß sie schon wieder ganz auf dem hohen Pferd.

„Hör mal, Ulrike", sagte Katja, „ich möchte mich entschuldigen... wegen heute nachmittag..."

„Nicht der Rede wert."

„Aber doch! Du mußt es sehr merkwürdig gefunden haben, daß Helga..."

„Überhaupt nicht", erklärte Ulrike, „ihr wollt euch nicht in die Karten schauen lassen, was ist schon dabei?"

Katja ließ sich nicht irre machen. „Du mußt das verstehen, Ulrike, ich konnte nichts machen! Einige Mädchen aus dem Theaterklub hatten auch Bilder in dieser Ausstellung, über die du so hergefallen bist. Sie haben die anderen aufgehetzt, und dann ist einstimmig beschlossen worden..."

„Du brauchst dich doch nicht zu entschuldigen, Katja", sagte Ulrike zuckersüß. „Manieren sind nun einmal Glückssache."

„Ich weiß, daß es falsch war, dich auf diese Art abzuweisen, Ulrike! Ich wollte es dir ja auch selber sagen. Aber der Entschluß ist doch erst heute nachmittag gefaßt worden, und es war einfach Pech, daß ich keine Gelegenheit mehr hatte, mit dir zu sprechen."

„Na, und wo wäre da der Unterschied gewesen?"

„Du hättest dir die Zurückweisung erspart, und ich hätte versucht, dir verständlich zu machen... sag mal, begreifst du wirklich nicht, daß die anderen einfach Angst vor deiner Kritik haben?"

„Das kann bloß daran liegen, daß sie von ihrer eigenen Leistung nicht sehr überzeugt sind."

„Aber wer ist das schon? Außer dir natürlich, Ulrike, ich weiß, du hältst dich für unübertrefflich."

„Ich hatte erwartet, daß du persönlich werden würdest, Katja", sagte Ulrike hochnäsig. „Ich glaube, es wäre besser, unser Gespräch zu beenden."

„Und ich glaube, es wäre wirklich richtiger, wenn ihr uns eine andere Reporterin schicken würdet!" rief Katja, durch Ulrikes Kaltschnäuzigkeit wieder einmal zur Weißglut gebracht.

„Darauf könnt ihr lange warten. Traudel hat ganz recht... nächstens werdet ihr uns noch diktieren wollen, was wir zu schreiben haben!"

Katja holte tief Luft, kämpfte um ihre Beherrschung. „Aber, Ulrike, so war es doch nicht gemeint..."

„Nein, wirklich nicht?"

„Ich hatte sowieso vor, mit meinen Mädchen noch einmal zu reden, wenn sich der erste Zorn gelegt hat. Vielleicht kann ich es trotz allem durchsetzen, daß du uns einmal bei den Proben zusehen kannst."

„Wie reizend von dir! Wahrscheinlich brauche ich mich bloß vorher schriftlich zu verpflichten, nur Lobendes über euch zu schreiben, nicht wahr? Nein, Katja, gib dir keine Mühe, so geht das nicht." Ulrike warf ihr helles blondes Haar mit Schwung aus der Stirn. „Ihr habt kein Interesse an unserer Meinung, und wir haben kein Interesse mehr an eurem Theaterstück... das heißt, die Aufführung werdet ihr mich ja wohl ansehen lassen, oder etwa nicht?"

„Doch, natürlich, Ulrike", sagte Katja unbehaglich – sie wollte nicht zugeben, daß die Mitglieder des Theaterklubs schon die abenteuerlichsten Pläne geschmiedet hatten, Ulrike von der Erstaufführung fernzuhalten. Es war von Entführung und Fesselung geredet worden, ja, eine der Allerjüngsten hatte sogar den Vorschlag gemacht, Ulrike eins über den Kopf zu geben.

Ulrike ahnte nichts von diesen finsteren Plänen. Sie

war überzeugt, Katja einen Denkzettel gegeben zu haben, und das tat ihr wohl. „Na, dann sind wir uns ja einig", sagte sie tief befriedigt und sprang ins Bett.

Katja hätte noch viel mehr zu diesem Thema zu sagen gehabt, aber Gaby und Gerti Moll kamen aus dem Waschraum zurück, und damit war die Gelegenheit zu einer Aussprache vertan. Sie wußte, daß ihr Klub sich Ulrike gegenüber ins Unrecht gesetzt hatte, und das kränkte sie mehr als alles andere.

Es wurde Frühling, und auch auf Burg Hartenstein spürte man das an allen Ecken und Enden.

Der Burgwart begann die Tennisplätze herzurichten, und die Anhängerinnen des weißen Sports konnten sich ausrechnen, wann sie die ersten Bälle wechseln würden. Die Mitglieder des Bastelkurses machten sich daran, das Schwimmbecken auszuputzen. Sie hatten sich freiwillig erboten, es mit einem neuen Anstrich zu versehen, und tagelang wurde darüber debattiert, ob ein leuchtendes Grün besser wirken würde als ein sanftes Blau. Schließlich entschied man sich für Blau. Es kamen ein paar schöne Tage, die Wände des Beckens trockneten schneller aus, als man es zu hoffen gewagt hatte, und die jungen Malerinnen machten sich ans Werk – ständig bestaunt, beneidet, ermuntert und mit unnützen Ratschlägen von Müßiggängern versehen.

Gaby, Eva und Ulrike hatten ihre Lücken längst aufgeholt, die kleine Arbeitsgemeinschaft löste sich sang- und klanglos auf. Gaby ging mit Leib und Seele in der Sportriege auf, und Ulrike wandte sich wieder ihren Büchern zu.

Solange die Erinnerung an den Schikurs noch frisch war, hatte Ulrike ernsthaft erwogen, sich ebenfalls für den Sportklub zu melden. Aber dann hatte sie es von einem Tag zum anderen verschoben, und schließlich hatte ihre Bequemlichkeit gesiegt – wozu sollte sie sich strapazieren? Bei ihren sonst so blendenden Schulleistungen konnte sie auf eine gute Note im Turnen leicht verzichten. Ihr genügten der morgendliche Dauerlauf um die Burg, die Pflichtturnstunden und ein gelegentliches Federballspiel, an dem sie auch nur dann teilnahm, wenn Gaby sie dazu drängte. Federball stand in diesen Vorfrühlingswochen auf Burg Hartenstein hoch im Kurs.

Es war, als wenn das ganze Internat aus einem Winterschlaf erwacht wäre, so lebendig ging es mit einemmal zu. Es war nicht nur die Freude über die Sonne und das neu erwachte Grün, die Möglichkeit zu Spiel und Sport im Freien, die die Mädchen in Schwung brachte, sondern auch die Erwartung der nahen Ferien. Alle, auch Ulrike und Gaby, machten Pläne, was sie in den Osterferien alles unternehmen wollten, und es war den beiden Freundinnen ganz selbstverständlich, daß sie mindestens jeden zweiten Tag beisammen sein würden.

Dann erhielt Ulrike einen Brief von ihren beiden jungen Tanten, bei denen sie gelebt hatte, seit ihre Eltern im Ausland waren. Tante Emmy und Tante Sonja schrieben: „Gestern abend waren wir mit Frau Reitmann zusammen. Sie erzählte uns, daß sie diese Ostern mit ihrem Mann nach Rom fahren wird. Die Kinder werden in dieser Zeit bei den Großmüttern untergebracht, die Wohnung wird zugesperrt. Gaby kann also in diesen Ferien nicht nach Hause – hat ihre Mutter ihr das schon geschrieben? Wir haben daraufhin den Vorschlag gemacht, daß Du Gaby mit zu uns bringst. Wie wäre es, Ulrike? Aus Deinen Briefen haben wir den Eindruck, daß Ihr beide Euch inzwischen glänzend versteht. Wir könnten eine Couch in Deinem Zimmer aufstellen, und uns würde dieser Besuch gar keine Mühe machen. Also, überleg Dir mal, ob Du sie nicht einladen willst. Gabys Eltern und wir wären damit einverstanden, aber die Entscheidung liegt natürlich bei Dir."

Ulrike las diesen Brief mit gemischten Gefühlen. Natürlich war es schade, daß Gaby im Internat bleiben sollte, sie hatte sich gefreut, die Freundin oft zu treffen. Aber sie von früh bis spät um sich zu haben, das würde doch sehr anstrengend sein – und wie sehr hatte sie sich darauf gefreut, mal wieder allein in ihrem eigenen Zimmer zu schlafen!

Erwarteten die Tanten von ihr, daß sie Gaby mitbrachte? Oder wollten sie ihr damit einen Gefallen tun?

Tagelang trug sie den Brief mit sich herum, ohne sich zu einer Beantwortung oder einem Gespräch mit Gaby aufschwingen zu können. Sie wußte immer noch nicht, wie sie sich entscheiden sollte, als Gaby eines Tages von sich aus das Gespräch darauf brachte. Die Mädchen liefen aus dem Speisesaal in ihre einzelnen Häuser zurück. Gaby und Ulrike gingen nebeneinander. Es war Ulrike schon während des Essens aufgefallen, daß Gaby ein düsteres Gesicht machte, und jetzt platzte sie los.

„So eine Gemeinheit!" sagte sie. „Hat die Menschheit

schon so etwas erlebt! Stell dir mal vor, was meine Eltern mir geschrieben haben..."

„Ich kann's mir denken", rutschte es Ulrike heraus. „Du darfst in den Ferien nicht nach Hause kommen!"

„Was?" Gaby blieb mit aufgerissenen Augen vor ihr stehen. „Bist du etwa Hellseherin?"

„Beinahe."

Gaby war viel zu aufgeregt, um sich noch länger darüber zu wundern, wieso Ulrike diese umwerfende Nachricht so ohne weiteres erraten hatte.

„Ist das nicht die Höhe?" rief sie und setzte sich wieder in Trab. „Ihr eigenes Kind abzuschieben, bloß weil sie sich schöne Tage in Rom machen wollen. Und so etwas nennt man Elternliebe."

„Ist es sehr schlimm für dich?" fragte Ulrike.

„Schlimm? Nö. Ich finde es nur empörend."

Ulrike holte tief Atem. „Wunderst du dich eigentlich gar nicht, woher ich das gewußt habe?"

„Du bist eben gescheit", erklärte Gaby achselzuckend.

„Aber doch nicht mit übernatürlichen Fähigkeiten ausgestattet. Paß mal auf, Gaby, meine Tanten haben geschrieben... sie erlauben mir, dich zu uns einzuladen!"

„Wahr und wahrhaftig!" schrie Gaby begeistert, dann sah sie Ulrikes gequältes Gesicht, und ihre Freude erlosch. „Aber du magst nicht, was?" fragte sie ernüchtert.

„Ehrlich gestanden..."

„Du brauchst dich nicht zu entschuldigen. Du willst lieber allein sein. Kann ich ganz gut verstehen."

„Wirklich?"

„Und ob. Du bist die geborene Einzelgängerin."

Diese ruhig geäußerte Bemerkung traf Ulrike wie ein Schuldspruch. „Wenn du mich für unkameradschaftlich hältst...", sagte sie verletzt.

„Ach, woher denn! Sei doch nicht so überempfindlich. Du bist schon ganz in Ordnung."

Ulrike gab sich einen Ruck. „Weißt du, Gaby, wenn es ganz schrecklich für dich ist, hierzubleiben, dann..."

Gaby fiel ihr ins Wort. „Schrecklich!? Wie kann es denn hier auf Burg Hartenstein schrecklich für mich sein. Ich bin ja nicht die einzige, die nicht nach Hause darf. Gerti Moll muß bleiben und Katja auch. Wir werden bestimmt jede Menge Spaß miteinander haben. Ich bin gar nicht sicher, ob unsere Ferien hier nicht lustiger werden als deine zu Hause."

„Ich lege keinen gesteigerten Wert auf Lustigkeit", sagte Ulrike von oben herab.

Aber Gaby empfand die Spitze gar nicht, sie lachte nur.

Eigentlich hätte nun ja ein Stein von Ulrikes Herzen gefallen sein müssen. Aber so war es nicht. Zu ihrer eigenen Überraschung empfand sie es überhaupt nicht als Erleichterung, daß die Frage entschieden war und Gaby nicht mitkam. Es tat ihr weh, daß die Freundin sich gar nichts aus ihrer Absage zu machen schien. Ohne weiteres ließ sie sie allein nach Hause fahren, warf all die gemeinsamen Pläne leichten Herzens über Bord. Ulrike war seltsamerweise enttäuscht. Doch es sollte noch schlimmer kommen. Katja Kramer und

Gerti Moll zeigten sich begeistert, daß Gaby dablieb, und Ulrike fühlte sich wieder einmal ausgeschlossen. Sie gab es sich freilich nicht zu und noch weniger den anderen gegenüber, setzte ihr hochmütiges Gesicht auf, wenn die drei sich gemeinsam die bevorstehenden Ferien ausmalten. Den Tanten schrieb sie ganz kurz, daß sie keine Lust hätte, Gaby mitzubringen. „Sie ist noch sehr kindisch, und sie würde Euch ganz bestimmt auf die Nerven gehen."

Alle, ob sie nun nach Hause fuhren oder im Internat bleiben mußten, zählten die Tage bis zum Ferienbeginn, die Zeit strich mit aufreizender Langsamkeit dahin, und manchmal schien sie überhaupt stillzustehen.

Nur die Mädchen vom Theaterklub waren froh über diese Gnadenfrist, denn sie waren noch nicht mit ihrer Probenarbeit fertig, die Kulissen waren noch feucht, und immer wieder mußte an den Kostümen etwas geändert werden – Direktor Heilmann hatte ihre Aufführung für den letzten Tag vor den Ferien angesetzt.

Aber dann wachten alle eines Morgens auf und wußten – heute war Abreisetag! Am Vormittag war zwar noch Schule, aber gleich nach dem Essen wollte Direktor Heilmann seine Abschiedsrede halten, und wer es eben einrichten konnte, blieb dann noch, um sich die Theateraufführung anzusehen.

Auch Ulrike begann diesen Tag voll heiterer Erwartung. Gaby hatte sie, noch im Schlafanzug, bei den Schultern gepackt und einen ausgelassenen Tanz mit ihr durch die Stube und den Flur entlang bis zum Waschraum aufgeführt.

Ulrike liebte solche wilden Späße eigentlich nicht,

aber heute war sie glücklich darüber, weil sie spürte, daß Gaby ihr nicht das geringste nachtrug.

„Ich werde dir schreiben", sagte sie, als sie atemlos wie immer zum morgendlichen Dauerlauf und Appell auf den Burghof hinuntersausten.

„Ich dir auch", versprach Gaby, „damit du weißt, was inzwischen hier los war!"

Aus dem Lernen wurde an diesem Vormittag nicht viel, selbst die Lehrer wurden von der allgemeinen Ferienfreude angesteckt.

Nach dem Mittagessen rannten alle Mädchen ohne Rücksicht auf ihre Zugehörigkeit zu den einzelnen Klassen und Häusern durcheinander, und so fiel es Ulrike gar nicht weiter auf, daß plötzlich zwei Mädchen an ihrer Seite waren, mit denen sie sonst sehr wenig zu tun hatte – Helga Schütz und die blonde Christel aus Köln.

Erst nach einer ganzen Weile begannen ihr die aufmerksamen Blicke und die zähe Anhänglichkeit der beiden lästig zu werden.

„Was wollt ihr eigentlich von mir?" fragte sie böse.

„Wir müssen dich sprechen", flüsterte Christel geheimnisvoll.

„Weshalb denn?"

„Es ist wichtig", raunte Helga Schütz im Verschwörerton.

„Na los, dann sag's schon!"

„Es ist was für den ‚Boten'", erklärte Helga Schütz, „es ist bestimmt interessant für dich."

„Ein Skandal", fügte Christel verlockend hinzu.

Ulrike hob die hellen Augenbrauen und sah die beiden an. „Komisch", sagte sie, „seid ihr nicht alle zwei vom Theaterklub?"

„Um den geht's ja gerade... aber es darf uns niemand mit dir zusammen sehen!" behauptete Helga.

„Katja würde schäumen", fügte Christel mit treuherzigem Augenaufschlag hinzu.

Ulrike zögerte noch. Das Benehmen der beiden schien ihr sehr merkwürdig, eine innere Stimme warnte sie. Aber dann siegte doch ihre Neugier – daß irgend etwas mit dem Theaterklub nicht in Ordnung war, glaubte sie gerne. „Na schön. Wohin gehen wir?"

Darauf hatten die beiden nur gewartet. „In den Physiksaal", platzten sie gleichzeitig heraus, und Christel sagte erklärend: „Da sind wir ganz ungestört!"

Sie nahmen Ulrike in die Mitte und gingen mit ihr über den Hof und zum Hauptgebäude zurück. Es fiel ihnen schwer, ihren Triumph zu verbergen. Bis jetzt hatte alles großartig geklappt.

Christel und Helga hatten nämlich einen dunklen Plan geschmiedet. Sie hatten sich vorgenommen, Ulrike von der Aufführung des Theaterklubs fernzuhalten, damit sie keine Kritik schreiben konnte.

Natürlich wußte Katja Kramer nichts davon, sie hätte so etwas nie zugelassen. Christel und Helga handelten auf eigene Faust – allerdings waren noch einige andere Mitglieder der kleinen Truppe eingeweiht. Sie hatten schon am Morgen den Schlüssel des Physiksaales an sich genommen und wollten sie dort einsperren.

Das konnte Ulrike nicht ahnen, aber ein komisches Gefühl hatte sie doch bei der Sache. Das Verhalten der beiden war reichlich ungewöhnlich.

„Also sagt schon", drängte sie, „was wißt ihr wirklich?"

„Warum Katja dich unter keinen Umständen auf die Probe lassen wollte", behauptete Helga, „du wirst Augen machen! Aber das können wir dir erst erklären, wenn wir unter uns sind."

„Ihr macht es aber geheimnisvoll", knurrte Ulrike, doch – sie ging mit.

Sie waren schon auf der Treppe, als Gaby Reitmann angesaust kam. „Uli", schrie sie, „komm rasch! Deine Tanten sind da!"

Ulrike drehte sich auf dem Absatz um und wollte hinunterlaufen. Aber Helga und Christel packten sie links und rechts beim Arm und hielten sie fest.

„Laß doch deine Tanten!" sagte Helga.

„Die können ruhig noch etwas warten", sagte Christel, „in fünf Minuten weißt du alles!"

„Mach schon, Ulrike, komm!" rief Gaby und kam die Treppe herauf.

„Ihr seid wohl wahnsinnig." Mit einem Ruck schüttelte Ulrike die beiden Abgesandten des Theaterklubs ab – das wäre wahrscheinlich nicht so einfach gewesen, wenn sie sie wirklich hätten festhalten wollen. Aber Gabys Gegenwart störte sie.

Ulrike sprang, ohne sich noch einmal umzusehen, die Stufen hinunter, rannte hinter Gaby her in den Hof. Die Tanten hatten ihr kleines Sportauto schon geparkt und sahen sich suchend um.

Ganz undamenhaft stürzte Ulrike sich in ihre Arme, und es gab eine herzliche Begrüßung, ein lebhaftes Fragen und Antworten.

Gaby hatte sich, als Ulrike ihre Tanten gefunden hatte, unauffällig zurückgezogen. Aber Helga und Christel waren herangetrabt und ließen sie nicht aus dem Auge.

Erst nach einer ganzen Weile wurde Tante Sonja auf die beiden aufmerksam.

„Ach, das sind wohl deine Freundinnen, Ulrike?" sagte sie lächelnd.

Ulrike musterte Christel und Helga mit herablassendem Blick. „Ach wo", sagte sie, „überhaupt nicht... das sind bloß zwei vom Theaterklub."

„Wirkt ihr bei der Aufführung heute nachmittag mit?" fragte Tante Emmy.

„Nein." Helga und Christel sahen sich an.

„Jedenfalls sind wir gespannt", sagte Tante Emmy, „besimmt wird es wieder sehr hübsch werden."

„Überhaupt nicht", schrie Helga.

„Nicht?" Die Tanten waren sehr erstaunt.

„Nein, ganz im Ernst", erklärte Helga, „das Stück ist stinklangweilig, und gespielt wird es geradezu fürchterlich... wir würden Ihnen dringend raten, schon vorher abzufahren."

„Das dürfen Sie ihr glauben", behauptete Christel.

„Also, wirklich... was meinst du denn, Liebling?" fragte Tante Sonja ganz verblüfft.

„Ich bleibe auf alle Fälle", erklärte Ulrike mit Nachdruck, „je schlechter es ist, desto interessanter für mich."

„Ach ja, ich vergaß... du mußt sicher für deine Zeitung darüber schreiben?"

„Genau", sagte Ulrike, „es wird übrigens jeden Augenblick losgehen. Wollen wir nicht schon hinein?" Sie hängte sich bei ihren Tanten ein und zog sie zum Hauptgebäude hinüber.

Jetzt sahen Helga und Christel alle ihre Felle wegschwimmen. Aber sie zögerten nur einen Augenblick, dann liefen sie hinterher. „Wir wollten dir doch noch etwas sagen!"

Ulrike aber war inzwischen ein Licht aufgegangen. „Es hat doch wohl noch Zeit bis nach der Vorstellung, nicht wahr?" sagte sie zuckersüß. „Wartet auf mich beim Auto!"

„Findest du nicht, daß du ein bißchen grob und abweisend warst?" fragte Tante Emmy vorsichtig, als sie außer Hörweite waren.

„Die haben es verdient", erwiderte Ulrike ungerührt, „wißt ihr, was die vorhatten? Mich hereinzulegen, und um ein Haar wäre ihnen das auch gelungen."

„Aber wieso denn?" fragte Tante Sonja. „Ich verstehe gar nicht..."

„Das werde ich euch auf der Heimfahrt erzählen! Habt ihr denn nicht gemerkt, daß sie schwindeln? Sie werden sich nicht mehr blicken lassen, darauf wette ich!"

Damit behielt Ulrike recht, denn daran, nach der Vorstellung mit Ulrike zu sprechen, lag den beiden natürlich nichts. Es war Katja Kramer, die den letzten Vermittlungsversuch machte.

Das Stück, das die Theatergruppe aufführte, hieß „Der ungetreue Freier" und war eine harmlose, lustige Sache, eine Verwechslungskomödie, in der ein Mädchen als ihr eigener Zwillingsbruder auftrat und damit

Verwirrung über Verwirrung anrichtete. Es gab genausoviel Männer- wie Frauenrollen, und alle wurden in reizenden Kostümen aus der Biedermeierzeit von den Schülerinnen dargestellt. Schülerinnen und Eltern nahmen es mit Gelächter und wohlwollendem Beifall auf. Nur Ulrike verzog während der ganzen Aufführung keine Miene und klatschte nur andeutungsweise.

„Ganz reizend", sagte Tante Emmy, als der Vorhang gefallen war.

Ulrike ging gar nicht darauf ein. „Ich laufe schnell noch mal nach oben und hole meinen Koffer", sagte sie und stob davon. Sie hatte sich ihr Urteil schon gebildet und begann im Geiste bereits, ihre Kritik zu formulieren.

Katja Kramer begegnete ihr, als sie, ihren Koffer in der Hand, wieder in den Burghof hinunterlief.

„Gut, daß ich dich noch treffe", sagte die Leiterin der Theatergruppe atemlos, „wie hat es dir gefallen, Ulrike?"

„Das wirst du schwarz auf weiß im ‚Boten' lesen."

„Ulrike! Du willst doch nicht behaupten, daß es schlecht war?"

„Wenn du es für gut hältst... weshalb bist du dann so besorgt?"

„Deinetwegen, Ulrike. Wenn du so weitermachst, wirst du dir nur Feinde schaffen!"

„Willst du das nicht lieber meine Sorge sein lassen?" Ulrike versuchte an Katja vorbeizukommen, aber sie versperrte ihr den Weg.

„Bitte, Ulrike", sagte sie beschwörend, „du bist doch ein kluges Mädchen! Hast du dir schon einmal überlegt, wieviel Mühe es macht, solch eine Aufführung auf die Beine zu bringen? Wieviel Schwierigkeiten zu überwinden sind, bis..."

Ulrike fiel ihr ungeduldig ins Wort. „Davon hätte ich mich gern überzeugt", sagte sie kühl, „aber ihr wolltet mich ja nicht bei der Probearbeit zusehen lassen. Möglich, daß das ein Fehler war, nicht wahr? Ich hätte dann vielleicht mehr Verständnis für euch gehabt!"

„Ulrike!"

„Es ist zu spät, Katja, viel zu spät", sagte Ulrike und genoß ihre Überlegenheit. „Du kannst deinen Atem sparen. Ich lasse mich weder einschüchtern noch erpressen. Es gibt, hoffe ich, noch so etwas wie Pressefreiheit auf Burg Hartenstein!"

Ulrike behielt das letzte Wort, denn in diesem Augenblick kam eine Gruppe Schülerinnen die Treppe heraufgestürmt, und Katja mußte wohl oder übel den Weg frei machen. Ulrike benutzte die Gelegenheit zu entschlüpfen.

Skandal im Theaterklub

Durch Ulrikes Kritik an der Aufführung entsteht großer Wirbel. Die Gemüter erhitzen sich

Die Osterferien wurden für Ulrike zu einer Enttäuschung; warum, hätte sie selber nicht genau zu sagen gewußt.

Vielleicht lag es daran, daß sie sich nicht so rasch wieder an den sanften Umgangston der Tanten gewöhnen konnte. Sie mochte nicht mehr mit „Liebling" und „Schätzchen" angeredet werden, und wenn ihr selber einmal einer jener allzu forschen Ausdrücke entschlüpfte, wie sie auf Hartenstein gang und gäbe waren, zuckten die Tanten entsetzt zurück.

Es war herrlich, wieder im Elternhaus zu sein, das eigene vertraute Zimmer in Besitz nehmen zu können, in den alten geliebten Büchern zu blättern, allein in einem Raum zu schlafen, aber das gepflegte, sehr kultivierte Leben der Tanten schien ihr klein und eng geworden. Die delikaten, mit viel Liebe zubereiteten Mahlzeiten aß sie mit Vergnügen, aber sie hatte das Gefühl, überhaupt nicht mehr satt davon zu werden. Es reizte sie, daß die Tanten jedesmal aufs neue über ihren Hunger staunten. Schließlich war sie doch kein Vielfraß, sondern einfach ein gesunder junger Mensch mit einem gesunden Hunger.

Auch für ihre Hartensteiner Erlebnisse brachten die Tanten, so schien es Ulrike, nicht das richtige Verständnis auf. Sie begriffen gar nicht, worum es überhaupt ging.

Als Ulrike ihnen zum Beispiel über ihre Abenteuer in den Schiferien erzählen wollte, kam sie nicht über einen gewissen Punkt hinaus. Sobald Tante Emmy und Tante Sonja begriffen, daß die Mädchen nur in Begleitung der Lehrerin in der Hütte gehaust hatten, daß es dort keine Bedienung und keine Wirtin gegeben hatte, waren sie einfach fassungslos.

„Unerhört!" sagten sie. „Unmöglich! Ihr habt alles

selber machen müssen? Kochen und putzen und aufräumen? Also, wenn das deine Eltern gewußt hätten, hättest du bestimmt nicht die Erlaubnis bekommen."

Ulrike gelang es nicht, ihnen klarzumachen, daß das doch ganz nebensächlich war und daß sich niemand dabei überanstrengt hatte.

„Armer, armer Liebling!" sagte Tante Sonja mitleidig.

„Wir waren ja von Anfang an gegen dieses Internat", erklärte Tante Emmy mit Nachdruck, „wenn deine Eltern bloß auf uns gehört hätten!"

Nach dieser Reaktion hielt Ulrike es für besser, ihnen nichts von ihrer gefährlichen Abfahrt vom Grainer Joch zu berichten, sondern wich allen weiteren Fragen aus.

Einmal kam die Sprache auf die Theateraufführung, und Tante Sonja wollte wissen, was Christel und Helga nun eigentlich von ihr gewollt hatten – auf der Heimfahrt war das Thema nicht mehr zur Sprache gekommen. Als Ulrike lachend erzählte, daß sie die beiden im Verdacht hatte, sie mit List und wenn nötig mit Gewalt am Besuch der Aufführung hindern zu wollen, verschlug es ihnen erst einmal die Sprache. Sie sahen Ulrike an, als wenn sie sich vor ihren Augen in ein Ungeheuer verwandelt hätte.

„O nein! Nein, nein, nein, Liebling!" rief Tante Sonja außer sich. „Du übertreibst... nein, das denkst du dir nur aus, um uns zu erschrecken!"

Und Tante Emmy sagte nüchterner: „So etwas gibt es doch gar nicht, Schätzchen... was würden denn eure Lehrer dazu sagen!"

Ulrike mochte nicht als Schwindlerin und Übertreiberin dastehen, deshalb gab sie sich alle Mühe, den Tanten die Zusammenhänge zu erklären. Aber wie sie befürchtet hatte, begriffen sie gar nichts.

„Warum mußt du solche Dinge schreiben, mit denen du dich nur unbeliebt machst?" fragte Tante Emmy.

„Ja, soll ich etwa Dinge loben, die ich nicht für gut halte?" rief Ulrike empört.

„Nein, natürlich nicht", sagte Tante Emmy, „aber warum machst du das überhaupt? Sag doch einfach dieser... dieser Traudel, daß sie sich jemand anderes für solche Aufgaben suchen soll."

„Sehr richtig", bestätigte Tante Sonja. „Niemand kann dich zwingen, für den ‚Boten' zu schreiben..."

„Aber das tue ich doch gern!"

„Sollst du ja auch", meinte Tante Emmy, „nur keine Kritiken... Schreib weiter deine reizenden Geschichten, damit hast du wirklich genug getan."

Ulrike holte tief Luft. „Die Geschichten, Tante Emmy", sagte sie, „sind ja nicht wichtig, die stehen doch unter dem Strich, verstehst du? Traudel Simson nimmt sie bloß, wenn gerade noch Platz ist. Interessant für die Hartensteinerinnen und auch für die Ehemaligen ist das, was sich bei uns tut. Mit meinen Geschichten kann ich keinen Blumenpott gewinnen!" Mit Genugtuung stellte sie fest, daß die Tanten bei diesem burschikosen Ausdruck leicht zusammenzuckten. Tante Sonja hatte sich als erste gefaßt. „Was willst du denn eigentlich, Ulrike? Hast du plötzlich den Ehrgeiz, eine große Rolle unter deinen Mitschülerinnen zu spielen? Wir waren uns früher doch immer darüber einig, daß die Schule nur eine Übergangszeit ist... und das Internat ist es doch für dich erst recht. Du gehst in die Schule, um zu lernen, und damit genug. Deine Schulleistungen sind hervorragend... was willst du also noch mehr?"

„Die anderen von ihrem hohen Roß herunterstoßen!"

„Ach... wirklich?" sagte Tante Emmy. „Mir scheint, wenn eine darauf sitzt, bist du es!"

Das war die herbste Bemerkung, die Ulrike je von einer ihrer Tanten zu hören bekommen hatte, und wenn sie nicht in den letzten Monaten einigermaßen abgehärtet worden wäre, hätte sie sich bestimmt tief gekränkt.

So seufzte sie nur und sagte: „Wenn ich mal Chefredakteurin werden will, muß ich jetzt beweisen, daß ich Schneid habe und mich traue, meine Meinung zu sagen."

Die Tanten sahen sich an.

„Chefredakteurin?" fragte Tante Emmy. „Vergißt du, daß deine Internatszeit im Sommer zu Ende ist?"

„Ja, wirklich, Ulrike", fügte Tante Sonja hinzu, „ich verstehe nicht, wieso du es nötig hast, dich in diese internen Auseinandersetzungen einzumischen."

„Laßt das doch, bitte, meine Sorge sein", sagte Ulrike überheblich, „ich habe euch ja nicht um euren Rat gefragt... oder? Auch wenn ich im Herbst ausscheide, kann das nichts an meiner Haltung ändern. Die anderen sollen sich daran erinnern, daß ich da war und daß ich etwas getan habe; versteht ihr das denn nicht?"

„Daß du alle vor den Kopf gestoßen hast, wie? Das wird keine sehr ruhmreiche Erinnerung sein", sagte Tante Sonja.

Ulrike hatte das Gefühl, daß die Tanten sie nicht verstanden und daß dieses Gespräch ganz sinnlos war. Sie stand auf. „Wenn ihr erlaubt, gehe ich jetzt ein bißchen in den Garten!"

„Soll ich dir helfen, die Hängematte aufzumachen?" fragte Tante Emmy sofort.

„Nein, danke. Ich habe mir vorgenommen, die Beete in Ordnung zu bringen."

„Ausgerechnet jetzt? In deinen Ferien?!"

„Wenn ich im Internat bin, dürfte es ja wohl nicht gut möglich sein", gab Ulrike zurück. Dann merkte sie selber, daß diese Bemerkung doch etwas frech gewesen war, und fügte mit einem versöhnlichen Lächeln hinzu: „Vielleicht gelingt es mir, auf diese Weise wenigstens bei euch eine ruhmreiche Erinnerung zu hinterlassen!"

Die Wahrheit war, daß Ulrike sich nach körperlicher Betätigung sehnte. Sie hätte es sich nie zugegeben, aber sie vermißte den morgendlichen Dauerlauf, den täglichen Sport, die Spaziergänge im Park, das Federballspiel mit Gaby. Überhaupt Gaby! Ulrike hatte es längst eingesehen, daß es ein Fehler gewesen war, sie nicht mitzubringen. Wenn Gaby auch oft anderer Meinung war als sie selber, so begriff sie doch wenigstens immer, worum es ging.

Ulrike fühlte sich sehr einsam bei ihren beiden jungen eleganten Damen. Ihre Gespräche über Mode, Frisuren und gesellschaftliche Ereignisse fand sie ausgesprochen langweilig! Die Tanten lebten in einer Welt, in die sie nicht mehr gehörte.

Die Eltern hätten sie besser verstanden, dessen war

sie sich ganz sicher. Sie schrieb einen langen Brief nach Persien, in dem sie alles, was sie in letzter Zeit erlebt hatte, ohne Beschönigung berichtete. Die Antwort des Vaters kam am Tag vor ihrer Abreise, ein lieber, langer, lustiger Brief, über den sie vor Freude errötete. Die Mutter hatte nur ein paar Zeilen daruntergeschrieben, und ein Satz war es, der Ulrike besonders nachdenklich stimmte. Er lautete: „Kritik ist die Kunst zu urteilen, ohne zu verletzen – solltest du nicht versuchen, das zu lernen?"

Sie hätte sich daraufhin gern ihre Kritik über den „Ungetreuen Freier" noch einmal durchgelesen. Aber es war zu spät. Sie hatte die Arbeit schon zu Beginn ihrer Ferien an Traudel Simson geschickt. Jetzt plötzlich hatte sie ein sonderbares Gefühl in der Magengrube, wenn sie daran dachte. Aber sie schüttelte ihr Unbehagen rasch ab.

Der Abschied fiel Ulrike dann doch schwer. Unter dem Einfluß der Tanten war sie beinahe wieder die kleine Dame geworden, als die sie seinerzeit ins Internat gekommen war, fast war die Harmonie wiederhergestellt. Voll Wehmut verließ sie ihr schönes, gepflegtes Zuhause, aber andererseits war die Vorfreude auf das Zusammensein mit den Kameradinnen sehr stark, und es war ihr ganz recht, daß die Tanten sie nicht im Auto ins Internat bringen konnten, sondern daß sie allein reisen durfte. Wenigstens brauchte sie unterwegs nicht über Dinge zu plaudern, die sie im Grunde nicht interessierten, sondern durfte ihren Gedanken freien Lauf lassen.

Schon im Zug traf sie zwei Hartensteinerinnen, der

Omnibus, der sie von der Bahnstation auf die Burg führte, war voll von ihnen, und in kürzester Zeit war Ulrike wieder ganz in ihrem Element. Auf Burg Hartenstein wurde sie mit Hallo empfangen, und wenige Stunden später schien es ihr, als wenn sie nie fortgewesen wäre. Es war eine reine Freude, Gaby wiederzusehen, Gerti Moll und sogar Katja – alles, was zwischen ihnen gestanden hatte, war durch die Zeit der Trennung null und nichtig geworden. Ulrike fühlte sich zu Hause.

Im Aufschwung dieser ersten Tage meldete sie sich im Tennisklub an – die Tanten hatten ihr dazu geraten. Die ersten Stunden fielen ihr nicht ganz leicht, aber sie war mit Feuereifer bei der Sache, und Gaby, selber noch Anfängerin, aber sportlich begabter als Ulrike, opferte sich häufig und spielte mit ihr. In diesem ersten Monat nach ihrer Rückkehr aus den Osterferien fühlte Ulrike sich so wohl im Internat wie noch nie zuvor. Traudel Simson, Henny Pfeiffer und die anderen nahmen selber mit Begeisterung an den sportlichen Übungen teil, und die Zeitungsarbeit geriet ein wenig ins Hintertreffen.

Dann aber erschien die nächste Nummer des „Hartensteiner Boten", eine ziemlich dünne Ausgabe – und Ulrikes Kritik an der Aufführung des „Ungetreuen Freiers" stand auf der ersten Seite und konnte von niemandem übersehen werden.

Ulrike, die die ersten Andrucke zu Gesicht bekam, erschrak selber ein wenig darüber. Sie hatte ihre Meinung inzwischen nicht geändert, aber manche Formulierungen erschienen ihr jetzt doch erheblich zu scharf.

„Na, haben wir dich gut herausgebracht?" fragte Traudel Simson, die neben ihr stand, Anerkennung heischend.

„Doch, schon...", sagte Ulrike zögernd.

„Aber?"

„Na ja, findest du nicht selber, daß das Ganze ziemlich starker Tobak ist?"

„Klar! Darum haben wir es ja auch auf die erste Seite gegeben!"

Ulrike kämpfte mit sich. „Halte mich, bitte, nicht für verrückt, Traudel", sagte sie, „aber meinst du nicht, daß man doch noch einiges mildern könnte?"

„Du willst den Artikel entschärfen? Was fällt dir ein! Kommt ja gar nicht in Frage, gerade so haut er hin!" Sie sah in Ulrikes bedrücktes Gesicht und fügte rasch hinzu: „Nur keine Bange, das stehen wir schon durch... und außerdem, zum Ändern ist es sowieso schon zu spät. Die ersten hundert sind ja schon gedruckt."

Ulrike hatte vermutet, daß ihre Kritik einigen Widerspruch auslösen würde, aber daß solch ein Wirbel entstehen könnte, hätte sie nicht für möglich gehalten.

Die Hartensteinerinnen rissen sich die Zeitungen geradezu aus den Händen, das ganze Internat spaltete sich in zwei Gruppen auf – die einen waren für, die anderen gegen Ulrike. Mädchen, die Ulrike nie zuvor gesprochen hatte, klopften ihr auf die Schultern und sagten ihr anerkennende Worte, von anderen aber wurde sie wütend beschimpft.

Ulrike begriff gar nicht, was die Gemüter so in Wallung gebracht hatte. Sie hatte geschrieben: „Ohne

Zweifel haben die Mitglieder des Theaterklubs, die Schauspieler, Kostümgestalter, Bühnenbildner und besonders die bewährte Regisseurin Katja Kramer es sich nicht leicht gemacht. Es steckt sehr viel Arbeit in dieser Aufführung, das ist gar nicht zu leugnen. Trotzdem blieb bei allen denkenden und anspruchsvollen Zuschauern ein starkes Unbehagen zurück. Man hatte gelacht, ja, und man klatschte auch Beifall – aber bestimmt hätte man noch mehr gelacht und noch mehr geklatscht, wenn dieses Stück von dressierten Affen oder Pudeln aufgeführt worden wäre. Es war auch so das reinste Affentheater. Ein Stück ohne Inhalt und ohne Bedeutung, junge Mädchen als Erwachsene, zum Teil sogar als Männer verkleidet, sprachen Sätze, deren Inhalt sie offensichtlich nicht verstanden, führten Gesten und Bewegungen aus, die weder Sinn noch Bedeutung hatten. Mir standen bei alldem die Tränen näher als das Lachen. Wieviel Mühe für nichts und wieder nichts vertan! Was sollte das Ganze? Sieht der Theaterklub wirklich seine Aufgabe darin, uns solche Nichtigkeiten zu bieten?"

Es war selbstverständlich, daß die Mitglieder des Theaterklubs schäumten; wieso aber das ganze Internat deswegen in Aufruhr geriet, begriff Ulrike nicht. Sie wußte nicht, daß die Hartensteiner immer ganz besonders stolz auf ihr Schultheater gewesen waren und daß bisher niemand gewagt hatte, an den Leistungen der Truppe offene Kritik zu üben. Aber in den letzten Jahren war bei einem Teil der Schülerinnen und übrigens auch der Lehrerschaft ein gewisses Unbehagen gegenüber Wahl und Gestaltung der Stücke aufgekommen, ein Unbehagen, das von der Redaktion des „Boten" geteilt wurde.

Traudel Simson, Henny Pfeiffer und die anderen hatten seit langem gewünscht, den Theaterleuten einmal die Wahrheit zu sagen, aber sie hatten nicht ins Fettnäpfchen treten wollen. Deshalb war ihnen Ulrikes Urteil mit seiner rücksichtslosen Überheblichkeit gerade recht gekommen. Sie rieben sich die Hände und freuten sich, wie gut alles geklappt hatte, bestätigten Ulrike, daß sie ihre Sache fabelhaft gemacht hätte. Und Ulrike fühlte sich als Heldin des Tages.

Nur Katja Kramer gegenüber hatte sie ein schlechtes Gewissen. Wenn Katja wenigstens wütend geworden und ihr die Meinung gesagt hätte! Dann hätte sie ihre Ansicht vertreten und Katja überzeugen können. Selbst ein offener Krach wäre ihr lieber gewesen, als Katjas verbissenes Schweigen.

Zwei Tage später war Ulrike soweit, von sich aus ein Gespräch in Gang zu bringen. Sie wollte Katja erklären, daß sie die Kritik in dieser Form ja gar nicht mehr hatte veröffentlichen lassen wollen; ja, sie war sogar bereit, sich zu entschuldigen.

„Hör mal, Katja", fing sie an, als die beiden zufällig vor dem Mittagessen ein paar Minuten allein im Zimmer waren, „ich verstehe ja, daß du dich ärgerst..."

„Ich?" sagte Katja. „Überhaupt nicht."

„Warum bist du dann so komisch zu mir?"

„Weil du mir auf die Nerven gehst."

„Katja, laß dir doch erklären..."

„Danke. Kein Bedarf." Mit diesen Worten drehte Katja sich um und verließ die Stube.

Ulrike blieb allein zurück. Sie war wütend. Sie hatte Katja trotz mancher Mißverständnisse von Anfang an bewundert. Es hatte sogar eine Zeit gegeben, da hatte sie geglaubt, Katja könnte eine wirkliche Freundin werden! Und jetzt benahm sie sich so kleinlich und dickköpfig und einfach gemein. Ulrike spürte zum erstenmal im Leben eine unbändige Lust zu raufen. Sie hätte Katja von Herzen gern verprügelt, nur um ihrem Ärger über sich selber Luft zu machen.

Sie ahnte nicht, daß Katja genauso wütend auf sich selber war. Sie wußte genau, daß in Ulrikes scharfer Kritik zumindest ein Fünkchen Wahrheit gesteckt hatte, und gerade deshalb fühlte sie sich so tief verletzt. Sie galt auf Hartenstein als ein ausnehmend vernünftiges und sehr ausgeglichenes Mädchen, aber sie war auch erst fünfzehn Jahre alt und steckte in einem schwierigen Abschnitt ihrer Entwicklung.

Sie wußte, daß sie falsch und dumm auf Ulrikes Versöhnungsversuch reagiert hatte, aber sie konnte einfach nicht anders. Es wäre besser gewesen, viel besser, sich mit Ulrike auszusprechen, ihr Gelegenheit zu geben, ihre Kritik zu erläutern, ihr selber klarzumachen, warum sie gerade den „Ungetreuen Freier" und kein anderes Stück gewählt hatte. Doch Ulrike hatte sie im Kern ihres Selbstgefühls verletzt, und das war mehr, als sie vertragen konnte.

Am Nachmittag kam der Theaterklub zusammen. Es sollte besprochen werden, ob eine zweite Aufführung des Stückes stattfinden sollte, und Katja war entschlossen, das trotz allem durchzusetzen.

Dazu kam es jedoch gar nicht. Alle Mitglieder kannten nur ein einziges Thema: Ulrike und ihre unverschämte Kritik. Das Theaterspielen schien ihnen allen plötzlich ganz unwichtig, sie hatten nur den einen Gedanken im Kopf, wie man Ulrike am besten einen tüchtigen Denkzettel verpassen könnte.

Katja gelang es nur mit Mühe, einigermaßen die Ruhe herzustellen. Aber bevor sie noch auf den eigentlichen Anlaß der Versammlung zu sprechen kommen konnte, meldete sich Helga Schütz zu Wort. Sie ließ eine Schimpfkanonade gegen Ulrike los, die mit tobendem Beifall aufgenommen wurde. Katja gelang es nicht, sie zu unterbrechen.

„Und deshalb schlage ich vor", rief Helga, „Ulrike nach Strich und Faden zu verhauen! Wer ist für diesen Vorschlag?"

Alle brüllten ihre Zustimmung.

Katja klingelte unentwegt mit ihrer kleinen Glocke, um sich Gehör zu verschaffen.

Als der Sturm sich immerhin so weit gelegt hatte, daß man sie verstehen konnte, rief sie: „Ich gebe zu, daß Ulrikes Kritik mehr als unverschämt war, aber deshalb dürfen wir nicht zu Mitteln greifen..."

„Der Zweck heiligt die Mittel!" schrie die blonde Christel aus Köln dazwischen.

„Nein", rief Katja, „das tut er eben nicht! Die von der Zeitung sind durchaus berechtigt zu schreiben, was sie wollen..."

„Und wir sind berechtigt, sie dafür zu verhauen!" schrie Helga Schütz.

„Nein, nein und noch einmal nein! Kinder, ich bitte euch, bleibt doch auf dem Teppich! Begreift ihr denn nicht, daß wir mit Gewalt gar nichts erreichen, sondern uns nur ins Unrecht setzen!"

Helga war auf einen Stuhl gesprungen und fuchtelte mit den Armen in der Luft herum.

„Du verlangst doch nicht etwa, daß wir diese Schande auf uns sitzen lassen sollen?"

„Das ist ja albern! Von einer Schande kann gar keine Rede sein!"

„Und ob! Mein Vorschlag ist einstimmig angenommen, ich sehe gar nicht ein, wieso wir darüber überhaupt debattieren müssen! Laßt uns lieber überlegen, wie wir es am besten anfangen!"

„Bravo!" schrien die anderen. „Ganz meiner Meinung!" und: „Wir werden es ihr schon zeigen!" – „Die soll ihr blaues Wunder erleben!" – „Windelweich werden wir sie prügeln!"

„Wenn ihr das tut", brüllte Katja in den Wirbel hinein, „lege ich mein Amt nieder und trete aus dem Theaterklub aus!"

Diese Drohung wirkte. Von einer Sekunde zur anderen wurden alle mucksmäuschenstill. Katja glaubte schon, sie hätte sich durchgesetzt.

Da erhob sich die lange Regine Heintzel und sagte ganz ruhig und ohne besondere Betonung: „Wenn du gehen willst, Katja, dann bitte! Wir halten dich nicht auf!"

Katja wußte, daß Regine schon seit langem gehofft hatte, sie zur Seite zu schieben. Regine war ein sehr hübsches, sehr ehrgeiziges und ganz und gar untalentiertes Mädchen aus Katjas Klasse, das fest überzeugt war, Katja jederzeit auf der Bühne übertrumpfen zu können. Sie wollte immer die größten Rollen haben und fühlte sich jedesmal wieder enttäuscht und zurückgestellt, wenn Katja sie nur mit kleineren Aufgaben betreute. Jetzt endlich sah sie die Gelegenheit gekommen, sich in den Vordergrund zu spielen.

„Willst du etwa die Leitung übernehmen?" fragte Katja kühl, aber mit klopfendem Herzen.

„Und warum nicht?" gab Regine zurück. „Schlechter als du werde ich es wohl kaum machen."

„Danke, das genügt." Katja stellte ihr Glöckchen, das äußere Zeichen ihrer Würde als Spielleiterin, klirrend auf den Tisch. „Dann bin ich hier wohl überflüssig..."

Sie stand auf und ging sehr gerade mit hocherhobenem Kopf zur Tür, und keiner von den anderen merkte, daß sie noch bis zuletzt hoffte, zurückgerufen zu werden. Es dachte auch niemand daran, das zu tun.

Alle hatten Katja gern, und alle hatten sie bewundert. Schon allein, weil ihre Mutter und ihr Vater beide berühmte Schauspieler waren, genoß sie ein besonderes Ansehen im Internat.

Aber in den meisten Theaterstücken gibt es nur wenige Hauptrollen, und der Theaterklub hatte viele Mitglieder. So kam es, daß viele der Mädchen immer unzufrieden gewesen waren, obwohl sie sich geschämt hatten, das zuzugeben. Sie alle schöpften aus der unvorhergesehenen Änderung in der Leitung neue Hoffnung. Außerdem hatte Ulrikes Kritik sie unsicher gemacht.

Wenn die Aufführung wirklich so schlecht war, dann konnte es ja nur Katjas Schuld gewesen sein.

So kam es, daß niemand auch nur den Versuch

machte, Katja zurückzuhalten. Alle saßen stocksteif und mit schlechtem Gewissen da. Aber kaum, daß Katja das Probezimmer verlassen hatte, brandete der Lärm von neuem hoch.

Katja hörte es gar nicht mehr. Sie war wie vor den Kopf geschlagen. – Blind für alles, was um sie herum vor sich ging, stürmte sie davon und – prallte in der Tür zum Burghof ausgerechnet mit Ulrike zusammen.

„Nanu?" fragte Ulrike. „Ist die Probe schon zu Ende?"

Katja erwachte aus ihrer Betäubung, maß die andere mit einem gefährlich funkelnden Blick ihrer grasgrünen Augen. „Für mich, ja", sagte sie, „du kannst dir gratulieren, Ulrike. Ich bin abgesetzt. Vergiß nur ja nicht, diesen Triumph in der nächsten Nummer des ‚Boten' gebührend zu vermerken."

„Aber, Katja", sagte Ulrike, ehrlich erschrocken, „das habe ich doch nicht gewollt!"

Doch Katja war schon davongestürmt.

Die Neuigkeit vom Skandal im Theaterklub machte in Windeseile die Runde durch das ganze Internat.

Natürlich war Gaby Reitmann, die überall Freundinnen hatte, als eine der ersten über alle Vorgänge sehr genau im Bilde.

Sie versuchte am Nachmittag, auf dem Tennisplatz mit Katja darüber zu sprechen, aber da kam sie schlecht an.

Katja sagte kurz angebunden: „Kümmere dich bitte um deine eigenen Angelegenheiten!", drehte sich auf dem Absatz um und ließ sie stehen.

„Herrje", sagte Gaby zu Ulrike, „wie kann man sich nur um den dummen Posten so haben!"

„Das verstehst du nicht", sagte Ulrike.

„Wieso nicht? Glaubst du, ich bin blöd? Sie ist aus dem Theaterklub raus. Na, wenn schon. Soll sie doch froh sein, daß sie die Bande los ist. Jetzt bleibt ihr wenigstens Zeit für nützlichere Beschäftigungen."

„Ihr ganzes Herz hat daran gehangen."

„Auf einmal? Ich kann mich aber noch gut daran erinnern, wie oft sie über all die Arbeit, die damit verbunden war, und über die Verantwortung geklagt hat."

„Trotzdem", sagte Ulrike, „es ist eine schreckliche Geschichte." Mit einem tiefen Seufzer fügte sie hinzu: „Und ich bin schuld daran."

„Du!? Na, hör mal!"

„Doch – alles kommt nur durch meine alberne Kritik."

Gaby grinste von einem Ohr bis zum anderen. „Albern nennst du deine Schreiberei auf einmal? Welch edle Selbsterkenntnis. Aber Ernst beiseite... daran allein hat es bestimmt nicht gelegen. Du nimmst dich zu wichtig."

„Wenn meine Kritik nicht erschienen wäre..."

„...wäre die Bombe vielleicht etwas später geplatzt. Laß es dir von einem Fachmann gesagt sein: Es gibt eine Menge Mädchen im Theaterklub, die schon lange darauf gelauert haben, Katja abzusägen."

„Das glaub ich nicht."

„Kannst du mit gutem Gewissen. – Sie war ihnen zu selbstherrlich und zu tüchtig. Solche Typen machen sich nie beliebt... schau doch mal in den Spiegel. Sie kann mehr als die anderen, und das haben sie ihr übelgenommen."

Ulrike war beeindruckt. „Glaubst du wirklich?"

„Aber da kannst du Gift darauf nehmen! Besonders diese Regine Heintzel, die jetzt die Führung an sich gerissen hat, ist eine ganz unangenehme Knalltype. So einer wäre Katja auf die Dauer nie gewachsen gewesen."

„Um so schlimmer, daß ich ihr in den Rücken gefallen bin."

„Ach wo. Schadet ihr gar nichts, und den Affen vom Theaterklub auch nicht. Sollen sie doch erst mal sehen, wie sie allein fertig werden. Machst du dir etwa Gewissensbisse?"

„Ja."

„Aber es liegt doch in deiner Macht, Katja wieder in den Sattel zu helfen. Schreib einen geharnischten Artikel für den nächsten ‚Boten', zerreiß diese blöde Bande in der Luft. So was ist für dich doch eine Kleinigkeit."

„Eine fabelhafte Idee! Genau das werde ich tun!"

„Aber bitte nicht sofort. Erst wollen wir doch mal ein paar Bälle klopfen, das wird dir guttun."

Ulrike und Gaby spielten eine Stunde, aber Ulrike war heute nicht recht bei der Sache.

Sie war froh, als ein Schwarm anderer Mädchen den Tennisplatz beanspruchte, und während Gaby noch mit ihnen verhandelte, zog Ulrike sich rasch zurück.

Sie nahm sich nicht einmal Zeit, sich umzuziehen, sondern rannte im Tennisdreß in den Park, kauerte sich auf ihren Lieblingsplatz, eine Bank, die fast verdeckt unter einem duftenden Jasminstrauch an einer Biegung des Weges stand, holte einen Block und Bleistift aus der Tasche und begann, sich mit fliegendem Bleistift Notizen zu machen.

Sie merkte nicht, wie die Zeit verging.

Die Turmuhr schlug. Nur noch eine Viertelstunde bis zum Abendessen. Ulrike wußte, daß es Zeit gewesen wäre, zurückzulaufen und sich umzuziehen. Aber sie wollte ihre Vorarbeit um jeden Preis beenden. Selbst auf die Gefahr hin, zu spät zu kommen und sich einen Strafpunkt geben zu müssen.

Sie sah auch nicht auf, als die anderen Mädchen, die weit verstreut in dem großen Park gewesen waren, zur Burg zurückliefen, merkte nicht, daß sie auf einmal allein war – fast allein, denn die blonde Christel aus Köln hatte sie, als sie in den Park ging, beobachtet.

Sie war schleunigst in die Burg gelaufen und hatte Helga Schütz und Regine Heintzel von der einmaligen Gelegenheit benachrichtigt.

Regine war schlau genug gewesen, nicht mitzukommen, sie hatte statt dessen zwei jüngere Mädchen geschickt. Die vier – Helga, Christel und die beiden anderen – lagen seit geraumer Zeit hinter dem Busch auf der Lauer. Sie hielten einen festen Strick und einen großen Sack in Bereitschaft. In aller Eile hatten sie sich einen Plan zurechtgelegt, den sie selber für großartig hielten.

Jetzt, als der Park sich geleert hatte, hielten sie die Gelegenheit für günstig.

Christel schlich auf den Hauptweg und kam von dort her auf Ulrike zu. „Hallo", sagte sie mit gespielter Harmlosigkeit, „willst du nicht Schluß machen?"

Ulrike blickte nicht einmal auf. „Sofort", sagte sie gedankenabwesend.

Christel gab den anderen ein unauffälliges Zeichen, und die drei, die darauf gewartet hatten, stürmten hinter dem Strauch hervor. Helga hielt Ulrikes Mund zu, die beiden anderen fesselten ihre Hände. Christel bückte sich rasch, hob den Sack vom Boden auf und stülpte ihn der hilflosen Ulrike über den Kopf.

Das alles ging so schnell, daß Ulrike überhaupt nicht wußte, wie ihr geschah, als die anderen sie schon überwältigt hatten. Sie strampelte wild, versuchte, ihre gefesselten Hände zu befreien, schrie verzweifelt auf. Aber ihr Schrei wurde durch den dicken Sack gedämpft und drang nicht weit.

„Noch ein Ton", sagte Christel drohend, „und du bist ein Kind des Todes!" Dabei gab sie Ulrike einen so kräftigen Knuff, daß der Schmerz allein genügte, Ulrike zum Schweigen zu bringen.

Sie legten sie auf die Bank, fesselten ihr auch noch die Füße. Ulrike ließ jetzt alles mit sich geschehen, denn sie hatte begriffen, daß Gegenwehr im Augenblick ganz sinnlos war. Sie fühlte sich von kräftigen Mädchenhänden gepackt und aufgehoben. Es schien ihr, als wenn sie kreuz und quer geschleppt würde, sie verlor jeden Orientierungssinn.

Niemand kann behaupten, daß sie sich in diesen Minuten wohl in ihrer Haut fühlte, im Gegenteil, sie stand eine furchtbare Angst aus, obwohl sie sich immer wieder sagte, daß es sich ja nur um einen dummen Streich von Mitschülerinnen handeln konnte und daß sie es gar nicht wagen würden, ihr ein Haar zu krümmen. Der ganze Transport ging stumm vor sich, und das wirkte beängstigender, als wenn Ulrike beschimpft worden wäre.

Dann hörte sie das Knarren einer Tür, plumpste unsanft auf den Boden, bekam noch ein paar Püffe und Knüffe, und dann sagte die gleiche unheimlich dumpfe Stimme von vorhin: „Jetzt kannst du über deine Sünden nachdenken, du Biest!"

Eine Tür fiel knarrend zu.

Lange Zeit wagte Ulrike sich nicht zu rühren, weil sie nicht ganz sicher war, ob ihre Entführerinnen wirklich gegangen waren oder ob sie sich doch noch in der Nähe aufhielten und beobachteten. Sie lauschte angestrengt, aber endlich, als sich nichts regte und rührte, faßte sie Mut. Sie versuchte, sich zu bewegen, stellte mit neuem Erschrecken fest, daß der Sack, in dem sie steckte, unten zugebunden war. Panik erfaßte sie, sie glaubte, ersticken zu müssen. Aber dann siegte ihre Vernunft.

Sie zwang sich, langsam und ganz ruhig zu atmen, vergewisserte sich, daß der Sack immerhin porös genug war, um Luft durchzulassen. Sie hatte zwar die Turmglocke nicht zum Essen läuten hören, aber sie konnte sich ausrechnen, daß es bestimmt inzwischen soweit war. Ihre Entführer mußten bei der Abendtafel erscheinen, denn es würde schon genug auffallen, wenn sie selber fehlte. Also war jetzt oder nie die Gelegenheit gekommen, einen energischen Befreiungsversuch zu unternehmen.

Ulrike zerrte an ihren Fesseln; die rauhen Stricke schnitten ihr schmerzhaft ins Fleisch. Mit aller Kraft begann sie, mit den gefesselten Füßen nach unten zu stoßen, bis ihr der Schweiß aus allen Poren trat.

Endlich hatte sie Erfolg. Mit einem scharfen Geräusch zerriß der alte Sack. Ihre Füße gelangten ins Freie, und jetzt konnte sie mit Bewegungen, die einer Schlangentänzerin Ehre gemacht hätten, den Sack über den Kopf nach oben stülpen.

Es war eine große Erleichterung, wieder richtig Luft schnappen und sehen zu können, obwohl in den Raum, in den sie gesperrt war, nur sehr spärlich Licht durch Ritzen und lose Fugen drang. Immerhin genügte es Ulrike, um zu erkennen, wo sie war – im Geräteschuppen, der zur Gärtnerei gehörte.

Sie kniete sich auf den Boden und rieb die Stricke an ihren Händen über die scharfe Kante eines Spatens hin und her und hin, bis sie durchschnitten waren.

Ihre Handgelenke schmerzten scheußlich, aber sie nahm sich nicht die Zeit, sie zu massieren, sondern machte sich sofort daran, auch die Fußfesseln zu lösen.

Jetzt war sie frei. Doch bevor sie noch versuchte, die Schuppentür zu öffnen, wußte sie schon, daß es vergeblich sein würde. Sie hatte zu Anfang ihrer Internatszeit im vorigen Herbst einige Zeit beim alten „Rübezahl" gearbeitet und erinnerte sich, daß der Schuppen von außen mit einem kräftigen eisernen Riegel und einem Vorhängeschloß verwahrt wurde. Trotzdem warf sie sich mit letzter Verzweiflung gegen die Tür, sie gab nicht nach, sondern ächzte nur in den Angeln.

Ulrike biß sich auf die Lippen, um nicht die Selbstbeherrschung zu verlieren und in Tränen auszubrechen – sie wußte nur zu gut, daß Weinen in dieser Lage nichts helfen konnte. Die Hütte stand auf einem Zementsockel und war aus kräftigen, mindestens zwei Zentimeter starken Holzplanken errichtet. Einem kräftigen Mann wäre es vielleicht gelungen, mit Hilfe der Werkzeuge, die hier aufbewahrt wurden, auszubrechen. Ulrike versuchte es erst gar nicht. Sie war sich darüber klar, daß sie zu einem solchen Unternehmen nicht die nötige Kraft und Geschicklichkeit besaß.

Auch Schreien wäre sinnlos gewesen. Der Schuppen stand am äußeren Ende des Parkgrundstückes, mindestens 500 Meter von der Burg entfernt. Sie konnte um Hilfe rufen, soviel sie wollte, niemand würde sie hören. Wenn nicht ein Wunder geschah, würde sie die Nacht in diesem unwirtlichen Raum verbringen müssen.

Ulrike schauderte bei diesem Gedanken. Schon jetzt, nachdem sie sich allmählich von den Anstrengungen der Entfesselung erholt hatte, begann sie zu frieren. Sie tastete sich durch den Schuppen, fand in einer Ecke einen Haufen alter Säcke – immerhin etwas. Damit konnte sie sich wenigstens eine Art provisorisches Lager bauen.

Aber als sie einen der Säcke aufhob, hörte sie ein leises Quietschen – sie stand ganz starr und spürte, wie etwas über ihre Füße lief. Da war es mit ihrer Beherrschung vorbei, sie schrie laut auf: „Ratten!"

Ein paar Sekunden brauchte sie, um sich von diesem Schock zu erholen. Das Herz klopfte ihr bis zum Halse, so laut, daß die ganze Hütte von diesem wilden Pochen erfüllt zu sein schien. Das Blut brauste ihr in den Ohren.

Dann, als sich der erste Schreck gelegt hatte, rief sie sich wieder zur Vernunft. Sie sagte sich, daß es bestimmt keine Ratten in diesem Schuppen gab, die hätte der alte Gärtner gewiß schon ausgerottet. Wahrscheinlich handelte es sich um harmlose Feldmäuse.

Dennoch wagte sie nicht mehr, sich an den Säcken zu schaffen zu machen, sondern kletterte auf einen wackligen Gartentisch, zog die Füße hoch, umschlang sie mit den Händen und kauerte sich ganz zusammen, um sich zu wärmen.

Noch hatte sie Hoffnung. Vielleicht würde der Gärtner einen letzten Rundgang machen und dabei merken, daß etwas nicht in Ordnung war. Und dann gab es immer noch Gaby. Ihr mußte doch auffallen, daß sie nicht zum Abendbrot gekommen war und auch nicht aufs Zimmer. Gaby würde sie bestimmt suchen – aber wo? Die Burg war ein riesengroßes, verwinkeltes Gebäude mit Kellergelassen und Speichern, es gab fünf Nebenhäuser, in denen die Mädchen wohnten.

Gaby würde die ganze Nacht brauchen, bis sie das alles durchsucht hatte. Nein, es war hoffnungslos.

Ulrike konnte die Tränen nicht länger zurückhalten. Leise und verzweifelt weinte sie vor sich hin. –

Nicht nur Gaby, sondern allen am Tisch war es aufgefallen, daß Ulrike zum Essen nicht erschien. Aber nur die Eingeweihten wußten, was passiert war, die andern ahnten nichts Böses. Vielleicht hatte Ulrike die Erlaubnis bekommen, ins Dorf zu gehen, und sich verspätet, war die vorherrschende Meinung.

Erst als sie auch nachher auf dem Zimmer nicht erschien, war Gaby beunruhigt.

„Hör mal, Katja", sagte sie, „das ist doch komisch. Wo kann nur Ulrike stecken?"

Die kleine Gerti Moll antwortete an Katjas Stelle. „Vielleicht ist sie ausgerissen!"

„Ach wo", sagte Gaby, „so was täte Ulrike doch nicht! Und warum auch?" Plötzlich kam ihr ein Gedanke; sie packte Gerti, die gerade in ihr oberes Bett klettern wollte, bei den Schultern und hielt sie zurück. „Oder weißt du etwas?"

Gerti wurde rot. „Ich? Nein, woher denn?"

„Du bist doch im Theaterklub, nicht wahr. Oder bist du etwa mit Katja ausgeschieden?"

„Nein", sagte Katja mit leiser Bitterkeit, „das ist sie nicht."

Gaby schüttelte Gerti. „Also raus mit der Sprache... was weißt du?"

Gerti wand sich unter ihrem Griff. „Bloß, daß die vom Theaterklub sie verhauen wollen! Vielleicht hat Ulrike das erfahren und ist deshalb ausgerissen."

Gaby ließ die Kleine vor Erstaunen los, und Gerti benutzte die Gelegenheit, sich rasch in ihr Bett zu verziehen.

„Hast du davon gewußt?"

Gaby wandte sich an Katja.

„Ja", antwortete Katja kurz.

„Und du hast Ulrike nicht gewarnt?"

Katja zuckte die Achseln.

„Warum sollte ich denn! Sie ist ja sonst immer so siebengescheit, da wird sie sich auch in einer solchen Situation zu helfen wissen."

„Also, weißt du!" Gaby sah Katja aus großen Augen an. Dann kam ihr eine Idee. Sie lief zum Spind, zählte Ulrikes Kleider und Röcke, durchwühlte ihre Pullover.

„Sie kann nicht fort sein", sagte sie dann, „sie ist sogar noch im Tennisdreß. Nicht einmal einen Mantel hat sie übergezogen."

„Was beunruhigst du dich dann?" sagte Katja. „Sie wird bestimmt jeden Moment hier aufkreuzen."

„Das glaube ich nicht!"

Katja ging nicht mehr darauf ein, sondern verzog sich ohne ein weiteres Wort in ihr Bett. Nur Gaby folgte nicht dem Beispiel der beiden anderen. Sie trat ans Fenster und sah nachdenklich in die Frühlingsnacht hinaus. Dann drehte sie sich wieder um.

„Du mußt Meldung machen, Katja", sagte sie.

„Das werde ich auch", erwiderte die Ältere gelassen, „wenn sie in einer Viertelstunde nicht hier ist."

Auch Gaby kletterte jetzt in ihr Bett hinauf, verschränkte die Arme hinter dem Kopf und starrte zur Lampe. Sie spürte deutlich, daß irgend etwas nicht in Ordnung war. Aber sie wußte nicht, wie sie Katja das klarmachen und was sie überhaupt unternehmen konnte, um Ulrike zu helfen.

Plötzlich wurde die Tür aufgerissen, und eine der „Fledermäuse" steckte ihren Kopf herein. „Achtung!" zwitscherte sie. „Neueste Meldung – Ulrike liegt im Krankenrevier! Sie hat den Arm gebrochen!"

„Wie ist das passiert?" Gaby richtete sich blitzschnell auf und rutschte die Leiter hinunter. Aber sie war doch nicht rasch genug gewesen. Die Kleine war schon verschwunden, und auch auf dem Flur war sie weit und breit nicht zu sehen.

„Verflixt!" sagte Gaby laut und vernehmlich und kehrte ins Zimmer zurück.

Auch Katja hatte das Bett verlassen.

„Glaubst du, daß sie sie... so verhauen haben?" fragte sie – ihre grünen Augen wirkten jetzt fast schwarz vor Schrecken.

„Ich glaube überhaupt nicht, daß sie auf der Krankenstation ist. Das war bestimmt bloß eine Finte, damit wir keine Meldung machen."

„Nein."

„Aber ja doch. Das ist so klar wie nur sonst was. Wenn wirklich was dran wäre, hätte es uns Fräulein Faust gesagt oder Henny Pfeiffer, und bestimmt hätten uns die nicht so einen Irrwisch geschickt."

„Hoffentlich hast du recht."

„Wieso hoffentlich? Da steckt eine ganz große Gemeinheit dahinter und... Gerti weiß was davon!"

Mit einem eleganten Klimmzug zog sich Gaby auf ihr Bett hinauf und kletterte zu Gerti hinüber.

„Du jämmerlicher Gartenzwerg", sagte sie drohend, „wenn du jetzt nicht sofort mit der Wahrheit herausrückst, dann wirst du es auf alle Fälle sein, die Prügel beziehst... aber nicht zu knapp, das verspreche ich dir!"

„Nein, nein! Bitte nicht!" schrie Gerti verängstigt. „Du darfst mir nichts tun!"

„Das werden wir ja sehen!"

Gaby warf sich über Gerti und begann langsam und systematisch ihren Arm zu verdrehen.

„Au!" schrie Gerti. „Laß das. Du tust mir ja weh!"

„Wirklich? Wie schön! Ich werde dir noch weher tun!"

„Hilf mir, Katja! Sag Gaby, daß sie aufhören soll!"

„Ja, wirklich, laß das, Gaby", sagte Katja, „was versprichst du dir davon?" Aber sie rührte keinen Finger, um sich in diesen ungleichen Kampf einzumischen.

„Sag, was du weißt! Oder...", rief Gaby wütend.

„Ich darf nicht", wimmerte Gerti, „ich hab ja versprochen, es nicht zu sagen."

„Genauso habe ich mir das vorgestellt! Raus mit der Sprache, oder ich breche dir alle Knochen entzwei!"

„Laß mich los, dann werde ich..."

„Das könnte dir so passen! Los, spuck es heraus, Täubchen, dann hast du deinen Frieden!"

„Sie haben sie entführt", wimmerte Gerti, „sie haben sie im Geräteschuppen eingesperrt und... und..."

„Weiter!"

„Sie wollen ein Femegericht über sie abhalten! Noch heute nacht!"

Gaby ließ Gerti los. „Das war dein Glück, du Winzling", sagte sie, „wenn du nicht gesprochen hättest, hätte ich Kartoffelmus aus dir gemacht!" Sie schwang sich, ohne die Leiter zu benutzen, vom Bett herunter.

„Das ist... unglaublich!" sagte Katja verstört.

„Sag lieber... eine Riesengemeinheit! Diese feige Bande! Wahrscheinlich hat sich ein ganzer Haufen auf Ulrike gestürzt, um sie fertigzumachen. Aber denen werden wir es schon geben."

„Was willst du tun?"

„Was heißt... ich? Du machst doch mit... oder?"

Katja zögerte den Bruchteil einer Sekunde. „Selbstverständlich", sagte sie dann.

„Ich hab's ja gewußt!" sagte Gaby befriedigt. „Also paß auf! Ich gehe jetzt zu Traudel Simson und Henny

Pfeiffer, die machen bestimmt mit. Du paßt inzwischen auf diese Fledermaus da oben auf, damit sie nicht auf den Gedanken kommt, zu den anderen zu laufen und auszuplaudern. Ich bin in ein paar Minuten wieder zurück."

„Und dann?"

„Dann verkrümeln wir uns in unsere Betten und warten ab. Bevor das Licht gelöscht und die letzten Aufsichtsrunden gemacht sind, können die anderen doch nicht los. So lange müssen wir uns auch gedulden. Dann werden wir uns über das ganze Haus verteilen und alle alarmieren und auf die Beine bringen, die nicht zum Theaterklub gehören."

„Aber inzwischen haben die anderen doch schon einen Vorsprung!"

„Den müssen wir ihnen lassen. Außerdem... sie haben bestimmt den Schlüssel zur Haustür und zum Schuppen. Wir müssen nur sehen, daß wir ihnen direkt auf den Fersen bleiben."

Gaby schlüpfte aus dem Zimmer und war wenige Minuten später mit der Nachricht zurück, daß Traudel und Henny bereit waren mitzumachen. Da wurde auch schon das Licht ausgedreht, und sie huschten rasch in ihre Betten.

Eine halbe Stunde später wurde die Zimmertür leise geöffnet, und das Licht einer Taschenlampe wanderte umher. Es dauerte nur wenige Augenblicke, dann zog sich die späte Besucherin lautlos, wie sie gekommen war, wieder zurück.

Gaby rutschte aus ihrem Bett und tapste zu Katja. „Das war nicht Henny", flüsterte sie, „die weiß ja Bescheid! Das muß eine vom Theaterklub gewesen sein, die sich vergewissern wollte, ob wir schon schlafen."

„Prächtig", sagte Katja und erhob sich ebenfalls. „Jetzt glauben sie, wir haben den Köder geschluckt."

Die Mädchen schlüpften in ihre Trainingsanzüge und die Turnschuhe und tasteten sich auf den Flur hinaus, die Taschenlampen in der Hand.

Draußen trafen sie auf Traudel und Henny, die gerade zu ihnen wollten.

„Sie sind fort", flüsterte Traudel, „wir können gehen!"

„Jeder übernimmt ein Stockwerk", ordnete Gaby an, die in dieser Nacht geradezu strategische Fähigkeiten entwickelte, „sammelt so viele Freiwillige wie nur möglich! Die sollen ihr blaues Wunder erleben!"

„Und wenn die Haustür nun zu ist?"

„Ist sie nicht", behauptete Gaby, „die anderen müssen ja auch irgendwie rausgekommen sein!"

Alles klappte vorzüglich. Zehn Minuten später verließen fünf Stoßtrupps, von denen jeder einzelne acht bis zwölf Mädchen stark war, das Haus. Manche hatten einfach ihre Schlafanzüge anbehalten, die meisten trugen Trainingsanzüge, und einige hatten Taschenlampen bei sich. Nur eine verschwindende Minderheit von Schülerinnen hatte sich nicht angeschlossen, sondern es vorgezogen, in ihren Betten zu bleiben. Wer nicht aus Sympathie für Ulrike mitgekommen war oder um einen Übergriff zu verhindern, hatte sich einfach aus Abenteuerlust angeschlossen. Denn schon seit langem hatte sich keine Gelegenheit mehr geboten, ein nächtliches Unternehmen zu starten.

„Lichter aus!" kommandierte Gaby, und die Taschenlampenträgerinnen gehorchten. Alle hatten begriffen, daß es darauf ankam, die anderen zu überraschen. Und so schwärmten sie in auseinandergezogenen Reihen und auf Zehenspitzen in den Park hinein. Es war eine dunkle Nacht, denn der Frühlingsmond hatte sich hinter einer dicken Wolke versteckt.

Als Ulrike hörte, wie sich draußen jemand am Schloß zu schaffen machte, dachte sie, es wäre der Gärtner. Aber dann hörte sie Wispern und unterdrücktes Lachen und begriff, daß es ihre Entführerinnen waren, die nahten.

Sie hatte gerade noch soviel Geistesgegenwart, sich hinter den Gartentisch herabrutschen zu lassen und den ersten besten Gegenstand zu ergreifen, der sich ihr zur Verteidigung bot – es war eine Harke.

Da ging die Tür auch schon auf, und der helle Strahl einer Taschenlampe traf blendend ihre Augen. „Ulrike Moeller", ertönte eine dumpfe Stimme, „du weißt, welches Verbrechen du begangen hast... erklärst du dich schuldig?"

„Nein!" rief Ulrike. „Ich habe nichts getan!"

„Du hast deine Mitschülerinnen beleidigt und verunglimpft... gibst du das zu?"

„Ich habe die Wahrheit geschrieben!"

„Du bereust also nichts?"

„Nein!"

„Du wirst deine Meinung ändern, ehe diese Nacht vorüber ist", sagte die dumpfe Stimme unheimlich drohend, dann setzte sie in natürlicherem Ton hinzu: „Leg die Harke weg!"

„Ich denke ja nicht daran."

„Du willst uns Trotz bieten?"

„Genau das!" erklärte Ulrike, die sich um keinen Preis einschüchtern lassen wollte. „Ich lasse mir nichts von euch gefallen, daß ihr es nur wißt!"

„Entwaffnet sie!"

Ulrike schwang die Harke hoch über dem Kopf, aber sie konnte sich nicht entschließen, wirklich zuzuschlagen, weil sie niemanden verletzen wollte. Dieses Zaudern machten sich die anderen zunutze. Kräftige Hände packten sie; geblendet von dem Strahl der Taschenlampe, der immer noch geradewegs auf ihre Augen gerichtet war, wäre Ulrike fast überwältigt worden, wenn in diesem Augenblick nicht draußen ein Tumult losgebrochen wäre.

Ulrikes Angreifer wandten sich von ihr ab. Ulrike wechselte blitzschnell ihren Platz. Die Hütte verlassen konnte sie nicht, weil die Öffnung durch die anderen blockiert war, aber immerhin gelang es ihr, hinter die weit geöffnete Tür zu schlüpfen, wo sie sich einigermaßen sicher fühlte.

Draußen schrien gedämpfte Stimmen durcheinander: „Verrat!" – „Gemeinheit!" – „Laß mich los!" – „Au weh!" – „Verflixt!" – „Laß das, du Rohling!"

Die drinnen in der Hütte begriffen, daß sie überrumpelt waren.

„Nehmt Ulrike fest!" schrie eine. „Sie ist unsere Geisel!"

Regine Heintzel, die die Taschenlampe trug, ließ den Strahl durch den Schuppen gleiten. Aber Ulrike stand nicht mehr an ihrem früheren Platz, sondern gerade neben ihr. Mit einer entschlossenen Bewegung schlug sie ihr die Taschenlampe aus der Hand, stieß sie zur Seite und stürzte ins Freie.

Draußen, zwischen Beeten und Gewächshäusern, war eine tolle Rauferei im Gange. Es war ein Glück, daß in diesem Augenblick der alte Mond hinter einer Wolke hervorguckte, sonst hätte wohl niemand mehr gewußt, wer Freund oder Feind war.

Gaby, Katja, Traudel, Henny und ihre Gruppen hatten die Mitglieder des Theaterklubs überfallen, die draußen vor dem Schuppen gewartet hatten, während ihre Anführerinnen Ulrike verhört hatten.

Ulrike hatte noch nie in ihrem Leben gerauft, aber jetzt tat sie es. Mit einem lauten Schrei war sie an Gabys Seite und gebrauchte die Fäuste, als wenn sie es schon oft geübt hätte.

Die Mitglieder des Theaterklubs hatten sich vom ersten Schrecken erholt und wehrten sich tapfer. Aber das half ihnen nicht viel. Sie waren es doch, die die meisten Prügel bezogen.

Der Wirbel wurde immer größer, aber trotz allen Aufregungen achteten alle noch darauf, ihre Stimmen zu dämpfen.

Plötzlich gab es einen gewaltigen Krach, ein Klirren wie von zerbrochenem Glas, jemand rief: „Helga ist ins Treibhaus gefallen!"

Fast gleichzeitig wurden Stimmen laut. „Rübezahl" mit zwei jungen Hilfsgärtnerinnen erschien auf dem Kampfplatz. „Ja, zum Donnerwetter noch mal!" brüllte er. „Ihr verflixten Rangen! Euch werd ich's zeigen! Wartet nur!"

Was er noch weiter schimpfte und schrie, hörte keines der Mädchen mehr. In Sekundenschnelle hatten sie das Feld geräumt, und die zertrampelten Beete lagen verlassen im fahlen Mondlicht. Die Schülerinnen rasten durch den dunklen Park zur Burg zurück.

Sie hatten gerade das Haus erreicht, als sie das Telefon in Fräulein Fausts Zimmer schrillen hörten. Das konnte nur der Gärtner sein, der anrief.

Atemlos rannten sie weiter, die Treppen hinauf, und als Fräulein Faust wenige Minuten später einen Rundgang durchs Haus machte, fand sie alle ihre Zöglinge scheinbar im tiefsten Schlaf mit unschuldsvollen Gesichtern.

Ein schwerer Entschluß

Ulrike lernt aus ihren Fehlern, gibt schweren Herzens ihre Redaktionsarbeit auf und wird echte Hartensteinerin

Kaum war Fräulein Faust verschwunden, wurde es wieder lebendig im oberen Stockwerk. Ulrike, Katja und Gaby schlüpften aus ihren Betten, holten ihre Waschbeutel aus den Schränken. Sie warfen im Schein ihrer Taschenlampen noch einen letzten Blick auf Gerti Moll, die längst tief und fest schlief, und huschten über den langen Gang zum Waschraum.

Sie waren nicht die einzigen, die das Bedürfnis gehabt hatten, sich zu säubern und ihre Wunden zu versorgen. Unter Raunen und Kichern wurden die Brausen aufgedreht, Wasser plätscherte in die Becken. Gegenseitig behandelten die Mädchen ihre Verletzungen mit Jod und Arnika, kleine Wehschreie wurden laut. Gaby kühlte eine mächtige Beule an ihrer Stirn, Katja bepflasterte Ulrikes Knie und ließ sich von ihr einen Verband um den Ellbogen anlegen.

Alle hatten etwas von dem Kampf in der Gärtnerei davongetragen, und alle waren stolz auf ihre Verletzungen, selbst wenn es sich nur um ganz leichte Schrammen oder harmlose blaue Flecken handelte. Nur die Mitglieder des Theaterklubs waren auf ihren Zimmern geblieben, es fiel ihnen wahrscheinlich nicht leicht, ihre Niederlage so schnell zu verwinden.

Ulrike wollte den Waschraum gerade verlassen, als Traudel Simson sie beim Arm packte und ihr ins Ohr flüsterte: „Komm rüber in unser Zimmer! Bring Katja und Gaby mit... wir wollen unseren großartigen Sieg noch feiern!"

Ulrike hatte von solchen nächtlichen Partys oft raunen hören, selber aber noch nie bei so etwas mitgemacht. Sie war stolz auf diese Einladung, und auch Gaby nahm sie mit Begeisterung an.

Nur Katja warnte: „Ist das nicht ein bißchen leichtsinnig? Ausgerechnet heute nacht?"

„Ach wo", sagte Gaby, „gerade heute. Wenn man uns entdeckt, sind wir so und so geliefert!"

In Traudel Simsons Zimmer waren schon einige Mädchen versammelt. Sie hockten auf den Betten und dem Fensterbrett. Taschenlampen, die auf den Boden gestellt waren, verbreiteten ein stimmungsvolles Licht, auf dem Tisch in der Mitte des Raumes standen geöffnete Dosen mit Schinken, Nüssen, eingemachtem Obst, lagen Pakete mit Knäckebrot und Schachteln mit Keksen.

Alle bedienten sich eifrig, ohne lange zu fragen. Flaschen mit Limonade machten die Runde von Mund zu Mund. Es wurde halblaut, aber sehr lebhaft gesprochen, so daß ein seltsames Stimmengemurmel entstand, bei dem kaum eine das Wort der anderen verstand. Jede bemühte sich, ihre Erlebnisse und Taten dieser Nacht den anderen so anschaulich wie möglich zu schildern.

Nur Ulrike war schweigsam. Dies alles hier bildete einen so krassen Gegensatz zu der Einsamkeit, der Kälte, der Angst, die sie, eingesperrt im Schuppen, durchgemacht hatte, daß es ihr wie ein Traum erschien. Die Gedanken, die sie sich in ihrem Gefängnis gemacht hatte, ließen sich nicht so schnell vergessen.

Traudel Simson erhob ihre Stimme und sagte mit vollem Mund: „Fühlt ihr euch auch so prächtig wie ich? Dies heute war die gewaltigste Schlacht der letzten Jahre. Sie wird in die Geschichte unseres Internats eingehen. Ich glaube, wir dürfen stolz auf uns sein... wir haben uns alle, eine wie die andere, wacker geschlagen!"

„Und die anderen weidlich verhauen!" stimmte Gaby vergnügt ein. „Herrje, werden meine Brüder mich beneiden, wenn ich das zu Hause erzähle!"

„Zu schade, daß du darüber nicht im ‚Boten' schreiben kannst, Ulrike", sagte Henny Pfeiffer und kicherte bei dem Gedanken, „das würde ein toller Erfolg."

„Mach dir nichts draus, Henny", sagte Traudel Simson, „die größten Taten geschehen immer im geheimen!"

„Das stimmt ja gar nicht!" rief Gaby.

Traudel lachte. „Kann sein. Jedenfalls habe ich das irgendwo gelesen."

Ulrike gab sich einen Ruck. „Hört mal", sagte sie, „eines möchte ich gleich klarstellen: ich werde überhaupt nicht mehr für den ‚Boten' schreiben!"

Einen Augenblick herrschte entgeisterte Stille.

Dann schrie Gaby: „Uli, bist du denn wahnsinnig geworden!"

„Menschenskind", sagte Traudel, „du hast dir die Schneid abkaufen lassen. Das hätte ich dir nie zugetraut."

„Darum handelt es sich ja gar nicht..." Ulrike stockte, sie begriff, daß es furchtbar schwer sein würde, den anderen ihren Standpunkt klarzumachen.

„Um was denn?" frage Henny Pfeiffer. „Wenn wir dich verstehen sollen, mußt du dich schon etwas deutlicher ausdrücken."

„Ich...", sagte Ulrike mühsam, „ich habe eingesehen, daß ich an allem schuld bin. Wenn ich nicht diese blöde Kritik geschrieben hätte..."

„Sie war nicht blöde", unterbrach sie Traudel mit Nachdruck, „ich bin bereit, jedes deiner Worte voll und ganz zu unterschreiben. Was der Theaterklub in den letzten Jahren gemacht hat, war Käse und..."

Katja fiel ihr ins Wort. „Erlaube mal! Wenn du wüßtest, was..."

Es war Henny Pfeiffer, die beide zum Schweigen brachte. „Wenn wir uns darüber einigen wollen, sitzen wir bis morgen früh noch hier. Laßt Ulrike erst mal ausreden. Sie soll uns ihren merkwürdigen Entschluß erklären."

Ulrike war es selten so schwer geworden, die richtigen Worte zu finden, wie jetzt. „Ob meine Kritik berechtigt war oder nicht", sagte sie endlich, „das ist ja gar nicht wichtig, ich meine, das ist nicht der springende Punkt. Aber was ich damit angerichtet habe, wißt ihr doch alle selber. Es ist nichts besser geworden..."

„Das ist doch nicht deine Schuld", warf Gaby ein.

„Wahrscheinlich doch. Irgend etwas muß ich falsch gemacht haben, ich weiß nicht genau, was... aber solange ich mir darüber nicht sicher bin, werde ich nicht mehr schreiben."

„Ulrike hat völlig recht", sagte Katja, „erinnerst du dich an unser Gespräch gleich nach den Weihnachtsferien, Traudel? Ich hatte dich so gebeten, Ulrike nicht mehr als Reporterin einzusetzen..."

Ulrike gab es einen Stich. „Das hast du getan?"

„Ja. Und ich kann es dir auch sagen, warum", erklärte Katja mit fester Stimme, „weil du hier auf Hartenstein eigentlich noch ein Neuling bist, du bist ja noch nicht einmal ein volles Jahr hier, und deshalb hast du kein Recht, über alles und jedes zu urteilen."

„Das war wohl nicht das Entscheidende", sagte jemand aus dem Hintergrund des Zimmers, „wahrscheinlich hast du vorausgesehen, daß sie dich und deinen Theaterklub in die Mache nehmen könnte, und deshalb..."

Katja sprang auf. „Wie kannst du wagen, mir so etwas zu unterstellen!"

„Ruhe, Kinder, Ruhe", mahnte Henny, „erstens sind wir nicht hier zusammengekommen, um uns zu zanken... außerdem, wenn ihr weiter so schreit, werdet ihr das ganze Haus samt unserer verehrten Vorsteherin aufwecken!"

„Ich sehe nicht ein, warum ich mich beleidigen lassen soll", sagte Katja verbissen.

„Na, da wir schon dabei sind, uns gegenseitig die Wahrheit zu sagen", erklärte Traudel, „ist wohl auch der Zeitpunkt gekommen, daß du erfährst, wie es überhaupt zu dieser Theaterkritik gekommen ist. Ulrike wollte nämlich gar nicht mehr, daß sie so veröffentlicht wurde, sie hat noch versucht, sie im letzten Augenblick zurückzuziehen. Aber ich war dagegen. Und ich übernehme die volle Verantwortung dafür. Es war einfach an der Zeit, daß jemand den Herrschaften vom Theaterklub die Meinung geigte."

„Warum hast du es dann nicht selber getan, Traudel?" fragte Gaby überraschend. „Du kannst doch bestimmt genauso gut schreiben wie Ulrike... oder?"

„Ich kann mich nicht um jeden Dreck kümmern", sagte Traudel, aber sie spürte selber, daß es sehr wenig überzeugend klang.

„Faule Ausreden!" rief eines der Mädchen, und Traudel verzichtete auf einen Widerspruch.

„Warum hast du mir das nicht gesagt, Ulrike?" fragte Katja.

„Wollte ich ja... erinnerst du dich nicht? Aber du hast mir die eiskalte Schulter gezeigt."

„So weit, so gut", sagte Henny Pfeiffer, „aber warum du nicht mehr für den ‚Boten' schreiben willst, habe ich trotzdem noch nicht begriffen, das heißt, du hast keine einleuchtende Erklärung dafür abgegeben. Wenn du wenigstens zugeben wolltest, daß du es heute abend mit der Angst zu tun bekommen hast..."

„Aber das ist doch nicht wahr!" rief Ulrike.

„Dann beweis es und mach weiter! Sonst haben die vom Theaterklub doch gesiegt, und alles war umsonst. Sie werden sich ins Fäustchen lachen und sich was darauf einbilden, daß sie dich eingeschüchtert haben."

„Das ist mir egal!"

„Uns aber nicht! Wir haben dich entdeckt, Ulrike", sagte Traudel, „wir haben dich schreiben lassen und deine Sachen gedruckt... wir haben sogar für dich gekämpft, obwohl wir eigentlich schon längst über dieses Alter hinaus sind! Und du willst uns jetzt im Stich lassen!"

Ulrike fühlte sich in die Enge getrieben. „Wenn ihr bloß versuchen wolltet, mich zu verstehen! Ich fürchte mich nicht, wirklich nicht, es ist einfach... begreift ihr denn nicht, daß ich mit meinen Artikeln nur Unheil angerichtet habe? Der Mal- und Zeichenklub hat durch mich fast die Hälfte seiner Mitglieder verloren, im Theaterklub hat es eine Revolution gegeben, Katja ist abgesetzt worden..."

„Das wissen wir ja alles", sagte Henny ungeduldig, „erzähl mal was Neues!"

„Ich habe mich so erhaben gefühlt", sagte Ulrike verzweifelt, „ich habe mir eingebildet, es brauchte bloß jemand wie ich zu kommen und allen die Wahrheit zu sagen, dann würde die Arbeit in den Klubs einen Auftrieb kriegen! Aber was ist passiert? Das glatte Gegenteil. Also muß ich doch alles falsch gemacht haben!"

„Na ja", gab Henny zu, „vielleicht bist du ein bißchen über das Ziel hinausgeschossen, aber das ändert doch nichts an der Tatsache, daß du mit deiner Kritik grundsätzlich recht gehabt hast."

„Aber gerade daran kann ich selber nicht mehr glauben! Laßt mich gehen, ich flehe euch an, verschont mich mit euren Aufträgen... ich könnte euch beim besten Willen nicht mehr nützen!"

Ein bedrücktes Schweigen entstand.

„Du hast vollkommen recht", sagte Katja endlich.

„Also sei du bloß still, Katja!" parierte Traudel sofort. „Wenn du vernünftiger gewesen wärest, wäre alles nicht so weit gekommen. Warum hast du Ulrike von den Proben ausgeschlossen?"

„Weil alle es so gewollt haben!"

„Du hättest eben nicht nachgeben dürfen! Du siehst ja hoffentlich jetzt selber, wie weit du damit gekommen bist... deine Schäfchen haben sich selbständig gemacht und scheren sich keinen Dunst um deine Meinung!"

„Also, wenn ihr jetzt mal meine Ansicht hören wollt", sagte Gaby und machte eine Kunstpause, um die Spannung zu steigern, „ich kann Ulrike sehr gut verstehen. Ich finde aber trotzdem, daß sie weitermachen soll. Sonst bilden die vom Theaterklub sich wirklich noch wer weiß was ein, und es nutzt gar nichts, daß wir sie verhauen haben. Sie haben sich ja wirklich katastrophal benommen. Katja abzusetzen war schon ein starkes Stück, aber daß sie Ulrike entführt haben, setzt wirklich allem die Krone auf. Dabei hätte ja leicht etwas Ernstliches passieren können..."

„Und auch das wäre dann meine Schuld gewesen", sagte Ulrike.

„Nun mach aber mal einen Punkt! Du konntest doch nicht mit solchen ‚Kannibalen' rechnen! Nein, ganz ernsthaft, ich finde, sie dürfen auf keinen Fall einen Vorteil aus dieser Sache ziehen."

„Wie wäre es, wenn wir sie anzeigen würden?" schlug eines der Mädchen vor.

„Verdient hätten sie es bestimmt! Sie haben gegen alle geschriebenen und ungeschriebenen Gesetze des Internats verstoßen."

„Wenn wir sie anzeigen, hängen wir selber mit drin", sagte Gaby nüchtern.

„Aber wieso denn?" rief Traudel. „Wir mußten ja eingreifen... oder hätten wir Ulrike in ihrer Gewalt lassen sollen?"

„Quatsch", sagte Katja. „Für eine Anzeige ist es jetzt viel zu spät. Die hätten wir machen müssen, als wir erfuhren, daß Ulrike eingesperrt war."

Das war zweifellos richtig, und nach einigem Hin und Her mußten es alle, wenn auch widerwillig, einsehen.

„Eine Anzeige wäre sowieso nicht das Richtige gewesen", sagte Henny schließlich, „so etwas ist immer ein Zeichen von Schwäche... Gretchen oder den Eisenbart zu Hilfe zu rufen, pfui, Kuckuck! Wir wären ja auch nie auf den Gedanken gekommen, wenn Ulrike sich nicht so anstellen würde."

„Ich stelle mich nicht an", sagte Ulrike, „ich habe einfach eine Entscheidung getroffen, das ist alles."

„Die dümmste Entscheidung deines Lebens", sagte Traudel. „Wenn du schon glaubst, daß deine früheren Ansichten falsch gewesen sind, dann brauchst du sie doch einfach nur zu ändern. Schreib von mir aus in Zukunft anders, zahm wie ein Kaninchen! Lob alles, was dir unter die Augen kommt. Ich hoffe bloß, du wirst dich wohl dabei fühlen."

„Ich halte meine Ansichten nicht für falsch", sagte Ulrike, „bloß... es ist doch offensichtlich, daß ihre Wirkung verheerend war. Allein darum geht es doch. Und bevor ich nicht sicher bin, woran das gelegen hat, kann ich einfach nicht mehr für den ‚Boten' schreiben!"

„Ist das dein letztes Wort?" Traudel mußte gähnen und hielt sich die Hand vor den Mund. „Na schön. Dann komm morgen zu mir, und wir werden zusammen eine Erklärung für Eisenbart aufsetzen. Du weißt, daß er von allen Änderungen dieser Art unterrichtet sein will."

„Ich habe ihm meinen Rücktritt schon vor zwei Tagen mitgeteilt", sagte Katja und stand auf, „das wär's also. Vielen Dank für Speis und Trank. Wenn wir jetzt nicht schleunigst in unsere Klappen kriechen, werden wir morgen den Frühappell verschlafen."

Die kleine Gesellschaft löste sich auf, sehr viel ernster, als sie sich zusammengefunden hatte.

Ulrike wußte, daß es ihre Schuld war. Aber sie war felsenfest überzeugt, sich richtig entschieden zu haben.

Doch am nächsten Morgen stand ihr das Schwerste noch bevor. Erst im hellen Tageslicht begriff sie, was sie freiwillig auf sich genommen hatte – auf ihre Tätigkeit als Reporterin, die ihr soviel Freude gemacht hatte, zu verzichten.

Sie fühlte sich sehr elend. Ganz im geheimen hatte sie beim Schreiben immer daran gedacht, was für einen Eindruck ihre Artikel auf ihre Mitschülerinnen machen würden, sie hatte sich Ruhm und Anerkennung erhofft. Statt dessen mußte sie sich jetzt ruhmlos geschlagen geben, denn daß die Mitglieder des Theaterklubs ihretwegen verprügelt worden waren, bedeutete – das sah sie ganz klar – im Grunde genommen gar nichts. Sie war gescheitert, das war die Wahrheit; wie sollte sie das bloß ihren Eltern beibringen?

Ulrike lief mit langem Gesicht herum, und Gaby begriff, was in ihr vorging. „Mach dir doch nichts daraus", sagte sie, „die blöde Zeitung. Sei froh, daß du sie los bist. Jetzt hast du viel mehr Zeit für vernünftigere Dinge. Tennis und..."

Aber das war für Ulrike nur ein schwacher Trost. Das Herz tat ihr weh, als sie das Rücktrittsgesuch, das Traudel für sie aufgesetzt hatte, unterschrieb.

Traudel nahm es ihr aus der Hand. „Überleg es dir gut, Ulrike", sagte sie, „noch kann ich es zerreißen!"

Ulrike schüttelte stumm den Kopf. Dann wandte sie sich rasch ab und lief aus dem Zimmer. Sie spürte, wie aufsteigende Tränen ihr die Kehle verengten, und niemand sollte sie weinen sehen.

Fünf Tage nach dem nächtlichen Kampf in der Gärtnerei – die Wunden aller Beteiligten waren bereits geheilt – wurde Ulrike Moeller aus der nachmittäglichen Arbeitsstunde heraus zu Direktor Heilmann zitiert.

Sie folgte diesem Ruf einigermaßen beklommen. Auf der breiten Treppe des Hauptgebäudes traf sie Katja Kramer. Die beiden sahen sich an.

„Du auch?" fragte Katja.

Ulrike nickte.

Gemeinsam gingen sie weiter, Katja klopfte an die Tür des Arbeitszimmers, sie traten ein.

Direktor Heilmann saß hinter seinem langen Eichentisch in dem altertümlichen Raum mit den Spitzbogenfenstern.

Er musterte sie aus seinen kühlen grauen Augen. „Setzt euch, bitte", sagte er, „dorthin... neben Regine!"

Erst jetzt bemerkten sie, daß auch Regine Heintzel anwesend war, und diese Tatsache trug durchaus nicht dazu bei, ihre Stimmung zu heben.

Direktor Heilmann stützte die Ellbogen auf, legte die Spitzen seiner langen, kräftigen Finger gegeneinander. „Meine lieben jungen Damen", sagte er, „ihr werdet euch sicher wundern, warum ich euch alle drei herzitiert habe, nicht wahr? Selbst bei schärfstem Nachdenken wird euch wahrscheinlich keine Erklärung einfallen, denn euer Gewissen ist weiß und rein wie frisch gefallener Schnee... oder möchte mir eine von euch in diesem Punkt widersprechen?"

Katja und Ulrike tauschten schweigend einen Blick.

„Genauso habe ich mir das vorgestellt", sagte „Eisenbart" ungerührt. „Glaubt bitte nicht, daß ich euch zu mir gerufen habe, um euch zu bestrafen – nichts liegt mir ferner als das. Ich möchte lediglich einige immerhin interessante Punkte mit euch besprechen... Ich denke, ich gehe nicht fehl in der Annahme, daß diese Entschlüsse in einem gewissen Zusammenhang miteinander stehen? Nun, ich erwarte keine Geständnisse von euch, noch weniger, daß ihr eure Kameradinnen verklagt. Das ist auch keineswegs nötig, denn ich bin, wie ihr wißt, der geborene Gedankenleser und Hellseher. Oder zweifelt ihr daran?"

„Nein, Herr Direktor", sagte Ulrike.

„Ausgezeichnet. Nun erst einmal zu dir, meine liebe Katja! Du hast, wie ich weiß, den Vorsitz im Theaterklub niedergelegt, weil die anderen darauf bestanden, sich an Ulrike... nun sagen wir einmal... tätlich zu rächen?"

„Ja, Herr Direktor."

„Du wußtest, daß du dazu nicht befugt warst. Eine Neuwahl der Vorsitzenden kann nur einmal im Jahr, und zwar zu Anfang eines neuen Schuljahres, erfolgen, und sie bedarf meiner ausdrücklichen Genehmigung."

„Herr Direktor, ich..." stammelte Katja.

„Du wußtest es also. Deine Pflicht wäre es gewesen, die anderen zur Vernunft zu bringen, anstatt dich der Verantwortung zu entziehen. Du zogst aber das Letztere vor, weil du Ulrike eine Abreibung gönntest, immerhin aber nicht daran beteiligt sein wolltest."

„Ja, Herr Direktor", sagte Katja sehr leise.

Ulrike warf ihr einen überraschten Seitenblick zu. Darauf wäre sie nie gekommen.

„Dein Rücktritt war ungesetzlich und damit null und nichtig. Du trägst mit an der Verantwortung für die darauffolgenden Geschehnisse. Stimmt es?"

„Ja, Herr Direktor."

„Nun zu dir, Regine. Wenn ich recht unterrichtet bin, so warst du eine Hauptverfechterin der Ansicht, daß Ulrike Prügel verdient hätte..."

„Darin waren wir uns alle einig..."

„Mich interessieren nicht alle, sondern es dreht sich hier um dich! Warum warst du so aufgebracht gegen Ulrike?"

„Weil sie unsere Aufführung ein Affentheater genannt hat!" sagte Regine wie aus der Pistole geschossen.

„Und wieso fühlst du dich dadurch gekränkt?"

„Aber, Herr Direktor, ich... auch die anderen..."

„Ich rede nur von dir, Regine! Bitte verbessere mich, wenn ich mich irre, aber soviel ich weiß, hattest du im ‚Ungetreuen Freier' nur eine ganz winzige, bedeutungslose Rolle. Wieso konntest du dich durch Ulrikes Kritik getroffen fühlen?"

„Aber... ich gehörte doch dazu!"

„Sag lieber, du wolltest die Gelegenheit benutzen, Katja abzusägen, um dich selber an ihre Stelle zu setzen. Keinen Kommentar bitte, ich weiß Bescheid. Es ist mir bekannt, daß du schon seit geraumer Zeit mit den Rollen, zu denen Katja dich einteilte, unzufrieden warst. Du hast das Amt der Vorsitzenden an dich gerissen, und du hast es schmählich mißbraucht, indem du deine Kameradinnen dazu anstiftetest..."

„Nein. Sie haben Ulrike aus eigenem Antrieb entführt!"

„Hochinteressant. Du warst also an der nächtlichen Rauferei nicht beteiligt? Überleg dir gut, was du jetzt sagst..."

Regine senkte die Nase. „Ich war dabei", sagte sie leise.

„Dann können wir, glaube ich, diesen Fall abschließen. Ich bestimme hiermit, daß der Theaterklub aufgelöst wird. Damit ist auch die Frage des Vorsitzes erledigt. Das soll natürlich keine Strafe sein, sondern ich habe einfach aus dem Benehmen der Mitglieder entnommen, daß sie einen gewissen ungestillten Drang nach körperlicher Betätigung entwickeln. Sie werden also während des Sommers in der Gärtnerei arbeiten. Um das zerbrochene Fenster des Treibhauses zu ersetzen, werde ich mir erlauben, einen entsprechenden Betrag vom Taschengeld aller Mitglieder einzuziehen." Direktor Heilmann räusperte sich. „Diese Beschlüsse werden natürlich schriftlich am Schwarzen Brett verkündet. Zu Beginn des Winterhalbjahres steht einer Neugründung des Klubs nichts mehr im Wege."

Katja und Regine konnten nur benommen nicken.

„Sehr gut. Du, Ulrike, hast doch hoffentlich nichts dagegen, an der sommerlichen Gärtnerei teilzunehmen?"

Noch vor gar nicht langer Zeit hätte Ulrike sich über eine solche Zumutung empört. Jetzt aber zögerte sie keine Sekunde, sondern sagte: „Nein, Herr Direktor."

„Sehr gut. Damit sind wir also bei dir angelangt, meine liebe Ulrike! Möchtest du die Freundlichkeit haben, mir etwas näher zu erläutern, warum du deine Tätigkeit als Reporterin niederzulegen wünschst?"

Ulrike zögerte den Bruchteil einer Sekunde, dann bekannte sie ehrlich: „Weil ich damit doch nur Unheil angerichtet habe!"

„Hochinteressant. Darf ich das so verstehen, daß du die Ansichten, die du in deinen Artikeln geäußert hast, jetzt nachträglich für falsch hältst?"

„Nein..." Ulrike schwieg, aber Direktor Heilmann sah sie so erwartungsvoll an, daß sie sich wohl oder übel doch entschließen mußte weiterzusprechen. „Gerade was den Theaterklub betrifft...", sagte sie, „...also, ganz ehrlich, ich bin nach wie vor der Meinung, daß Stücke, in denen Kinder Erwachsene spielen, einfach blöd sind! Und noch dazu solche alberne Liebesgeschichten, die..." Sie merkte, daß sie schon wieder übers Ziel hinausgeschossen war, und stockte mitten im Satz.

„...sind ein Affentheater", ergänzte Direktor Heilmann. Er konnte ein Schmunzeln nicht verbergen.

Ulrike wurde rot.

„So hätte ich das natürlich nicht ausdrücken sollen", sagte sie verlegen, „aber... na ja, es müßte doch Stücke geben... moderne Stücke, die sich mit unseren Problemen beschäftigen, die uns was zu sagen haben, die wirklich von Mädchen gespielt werden können!"

Katja konnte sich nicht länger zurückhalten. „Nenn mir doch nur eines!" rief sie. „Da wäre ich mal wirklich gespannt!"

„So genau weiß ich über diese Dinge natürlich nicht Bescheid", mußte Ulrike zugeben.

„Wie kannst du es dann wagen, darüber zu urteilen?"

„Ich habe ja inzwischen eingesehen, daß ich es nicht kann! Deshalb will ich ja auch nicht mehr im ‚Boten‘ schreiben... was verlangst du denn sonst noch von mir?"

Direktor Heilmann entschloß sich einzugreifen.

„Meine lieben jungen Damen, nicht so hitzig, bitte! Ihr werdet bestimmt noch ausgiebig Gelegenheit haben, euch zu streiten. Es braucht ja wohl nicht ausgerechnet in meiner Anwesenheit zu sein."

„Entschuldigen Sie bitte, Herr Direktor", sagte Katja, aber es klang gar nicht zerknirscht.

„Wenn ihr mein salomonisches Urteil über diesen Fall hören wollt", erklärte Direktor Heilmann, „Ulrike hat zwar den Mund ein bißchen voll genommen, aber es liegt ein gut Teil Wahrheit in dem, was sie sagt und geschrieben hat. Gerade deshalb, meine liebe Katja, kränkst du dich ja so furchtbar darüber. Ein Vorwurf, der nicht trifft, pflegt selten zu verletzen."

„Als wenn ich nicht selber schon seit langem nach einem Stück suche, das ... na eben ... modern ist und wirklich ins Internat paßt. Aber ... Ulrike soll mir erst einmal vormachen, wie sie so etwas findet!"

„Wunderbar!" sagte Direktor Heilmann. „Ich sehe, ihr beiden seid euch ja im Grunde genommen vollkommen einig! Warum setzt ihr euch nicht zusammen und schreibt ein Stück, das euren Vorstellungen entspricht? Ulrike kann schreiben, das hat sie uns bewiesen, und du, Katja, mit deinen Theatererfahrungen, würdest für sie wahrscheinlich die geeignete Mitarbeiterin sein."

Katja und Ulrike sahen sich an.

„Ein ganzes Theaterstück schreiben?" sagte Ulrike unsicher. „Nein, das traue ich mir denn doch nicht zu."

„Na, du solltest es aber immerhin versuchen. Für den Anfang würde ja auch ein Einakter genügen ... oder ihr findet vielleicht doch ein schon vorhandenes Stück, das nur entsprechend umgearbeitet zu werden braucht. Nur Mut, meine Damen, an die Arbeit!"

Katja runzelte die glatte Stirn. „Soll das ein Auftrag sein, Herr Direktor?"

„Du hast mich ganz richtig verstanden. Ich bin sicher, daß ihr beide etwas Entsprechendes auf die Beine stellen könnt. Ihr habt den ganzen Sommer vor euch. Das Stück muß allerdings spätestens nach den großen Ferien vorliegen, damit mit dem Einstudieren begonnen werden kann. Wenn ihr es nicht schafft, bleibt wohl nichts anderes übrig, als doch auf eines der alten verpönten Stücke zurückzugreifen. Und das wäre doch eigentlich sehr schade. Also, abgemacht. Ich verlasse mich auf euch."

Die drei begriffen, daß dies eine Verabschiedung war.

Aber Ulrike hatte noch eine Frage auf dem Herzen. „Herr Direktor", sagte sie, „wann soll das neue Stück denn aufgeführt werden?"

„Wenn alles klappt... vor den Weihnachtsferien."

„Aber dann bin ich ja gar nicht mehr da!"

Direktor Heilmann sah sie mit einem merkwürdigen Ausdruck an. „Das ist sehr schade, Ulrike", sagte er endlich. „Aber bestimmt wird eine deiner Freundinnen dir ausführlich über das große Ereignis berichten... und ich persönlich werde dafür sorgen, daß du einen ‚Hartensteiner Boten' mit der Theaterbesprechung bekommst."

Katja und Regine waren schon zur Tür gegangen, Ulrike folgte ihnen zögernd. Sie wußte selber nicht, warum die Antwort „Eisenbarts" sie so wenig befriedigt hatte. Hatte sie erwartet, er würde sie bitten, noch ein Jahr auf Hartenstein zu bleiben? Wollte sie das etwa selber? Die Zeit, in der sie jeden Tag, den sie hinter sich gebracht hatte, im Geiste aufatmend durchgestrichen hatte, lag doch noch gar nicht so weit zurück.

Ulrike kannte sich mit sich selber nicht mehr aus.

In den nächsten Wochen blieb ihr nicht viel Zeit zum Grübeln, denn ihr Leben war voll ausgefüllt. Es wurde von Tag zu Tag wärmer, das Schwimmbecken wurde gefüllt. Wie alle anderen verbrachte Ulrike täglich mindestens eine Stunde im oder am Wasser.

Ihr Tennisspiel machte Fortschritte, Gaby spornte sie zum intensiveren Training an, damit sie bei den Tenniswettkämpfen im Juni teilnehmen konnte.

„Aber das ist doch Blödsinn", versuchte Ulrike sich zu wehren, „ich habe doch gar keine Aussicht auf einen Sieg!"

„Ich doch auch nicht", erklärte Gaby, „aber darauf kommt's ja auch nicht an! Wichtig ist bloß, daß man überhaupt mitmacht."

Ulrike wollte keine Spielverderberin sein und trainierte, was das Zeug hielt.

Dazu kam natürlich die Arbeit in der Gärtnerei, die auch viele Stunden in der Woche verschlang. Und dann – das Allerwichtigste – die Arbeit an dem Theaterstück.

Mit Katja zusammen verschlang Ulrike ganze Stöße von Stücken, die in Frage hätten kommen können – es war kein einziges darunter, das ihren Vorstellungen für eine Schulaufführung auf Burg Hartenstein entsprach, aber sie lernte dabei eine ganze Menge über Aufbau, Szenenwechsel, Dramaturgie eines Theaterstückes. Endlich kamen Katja und Ulrike doch überein, ein ganz neues Stück zu schreiben. Es sollte in einer Mädchenschule spielen, und die Heldin sollte eine neue Schülerin sein, die, von den anderen abgelehnt, sich nur schwer in die Gemeinschaft einpassen konnte.

Natürlich ließ es sich nicht vermeiden, daß auch in diesem Stück Erwachsene vorkommen mußten. Katja und Ulrike einigten sich darauf, zwei Lehrerinnen einzuführen, von denen eine, Irene Sievers, die junge, und ein Mädchen aus einem anderen Haus, ein ausgesprochen komisches Talent, die ältere spielen sollte. Überhaupt gingen sie so vor, daß sie sich die Besetzung der einzelnen Rollen schon ausdachten, bevor sie zu schreiben begannen.

Dann entwarf Ulrike das Handlungsgerüst, Katja meldete ihre Verbesserungsvorschläge an, und nach einem vollen Monat waren sie endlich soweit, daß sie die erste Szene niederschreiben konnten. Natürliche und sprechbare Dialoge zu gestalten war viel schwerer, als die beiden sich das vorgestellt hatten.

„Das schaffen wir nie!" stöhnte Katja eines Tages, als sie auf einer Bank im Park hockten und miteinander arbeiteten – es war genau die Bank, auf der Ulrike seinerzeit überwältigt worden war, aber sie hatte die Erinnerung daran längst überwunden.

„Aber wir müssen es", sagte sie, „wir können Eisenbart doch nicht so enttäuschen, und dann... alle würden uns auslachen!"

„Wenn wir das Stück bis zu den großen Ferien auch nur im Rohbau fertigkriegen, können wir von Glück sagen."

„Das schaffen wir", behauptete Ulrike, „und damit wäre die Sache ja schon geritzt. Ich kann noch in den Ferien weiter daran arbeiten..." Ihr fiel etwas ein. „Und überhaupt, vielleicht kannst du wenigstens für ein paar Wochen zu uns kommen! Meine Tanten sind bestimmt damit einverstanden, wenn ich sie darum bitte."

„Bis dahin sind sicher deine Eltern längst wieder zurück."

„Ach ja, natürlich", sagte Ulrike unbehaglich, „stell dir vor, das hätte ich fast vergessen."

„Du scheinst gar keine große Sehnsucht nach zu Hause zu haben, wie?" fragte Katja.

„Doch. Ich meine, nach meinen Eltern. Aber jetzt sind wir ja schon das dritte Jahr getrennt und... hör mal, Katja, darf ich dich mal was fragen?"

„Natürlich."

„Glaubst du, daß meine Eltern es sehr übelnehmen würden, wenn ich sie bitten würde, mich noch ein Jahr im Internat zu lassen?"

„Du willst bleiben!?"

„Sieh mich nicht so an, als ob ich ein Ungeheuer wäre!"

„Nein, Ulrike, natürlich bist du das nicht, nur... also, wenn meine Eltern mich zu sich holen würden, würde ich vor Freude bis an die Decke springen." Sie zuckte die Schultern. „Aber ich bin schließlich seit meinem siebten Lebensjahr in einem Internat. Und vorher hatte ich immer eine Kinderschwester und habe meine Eltern oft lang nicht gesehen."

„Dann ist das doch etwas ganz anderes."

„Sicher. Du mußt dich selber entscheiden, Ulrike. Dabei kann dir niemand helfen."

Am Abend des gleichen Tages sprach Ulrike mit Gaby über ihr Problem. Gaby war ganz begeistert von der Vorstellung, daß ihre Freundin bleiben wollte.

„Na klar!" rief sie. „Das wäre doch prima! Meine alten Herrschaften nehmen mich so bald nicht wieder nach Hause, sie sind heilfroh, daß meine Schulleistungen endlich zufriedenstellend sind... Bleib doch, Ulrike, mir zuliebe! Warum schreibst du nicht sofort?"

Aber Ulrike war sich ihrer Sache immer noch nicht ganz sicher.

Dann kam ein Brief ihrer Mutter. Frau Moeller schrieb unter anderem:

„Gestern abend war Vaters Chef bei uns zu Gast. Er war ganz besonders liebenswürdig, und ich merkte gleich, daß er etwas im Schilde führte. Er wollte Vater überreden, seinen Vertrag noch um ein Jahr zu verlängern. Aber Du darfst mir glauben, daß ich da ganz energisch Einspruch erhoben habe. Wir haben Dir versprochen, im Herbst zurückzukommen, und wir werden das auch tun. Auch Vater ist eisenhart geblieben, obwohl es ihm sicher nicht ganz leichtgefallen ist. Dieser Staudamm, den sie hier bauen, bedeutet ihm furchtbar viel. Männer hängen manchmal so an ihrer Arbeit."

Ulrike las diesen Absatz dreimal. Dann setzte sie sich hin und schrieb einen langen Brief an ihre Eltern. Sie schilderte ihnen ihre Situation und bemühte sich, ihnen klarzumachen, warum ihr gerade jetzt der Abschied von Hartenstein so schwerfallen würde.

„Wenn Ihr wirklich nach Hause kommt, gehe ich natürlich ab", schrieb sie, „es wäre bestimmt herrlich, wieder mit Euch zusammen zu sein. Aber bloß, weil Vater es mir versprochen hat, braucht Ihr bestimmt nicht zurückzukommen, denn es wäre bestimmt kein Opfer für mich hierzubleiben, ganz im Gegenteil. Gerade jetzt kann ich doch Katja nicht im Stich lassen, und ich würde schon sehr gern dabeisein, wenn das Stück einstudiert wird und dann bei der Aufführung – könntet Ihr es nicht so einrichten, daß Ihr mich Weihnachten hier besucht? Das wäre für mich das Allerschönste!"

Als sie den Brief in den Kasten neben dem Portal des Hauptgebäudes geworfen hatte, fühlte sie sich so frei und so glücklich wie seit langem nicht mehr.

Gaby rannte auf sie zu. „Du, Uli, hast du schon das Neueste auf dem Schwarzen Brett gelesen? Du und ich und noch zwei andere sind auf die Liste der ‚Bewährten' gekommen! Wir dürfen uns Schulkleidung anmessen lassen... was sagst du dazu?" Plötzlich fiel ihr etwas ein, und die Freude auf ihrem Gesicht erlosch. „Aber für dich hat das ja wahrscheinlich keinen Sinn mehr", sagte sie, „da du doch im Herbst nach Hause kommst!"

Ulrike lachte. „Denkste", sagte sie. „Ich habe gerade meinen Eltern geschrieben... ich bleibe nun doch noch im Internat!"

Gaby sah sie fassungslos an. „Ist das dein Ernst!?"

„Mein voller!"

Jetzt lachte auch Gaby, und übermütig rannten die beiden Mädchen Hand in Hand quer über den alten Burghof zur Kleiderkammer – sie wußten, jetzt würden sie endlich richtige Hartensteinerinnen werden.

Ein fröhlicher Auftakt

Eine tolle Überraschung erwartet die Mädchen nach den Ferien: „Prinz Philipp" und seine Pferde

Als die Schülerinnen von Burg Hartenstein nach den großen Ferien in ihr Internat zurückkehrten, erwartete sie eine tolle Überraschung:

Zur Burg gehörte seit dem späten Mittelalter eine Reitbahn. Sie war in den letzten Jahren vernachlässigt und nicht mehr benutzt worden. Jetzt war das Tor zu dieser Reitbahn weit geöffnet. Die Pferdeställe waren frisch gekalkt und hergerichtet, und in den Boxen standen, Nase an Nase, fünf prächtige Pferde. Über dem Eingang prangte ein frisch gemaltes Schild mit der Aufschrift „Reitschule".

Ulrike Moeller und Gabriele Reitmann entdeckten es im gleichen Augenblick, als sie aus dem Autobus stiegen. Die sportliche, unternehmungslustige Gaby war sofort Feuer und Flamme. Sie ließ ihren Koffer mitten auf dem Burghof stehen und stürmte mit einer Horde anderer Mädchen zu den Ställen hinüber.

„Kinder", schrie sie, „das muß ich mir ansehen!"

Ulrike wollte ihr schon folgen. Aber nach ein paar zögernden Schritten entschloß sie sich anders.

Sie war nicht mehr Reporterin des „Hartensteiner Boten".

Es bestand also für sie kein Grund mehr, jeder Neuigkeit gleich auf die Spur zu kommen. Die Reitbahn würde morgen noch genauso interessant sein wie heute.

Ulrike hatte, gerade was Kameradschaft und Verständnis für ihre Altersgenossinnen betraf, auf Burg Hartenstein viel hinzugelernt. Doch das tief eingewurzelte Gefühl innerer Überlegenheit besaß sie immer noch, wenn sie sich auch mittlerweile selber mit kritischen Augen betrachtete.

Jetzt wollte sie erst einmal so schnell wie möglich auf ihr Zimmer, um ihren Koffer loszuwerden. So eins, zwei, drei, wie sie sich das gedacht hatte, ging das freilich nicht. Es wimmelte an diesem Ankunftstag auf dem Burghof und im Treppenhaus geradezu von Mädchen.

Von allen Seiten wurde sie nun begrüßt, und sie grüßte zurück. Scherzworte wurden ihr zugerufen, die sie schlagfertig zurückgab. Sie traf Eva Klostermann und die blonde Christel, mit denen sie zusammen im Schikurs gewesen war, Traudel Simson, die Chefredakteurin des „Hartensteiner Boten", Hertha Kaiser und viele andere mehr. Alle erkundigten sich, wie es ihr in den Ferien ergangen war, und sie selber stellte jeder einzelnen die gleichen Fragen.

Sie lachten, riefen und liefen durcheinander; jede war froh, die anderen wiederzusehen. Sosehr man im Sommer die Tage bis zu den großen Ferien gezählt hatte, so begeistert genoß man es jetzt, wieder auf Burg

Hartenstein zu sein. Es war eine richtige Heimkehr; auch Ulrike empfand das so. Nie hätte sie geglaubt, daß sie jemals gern in das Internat zurückkehren würde, in das ihre Eltern sie vor einem Jahr ganz gegen ihren Willen gesteckt hatten.

Katja Kramer, die Zimmerverantwortliche, kurz Z. V. genannt, war schon dabei, ihre Kleider in den schmalen Schrank zu hängen, als Ulrike endlich den hellen, einfach möblierten Raum betrat.

„Hei, Katja!" rief Ulrike, stellte ihren Koffer ab und strich sich eine Welle ihres hellblonden Haares aus der erhitzten Stirn. „Wie geht's?"

„Danke, bestens." Katja wandte sich lächelnd Ulrike zu. „Und dir?"

„Blendend. Wo hast du die Ferien verbracht?"

Katja warf mit einer schwungvollen Kopfbewegung ihr rotes Haar in den Nacken. „Wo schon? Im Internat."

Ulrike kam sich plötzlich taktlos vor.

Sie wußte wie alle anderen, daß Katjas Eltern berühmte und vielbeschäftigte Schauspieler waren, die sehr wenig Zeit hatten, sich um ihre Tochter zu kümmern. „Wir hätten damals doch deinen Besuch bei uns zu Hause fest verabreden sollen", sagte sie verlegen. „Im Abschiedstrubel haben wir es vergessen. Warst du die ganze Zeit über hier?"

„Hier? Nein, das nun doch nicht", erklärte Katja, „in der Schweiz. Am Genfer See." Sie zog mit einer komischen Grimasse ihre hübsche kleine Nase kraus. „Sehr vornehmes Institut", sagte sie mit gespielter Geziertheit. „Madame Larousse nimmt nur junge Damen aus allerersten Kreisen." Sie lachte, und ihre schrägen grünen Augen wurden wieder hell. „Hier gefällt's mir, ehrlich gestanden, hundertmal besser."

„Kann ich verstehen", sagte Ulrike und öffnete ihren Koffer. „Ich war in den Ferien bei meinen Tanten. Es war ziemlich geruhsam, sonst aber auch nichts. Jedenfalls hatte ich Zeit zum Arbeiten."

Katja trat interessiert näher. „Hast du das Theaterstück fertig?"

„Na klar. Was hast du dir denn gedacht? Ist doch Ehrensache." Ulrike holte das Manuskript aus dem Koffer.

„Gib her!" sagte Katja.

Ulrike überreichte es ihr mit einigem Stolz.

Katja wog das Manuskript, das in einem Schnellhefter geordnet war, abschätzend mit der flachen Hand. „Ganz schön dick", sagte sie. „Alle Achtung!"

„Meine Tante Emmy hat es abgetippt, sonst wäre es noch dicker!"

„Gratuliere!" sagte Katja.

„Wieso das?" wehrte Ulrike ab. „Wir haben es doch zusammen ausgedacht, ich habe es ja nur ins reine gebracht."

„Mir scheint, du verstehst mich miß", sagte Katja und lachte, „ich wollte dir nur zu der fleißigen, hilfsbereiten Tante gratulieren!"

Ulrike wurde rot. „Ach so", sagte sie.

Sie hatte eigentlich vor, Katja zu bitten, es so schnell wie möglich zu lesen und dann ihr endgültiges Urteil abzugeben – denn Katja sollte natürlich auch in diesem Jahr die Regie führen. Doch dazu kam es nicht mehr, denn in diesem Augenblick betrat Gerti Moll das Zimmer, und Katja wandte ihre ganze Aufmerksamkeit der Kleinen zu.

Ulrike schmollte innerlich ein bißchen, denn schließlich fand sie sich und ihr Anliegen viel wichtiger. Aber sie hatte aus Erfahrung gelernt, daß es zwar bei ihren Tanten, nicht aber auf Burg Hartenstein einen Sinn hatte, die Beleidigte zu spielen. So begrüßte sie ebenfalls Gerti Moll, und zwar mit so viel Herzlichkeit, wie sie aufbringen konnte.

„Na, wie war's zu Haus?" fragte sie. „Was hast du in den Ferien erlebt?"

Gerti sah nicht gerade erholt aus. Mit ihrem kurzgeschnittenen dunkelblonden Haar, dem herzförmigen Gesichtchen und den weit auseinanderstehenden dunklen Augen wirkte sie mehr denn je wie eine verschreckte kleine Spitzmaus.

„Mein Vater hat ein Kind bekommen", platzte sie heraus.

Die beiden großen Mädchen lachten.

„Dein Vater?" sagte Ulrike. „Du machst wohl Spaß! Wahrscheinlich war es wohl deine Mutter?"

„Meine Mutter ist tot", erklärte Gerti mit unerwarteter Bitterkeit.

„Das wissen wir alle", sagte Katja rasch und warf Ulrike einen mahnenden Blick zu. „Ulrike meinte... deine neue Mutter."

„Was ist es denn?" fragte Ulrike. „Junge oder Mädchen?"

„Ein Junge..."

„Ist er nett?" fragte Katja.

Gerti Moll zuckte die schmalen Schultern. „Na, eben ein Baby."

„Immerhin", sagte Ulrike, „soviel ich weiß, gibt es da auch Unterschiede..."

„So genau habe ich es mir nicht angeschaut", behauptete Gerti.

Katja wurde stutzig. „Nun sag mal, was ist eigentlich los mit dir? Bist du eifersüchtig auf dein Brüderchen? Das wäre wirklich albern."

„Ach, laßt mich in Ruhe!" sagte Gerti patzig.

Das waren ganz neue Töne. Katja und Ulrike wechselten einen Blick. Was war bloß in die Kleine gefahren? Von dieser Seite her kannten sie sie ja gar nicht. Sonst war doch jedes Wort der bewunderten Katja für sie Gesetz gewesen.

Ulrike hob ihre hellen, schön geschwungenen Augenbrauen. „Jetzt ist sie völlig überkandidelt!" sagte sie geringschätzig.

Katja war nicht so schnell bereit, die Kleine zu verurteilen. „Verträgst du dich etwa mit deiner neuen Mutter nicht, Gerti?" fragte sie. „Ist sie nicht gut zu dir?"

„Quatsch", widersprach Ulrike. „Sie ist doch eine ganz fabelhafte Frau. Erinnerst du dich nicht, Katja? Sie war mal hier... mit Gertis Vater."

„Sie meint es bestimmt nur gut mit dir", sagte Katja, „aber wenn du gegen sie bockst, kannst du nicht erwarten..."

„Ich erwarte gar nichts! Ich brauche keine neue Mutter, und ich pfeife auch auf euch! Ihr redet bloß und steckt eure Nasen in Dinge, die euch gar nichts angehen!"

„Na, entschuldige schon", sagte Katja, jetzt doch verletzt, und wandte sich wieder ihrem Koffer zu.

„Mach dir nichts draus, Katja", erklärte Ulrike, „du weißt ja: Eine spinnt immer!" Sie warf einen Blick auf ihre Armbanduhr. „Meine Güte, nur sieben Minuten bis zum Läuten! Wir müssen uns beeilen, wenn wir bis dahin mit Auspacken fertig sein wollen!"

„Wo steckt Gaby eigentlich?" fragte Katja und hängte ihr Sonntagskleid fein säuberlich über den Bügel. „Ist sie etwa noch nicht eingetroffen?"

„Doch", sagte Ulrike, die sich daran gemacht hatte, ihre Pullover in den Schrank zu stapeln. „Mit mir zusammen. Aber sie ist gleich zur Reitschule hinübergelaufen."

„Das sieht ihr ähnlich. Bestimmt kommt sie zu spät."

Diesmal hatte die kluge Katja sich geirrt. Gaby Reitmann stürmte genau fünfzehn Sekunden vor dem Läuten in das gemeinsame Zimmer und setzte ihren Koffer mit so viel Schwung ab, daß er ein gutes Stück über den blankgewachsten Boden rutschte.

„Da bist du ja endlich!" rief Katja.

Gaby schlug die Hacken zusammen und legte die Hand grüßend an ihr krauses braunes Haar. „Melde mich gehorsamst zur Stelle, Herr Oberfeldwebel!" schnarrte sie.

„Laß die Faxen!" sagte Katja. „Du hättest dich nicht so lange herumtreiben sollen. Jetzt bleibt dir nicht einmal Zeit zum Auspacken."

In diesem Augenblick begann die Glocke vom Burgturm ihr helles Gebimmel.

„Mach ich später", sagte Gaby unbekümmert. „Menschenskinder, ihr wißt gar nicht, was ihr versäumt habt! Die Reithalle ist eine Wucht! Und erst einmal die Pferde!" Sie begann an den Fingern aufzuzählen. „Ein Apfelschimmel, ein Brauner, ein Fuchs..."

Ulrike und Katja strebten schon der Türe zu und wollten eilig das Zimmer verlassen, um rechtzeitig drüben im Speisesaal des Hauptgebäudes zu sein.

„Lauft doch nicht weg!" schrie Gaby. „Ich muß euch doch erzählen..."

„Merkst du nicht, daß niemand sich für Pferde interessiert?" entgegnete Ulrike.

„Wie kannst du das sagen! Die halbe Schule war in den Ställen!"

„Na, wenn schon", rief Ulrike, die inzwischen die Treppe erreicht hatte, über die Schulter zurück. „Mich jedenfalls lassen diese Tiere kalt!"

„Das verstehe ein anderer", sagte Gaby, schwang sich aufs Treppengeländer und sauste wie der Blitz hinunter – was eigentlich streng verboten war. Aber heute, am ersten Tag, nahm es niemand so genau.

Auch bei der ersten gemeinsamen Mahlzeit war die neueröffnete Reitschule Thema Nummer eins. Nicht nur die Pferde erweckten das Interesse der Mädchen, sondern auch der junge Reitlehrer und Stallmeister Georg Philipp. Eine Schülerin hatte einen Spitznamen für ihn erfunden: „Prinz Philipp". Er war so treffend, daß ihn sofort jeder übernahm. Der schlaksige, blonde junge Mann erinnerte tatsächlich entfernt an den Prinzgemahl der Königin von England. Außerdem war der Reitsport in den Augen der Mädchen etwas unerhört Elegantes und Außergewöhnliches.

„Prinz Philipp sagt", berichtete Gaby, die wie immer das große Wort führte, mit vollem Munde, „alle dürfen Reitstunden nehmen, die genügend Zeit dazu haben. Sie kosten nichts extra. Die Reitstunden sind genau dasselbe, als wenn man an irgendeinem anderen Klub oder einer Arbeitsgemeinschaft teilnimmt..." Sie stopfte einen neuen Bissen Brot in den Mund. „Ich habe ihn natürlich gefragt, warum sich das Ganze dann nicht Reitklub nennt, klingt doch viel schicker... und er sagte, das wäre geplant, sobald er erst mal ein paar von uns zu richtigen Reiterinnen ausgebildet hätte."

„Machst du mit?" fragte Katja Kramer.

„Na klar!" erklärte Gaby im Brustton. „Ich wäre ja verrückt, wenn ich mir die Gelegenheit entgehen ließe!"

„Braucht man keine Sondererlaubnis vom Eisenbart?" fragte Irene Sievers.

„I wo! Jeder, der nicht gerade Extrastunden aufgebrummt bekommen hat, kann mitmachen."

„Unter einer Bedingung", ließ sich Fräulein Faust, die Hausvorsteherin und Sportlehrerin, vom oberen Ende des langen Tisches her vernehmen.

Alle Gesichter wandten sich erwartungsvoll „Gretchen" zu, wie die Schülerinnen sie nannten. Gaby vergaß vor lauter Spannung sogar, ihren Mund zu schließen. Sie zuckte zusammen, als Ulrike, die ihr gegenübersaß, sie unter dem Tisch anstieß. Es dauerte einige Zeit, bis sie merkte, was die andere wollte, und den Mund endlich wieder zuklappte.

„Wer Reitstunden nimmt, muß sich auch verpflichten, die Stallarbeiten zu erledigen", erklärte Fräulein

Faust in die plötzlich entstandene Stille hinein. „Das heißt: morgens eine halbe Stunde früher aufstehen, ausmisten, füttern und tränken, die Pferde striegeln, Geschirr putzen..."

„Wieso Geschirr?" fragte eines der jüngeren Mädchen. „Ich dachte, Pferde tränken aus Eimern und fräßen aus Trögen!"

Alle lachten, und die Kleine selber lachte mit – es wurde nicht klar, ob ihre Bemerkung wirklich dumm gewesen war oder nur ein Witz sein sollte.

„Unter Pferdegeschirr", erklärte Fräulein Faust, „versteht man Sattel, Zaumzeug, Bügel und Zügel... Das alles muß immer in genauso gutem Zustand sein wie die Pferde selber."

„Na, dann viel Spaß", murmelte Ulrike, „das kann ja heiter werden!"

„Und ob!" rief Gaby begeistert. „Wann kann ich anfangen, Fräulein Faust? Darf ich morgen schon rüber in den Pferdestall?"

„Eile mit Weile. Die Stallarbeit wird Herr Philipp einteilen, wenn es an der Zeit ist", sagte Fräulein Faust. „Wenn du dich weiter so aufführst, liebe Gaby, wirst du bestimmt nicht dabeisein. Dann werde ich dafür sorgen, daß du Extrastunden bekommst..."

„Mein Zeugnis war doch ganz in Ordnung!" protestierte Gaby. „Meine Eltern waren geradezu platt über die guten Noten!"

„Ich dachte nicht an ein Schulfach", sagte Fräulein Faust ruhig, „sondern an Tischmanieren. Ein so großes Mädchen wie du sollte sich besser benehmen. Nimm die Ellbogen an den Körper heran, und vor allem:

Sprich nicht dauernd mit vollem Munde. Ich würde dir raten, dich überhaupt ein wenig mehr zurückzuhalten. Du bist hier nicht als Alleinunterhalter angestellt."

Ulrike wäre vermutlich vor Scham und Wut halb geplatzt, hätte man sie selber so vor allen anderen Mädchen zurechtgewiesen. Aber Gaby machte sich überhaupt nichts daraus. Sie grinste unbekümmert von einem Ohr bis zum anderen. Ulrike wußte wirklich nicht, ob sie sie wegen ihrer Dickfelligkeit beneiden oder verachten sollte.

Jedenfalls hatte Fräulein Fausts Tadel zur Folge, daß Gaby sich bis zum Schluß der Mahlzeit verhältnismäßig ruhig hielt.

Auch Ulrike beteiligte sich nicht weiter an der allgemeinen Unterhaltung, die sich immer noch um die Reitstunden drehte. Ihr waren die Pferde, Prinz Philipp, das Reiten und die Stallarbeit vollkommen gleichgültig. Sie hatte nicht die Absicht, sich je auf ein Pferd zu setzen, noch weniger, mit der Mistgabel in der Hand zu arbeiten. Sie war überzeugt, daß sie das alles gar nichts anging.

Eine unerwartete Enttäuschung

Ulrike legt ein fertiges Theaterstück auf den Tisch. Aber wo bleiben die Klubmitglieder?

Fünf Tage später waren Ulrike und Katja fast gleichzeitig mit ihren Aufgaben fertig. Sie verließen nebeneinander den großen Arbeitssaal, in dem die anderen Mädchen der jüngeren Jahrgänge noch unter Aufsicht von Dr. Schütz rechneten, schrieben, lasen und auswendig lernten.

„Hast du was Besonderes vor?" fragte Katja.
„Nö. Warum?" gab Ulrike zurück.
„Ich hätte gern mal mit dir über das Theaterstück gesprochen."
„Na endlich!"
„Ich hatte es schon vor zwei Tagen ausgelesen", erklärte Katja, „aber ich wollte noch warten..."
„Auf was?"
„Wirst du alles noch erfahren. Gehen wir in den Park hinüber. Dort sind wir ungestört."

Es war ein sonniger, klarer Herbsttag, und die Büsche und Bäume des weitläufigen Parks standen in flammender Pracht. In den Beeten blühten Astern, Dahlien und vereinzelt sogar noch sommerliche Rosen.

Ulrike war Katja gefolgt, ohne viel zu überlegen. Plötzlich blieb sie stehen. „Wir haben das Manu-

skript ja gar nicht dabei", sagte sie, „soll ich es holen?"
„Nicht nötig", wehrte Katja ab.
„Aber..."
Katja hatte sich auf einer Bank niedergelassen. „Komm, setz dich", sagte sie freundlich, „laß uns alles in Ruhe und Freundschaft besprechen..."

Ulrike runzelte die Stirn. „Soll das heißen, daß es dir jetzt nicht mehr gefällt? Ich habe doch alles genauso geschrieben, wie wir es besprochen hatten. Du warst ganz einverstanden damit, sonst hätte ich mir die blödsinnige Arbeit ja gar nicht gemacht!"

„Setz dich", wiederholte Katja statt jeder Erklärung und zog Ulrike an der Hand neben sich auf die Bank.

„Sage mir jetzt bitte endlich..."

„Ich bin ja dabei. Merkst du das denn nicht? Nur hast du mich bisher nicht zu Wort kommen lassen."

Ulrike schlug die Beine übereinander, lehnte sich zurück und setzte ihr hochnäsigstes Gesicht auf. „Na bitte", sagte sie, „ich kann auch schweigen."

„Ausgezeichnet", sagte Katja. „Also paß mal auf..."

Sie machte eine kleine Pause, weil es ihr schwerfiel, die richtigen Worte zu finden. Doch diesmal dachte Ulrike nicht daran, sie zu unterbrechen.

„Dein Stück ist prima", fuhr Katja fort. „Es ist alles drin, was man sich wünscht: Spannung, Rührung, Humor..., jede Rolle ist gut durchgearbeitet..."

„Aber?" fragte Ulrike, die es doch nicht mehr aushielt. „Nun red schon. Mach's nicht so spannend."

„Glaub mir, die Enttäuschung ist für mich genauso groß wie für dich. Aber wir können das Stück nicht auf die Beine stellen."

Ulrike fuhr hoch. „Wieso denn nicht? Wir brauchen keine Kostüme, die Dekorationen sind einfach..."

„Darum geht es nicht, Ulrike. Wir haben nicht genug Personen für die Rollen."

„Das ist ja lachhaft!" Ulrike schnaubte durch die Nase. „Ich habe jedem Mitglied des Theaterklubs seine Rolle geradezu auf den Leib geschrieben, mehr konnte ich wirklich nicht tun, und jetzt behauptest du..."

„Ich behaupte gar nichts, Ulrike. Ich bemühe mich nur, dir Tatsachen klarzumachen, und zwar so schonend wie möglich, weil ich von Anfang an mit deiner Überempfindlichkeit und mangelnden Einsicht gerechnet habe."

Ulrike hob verachtungsvoll die hellen Augenbrauen. „Wird's dir leichter, wenn du mich beschimpfst?"

„Entschuldige schon", sagte Katja, „das lag nicht in meiner Absicht."

„O bitte!"

„Tatsache ist, und damit müssen wir uns wohl oder übel abfinden..., es haben sich nach den großen Ferien nicht mehr als zehn Mädchen für den Theaterklub gemeldet."

Ulrike starrte die andere an. „Was?"

„Genau das, was ich sage. In den vergangenen Jahren waren wir nie weniger als fünfzig. Ich habe absichtlich dieses Gespräch hinausgeschoben, weil ich immer noch hoffte, daß sich die eine oder andere Nachzüglerin bei mir melden würde. Aber nichts von alledem. Ich bin genauso bestürzt wie du, Ulrike."

„Das verstehe ich nicht", sagte Ulrike, „wie ist denn so etwas möglich?"

Katja zeigte sich entschieden gelassener. „Dafür gibt es verschiedene Gründe. Erstens hat Eisenbart den Theaterklub im Sommer aufgelöst... du erinnerst dich wohl, daß du selber daran nicht ganz unschuldig warst. Auf diese Weise sind die Mitglieder auseinandergelaufen und haben sich anderen Arbeitsgemeinschaften angeschlossen. Zweitens hast du bestimmt einige durch deinen scharfen Verriß der letzten Schulaufführung im ‚Boten' vor den Kopf gestoßen..."

„Aha", sagte Ulrike, „das hätte ich mir ja denken können! Schuld an allem bin wieder mal ich! Du machst es dir wirklich sehr einfach, meine liebe Katja! Warum erwähnst du nicht zur Abwechslung, daß deine Schäfchen dich schon abgesetzt hatten, noch bevor Eisenbart den Klub auflöste? Vielleicht gibt es auch einige, die keinen Spaß mehr haben, sich unter deine Fittiche zu begeben... die fürchten, daß alles wieder so werden wird wie in dem alten lahmen Verein!"

Katja errötete bis in die Haarwurzeln hinein. „Du hast recht, Ulrike", bekannte sie, „meine Vorwürfe waren nicht fair."

„Diese edle Selbsterkenntnis ist wirklich überwältigend", sagte Ulrike spöttisch. „Soll ich dir mal sagen, woran es liegt, daß der Theaterklub an Schwindsucht leidet? An der Reitschule. Die meisten sind einfach mit fliegenden Fahnen zu Prinz Philipp übergegangen."

„Ja, vielleicht liegt es daran", sagte Katja, ganz verwundert darüber, daß sie selber nicht schon darauf gekommen war.

„Wetten, daß? Ich habe noch nie so ein Gerenne erlebt wie um diese blöden Reitstunden."

Eine ganze Weile saßen die beiden Mädchen schweigend in der milden Herbstsonne. Aus einer anderen Stelle des Parks klang Gelächter zu ihnen herüber. Vom Tennisplatz her war das Aufprallen der Bälle zu hören.

„Selbst wenn das stimmt", sagte Katja schließlich, „hilft uns das auch nicht weiter."

„Doch!" behauptete Ulrike. „Das ist nämlich eine Art Fahnenflucht. Wir können uns an Eisenbart wenden und ihn bitten..." Sie stockte mitten im Satz, weil ihr klar wurde, daß dieser Rat schlecht war.

„Was?" sagte Katja sofort. „Daß er die Abtrünnigen zurückpfeift? Das ist unmöglich. Jede Teilnahme an einem der Klubs oder an einer Arbeitsgemeinschaft auf Burg Hartenstein ist freiwillig. Das ist eines der Grundgesetze des Internats."

„Habe ich schon selber kapiert", sagte Ulrike böse. „Das brauchst du mir nicht auch noch unter die Nase zu reiben. Mach lieber einen besseren Vorschlag."

„Wir können dein Stück, so wie es ist, im nächsten Jahr spielen. Dann hat die Reitschule den Reiz der Neuheit verloren, und die meisten Mädchen werden reumütig zu der weniger anstrengenden Theaterarbeit zurückkehren."

„Daran zweifle ich gar nicht. Aber was nützt uns das?"

„Es sollte nur ein Trost sein."

„Ein feiner Trost, das muß ich schon sagen! Und was machen wir in diesem Jahr? In spätestens vierzehn Tagen müssen wir mit den Proben beginnen. In dieser kurzen Zeit können wir unmöglich ein neues Stück auf die Beine bringen."

„Dann nehmen wir eben ein altes", meinte Katja.
„Ohne mich!" Ulrike sprang auf. Ihre sonst so kühlen grauen Augen funkelten förmlich vor Empörung. „Wenn ihr wieder euren alten Käse aufwärmen wollt, dann macht das gefälligst allein!"
„Ulrike", mahnte Katja, „Direktor Heilmann hat dich ausdrücklich beauftragt..."
„Ja, aber damals waren die Voraussetzungen andere! Ich habe mein Bestes getan! Ich kann nichts dafür, daß wir nicht genügend Schauspieler haben! Mich geht das alles gar nichts mehr an!"
Katja erhob sich ebenfalls. „Na schön, wenn du meinst", sagte sie seufzend. „Ich hatte allerdings gehofft..."
„Ach, laß mich doch zufrieden", sagte Ulrike schroff.
Mit langen Schritten stürmte sie davon. Sie wollte nichts mehr hören und nichts mehr sehen.
Sie war maßlos enttäuscht. Katjas Eröffnung hatte sie wie ein Blitz aus heiterem Himmel getroffen. Die letzten Wochen vor Schulschluß und die großen Ferien hindurch hatte sie unentwegt an dem Stück gearbeitet. Auf den Rat ihrer Tanten hin hatte sie das Ganze noch einmal völlig auseinandergenommen und neu aufgebaut. Sie war so stolz darauf gewesen, so sicher, daß es ein großer Erfolg werden würde – und nun sollte es nicht einmal aufgeführt werden!
Ulrike konnte nicht anders. An einer einsamen Stelle des Parks warf sie sich der Länge nach auf den grünen Rasen, verbarg ihren Kopf in den Armen und weinte bitterlich.
Die Tränen taten gut. Eine halbe Stunde später

fühlte sie sich besser. Der erste Schmerz war überwunden, obwohl die Enttäuschung immer noch tief in ihrem Herzen bohrte. Sie wischte sich die Tränen ab, putzte sich die Nase und schlenderte mit hocherhobenem Kopf zur Burg zurück.

Die sollen mich nicht kleinkriegen, dachte sie, die nicht!

Aber sie wußte selbst nicht genau, wen sie damit meinte. Ihre Verbohrtheit ging immerhin nicht so weit, sich einzureden, daß die anderen sich nicht wieder zum Theaterklub meldeten, um sie zu ärgern – bestimmt ahnte nicht eine von ihnen, was für eine Katastrophe sie mit ihrem Massenaustritt heraufbeschworen hatten. Und doch bohrte aller Vernunft zum Trotz in Ulrike das Gefühl, als wenn alles und alle sich gegen sie verschworen hätten.

Am Ausgang des Parks traf Ulrike auf Gaby, die mit einer Gruppe Mädchen vom Tennisplatz zurückkehrte. Schon von weitem schwenkte Gaby fröhlich grüßend ihren Schläger. Dann erst sah sie Ulrikes Gesicht und trennte sich sofort von ihren Begleiterinnen. Sie lief auf die Freundin zu.

„Mensch, Ulrike, alte Bohnenstange", sagte sie besorgt, „was ist los? Hat es dir die Petersilie verhagelt?"

Ulrike wandte den Kopf zur Seite, damit Gaby die Tränen, die ihr wieder in die Augen stiegen, nicht sehen sollte. „So ungefähr", sagte sie schwach.

„Red schon! Vielleicht kann ich dir helfen!"

„Bestimmt nicht!"

„Erzähl's trotzdem! Oder ist es ein Staatsgeheimnis?"

„Das nicht. Wer es morgen noch nicht weiß, erfährt

es spätestens bei der Weihnachtsaufführung. Falls überhaupt eine stattfindet."

„Gefällt Katja dein Stück nicht?" fragte Gaby verblüfft.

„Doch. Wenigstens tut sie so."

„Dann versteh ich gar nichts mehr..."

Ulrike konnte ihre Enttäuschung nicht länger für sich behalten. „Stell dir vor", sprudelte sie heraus, „der ganze Theaterklub hat dieses Jahr nur noch zehn Mitglieder. Und in meinem Stück gibt es zweiunddreißig Rollen!"

Gaby schnappte einen Augenblick nach Luft. Dann sagte sie ehrlich bestürzt: „Nun schlägt's dreizehn!"

„Verstehst du jetzt, wie verzweifelt ich bin?" rief Ulrike.

„Und ob! Das ist wahrhaftig die größte Pleite des Jahrhunderts!"

„Und an allem", sagte Ulrike und konnte ein Schluchzen nicht länger unterdrücken, „ist nur diese blöde Reitschule schuld!"

„Stimmt", erklärte Gaby. „Was sich da für Typen gemeldet haben. Es ist direkt zum Lachen. Keine Ahnung vom Sport, steif wie die Eckpfähle, aber ganz versessen aufs Reiten! Die bilden sich ein, sie brauchen bloß obendrauf zu sitzen; laufen müssen ja die Pferde. Der arme Prinz Philipp, der sich mit denen abplagen muß, kann einem mindestens so leid tun wie du mir."

„Davon", murmelte Ulrike und schnaubte in ihr feuchtes zerdrücktes Taschentuch, „habe ich auch nichts."

Gaby schob ihren Arm unter den der Freundin.

„Du, ich glaube, ich habe eine Idee! Wie wäre es, wenn ich mir diese Lieblinge mal vorknöpfte? Ich lasse mir von Katja eine Liste der alten Mitglieder geben und bearbeite jede einzeln. Wem mit Vernunft nicht beizukommen ist, dem heize ich eben ein. Ich werde ihnen klarmachen, daß sie sich beim Reiten das Genick brechen können und..."

„Nein, Gaby, das geht nicht. Selbst wenn ein paar sich widerwillig zurückmeldeten, würde uns das gar nichts nützen. Sie müssen mit Freude bei der Sache sein, sonst geht es bestimmt schief."

„Hm." Gaby rieb sich die Nase. „Schade!"

„Es hilft nichts", sagte Ulrike resigniert, „ich kann mir mein Stück an den Hut stecken."

Gaby blieb stehen. „Laß mich mal nachdenken", sagte sie. „Du weißt, das dauert bei mir immer ein bißchen länger. Spazierengehen und Denken auf einmal ist für mich zuviel!" Sie ließ sich auf eine der steinernen Bänke an der Mauer des Burghofes plumpsen.

Ulrike blieb vor ihr stehen. „Gedacht habe ich selber schon", sagte sie, „aber es ist nichts dabei herausgekommen! Die Bank ist bestimmt ziemlich kühl, paß auf, daß du dich nicht erkältest!"

„Ruhe", gebot Gaby mit erhobener Hand. „Ich glaub, ich habe sie!"

„Wen?"

„Die Lösung natürlich."

„Da bin ich mal gespannt."

Gaby hatte den Tennisschläger zwischen ihre Beine gestellt, beide Hände über dem Griff gekreuzt und ihr

Kinn darauf gelegt. „Wenn ich mich recht erinnere", sagte sie, „so hast du diese dreißig Rollen..."

„Zweiunddreißig!" verbesserte Ulrike.

„Also gut, du hast diese zweiunddreißig Rollen doch nur geschrieben, damit so viele wie möglich mitmachen konnten, nicht wahr? Weil im Theaterklub bisher immer ein solches Gedränge um die Rollen war?"

„Richtig. Ich hab's allen recht machen wollen. Und jetzt siehst du, was ich mir dabei eingehandelt habe!"

„Ich bin zwar kein Fachmann", sagte Gaby, „aber soviel ich weiß, gibt es doch in jedem Stück Haupt- und Nebenrollen..."

„Natürlich."

„Jetzt meine letzte Frage. Wie viele Hauptrollen hat dein Stück?"

„Fünf", erwiderte Ulrike wie aus der Pistole geschossen.

„Heißa und Hurra geschrien! Dann streichst du die siebenundzwanzig Nebenrollen einfach heraus, und fertig ist das Stück!"

„Dann bleibt ja nur noch das Gerippe", sagte Ulrike unglücklich – doch sie wußte schon in diesem Augenblick, daß Gaby, unbekümmert und unvoreingenommen, wie sie war, tatsächlich die Lösung des Problems gefunden hatte.

„Du meinst, es geht nicht?" fragte Gaby enttäuscht.

„Vielleicht", sagte Ulrike zögernd. „Ich weiß nicht genau... Ich muß es mir erst daraufhin noch einmal ansehen!"

„Dann mal los", meinte Gaby. Sie tat so, als wenn sie aufstehen wollte, aber es nicht fertigbrächte.

„Was hast du?" fragte Ulrike.

„Festgefroren", erklärte Gaby und zog eine Grimasse.

Ulrike mußte lachen.

Mit einem Ruck war Gaby auf den Beinen. „Na, endlich erhellt ein Lächeln deine strengen Züge", sagte sie vergnügt. „Aber ohne Spaß: Mein Hinterteil ist fast zu einem Eisklumpen geworden."

Freundliche Helfer

Das Theaterstück wird gerettet, und auch der Mal- und Zeichenklub hilft Ulrike aus der Patsche

An diesem Nachmittag und Abend konnte Ulrike sich nicht dazu aufraffen, mit Katja über die Umarbeitung des Theaterstückes zu sprechen. Noch tat es ihr einfach leid um die vertane Mühe.

Sie hatte ihr Stück gut im Kopf. Sie brauchte es sich gar nicht anzusehen, um zu wissen, daß Gabys Vorschlag durchführbar war. Sie mußte ja nicht siebenundzwanzig, sondern nur zweiundzwanzig Nebenrollen herausstreichen. Die wichtigsten konnten bleiben und je nachdem auf Kosten der anderen vergrößert werden.

Trotzdem würde eine solche Umarbeitung geradezu einer Verstümmelung gleichkommen. Ulrike war es, als wenn ihr selber beide Beine abgeschnitten werden sollten. Wieviel Arbeit hatte das Ganze gekostet, wieviel Liebe, wieviel Begeisterung steckte darin! Und nun sollte sie ihr Werk mit eigener Hand zerstören!

Wenn sie es nicht tat, mußte Katja noch im letzten Moment ein anderes Stück auftreiben. Oder die traditionelle Weihnachtsaufführung konnte überhaupt nicht stattfinden. Auf alle Fälle würde sie das Vertrauen, das Direktor Heilmann in sie gesetzt hatte, bitter enttäuschen.

Wenn sie sich dagegen zu den notwendigen Streichungen entschloß, mußte ihr Stück unweigerlich viel von seiner Lebendigkeit und Vielschichtigkeit verlieren. Sie würde bestimmt nicht die erträumten Lorbeeren damit ernten, sondern höchstens einen Achtungserfolg. Aber sie würde Katja und den letzten Getreuen des Theaterklubs damit aus der Patsche helfen.

Noch nie war Ulrike eine Entscheidung so schwergefallen. Sie brauchte eine halbe Nacht und einen vollen Tag, bis sie soweit war. Dann endlich hatte sie sich durchgerungen. Sie suchte Katja auf. Es war in einer Freistunde nach dem Abendessen, in der jedes der Mädchen einer privaten Beschäftigung nachging. Katja saß im Schreibzimmer und verfaßte Briefe.

„Katja", sagte Ulrike zaghaft, „kann ich dich einen Augenblick sprechen..."

Sofort fingen die anderen an zu zischen, denn im Schreibsaal herrschte strengstes Redeverbot.

„Ruhe da vorn!"

„Könnt ihr eure Gespräche nicht an einen anderen Ort verlegen?"

„Ich komme sofort", flüsterte Katja. „Warte draußen auf dem Gang auf mich!"

Ulrike verließ auf Zehenspitzen das Zimmer und trat an eines der Flurfenster. Die Mauern auf Burg Hartenstein waren gut einen Meter dick, so daß jedes Fenster in einer tiefen Nische lag, die einen kleinen, nur nach einer Seite offenen Raum bildete.

Katja erschien wenig später, eine Mappe unter dem Arm. „Ja, was gibt's?" fragte sie.

„Könnte man nicht", fragte Ulrike ohne Umschweife, „mein Stück zusammenstreichen? Auf fünf Haupt- und fünf Nebenrollen? Dann hätten wir genug Schauspieler."

„Das habe ich von Anfang an gewollt", sagte Katja überraschend.

„Warum hast du es mir dann nicht gesagt?"

„Erstens hast du mich gar nicht so weit kommen lassen, und zweitens hoffte ich, es würde dir von selber einfallen."

„Ist es aber nicht", gestand Ulrike. „Gaby hat mich draufgebracht."

„Sieh einmal an! Aus dem Munde der Unmündigen kommt die Wahrheit!"

„Gaby ist gar nicht so dumm, wie sie aussieht!" verteidigte Ulrike die Freundin.

„Das habe ich damit gar nicht sagen wollen. Ich war nur überrascht, daß sie sich überhaupt mit dieser Frage beschäftigt hat. Aber das ist jetzt gleichgültig. Hauptsache, wir sind uns einig."

„Soll ich mich gleich dranmachen?"

„Es gibt da noch einen wunden Punkt..."

„Wieso?"

„Die Dekoration."

„Willst du die etwa auch ändern? Die ist doch denkbar einfach. Im ersten Akt..."

„Ich weiß, ich weiß. Sie ist nicht schwer auf die Beine zu bringen. Aber irgend jemand muß sich darum kümmern. In den vergangenen Jahren haben es immer die getan, die nicht mitspielten. Dieses Jahr müssen wir entweder noch mehr Rollen streichen..."

„Ausgeschlossen!"

„...oder uns alle zusammen neben der Probenarbeit noch darum kümmern oder aber jemanden anderen finden, der diese Aufgabe übernimmt."

„Warum nicht der Mal- und Zeichenklub?" schlug Ulrike vor.

„Stehst du so gut mit denen?"

Ulrike errötete, als sie daran dachte, daß sie auch diesem Klub im vorigen Schuljahr mit einer scharfen Kritik zugesetzt hatte. „Ich nicht, aber du", sagte sie schnell.

„Nein", erwiderte Katja, „wenn schon, dann müssen wir beide zusammen sie darum bitten."

Bei dem Gedanken an diesen Gang nach Kanossa war Ulrike sehr unbehaglich zumute. Aber sie begriff, daß sie sich unmöglich drücken konnte.

„Na schön", sagte sie. „Dann also los. Am besten jetzt gleich, damit wir es hinter uns bringen."

Der Mal- und Zeichenklub hatte keine Vorsitzenden. Die Mädchen arbeiteten in Gruppen oder jede für sich, ganz, wie sie wollten und wie es sich ergab, unter der Anleitung der Kunsterzieherin, Fräulein Dickmann. Trotz der Reitstunden hatte der Klub auch dieses Jahr nicht über Mangel an Mitgliedern zu klagen.

Denn er bot jeder Schülerin Gelegenheit, Weihnachtsgeschenke für Eltern, Geschwister und andere Verwandte anzufertigen, und das war für die meisten genauso wichtig wie das Reiten.

Als Ulrike und Katja in den Zeichensaal traten, waren alle Mädchen eifrig beim Basteln, Zeichnen und Malen. Fräulein Dickmann befand sich – glücklicheroder unglücklicherweise – nicht im Raum.

Katja und Ulrike schlenderten an den Tischen vorbei nach vorn zum Katheder.

„Achtung!" schrie Hertha Kaiser, die die beiden zuerst bemerkte. „Spione!"

Alle Köpfe fuhren hoch; einige besonders Vorsichtige mühten sich, ihre Arbeiten mit den Armen zu verdecken.

„Ihr spinnt wohl?" sagte Ulrike abfällig. „Bildet ihr euch ernsthaft ein, wir wollen von euch was abpausen?"

Mit dieser Bemerkung kam sie schlecht an!

„Spione raus!" rief ein anderes Mädchen.

„Wir brauchen keine Schnüffler!" trumpfte Hertha auf.

Alle schrien durcheinander; es war ein Höllenlärm.

Katja hatte inzwischen das Katheder erreicht. Energisch klopfte sie mit dem langen Lineal. „Ruhe, Kinder! Jetzt nehmt doch mal Vernunft an!"

Aber sie mußte diese Aufforderung noch mehr als einmal wiederholen, denn so leicht waren die aufgescheuchten Kunstjüngerinnen nicht zum Schweigen zu bringen.

Endlich konnte sie sich Gehör verschaffen. „Wir kommen nicht als Spione", rief sie, „und nicht als Feinde. Wir haben eine Bitte an euch!"

„Hört, hört!" riefen einige Mädchen von den hinteren Bänken. „Wer's glaubt, wird selig!"

Katja ließ sich nicht irremachen. „Diese Bitte", sagte sie, „wird Ulrike euch jetzt vortragen!"

Sie winkte Ulrike herbei, sprang vom Katheder und machte ihr den erhöhten Platz frei.

Ulrike war sehr nervös. Ausgerechnet sie mußte diesen Klub um etwas bitten!

„Ihr wißt, ich bin nicht mehr Reporterin...", begann sie zaghaft.

„Ein wahrer Segen!" rief ein spitznasiges kleines Mädchen aus der ersten Reihe dazwischen.

„Eisenbart hat mir eine andere Aufgabe übertragen. Ich sollte ein Theaterstück für die Schulaufführung schreiben. Das habe ich auch getan. Die Rollen sind schon besetzt, und Katja wird wie jedes Jahr Regie führen..."

Die Mädchen waren jetzt doch interessiert, worauf Ulrikes und Katjas Besuch hinauslaufen sollte. Sie hörten, ohne zu unterbrechen, aufmerksam zu.

Ulrike wurde jetzt mutiger, sie hob ihre Stimme. „Nur – wir sind zu wenige und können nicht alles allein machen. Das Stück spielt in der Gegenwart in einem Internat. Wir brauchen also keine Kostüme. Aber Dekorationen. Deshalb wollten wir euch bitten, uns zu helfen, sie zu gestalten..."

„Wieso denn ausgerechnet wir?" rief Hertha.

„Vollkommen richtig", stimmte eine andere zu. „Wir haben noch nie etwas mit dem Theaterklub zu tun gehabt."

„Warum machst du die Dekorationen nicht selber?"

krähte das spitznasige Mädchen aus der ersten Reihe. „Du verstehst ja so viel von Kunst!"

„Immerhin genug, um ein paar einfache Dekorationen zu entwerfen", sagte Ulrike hitzig, „aber ich habe niemanden, der mir hilft, sie auszuführen. Kapiert ihr das denn nicht?"

„Und da bildest du dir ein, wir würden die Dummen für dich spielen?" schrie Hertha.

Katja begriff, daß die Debatte in ein falsches Fahrwasser geriet. Sie sprang neben Ulrike auf das Podium.

„Könnt ihr nicht einmal wenigstens für fünf Minuten eure persönlichen Streitereien begraben?" rief sie. „Ich verstehe, daß ihr an Ulrike Rache nehmen wollt, aber jetzt ist wahrhaftig nicht der richtige Moment dazu. Es geht um unsere Schulaufführung und nur allein darum und um nichts anderes. Seit unser Internat besteht, hat es jedes Jahr vor Weihnachten eine Aufführung gegeben. Soll sie diesmal nur daran scheitern, weil ihr eure Dickköpfe aufsetzt?"

Die Mehrzahl der Mädchen schwieg jetzt einigermaßen beeindruckt. Nur Hertha war nicht kleinzukriegen. „Das ist Sache des Theaterklubs", erklärte sie hartnäckig.

„Finde ich auch", stimmte ihr die spitznasige Kleine zu. „Macht euch doch euren Kram allein."

„Glaubt ihr, wir wären mit unserer Bitte zu euch gekommen, wenn wir eine andere Möglichkeit hätten?" rief Ulrike. „Wir brauchen eure Hilfe, und wir appellieren an euren... an euren..." Sie fand das rechte Wort nicht.

„Anstand", ergänzte Katja, „und an die Tradition von

Burg Hartenstein. Wenn die Aufführung platzt, ist nicht nur unser Klub blamiert, sondern das ganze Internat. Macht euch das doch gefälligst klar, bevor ihr den Mund aufreißt."

Überraschend erhob sich ein schlankes Mädchen mit schwarzem Pagenkopf, Renate Helm aus der vierten Klasse. Katja und Ulrike kannten sie nur flüchtig, denn sie gehörte zu einem anderen Haus.

„Wir werden euren Wunsch prüfen", sagte sie, „und euch dann Bescheid geben. Wir wissen jetzt, worum es geht, und werden die Angelegenheit gründlich durchdenken."

„Ach ja, bitte", sagte Katja, „aber laßt uns nicht zu lange warten. Wir müssen nämlich wissen, woran wir sind."

Sie nahm Ulrike bei der Hand und verließ mit ihr den Zeichensaal. Die Mädchen beobachteten sie schweigend. Aber kaum war die Tür hinter ihnen geschlossen, da schrie drinnen alles erneut durcheinander.

„Uff", sagte Katja und holte tief Luft, „das hätte schlimmer ausgehen können!"

„Besser aber auch", sagte Ulrike. „Ich finde, jetzt sind wir genauso klug wie zuvor."

Sie gingen den Gang hinunter, auf die Treppe zu.

„Ich habe den Eindruck, Renate Helm möchte uns helfen", sagte Katja.

„Ich auch", stimmte Ulrike zu. „Die Frage ist bloß, ob sie sich durchsetzt."

„Wir können es nur hoffen."

„Und wenn nicht", erklärte Ulrike entschlossen,

„werden wir das Ding auch ohne sie irgendwie auf die Beine stellen. Entwerfen kann ich die Dekorationen nämlich wirklich leicht selber. Ich werde schon ein paar Leute zusammenkriegen, die mir helfen. Gaby läßt mich bestimmt nicht im Stich."

„Die? Die ist doch schon bis über die Ohren beschäftigt."

„Sie wird's trotzdem möglich machen."

„Vielleicht können wir auch Gerti Moll dazu kriegen", sagte Katja gedankenverloren.

Ulrike blieb vor Überraschung stehen. „Was?" rief sie. „Gerti? Ist sie denn nicht mehr im Theaterklub? Ich dachte, sie wäre unter den zehn Getreuen?"

„Nein", sagte Katja kurz angebunden.

„Hat sie dir wenigstens eine Erklärung abgegeben?"

„Auch nicht."

„Na, so was Undankbares! Wo du sie eigentlich nur aus Mitleid aufgenommen und ihr sofort eine große Rolle gegeben hattest! Also, jetzt verstehe ich die Welt nicht mehr."

Katja zuckte die Achseln. „Sie ist eben kein Engel. Wundert dich das wirklich? Wir sind's ja auch nicht!"

Ulrike hätte gern noch einiges zu diesem Thema gesagt, aber sie spürte, daß Katja trotz ihrer scheinbaren Gleichgültigkeit innerlich durch Gertis Verhalten verletzt war, und wollte sie nicht noch mehr verbittern.

„Na, dann sprich mal mit ihr", sagte sie deshalb nur. „Diesen Gefallen wird sie dir wohl wenigstens tun."

Unten, vor dem Portal des Hauptgebäudes, trennten sich die beiden Mädchen. Ulrike machte sich sofort auf den Weg, Gaby zu suchen und ihr ihren Wunsch vorzutragen. Gaby, hilfsbereit wie immer, war sofort einverstanden.

„Klar mach ich mit, wenn alle Stricke reißen", sagte sie. „Bloß keine Bange, Ulrike, wir werden das Kind schon schaukeln."

Obwohl Ulrike wußte, wieviel von Gabys gutmütiger Zusage zu halten war, gab ihr die vorbehaltlose Zustimmung der Freundin Auftrieb.

„Gaby macht mit", erklärte sie am Abend. „Wie ich es dir gesagt habe! Und was ist mit Gerti? Hast du sie gefragt?"

„Ja. Aber sie kann nicht. Sie hat keine Zeit."

„So eine undankbare Person!"

Gerti, den Zahnputzbecher in der Hand, kam vom Waschraum. Sie hatte die letzten Worte gehört.

„Es ist mir egal, was ihr über mich denkt", schrie sie erbost. „Ich weiß selber, was ich zu tun und zu lassen habe. Ich brauche kein Kindermädchen, das mich dauernd herumkommandiert!"

Gaby, die schon oben auf ihrem Bett lag, stützte sich auf den Ellbogen und blickte hinunter.

„Nervenzusammenbruch", stellte sie mit ernsthaft gerunzelter Stirn fest, „totaler Nervenzusammenbruch, verbunden mit fortschreitendem geistigen Verfall! Du wächst dich langsam, aber sicher zu einem Fall für den Irrenarzt aus, Kleine!"

Ulrike und Katja lachten.

Gerti holte tief Luft. Es war ihr anzusehen, daß sie nach einer passenden Entgegnung suchte. „Wenn ihr wüßtet, wie ihr mir alle zum Halse heraushängt", sagte sie schließlich lahm, da ihr nichts Besseres einfiel.

Sie kletterte zu ihrem Bett hinauf.

„Laß mal sehen", sagte Gaby.

„Was?" fragte Gerti verständnislos.

„Na, deinen Hals natürlich. Also wirklich, ich sehe nichts heraushängen. Oder hast du es runtergeschluckt? Zeig mir doch mal die Zunge!"

Gerti streckte sie ihr so weit wie möglich heraus und sagte: „Bäh!" Dann schwang sie sich in ihr Bett, zog die Decke über den Kopf und war für den Rest des Abends nicht mehr ansprechbar.

Die anderen bummelten noch ein bißchen herum. Gaby las, Ulrike feilte sich die Nägel, und Katja überflog noch einmal das Manuskript, bis das Licht ausging und sich die Nacht endgültig über Burg Hartenstein senkte.

Am nächsten Tag nach dem Mittagessen erschien eine Abordnung des Mal- und Zeichenklubs – an der Spitze Renate Helm – bei Ulrike und Katja. Die drei Mädchen traten gewichtig auf und wurden mit gebührender Feierlichkeit empfangen. Gaby und Gerti merkten, daß sie überflüssig waren, und räumten unaufgefordert das Zimmer.

Ulrike bot den Besucherinnen Stühle und Hocker an. Sie selber schwang sich aufs Fensterbrett, während Katja sich mit überkreuzten Beinen auf ihrem Bett niederließ.

Renate räusperte sich. „Wir sind gekommen", sagte sie, „um euch den Entschluß unseres Klubs mitzuteilen." Sie legte eine kleine Kunstpause ein.

„Wir warten darauf", sagte Katja.

„Grundsätzlich", fuhr Renate fort, „aber wohlverstanden: nur grundsätzlich, sind wir bereit, die Ausführung der Dekoration zu übernehmen, falls ihr euch mit unseren Bedingungen einverstanden erklärt."

„Und die wären?" fragte Ulrike.

Renate wechselte einen raschen Blick mit ihren beiden Begleiterinnen. „Die Oberleitung der Dekorationsarbeit übernehme ich, und ihr verpflichtet euch, mir in keiner Weise hineinzureden!"

„Aber es ist doch mein Stück!" empörte sich Ulrike.

„Und ich führe Regie!" rief Katja.

„Das ist uns durchaus bekannt", erklärte Renate ungerührt. „Daran hindert euch ja auch niemand. Aber wenn wir die Dekorationen machen sollen, dann wollen wir sie auch so machen, wie wir sie uns vorstellen."

„Das ist doch Wahnsinn", sagte Ulrike. „Schließlich müssen sie genau zu den einzelnen Szenen passen, die nötigen Abgangs- und Auftrittsmöglichkeiten müssen vorhanden sein..."

„Sollen sie ja auch", meinte Renate und strich sich über ihren glatten Pagenkopf. „Wir haben uns das so gedacht: Die technischen Einzelheiten liefert ihr uns, aber bei der künstlerischen Gestaltung haben wir völlig freie Hand."

„Ich fände es besser, wenn wir zusammenarbeiteten", sagte Katja.

„Wir nicht", widersprach Renate. „Es kommt doch nichts dabei heraus als endlose Auseinandersetzungen. Seid ihr also einverstanden? Ja oder nein?"

Sie erhob sich halb, als wollte sie im Falle einer Absage sofort gehen.

„Ja", sagte Katja.

„Ja", sagte auch Ulrike.

Renate setzte sich wieder. „Zweite Bedingung: Wir möchten im Programm genannt werden."

„*Du* möchtest das, wie?" fragte Ulrike.

„Nein. Der Mal- und Zeichenklub. Wir sehen nicht ein, warum wir die Arbeit machen und andere die Lorbeeren ernten sollen."

„Einverstanden", sagte Katja sofort.

„Na, somit wären wir uns ja einig." Renate lächelte erleichtert. „Ich wußte ja, ihr würdet unsere Bedingungen annehmen."

„Was anderes blieb uns ja wohl auch kaum übrig", erklärte Ulrike bissig.

Renates Lächeln vertiefte sich nur noch. „Eben", sagte sie. „Wann bekommen wir nun die nötigen Unterlagen?"

„Sobald wir sie herausgeschrieben haben."

„Könnt ihr uns das Stück nicht gleich zur Ansicht mitgeben?"

„Ausgeschlossen. Wir haben noch eine Menge Arbeit damit. Wir müssen noch kürzen und die einzelnen Rollen herausschreiben. Aber ihr bekommt die Angaben für die Dekorationen bestimmt schon morgen oder übermorgen."

„Wie soll das Stück überhaupt heißen?" fragte eines der beiden Mädchen, die Renate begleitet hatten.

„Das steht noch nicht fest", erwiderte Ulrike rasch.

„Was?" rief Renate. „Das klingt ja, als wäre das Schauspiel überhaupt nicht fertig! Wollt ihr jetzt erst damit anfangen, es zu schreiben?"

„Natürlich nicht", sagte Katja. Sie stand auf, ging an

ihren Wandschrank und holte den prall gefüllten Schnellhefter heraus. „Da ist es, damit ihr uns glaubt und euren Leuten entsprechend berichten könnt."

„Wir haben auch schon einen Arbeitstitel ... ,Die Neue'", sagte Ulrike. „Aber der gefällt uns nicht ganz."

„Es ist die Geschichte eines Mädchens", erklärte Katja, „das neu in eine Klasse kommt und allerhand einstecken muß, bis die anderen sie in die Gemeinschaft aufnehmen. Denkt mal darüber nach, vielleicht fällt euch ein besserer Titel ein..."

„Ja", sagte Ulrike, „wir sind nicht so eigenbrötlerisch wie ihr. Wir sind für gute Ratschläge jederzeit dankbar."

Renate grinste. „Au, das hat gesessen. Wir werden es uns zu Herzen nehmen!"

Und damit verabschiedete sie sich mit ihren Trabantinnen.

Ulrike und Katja waren erleichtert. Wenn ihnen die Bedingungen des Mal- und Zeichenklubs auch nicht gerade angenehm waren, so war auf diese Weise doch wieder ein Problem gelöst. Jetzt ging es nur noch darum, die jetzt überflüssigen Rollen auszumerzen, einige zusammenzuziehen und das Stück so zu gestalten, daß niemand die Änderungen merkte.

Sie kamen bald dahinter, wieviel Arbeit sie sich damit aufgebürdet hatten, aber weil sie sämtliche Freistunden opferten und auf jede private Beschäftigung verzichteten, schafften sie es in zehn Tagen.

Dann war das Stück um mehr als die Hälfte gekürzt. Statt ein und einer halben Stunde würde die Aufführung jetzt höchstens vierzig Minuten dauern. Ulrike tat es um all die schönen Sätze und Szenen leid, die sie mitleidlos in den Papierkorb werfen mußte. Aber Katja behauptete, daß das Schauspiel auf diese Weise nur gewonnen hätte.

Ulrike konnte es nicht recht glauben, doch sie mußte sich zufriedengeben. Ihre hochgespannten Erwartungen waren sehr gedämpft worden. Sie rechnete nicht mehr mit einem glänzenden Triumph, sondern sah der Probenarbeit und der Aufführung ihres Werkes mit einiger Gelassenheit entgegen.

Ausgang ins Dorf zu haben war für jede Hartensteinerin etwas ganz Besonderes. Keine hätte darauf verzichtet, selbst wenn sie einen Klub-Nachmittag dafür sausenlassen müßte.

Dabei war gar nichts Besonderes im Dorf zu erleben. Es gab eine Kirche, ein Postamt, mehrere Läden, eine Konditorei – das war eigentlich schon alles. Aber den Mädchen, die den größten Teil des Schuljahrs im engen Kreis des Internats verbrachten, erschien jeder Besuch im Dorf wie ein Ausflug in die große Welt.

So wollte sich auch Ulrike ihren Ausgang nicht verkneifen, obwohl noch längst nicht alle Rollen aus dem Stück für die Darsteller herausgeschrieben waren. Sie überließ das getrost Katja und den Mitspielern.

Es traf sich besonders gut, daß Gaby am selben Nachmittag frei hatte. Ulrike zog sich gleich nach der Mittagsruhe um – sie wählte das graue Flanellkostüm mit dem blauen Pullover, die Schuluniform, die ihr anfangs so verhaßt gewesen war und die sie jetzt mit

Stolz trug –, bürstete und kämmte sorgfältig ihr hellblondes Haar und machte sich auf den Weg, Gaby von der Reitstunde abzuholen.

Sie war bisher erst einmal in der Reithalle gewesen und fand auch diesmal wieder alles sehr eindrucksvoll. Die Halle war riesig groß, ein langgestrecktes Rechteck mit einer tiefgezogenen uralten Balkendecke und einer kleinen Empore an der Breitseite beim Eingang, die durch ein Geländer von der eigentlichen Reitbahn getrennt war. Hier drängten sich wie immer die Zuschauerinnen. Ulrike wunderte sich wieder einmal darüber, daß es Mädchen auf Hartenstein gab, die trotz der vielen Beschäftigungsmöglichkeiten immer noch Zeit fanden, irgendwo herumzustehen, zu gaffen, zu staunen und zu spötteln.

Ulrike schlängelte sich bis dicht an das Geländer heran und hatte von hier aus einen guten Überblick.

Alle fünf Pferde waren auf der Bahn. Auf dem vordersten, einem schönen, ziemlich großen Fuchs mit prächtig schimmerndem Fell, saß – wie konnte es anders sein? – Gaby. Am Ende der Gruppe ritt Gerti auf dem kleinsten Pferd, einer zierlichen Schimmelstute. Gerti umklammerte mit beiden Händen den Sattelknopf. Die Mädchen trugen Niet- oder Keilhosen, Pullover und Blusen. Alle hatten heiße Köpfe und blitzende Augen.

In der Mitte der Bahn stand „Prinz Philipp", der Reitlehrer, sehr schlank und sportlich in grauen Breeches, eine lange Peitsche in der Hand, und gab die Kommandos.

„Die ganze Bahn ... wechselt!"

Gaby bog zur Mitte hin ab. Ulrike fand es großartig, daß ihr der Fuchs tatsächlich zu gehorchen schien.

Aber Herr Philipp war nicht zufrieden. „Viel zu früh, Gaby", tadelte er. „Warum ziehst du am linken Zügel? Laß doch dein Pferd geradeaus gehen! Glaubst du, es rennt mit dem Kopf gegen die Wand? So dumm ist es nicht, es biegt schon von selber ab. Immer schön die Ecken ausreiten!"

Die Pferde hatten jetzt die Bahn durchquert. Herr Philipp ließ sie alle noch einmal rundum gehen, dann gab er wieder das Kommando zum Wechseln.

Diesmal ging es schon besser. Gaby bog erst genau auf der Höhe der Wendemarke ein, einem schwarz gezeichneten Kreis an der Wand, und kam genau an der schräg gegenüberliegenden Wendemarke auf der anderen Seite raus.

„Sehr gut, Gaby", lobte Herr Philipp. „Und nun im Arbeitstempo: Ta-rab!"

Erst als die Pferde zu laufen begannen, begriff Ulrike, daß dieses „Ta-rab" einfach „Trab" hieß.

„Leichter Trab, bitte, meine Damen", rief Herr Philipp. „Nicht auf dem Sattel festkleben ... Auf und auf und auf..."

Im Rhythmus des Trabes stellten die Mädchen sich in die Bügel und ließen sich wieder sinken. Ulrike bemerkte, daß Gaby ihrem Fuchs unentwegt die Hakken in den Bauch schlug. Er flog nur so dahin, und die drei Pferde hinter ihr paßten sich dem Tempo an.

Nur Gertis Schimmelstute hatte es nicht so eilig. Sie trabte so langsam und gemütlich vor sich hin, als dächte sie: Lauft ihr ruhig zu, ich habe Zeit. Es geht ja bloß immer im Kreis herum, da kommt es nicht darauf an, wie schnell man ist!

Aber Herr Philipp war ganz anderer Meinung.

„Gerti", rief er, „nun treib doch dein Pferd ... Du mußt treiben! Wozu hast du denn dein Stöckchen? Gib ihm doch einen Schlag auf den Hals. Fester, das spürt es ja gar nicht! Treib es mit den Hacken, laß es nicht so faulenzen ... Gleich hat Gaby dich eingeholt!"

Ulrike konnte nicht beurteilen, ob Gerti zu schwach war, ihr Pferd anzutreiben, oder ob sie sich einfach nicht traute, energischer mit ihm umzugehen. Jedenfalls erreichte sie nicht, daß die schlaue Stute auch nur ein kleines bißchen schneller ging.

Herr Philipp machte einen Schritt auf sie zu. „Na, willst du wohl, Alta!" brüllte er. „Oder soll ich dir Beine machen?"

Das wirkte. Alta setzte sich in Trab, aber wie! Als hätte sie jetzt erst begriffen, daß die anderen Pferde ihr schon mehr als eine Saallänge voraus waren, raste sie dahin, um den Anschluß zu bekommen.

Die kleine Gerti, die auf diesen Temperamentsausbruch nicht gefaßt war, verlor die Bügel. Haltsuchend umschlang sie den Pferdehals mit beiden Armen und brach in helle Tränen aus.

„Ich will runter!" schrie sie. „Ich will runter!"

Doch ihre Hilferufe gingen im schallenden Gelächter der Zuschauerinnen unter.

Alta hatte jetzt ihr Vorderpferd erreicht und wurde wieder langsamer.

„Abteilung ... Sche-ritt!" kommandierte Herr Philipp.

Alle Pferde fielen in ein Schrittempo zurück. Herr Philipp ging auf Gerti zu, um ihr zu helfen. Aber das war gar nicht mehr nötig. Als wüßte die kluge Alta genau, wie es ihrer Reiterin zumute war, bog sie zur Mitte hin ein und blieb stehen.

„Ich will runter", jammerte Gerti noch immer.

Herr Philipp sprach einen Augenblick leise mit ihr – wahrscheinlich versuchte er, ihr Mut zuzusprechen, aber seine Worte waren bis zur Zuschauertribüne hin nicht zu verstehen.

Gerti schüttelte nur heftig den Kopf, angelte nach ihrem rechten Bügel und ließ sich zu Boden gleiten. Tränenüberströmt marschierte sie durch den fußhohen weichen Sand auf ihre immer noch lachenden Mitschülerinnen zu.

„Wenn ihr nicht sofort still seid", drohte Herr Philipp, „werfe ich euch alle raus. Es gibt gar nichts zu lachen! Gerti ist einfach noch zu schwach, ein Pferd zum Gehorsam zu zwingen. Daran ist gar nichts Komisches!"

Diese Worte wirkten, wenigstens nach außen hin. Das Gelächter verstummte. Die Mädchen öffneten das hölzerne Tor und wichen zur Seite, damit Gerti hinaus konnte.

„Wer will die letzten zehn Minuten noch ausnützen?" rief Herr Philipp. „Alta ist frei ... Ja, du, Christel!"

Es war die blonde Christel aus Köln, die jetzt durch den Sand auf Alta zustapfte, ein ausgesprochen rundliches Mädchen, dem Herr Philipp einen kräftigen Schubs geben mußte, damit es in den Sattel kam.

Ulrike dachte bei sich, daß der überschlauen Alta

recht geschah. Christel wog mindestens doppelt soviel wie die kleine Gerti. Alta hatte also mit ihren faulen Tricks nichts gewonnen, abgesehen von einem kleinen Spaß – falls sie Sinn für Humor hatte – und zwei Minuten Ruhepause.

Christel saß wie ein Plumpsack im Sattel. Herr Philipp konnte mahnen, soviel er wollte, sie kam beim leichten Trab nicht richtig hoch, und wenn es ihr doch gelang, dann immer genau im falschen Moment. Aber wenigstens weinte sie nicht, sondern verzog ihr rundes Gesicht zu einem verkrampften Grinsen.

Dann war die Stunde vorbei. Alle Pferde nahmen in der Mitte der Reitbahn Aufstellung. Die Mädchen schwangen sich in den Sand, lobten ihre Pferde, führten sie, wieder Gaby voran, aus der Reithalle über den Hof und in die Ställe.

Im Stall übergab Gaby ihren Fuchs Eva Klostermann, die gern bereit war, ihn in die Box zu führen und abzuschirren.

„So, das hätten wir", sagte Gaby vergnügt. „Fein, daß du auf mich gewartet hast, alte Bohnenstange!"

Sie drehte den Wasserhahn im Stall auf und wusch sich prustend Gesicht und Hände.

„Eigentlich müßte ich mich ja noch umziehen", sagte sie und sah prüfend an ihren Blue jeans hinunter.

„Bloß nicht", widersprach Ulrike, „dann verlieren wir noch mehr Zeit!"

Gaby gab sofort nach. „Da hast du recht", sagte sie. „Ich ziehe mir bloß schnell die Jacke über."

„Wo hast du sie denn?"

„Da drüben hängt sie!" Gaby wies auf einen einfachen Kleiderrechen neben der Futterkiste. „Aber wenn du mir einen Kamm leihen könntest, wäre ich dir dankbar. Wie ein wildgewordener Handfeger brauche ich schließlich nicht herumzulaufen!"

Ulrike reichte der Freundin ihren Taschenkamm, und Gaby fuhr sich vor dem kleinen halbblinden Spiegel durch die zerzausten braunen Haare.

Die Pferde, inzwischen abgeschirrt, standen friedlich in den Boxen. Die anderen Mädchen waren gegangen. Nur Eva war zurückgeblieben.

„Ihr wollt wohl ins Dorf?" fragte sie mit einem Blick auf Ulrikes Ausgehkleidung. „Wie ich euch beneide!"

Gaby lachte. „Wir uns auch!"

„Könnt ihr mir was mitbringen?"

„Wenn du uns Geld gibst", sagte Ulrike.

„Was soll's denn sein?" fragte Gaby.

„Eine Tafel Schokolade und ein Päckchen Kaugummi." Eva kramte in ihrer Hosentasche. „Ich gebe euch zwei Mark mit. Den Rest kriege ich wieder."

„Wenn du Glück hast", sagte Gaby.

Sie war nun mit ihrem Aussehen zufrieden, gab Ulrike den Kamm zurück und angelte ihre Jacke vom Kleiderrechen.

„Nanu", sagte sie plötzlich, „das kann doch nicht mit rechten Dingen zugehen!"

Eva und Ulrike sahen sie an. „Was ist los?" fragten sie. „Wovon sprichst du eigentlich?"

Gaby stöhnte auf. „Mein Geld ist weg!"

„Aber das gibt's doch nicht!" rief Ulrike.

„Bist du überhaupt sicher, daß du es eingesteckt hattest?" fragte Eva.

„Na klar", behauptete Gaby, „ich bin doch kein Idiot!"

„Aber ein berühmter Schussel", sagte Ulrike.

„Wieviel war es denn überhaupt?" fragte Eva.

„Fünf Mark. Ein Fünfmarkstück ... und ich weiß genau, daß ich noch einmal nachgefaßt hatte, bevor ich die Jacke aufhängte ... ich hab's deutlich gefühlt!" sagte Gaby. „So blöd bin ich auch wieder nicht, daß ich mich hierbei irren könnte."

„Du hattest es nicht im Geldbeutel?" fragte Ulrike.

„Nein. Lose in der Jackentasche."

„Bodenloser Leichtsinn!"

„Vielleicht ist es herausgefallen", sagte Eva. „Schauen wir doch mal auf dem Boden nach!"

Sie suchten alle drei, scharrten die Strohhalme mit den Füßen beiseite, tasteten mit den Fingern das rote Ziegelpflaster ab – aber das verlorene Geld kam nicht zum Vorschein.

„Sieht so aus, als wenn ich mich tatsächlich geirrt hätte", gab Gaby endlich zu. „Am besten springe ich gleich noch mal nach oben und schaue nach, ob es noch auf dem Zimmer ist."

„Kommt nicht in Frage", erklärte Ulrike energisch. „Wenn das Geld in deinem Schrank ist, findest du es heute abend dort auch noch. Jetzt schieben wir los, sonst lohnt es sich nicht mehr. Wir haben schon viel zuviel Zeit vertrödelt."

„Und womit soll ich in der Konditorei bezahlen?"

Ulrike zögerte einen Augenblick, sie war nicht gerade großzügig. Dann aber überwand sie sich: „Ich lade dich ein, Gaby. Mach dir keine Sorgen!"

Gaby war schnell getröstet. Auf dem Weg zum Dorf war sie munter wie immer. Dennoch konnte sie den Gedanken an das verschwundene Geld nicht so schnell abschütteln.

„Wenn es bloß nicht geklaut worden ist", sagte sie.

„Du spinnst ja", entgegnete Ulrike. „Wer sollte auf Hartenstein klauen? So etwas ist, soviel ich weiß, in der ganzen Geschichte des Internats noch nicht vorgekommen."

„Das heißt aber nicht, daß es nicht einmal passieren könnte", erklärte Gaby weise. „Alles geschieht irgendwann zum erstenmal."

„Ich gehe jede Wette ein: Wenn wir nach Hause kommen, liegt das Geld friedlich und harmlos in deinem Schrank!"

„Und wenn nicht?"

„Hast du es eben verloren. Das kann vorkommen. Es ist doch ganz albern, gleich an einen Diebstahl zu denken."

Da sie tüchtig ausschritten, hatten sie in weniger als zwanzig Minuten das Dorf erreicht.

Sie begannen ihren Ausflug mit einem gemächlichen Bummel die Hauptstraße entlang. Vor jedem Schaufenster blieben sie stehen. In einer Gemischtwarenhandlung erstanden sie Schokolade und Kaugummi für Eva.

Vor dem Kino an der Ecke hielten sie sich besonders lange auf. Sie studierten jedes einzelne Standbild und Plakat. Leider konnten sie sich den Film nicht ansehen, denn die Vorführungen begannen immer erst um acht Uhr abends, wenn sie und alle anderen Hartensteinerinnen längst auf ihren Zimmern waren. Aber es war ein kleiner Trost für sie, daß der Film sowieso für Jugendliche verboten war.

In bester Laune betraten sie die kleine Konditorei. Ulrike bestellte Kakao und für jeden drei Stück Pflaumenkuchen mit Schlagsahne. Mit Wonne vertilgten sie alles bis auf den letzten Krümel. Dann war es Zeit für den Heimweg.

Auf der Burg angekommen, liefen beide sofort in ihr Zimmer. Gaby räumte auf der Suche nach dem verschwundenen Fünfmarkstück ihren ganzen Schrank aus. Aber es tauchte nicht wieder auf.

„Was ist denn hier los?" fragte Katja, die hereinkam, als die Freundinnen schon wieder beim Einräumen waren. „Seid ihr beim Hausputz?"

„Wofür hältst du uns?" erklärte Gaby. „Mir ist Geld weggekommen." Und sie erzählte aufgeregt die Geschichte.

Katja hörte nachdenklich zu. „Fünf Mark", sagte sie schließlich, „woher hattest du das Geld überhaupt?"

„Von meiner Patentante. Sie hat es mir zugesteckt, kurz vor der Abfahrt."

„Eigentlich solltest du wissen, daß das verboten ist."

„Erzähl das meiner Tante! Sie meint es nur gut!"

„Du weißt genau, daß ich es nicht so gemeint habe."

„Na schön. Wenn's nach Eisenbart ginge, könnten wir alle am ausgestreckten Arm verhungern." Gaby leierte in gezieltem Ton: „Jede Schülerin hat fünf Mark Taschengeld monatlich zur freien Verfügung. Dieses Geld wird von der Hausvorsteherin verwaltet und auf Antrag ausgezahlt." Sie nahm wieder ihre natürliche

Stimme an. „Hand aufs Herz, Katja ... kommst du etwa mit den paar Pfennigen aus?"

„Nein", gab Katja zu. „Aber darum geht's ja gar nicht..."

Jetzt mischte Ulrike sich ins Gespräch. „Genau darum. Ich gehe jede Wette ein, Katja, daß du – mal abgesehen von den Allerjüngsten, die sich noch streng an die Vorschriften halten – keine Hartensteinerin finden wirst, die nicht noch mindestens eine kleine finanzielle Reserve hätte."

„Das ändert nichts daran, daß es verboten ist."

„Ach, Katja, sei doch nicht so stur", sagte Ulrike. „Was heißt denn hier Verbot! Du hast schwarzes Geld, ich habe welches und ..." In diesem Augenblick kam Gerti ins Zimmer, und Ulrike wandte sich an die Kleine. „Mal ehrlich, Gerti. Wieviel Geld hast du?"

Gerti wurde rot. „Genausoviel wie ihr alle", sagte sie.

„Das meine ich nicht! Schwarzes Geld ... privates Geld, wenn du das besser verstehst..., Geld, das nicht von Fräulein Faust verwaltet wird."

„Geht dich das was an?"

„Du hast also welches!"

„Wenn du mich verpetzen willst ...", sagte die Kleine.

„Keine Spur. Ich wollte es bloß wissen." Ulrike sah Katja triumphierend an. „Da siehst du es! Selbst Gerti! Du wirst also zugeben müssen, daß dieses Verbot einfach albern ist, weil sich doch kein Mensch daran hält."

„Nein, da bin ich absolut nicht deiner Meinung!"

„Und wieso nicht?" fragte Gaby.

„Dein Fall beweist es ja."

„So ein Mumpitz! Bloß weil ich was verloren habe? Das kann jedem und überall passieren."

„Nein. Sondern weil Mädchen wie du, die auf ihr Geld nicht aufpassen und es durch die Gegend fliegen lassen..."

„Hört! Hört!" sagte Ulrike.

„... ihre ärmeren Kameradinnen in Versuchung führen!"

„Du glaubst also auch, daß es geklaut worden ist?" fragte Gaby.

„Nein. Das allerdings nicht."

„Dann verstehe ich überhaupt nicht mehr, wozu dein Vortrag gut sein soll."

„Ich möchte dir einfach erklären, daß es ungerecht ist, wenn ein paar Mädchen private Geldrücklagen haben, während andere..."

„Aber, Katja", sagte Ulrike, „wir haben doch gerade festgestellt, daß es niemanden auf Hartenstein gibt, der nicht ein bißchen schwarzes Geld hätte."

„Ich bin nicht so sicher."

„Ich aber", sagte Ulrike. „Und da wir gerade beim Thema Gerechtigkeit sind: Findest du es wirklich gerecht, Gaby jetzt zur Schnecke zu machen, bloß weil sie Pech gehabt hat? Gaby hat ganz recht. Jeder kann mal was verlieren."

„Davon rede ich ja nicht. Es geht nicht um den Verlust, sondern um die Tatsache..."

„Seid friedlich, Kinder", sagte Gaby. „Ihr werdet euch doch meinetwegen jetzt nicht streiten. Schlimm genug, daß das Geld weg ist. Ich werde es eben verschmerzen müssen. Ich will auf keinen Fall, daß daraus eine Staatsaktion gemacht wird."

Ulrike und Katja, die beide wußten, wie sehr sie während der Probenzeit für das Theaterstück aufeinander angewiesen sein würden, waren sofort bereit, das Kriegsbeil zu begraben. Sie fanden, daß Gabys Schlamperei kein Grund sei, sich die Köpfe heiß zu reden, und ließen das Thema fallen.

Außerdem ertönte in diesem Augenblick die Schulglocke, und alle rannten los, um pünktlich in den Speisesaal zu kommen – Gaby an der Spitze, Katja und Ulrike nebeneinander. Gerti zockelte wie immer in einigem Abstand hinterher.

Großartige Schützenhilfe

Im Internat verschwindet Geld, und Ulrike wird verdächtigt. Aber Gaby hilft ihr aus dem Schlamassel

Das Leben im Internat ging weiter, und das verschwundene Fünfmarkstück geriet bald in Vergessenheit. Es hatten ja nur ein paar Mädchen davon gewußt.

Ulrike jedenfalls verschwendete keinen Gedanken mehr daran; sie stürzte sich voll Eifer in die Probenarbeit. Der Mal- und Zeichenklub hatte die Beschreibung der Dekorationen bekommen, und die Rollen wurden verteilt.

Bei der ersten Probe, die noch nicht in der Aula,

sondern in einem Klassenzimmer stattfand, erschien Gerti plötzlich auf der Bildfläche. Die anderen waren so mit ihrer Arbeit beschäftigt, daß es eine Weile dauerte, bis sie sie überhaupt bemerkten. Erst als sie zaghaft an Katjas Arm tippte, wurde die Leiterin der Truppe auf sie aufmerksam.

„Nanu", fragte sie, „was willst du denn hier?"

„Unbefugten ist der Zutritt verboten!" rief ein kleineres Mädchen.

„Ich wollte nur ...", sagte Gerti schüchtern. „Ich bin nur gekommen, um..."

Katja wandte sich von ihr ab. „Entschuldige. Du siehst, wir haben zu tun."

„Kann ich nicht doch noch mitmachen?" platzte Gerti heraus.

Katja sah sie über die Achsel an. „Ich dachte, du hättest keine Zeit!"

„Seit sie aus der Reitschule geflogen ist, hat sie Zeit genug", sagte Ulrike spöttisch.

Die anderen lachten.

„Mitmachen?" fragte Katja. „Wie hast du dir das denn gedacht?"

Gerti war puterrot geworden. „Es brauchte ja nur eine kleine Rolle zu sein."

„Du kommst zu spät. Alle Rollen sind besetzt. Das hättest du dir früher überlegen müssen, Gerti."

„Vielleicht könnte ich auch ... dir ein bißchen helfen?" schlug Gerti vor.

„Das macht Ulrike. Wir brauchen dich wirklich nicht."

„Ihr wollt also nicht", sagte Gerti erbittert. „Das

hätte ich mir denken können!" Sie drehte sich auf dem Absatz um und stolzierte auf die Tür zu.

„Red doch keinen Quatsch!" rief Katja und lief ihr nach. „Wir sind einfach vollzählig, das ist alles!" Sie packte Gerti am Arm und wollte sie zurückhalten.

Gerti riß sich los.

„Du kannst bei den Dekorationen mithelfen!" rief Katja hinter ihr her.

Aber es war fraglich, ob Gerti sie überhaupt gehört hatte, denn sie war schon zur Tür hinaus.

„Geschieht ihr ganz recht", sagte Ulrike ungerührt. „Als wir sie brauchten, da hat sie nicht im Traum daran gedacht, uns zu helfen!"

„Trotzdem", sagte Katja, „wir hätten ihr wenigstens erklären müssen..."

„Wie kommen wir denn dazu?" rief Olga Kowalski, ein hübsches Mädchen, das eine Hauptrolle übernommen hatte. „Die Anmeldefrist ist längst abgelaufen! Da könnte jeder kommen und plötzlich erklären, daß er noch mitmachen will."

„Irgendwie hätten wir sie schon beschäftigen können."

„Willst du sie etwa zurückrufen?" fragte Ulrike.

„Das überlege ich mir gerade."

„Wenn du das tust", sagte Ulrike, „dann mußt du auf mich verzichten. Gerti hat uns genug geärgert. Jetzt soll sie selber zusehen, wie sie sich beschäftigt."

„Finde ich auch!" stimmte ihr eine andere der jungen Schauspielerinnen zu. „Schließlich sind wir ein Theaterklub und kein Wohltätigkeitsverein!"

Alle lachten. Niemand legte Wert darauf, Gerti in

die Truppe aufzunehmen. Es gefiel ihnen gerade, daß der Theaterklub so zusammengeschmolzen war und jede einzelne von ihnen dadurch eine größere Bedeutung gewonnen hatte, als es in der großen Gruppe der vergangenen Jahre möglich gewesen wäre.

„Los, laßt uns weitermachen", kommandierte Olga. „Oder wollt ihr riskieren, daß wir bei der Aufführung vom Blatt ablesen müssen?"

Auch diese Bemerkung wurde mit Gelächter beantwortet, und alle stürzten sich wieder in die Probenarbeit.

Obwohl Katja sich vornahm, noch einmal unter vier Augen mit Gerti zu reden, tat sie es dann doch nicht. Im vergangenen Jahr hatte Gerti sie bewundert und war ihr wie ein Hündchen auf Schritt und Tritt gefolgt. Katja hatte sich viel mit der Kleinen abgegeben. Gerade deswegen hatte sie es besonders gekränkt, daß Gerti den Theaterklub Anfang des Schuljahrs Knall und Fall im Stich gelassen hatte.

Zwei Tage später gab Katja sich endlich einen Ruck. „Wenn du mal bei den Proben zuschauen willst, Gerti", sagte sie, „vielleicht könntest du als zweite Besetzung ... Es kann ja mal jemand krank werden."

„Danke. Nicht mehr nötig", erklärte Gerti von oben herab.

„Wieso denn? Ich dachte, du wolltest..."

„Du irrst dich, wenn du dir einbildest, daß ich auf deine Gnade angewiesen bin."

„Aber, Gerti!"

„Ich bin jetzt im Naturkundeverein. Da geht es tausendmal lustiger zu als in deinem blöden Theaterklub!"

„Na, dann viel Spaß", sagte Katja.

Zwei Tage später stellte Eva fest, daß ihr ebenfalls Geld fehlte. Diesmal konnte kein Zweifel mehr daran bestehen, daß es gestohlen worden war, denn Eva hatte es in ihrem Geldtäschchen aufbewahrt.

Sie erzählte es sofort Gaby. „Stell dir vor", sagte sie, „und genau an der Stelle, wo deine fünf Mark verschwunden sind! Im Stall! Ich hatte meinen Mantel an den Haken gehängt, und als ich nachher vom Reiten zurückkam, war das Geld futsch. Aus dem Geldbeutel geklaut!"

„So eine Gemeinheit!" sagte Gaby aus tiefster Überzeugung. „Aber immerhin, jetzt muß Ulrike mir glauben, daß ich es nicht verschludert habe!"

Ulrike war trotzdem noch nicht überzeugt. Sie konnte sich einfach nicht vorstellen, daß jemand im Internat wirklich stahl. Katja war auch dieser Ansicht.

„Zufall", sagte sie. „Paßt auf eure Sachen auf, dann kann so etwas nicht passieren!"

Wenige Tage später wurde Ulrike selber bestohlen, und zwar gleich um zwanzig Mark! Sie hatte sich dieses Geld von Fräulein Faust aus der Theaterkasse geben lassen und wollte es sofort nach der Probe zum Mal- und Zeichenklub bringen. Es war zur Beschaffung von Farben, Pappe und Leinwand bestimmt.

Ulrike wurde kreideweiß, als sie den Verlust entdeckte. „Das kann doch nicht wahr sein", sagte sie immer wieder. „So was gibt's doch gar nicht!"

Die Truppe probte inzwischen schon in der Aula, und alle pflegten ihre Mäntel und Jacken im Vorraum aufzuhängen.

„Sieh mal nach, ob deine Tasche ein Loch hat", meinte Katja.

„Wie kommst du darauf?"

„Sieh mal nach!"

Aber Ulrikes Tasche hatte kein Loch. Der Verlust war ganz unerklärlich, wenn man nicht wirklich annehmen wollte, daß eine Diebin auf Burg Hartenstein war.

Alle umstanden Ulrike mit bestürzten Gesichtern.

„Also, das mußt du Eisenbart melden", sagte Olga schließlich.

„Das kann ich nicht", antwortete Ulrike verzweifelt.

„Und warum nicht?"

„Weil er mich fragen würde, ob auch anderen Geld weggekommen ist. Und dann müßte ich petzen oder lügen, eins von beiden – was anderes bliebe mir nicht übrig."

„Hast du einen besseren Vorschlag?" fragte Katja.

„Ich habe ein paar Mark privat. Wenn wir alle zusammenlegen, können wir..."

„Ich denke gar nicht daran", protestierte Olga. „Kostüme und Dekorationen sind von eh und je aus der Theaterkasse bezahlt worden! Niemand kann von uns verlangen, daß wir unser Privatgeld opfern, nur weil du dich beklauen läßt!"

Die anderen murmelten Beifall.

„Ihr sollt es ja nur vorstrecken", bat Ulrike. „Ich schreibe noch heute meinen Tanten. Sie werden mir das Geld bestimmt schicken."

„Reg dich nicht auf, Ulrike", sagte Katja. „Ich leihe es dir!"

„Danke."

Die Theatergruppe löste sich an diesem Tag wesentlich schneller auf als gewöhnlich, weil jedes der Mädchen fürchtete, vielleicht doch noch zum Zahlen gezwungen zu werden.

Katja holte ihr Geld – sie bewahrte es in dem verschlossenen Fach ihres Schrankes auf. Gemeinsam liefen sie zum Mal- und Zeichenklub hinüber, um es Renate zu überreichen.

„Schade, daß wir heute nicht mehr einkaufen gehen können", sagte Renate. „Das beste wird sein, ich ziehe einen Bindfaden durch den Schein und hänge ihn mir bis morgen um den Hals."

„Was?" rief Ulrike. „Ist bei euch vielleicht geklaut worden?"

„Bei euch auch?" gab Renate verblüfft zurück.

Und als Katja und Ulrike das bestätigten, erzählte sie, daß zwei Mitglieder ihres Klubs kleinere Beträge vermißten.

„Irgendwas muß jetzt aber geschehen", sagte Katja energisch, „so kann es nicht weitergehen."

„Das wichtigste ist, daß Eisenbart nichts davon erfährt", erwiderte Renate. „Sonst können wir uns alle auf eine Ausgangssperre bis Ostern gefaßt machen."

„Mindestens genauso wichtig ist es, den Dieb zu erwischen", sagte Ulrike. „Wer weiß, was sonst noch alles passiert!"

„Und wie willst du das anfangen?"

„Keine Ahnung", mußte Ulrike zugeben.

Die Mädchen berieten noch eine Weile miteinander, aber sie kamen zu keinem Ergebnis.

Die Nachricht von den Diebstählen breitete sich wie ein Lauffeuer durch das ganze Internat aus. Es wurde von nichts anderem mehr gesprochen. Die tollsten Mutmaßungen machten die Runde. In den Pausen steckten die Mädchen die Köpfe zusammen und tuschelten. Eine verdächtigte die andere.

Gaby nahm schließlich die Sache in die Hand. Sie lief von Haus zu Haus, von Gruppe zu Gruppe und stellte eine Liste aller Geschädigten zusammen. Sie schrieb nicht nur die Namen auf, sondern auch die Beträge, die fortgekommen waren, ließ sich Einzelheiten darüber erzählen, wann, wie und wo es geschehen war.

Am Abend, als ihre Zimmergenossinnen schon zu Bett gehen wollten, machte sie keine Anstalten, sich auszuziehen. Sie blieb am Tisch sitzen, die Ellbogen aufgestützt, das Kinn auf den Händen, die Stirn in Falten gezogen, und grübelte über dem Ergebnis ihrer Detektivarbeit.

„Na, hast du was herausgebracht?" fragte Ulrike.

„Einiges", sagte Gaby, „aber leider führt es zu nichts."

„Tu nicht so geheimnisvoll", sagte Katja, die eben ihren Rock in den Schrank hängte. „Erzähl uns was."

„Also, alles in allem sind zwölf Mädchen geschädigt worden, und zwar um einen Gesamtbetrag, ich habe es ausgerechnet, von 47 Mark 50".

„Gar nicht schlecht", sagte Ulrike. „Das Klauen scheint sich zu lohnen."

„Unglaublich, wieviel Geld hier herumschwirrt", meinte Katja.

„Hast du mich auch auf der Liste?" fragte Gerti.

„Dich?" fragte Gaby erstaunt. „Wieso denn?"

„Mir sind auch zwei Mark weggekommen. Gestern. Während ich im Arbeitssaal war."

„Warum hast du das nicht sofort erzählt?"

„Wozu denn? Hättest du's mir wiedergegeben?"

Gabriele setzte Gertis Namen auf ihre Liste. „Also, dann sind es dreizehn, und der Gesamtbetrag erhöht sich auf 49 Mark 50."

„Und was hast du davon, wenn du das jetzt weißt?"

„Leider nicht viel", gab Gaby zu. „Aber fest steht jetzt auf alle Fälle folgendes: Die Diebin ist ziemlich gescheit."

„Quatsch", sagte Katja. „Nur ein Dummkopf klaut."

„Na, dann sagen wir eben: Die Diebin geht bei ihren Dummheiten einigermaßen gerissen vor. Gefällt es dir in dieser Form besser?"

„Woraus schließt du, daß sie gerissen ist?" fragte Gerti.

„Weil sie niemals in ihrem eigenen Haus klaut. Alle Beträge sind in den Garderoben der Klubs und Arbeitsgemeinschaften fortgekommen, also auf völlig neutralem Boden."

„Hört mal", sagte Ulrike, „ich habe eine Idee. Wenn es nun überhaupt niemand von den Schülerinnen war? Vielleicht eine Putzfrau? Oder irgendein Fremder, der auf der Burg herumstreift?"

„Wie sollte denn das möglich sein?" fragte Katja zweifelnd. „Wir kennen uns doch alle untereinander. Jeder Fremde würde sofort auffallen. Und die Putzfrauen haben tagsüber in den Garderoben gar nichts zu tun. Nein, Ulrike, diese Idee können wir gleich streichen. Wenn es keine Schülerin war, könnte es höchstens noch eine Lehrperson gewesen sein, und das willst du doch wohl nicht ernstlich behaupten?"

„Na schön", sagte Ulrike. „Ich meinte ja nur."

Gaby grübelte immer noch über ihrer Liste. „Es ist scheußlich", sagte sie, „viel zuviel Verdächtige! Jede könnte es gewesen sein, mit Ausnahme der dreizehn, die ich hier aufgeschrieben habe."

„Soll das heißen, du verdächtigst auch mich?" fragte Katja. Sie lachte, aber man sah ihr an, daß ihr dieser Gedanke unangenehm war.

„Natürlich nicht", erklärte Gaby rasch, „du hast ja Geld wie Heu. Es muß ein Mädchen sein, das von ihren Eltern knappgehalten wird."

Ulrike strich sich mit dem Finger über die Nase. „Da ist etwas dran. Aber ich wette, es gibt massenweise Mädchen hier, die mehr Geld brauchen könnten, als sie von daheim bekommen."

„Für was eigentlich?" fragte Gerti.

„Für Süßigkeiten. Was anderes kann man sich im Dorf ja sowieso nicht kaufen."

„Dann versuch dir mal den Berg Süßigkeiten vorzustellen, den du mit fünfzig Mark erstehen kannst!" sagte Katja. „Nein, das leuchtet mir nicht ein."

„Weihnachtsgeschenke?" schlug Ulrike vor.

„Schon eher."

„Wenn ihr mich fragt", sagte Ulrike, „dann muß dieses Mädchen, das klaut, einen Knall haben. Anders ist das Ganze gar nicht zu erklären."

„Kennst du jemanden, bei dem es piept?" fragte Gaby. „Denk mal nach!"

Ulrike lachte. „Auf diese Liste kämst du ganz oben an, Gaby! Du spinnst wirklich ganz schön, wenn du dir einbildest, auf eigene Faust eine Diebin unter Hunderten von Mädchen herauszufinden!"

Alle lachten, und Gaby lachte unbekümmert mit.

„Ist was Wahres dran", meinte sie.

„Dein erstes vernünftiges Wort heute", sagte Katja. „Sieh zu, daß du in die Falle kommst, Gaby, in drei Minuten geht das Licht aus. Die Diebin ist ja so und so matt gesetzt. Ich wette, daß von jetzt an kein Mensch mehr Geld herumliegen lassen wird."

Mit dieser Bemerkung hatte Katja recht. Seit sich die Diebstähle herumgesprochen hatten, hütete sich jede Hartensteinerin, Geld oder Börsen in Jackentaschen und Mänteln zu lassen.

Jeder paßte auf sein Eigentum auf wie ein Schießhund, und in den nächsten Wochen kam kein neuer Diebstahl vor. Aber vergessen war die Sache damit nicht. Eine Unruhe blieb zurück, ein gegenseitiges Mißtrauen, das die Atmosphäre vergiftete. Jede hatte sich eine Meinung gebildet, und jede kannte das eine oder andere Mädchen, dem sie solche Diebereien zutraute.

Wie in jeder größeren Gemeinschaft gab es auch auf Burg Hartenstein ein paar Unbeliebte, unbeliebt deshalb, weil sie anders waren als die Mehrzahl und sich vielleicht nicht gut anpaßten und einordneten. Gerade sie wurden jetzt mit scheelen Augen betrachtet, bekamen spitze Bemerkungen zu hören und mußten erfahren, daß man hinter dem Rücken über sie tuschelte.

Es war keine schöne Zeit, aber die vier Zimmergenossinnen spürten verhältnismäßig wenig davon. Katja und Ulrike gingen so in der Probenarbeit für das Theaterstück auf, daß sie nicht merkten, was in ihrer Umgebung vor sich ging. Gaby genoß so viele Sympathien, daß niemand auf die Idee kam, sie zu verdächtigen. Gerti schien unter den „Fledermäusen", den jüngsten Hartensteinerinnen, einen Kreis von Freundinnen und Bewunderinnen gefunden zu haben, mit denen sie in jeder freien Minute zusammensteckte.

Anfang Dezember fand die erste Probe zu Ulrikes Theaterstück mit Dekorationen statt. Diese Kulissen waren zwar nicht ganz so ausgefallen, wie Ulrike sie sich erträumt hatte, aber sie war klug genug, kein Wort darüber verlauten zu lassen. Sie wußte, daß sie allen Grund hatte, dem Mal- und Zeichenklub dankbar dafür zu sein, daß er überhaupt diese Aufgabe angenommen hatte.

Zu einem Lob konnte sie sich allerdings nicht aufraffen.

„Na, wie gefällt dir die Parkdekoration?" fragte Renate stolz. „Ist sie nicht wirklich stimmungsvoll?"

„Ja, recht nett", sagte Ulrike.

Renate war sofort eingeschnappt. „Bildest du dir etwa ein, du hättest es besser gemacht?"

Ulrike zuckte die Achseln. „Vielleicht ein bißchen anders..."

„Wie denn, wenn ich fragen darf?"

„Laß dich bloß nicht auf eine Auseinandersetzung mit Ulrike ein", rief Olga. „Die weiß ja doch immer alles besser!"

Tatsächlich neigte Olga dazu, auf der Bühne ihre

Rolle zu übertreiben. Sie fuchtelte mit den Händen herum und betonte jede einzelne Silbe höchst unnatürlich. Es war deswegen zwischen ihr und Ulrike schon mehr als einmal zu heftigen Zusammenstößen gekommen.

„Verlangt ihr im Ernst von mir, daß ich lüge?" rief Ulrike aufgebracht.

„Nein", sagte Olga, „aber daß du auch mal die Auffassung eines anderen gelten läßt. An uns hast du dauernd herumgemeckert. Wenn du alles soviel besser kannst, spiel doch dein Stück allein!"

„Kinder, Kinder", besänftigte Katja, „über was regt ihr euch denn auf? Ulrike hat schließlich das Stück geschrieben, da ist es verständlich, daß sie bestimmte Vorstellungen hat."

„Kann sie ja auch haben", sagte Olga, „aber sie soll sie gefälligst für sich behalten und uns in Ruhe arbeiten lassen. Ich finde die Dekorationen jedenfalls prima."

„Ich habe gar nichts dagegen gesagt", verteidigte sich Ulrike.

„Aber ein Gesicht machst du, als wenn du in eine Zitrone gebissen hättest", sagte Renate.

„Warum wollt ihr mich denn nicht verstehen?" fragte Ulrike verzweifelt. „Ich möchte nichts weiter, als daß das Stück auf der Bühne natürlich wirkt, daß jeder Zuschauer das Gefühl hat: Ja, so geht's im Leben zu! Nur, wenn ihr da oben an nichts anderes denkt, als euch selber in ein möglichst gutes Licht zu setzen und eurem Affen dauernd Zucker gebt..."

„Unverschämtheit!" riefen die jungen Schauspielerinnen durcheinander. „Müssen wir uns das gefallen lassen?" – „Was verstehst denn du schon vom Theater?"

„Und was hat das alles mit unseren Dekorationen zu tun?" fragte Renate hartnäckig.

„Sie sind eben auch unnatürlich!" rief Ulrike. „Guck dir mal diesen Baum da an. Ich möchte bloß wissen, wo ihr je so einen Baum gesehen habt! Er sieht nicht wie ein Baum aus, sondern wie ein Gespenst!"

„Genauso soll er ja auch wirken", sagte Renate. „Das ist eben Kunst!"

„Bockmist ist das!" rief Ulrike.

Jetzt griff Katja ein. „Schluß mit der Zankerei", sagte sie, „noch führe ich hier Regie! Halt den Mund, Ulrike, du störst das Betriebsklima."

Ulrike drehte sich um und rannte hinaus – sie spürte, daß sie ihre Tränen nicht länger zurückhalten konnte, und wollte den anderen dieses Schauspiel nicht geben.

„Kommt, Kinder, steht nicht herum, laßt uns weitermachen", sagte Katja, ohne sich weiter um sie zu kümmern.

Blind vor Tränen, suchte Ulrike ihr Taschentuch, das sie draußen in der Garderobe in ihrer Jacke gelassen hatte.

„Halt!" schrie eine Stimme hinter ihr.

Sie drehte sich verdutzt um, und vor Verblüffung versiegten sogar ihre Tränen.

Olga stand in der offenen Tür. „Was suchst du da, Ulrike?"

„Mein Taschentuch."

„In meiner Jacke?"

Ulrike betrachtete die Jacke, die sie in der Hand hielt. Sie war aus grauem Flanell wie ihre eigene, mit dem aufgestickten blau-weiß-goldenen Schulwappen.

Jetzt erst merkte sie, daß sie sich vergriffen hatte. Diese Jacke gehörte ihr nicht. „Ist das deine?" fragte sie. „Entschuldige, ich habe mich vertan."

„Und das soll ich dir glauben?" donnerte Olga, genauso unnatürlich, wie sie auf der Bühne redete.

„Ja, was denn sonst?" fragte Ulrike, die immer noch nicht begriff. Sie machte sich daran, ihre eigene Jacke herauszusuchen.

Olga wandte sich um und rief in die Aula: „Kommt her, alle miteinander! Ich habe die Diebin. Ich habe sie auf frischer Tat ertappt! Da – seht sie euch an!"

Katja erschien als erste neben Olga. „Ulrike?" rief sie. „Nein, das glaube ich nicht!"

„Und wenn ich dir sage, daß ich es mit eigenen Augen gesehen habe! Sie hat in meiner Jackentasche herumgewühlt. Sie wollte mich bestehlen! Eine andere Erklärung gibt es nicht."

Ulrike hatte endlich ihr Taschentuch gefunden und putzte sich kräftig die Nase.

„Red nicht solchen Unsinn", sagte sie. „Beweise mir erst mal, daß dir etwas fehlt!"

„Ich hatte kein Geld drin", sagte Olga, „aber das wußtest du nicht. Du hast es einfach versucht."

„Hör mal, Olga", sagte Katja schwach, „du vergißt, daß Ulrike ja schon selber bestohlen worden ist."

„Woher weißt du das?" rief Renate. „Nur, weil sie es dir gesagt hat? Deshalb braucht das längst nicht zu stimmen!"

„Außerdem war es gar nicht ihr eigenes Geld. Sie hatte es von Fräulein Faust aus der Theaterkasse bekommen!" rief ein anderes Mädchen.

„Hat sie es dir schon zurückgegeben?" fragte Olga.
„Nein", mußte Katja zugeben.
„Weil meine Tanten es mir noch nicht geschickt haben. Vielleicht ist ein Brief verlorengegangen", sagte Ulrike – aber sie spürte selber, daß diese Erklärung alles andere als überzeugend klang.
„Das kannst du deiner Großmutter erzählen!" rief prompt eine der jungen Schauspielerinnen.
Alle Mädchen der Truppe waren inzwischen in der Garderobe erschienen und starrten feindlich und verachtungsvoll auf Ulrike. Ulrike hatte das Gefühl, als wenn der Boden unter ihr wankte. Eine heiße Welle stieg ihr in den Kopf.
„Da, seht bloß, sie wird rot!" rief Olga. „Das verkörperte schlechte Gewissen!"
„Ulrike", sagte Katja ernst, „hast du das Geld gestohlen?"
Ulrike starrte Katja aus weit aufgerissenen Augen an. „Du glaubst", stammelte sie, „auch du glaubst ... ich wäre eine Diebin?"
„Ich möchte eine klare Antwort haben, Ulrike!"
Ulrike holte tief Luft. „Nein", sagte sie, „nein, ich war es nicht!"
Aber sie wußte, daß niemand ihr glaubte.

Die nächsten Wochen waren schrecklich für Ulrike. Noch Jahre später konnte sie an diese Zeit nur mit Schaudern zurückdenken. Sie war verfemt.
Niemand sprach ein Wort mit ihr. In der Klasse rückte ihre Banknachbarin nachdrücklich von ihr ab, in den Pausen stand sie allein. Zu allem Überfluß

mußte Gaby, die als einzige zu ihr gehalten hatte, ausgerechnet jetzt wegen einer schweren Erkältung die Krankenstation beziehen. Ulrike war wirklich allein zwischen Scharen von Mädchen, so allein wie noch nie in ihrem Leben.

Zwar gab es genügend, die nicht ernsthaft glaubten, daß Ulrike die Diebin war, aber sie hatten nicht den Mut, für sie einzustehen. Außerdem war kaum eine unter den Hartensteinerinnen, die Ulrike diese Erniedrigung nicht gegönnt hätte. Sie hatte sich durch ihre Hochnäsigkeit und Besserwisserei, besonders im letzten Jahr als Reporterin, gründlich unbeliebt gemacht. Dazu kam, daß sie ihrer Klasse, was die Schulleistungen betraf, weit voraus war, etwas, das weniger begabte und bequemere Mädchen nur schlecht ertragen können. Alle, besonders diejenigen, die vorher selber verdächtigt wurden, waren froh, endlich einen Sündenbock gefunden zu haben.

Anfangs versuchte Ulrike sich zu verteidigen. Es war sinnlos. Niemand wollte ihr Glauben schenken. Und Gelegenheit hätte sie für jeden einzelnen der Diebstähle gehabt, freilich nicht mehr als manche andere auch – aber diese Möglichkeit überlegten sich die anderen einfach nicht. Um das Unglück voll zu machen, hörten von dem Augenblick an, als Ulrike scheinbar ertappt worden war, die Diebstähle schlagartig auf. Es hätte keinen überzeugenderen Beweis für Ulrikes Schuld geben können – fanden alle.

Noch einmal versuchte sie an einer Theaterprobe teilzunehmen. Aber Katja behandelte sie mit einer solch eisigen Kälte, daß sie es einfach nicht ertragen konnte. Olga und die anderen jungen Darstellerinnen taten so, als sei sie einfach nicht vorhanden. Eine Stunde lang hielt sie es durch, obwohl ihr sterbenselend zumute war. Dann ging sie, und niemand hielt sie zurück.

Sie gewöhnte es sich wieder an, jede freie Minute in der Bibliothek zu verbringen wie in ihrer allerersten Zeit im Internat. Aber sie konnte sich kaum noch auf ein Buch konzentrieren.

Unentwegt grübelte sie über ihre verfahrene Lage nach und suchte nach einem Ausweg.

Sie fand keinen. Natürlich hätte sie ihren Eltern schreiben können. Doch was hätte das genützt? Sie waren weit fort, in Persien, und konnten ihr nicht helfen. Auch die Tanten nicht. Die wären bestimmt in helle Aufregung geraten und hätten durch ihr Eingreifen alles nur noch schlimmer gemacht.

Manchmal war Ulrike nahe daran, sich an Direktor Eisenbart um Hilfe zu wenden. Aber auch er konnte ja ihre Unschuld nicht beweisen, höchstens die anderen zusammenstauchen. Und das war es nicht, was sie wollte.

Ulrike wurde blaß und sehr mager in dieser schlimmen Zeit. Sie konnte bei den Mahlzeiten, wenn niemand sich mehr um sie kümmerte, kaum einen Bissen hinunterwürgen. Trotzdem weinte sie nicht und ließ sich nicht anmerken, wie ihr diese Verfemung zusetzte. Sie trug den Kopf mit dem hellblonden Haar hoch, wenn sie ihre einsamen Wege ging, und preßte die Lippen fest zusammen.

Bei alledem rückte Weihnachten jeden Tag ein

Stückchen näher. Ringsumher war alles in freudiger Erwartung. Auch Ulrike sehnte den letzten Schultag herbei. Er sollte ihr wenigstens die Erlösung von der feindlichen Umwelt bringen. Ein frohes Weihnachten würde es diesmal trotzdem nicht werden, denn zu Hause konnte sie gewiß nicht vergessen, was geschehen war und was sie nach den Ferien wieder erwartete.

Vierzehn Tage vor Weihnachten wurde Gaby aus der Krankenstation entlassen. Natürlich wußte sie, was sich inzwischen abgespielt hatte. Es gab ja viele geheime Kanäle, durch die auch wegen Krankheit abgesonderte Schülerinnen über alle Vorgänge auf dem laufenden gehalten wurden.

Beim Einzug in ihr altes Zimmer lief sie auf Ulrike zu und knuffte sie in den Rücken. „Ulrike, alte Bohnenstange!" rief sie. „Nun sag mal, was machst du denn für Geschichten!?"

„Ich?" sagte Ulrike, die aus Freude über das Wiedersehen mit der Freundin und die herzliche Begrüßung errötete. „Ich habe gar nichts gemacht."

„Weiß ich ja", sagte Gaby, „aber wieso läßt du dir so einfach gefallen, daß alle auf dir herumhacken!"

„Was soll ich denn tun?" rief Ulrike verzweifelt.

„Denen mal gehörig den Marsch blasen!" Sie wandte sich an Katja und Gerti, die sich bisher stumm verhalten hatten. „Und ihr, was sitzt ihr denn herum wie die Ölgötzen? Tut gefälligst was, haut doch diesen albernen Figuren, die über Ulrike herziehen, eines auf die Finger!"

„Mir scheint", sagte Katja langsam, „du weißt nicht, was sich abgespielt hat, Gaby!"

„Und ob ich das weiß! Ulrike hat ihr Taschentuch gesucht und ist dabei aus Versehen an die falsche Jacke geraten! Als wenn so etwas nicht schon hundertmal passiert wäre! Schließlich sehen alle diese Jacken doch fast gleich aus!"

„Diesmal war's was anderes", sagte Gerti, ohne jemanden anzusehen.

„Quatsch!" rief Gaby. „Wieso soll es etwas anderes gewesen sein! Ein Versehen bleibt immer ein Versehen..."

„... und ein Diebstahl immer ein Diebstahl", ergänzte Katja.

Gaby stemmte die Arme in die Hüften. „Nun mal ganz ehrlich, Katja, bist du wahr- und wahrhaftig davon überzeugt, daß Ulrike gemopst hat? Ausgerechnet Ulrike?"

Katja schwieg.

„Dann kann ich nur feststellen, daß du von allen guten Geistern verlassen bist!"

„Woher willst du so genau wissen, daß es Ulrike nicht war?" fragte Katja.

„Weil ich sie kenne. Und zumindest ihr beide solltet sie auch kennen. Ich gebe zu, sie kann manchmal unausstehlich sein – entschuldige schon, Ulrike –, aber eine Diebin ist sie nie und nimmer!"

„Wie willst du das beweisen?" fragte Katja kühl.

„Und wie willst du beweisen, daß Ulrike es gewesen ist?"

„Sie ist auf frischer Tat ertappt worden."

„Das glaubst du ja selber nicht." Gaby trat dicht an Katja heran. „Soll ich dir mal sagen, was mit dir los ist?

Dir hat es von Anfang an nicht gepaßt, daß Eisenbart dich gezwungen hat, mit Ulrike zusammenzuarbeiten. Und wie ich Ulrike kenne, hat sie dir zu allem Überfluß noch in deine Regie hereingeredet. Deshalb hast du nach dem ersten besten Strohhalm gegriffen, um sie loszuwerden. Stimmt's – oder habe ich recht?"

Katja fühlte sehr gut, daß Gaby mit ihrer Behauptung den Nagel auf den Kopf getroffen hatte. Aber es gibt wohl kaum etwas Unangenehmeres, als durchschaut zu werden.

Sie sprang auf und rief böse: „Es ist eine Gemeinheit, mir so etwas zu unterstellen! Wenn du unsachlich werden willst, Gaby, dann such dir gefälligst jemand anderen, der dich anhört. Ich habe genug davon!" Und sie stürmte aus dem Zimmer. Gerti folgte ihr wortlos.

Gaby lachte vergnügt. „Mir scheint, das hat gesessen", sagte sie.

„Glaubst du wirklich, daß Katja ...?" sagte Ulrike, die nie darauf gekommen wäre.

„Natürlich! Du bist ein kluges Mädchen, Ulrike. Hundertmal gescheiter als ich. Aber du machst dir niemals klar, wie aufreizend deine Gescheitheit auf andere Leute wirkt. Ich wundere mich gar nicht, daß Katja eine Wut auf dich hat."

„Ich habe ihr nichts getan!"

„O doch! Im vorigen Jahr hast du ihre Theaterinszenierung verrissen, und diesmal hast du sie bestimmt auch nicht so schalten lassen, wie sie selber wollte."

„Aber es ist mein Stück! Ich habe nie Einwände erhoben, um sie zu ärgern. Ich wollte doch nur, daß es so aufgeführt wird, wie ich es mir vorstelle."

„Weiß ich, Ulrike", sagte Gaby besänftigend. „Ich mach dir gar keine Vorhaltungen. Katja hat es eben in den falschen Hals gekriegt."

„Mit den Schauspielerinnen war ich auch nicht zufrieden", gab Ulrike kleinlaut zu.

„Kann ich mir lebhaft vorstellen! Olga zum Beispiel ist ja auch wirklich eine dämliche, eingebildete Ziege."

„Du findest es also nicht so schlimm?" fragte Ulrike zaghaft.

„Schlimm genug", erklärte Gaby. „Du siehst ja, was dabei herausgekommen ist."

Ulrike seufzte. Zum erstenmal begriff sie, daß sie selber nicht ganz unschuldig in diese schreckliche Lage geraten war. „Es tut mir leid", sagte sie. „Ich glaube, ich habe mich wieder mal sehr dumm benommen."

„Pah!" sagte Gaby. „Nun zerfleische dich man bloß nicht in Selbstvorwürfen! Und selbst wenn du das größte Ekel des Jahrhunderts wärst, gäbe das den anderen noch lange kein Recht, dir eine Gemeinheit in die Schuhe zu schieben! Du eine Diebin! Das ist doch lächerlich! Am liebsten möchte ich diese Bande mit den Köpfen gegeneinanderbumsen, daß ihnen Hören und Sehen vergeht."

Ulrike mußte lächeln – zum erstenmal seit langer Zeit. „Da würdest du schön den kürzeren ziehen, Gaby", sagte sie. „Die sind in der Mehrzahl."

„Ja, ich weiß", gab Gaby zu, „und ein Beweis wäre es auch nicht. Aber jetzt Kopf hoch, Ulrike! Wenn du wüßtest, wieviel hübscher du bist, wenn du lachst! Es besteht kein Grund zum Verzweifeln! Jetzt bin ich wieder da, und ich werde das Kind schon schaukeln."

Tatsächlich wurde mit Gabys Rückkehr von der Krankenstation alles besser. In jeder freien Minute war Gaby an Ulrikes Seite, und durch ihr beherztes Eintreten für die verleumdete Freundin gelang es ihr allmählich, eine Bresche in die feindselige Ablehnung der anderen zu schlagen. Viele spürten, daß sie Ulrike unrecht getan hatten, und versuchten, wieder normale Beziehungen zu ihr anzuknüpfen. Ulrike war nicht mehr länger eine Ausgestoßene – der Verdacht gegen sie bestand freilich noch, und alle wußten, daß er erst dann ganz verschwinden würde, wenn die wirkliche Diebin gefunden war.

Die Tanten schickten Ulrike endlich die zwanzig Mark, die Ulrike gestohlen worden waren und die sie dann von Katja geliehen bekommen hatte – mit vielen eindringlichen Mahnungen, denn sie glaubten, daß Ulrike das Geld verloren hätte.

Ulrike, Katja, Gerti und Gaby waren alle zur Mittagsruhe auf ihr Zimmer gegangen. Bei der Gelegenheit wollte Ulrike Katja ihre Schulden bezahlen. Aber Gaby griff ein. Sie schnappte sich einen der beiden Zehnmarkscheine. „Du gestattest?" sagte sie.

„Was?" fragte Katja.

„Daß ich diesen einen hier für ein Experiment an mich nehme!"

„Was hast du vor?!"

„Mit Hilfe dieses Scheinchens", sagte Gaby vergnügt, „werde ich den wirklichen Dieb entlarven! Da staunt ihr, was? Ich habe mir alles genau zurechtgelegt."

„Muß das unbedingt mit meinem Geld sein?" fragte Katja.

„Du weißt genau, daß du Ulrike unrecht getan hast, meine Liebe, da kannst du ruhig auch mal was opfern, um ihr zu helfen. Im übrigen kriegst du das Geld ja zurück."

Gaby glättete den Schein, legte ihn vor sich auf den Tisch. „Paßt auf", sagte sie, „ich mache mit dem Bleistift um das Gesicht dieses energischen Herrn hier in der Mitte einen Kringel..." Sie hob den Kopf. „Wenn jemand diesen Schein erwischt, ist er geschnappt – durch dieses Bleistiftzeichen können wir beweisen, daß er uns gehört."

„Aber das kann man doch ausradieren", rief Gerti.

„Schadet nichts", sagte Gaby. „Die Diebin weiß es ja nicht. Wenn ich es auffälliger mache, mit Tinte oder so, könnte sie Verdacht schöpfen!"

„Und wie willst du die Diebin dazu kriegen, daß sie den Schein überhaupt nimmt?" fragte Ulrike. „Sie fühlt sich doch jetzt, seit sie den Verdacht auf mich abgewälzt hat, völlig in Sicherheit. Sie wäre ja schön dumm, sich zu verraten."

„Dabei müßt ihr mir eben helfen", sagte Gaby. „Du nicht, Ulrike; du hältst dich besser raus. Aber Katja und Gerti, ihr müßt überall rumlaufen und erzählen, daß ich der Diebin noch einmal Gelegenheit geben will, sich was zu nehmen. Nicht, um sie dadurch zu schnappen, sondern nur um zu beweisen, daß Ulrike es nicht gewesen ist. Über mein Bleistiftzeichen müßt ihr natürlich den Mund halten."

„Willst du den Geldschein mitten in den Hof legen... oder wie?" fragte Katja.

„Für so blöd halte ich die Diebin auch wieder nicht,

daß sie sich ihn holt, während alle aus dem Fenster gucken. Nein, morgen, wenn ich zum Reiten gehe, werde ich den Schein einfach in meiner Jacke im Stall lassen ... genau wie das erste mal, als etwas geklaut wurde."

„Wenn wir das herumerzählen", gab Katja zu bedenken, „wird der Stall morgen von Neugierigen belagert sein."

„Stimmt", sagte Gaby und tippte sich auf die Nasenspitze. „Machen wir es also anders. Sprecht nicht mit allen, sondern nur mit den Geschädigten. Ich habe die Liste noch da."

„Was soll denn das für einen Sinn haben?" fragte Ulrike. „Glaubst du etwa, daß eine der Bestohlenen gleichzeitig die Diebin ist?"

„Genau. Zu dieser Erkenntnis bin ich nach langem und scharfsinnigem Denken gekommen. Eine von denen, die behaupten, bestohlen worden zu sein, ist die Diebin. Das ist logisch. Sie hat einen Verlust angemeldet, um selber nicht in Verdacht zu geraten."

„Das klingt bestechend", sagte Katja, „braucht aber nicht zu stimmen."

„Was macht das schon!" rief Gaby. „Als Schlimmstes kann uns passieren, daß ich nach der Reitstunde das Geld unberührt in meiner Tasche finde. Es ist also gar kein Risiko dabei. Wenn es nicht klappt, werde ich mir eben etwas anderes ausdenken müssen."

„Und wie willst du es einrichten, daß nicht ich wieder in Verdacht gerate, wenn das Geld tatsächlich verschwindet?" fragte Ulrike.

„Ganz einfach. Dich werde ich höchstpersönlich am

Samstag nachmittag irgendwo einschließen, wo du beim besten Willen nicht raus kannst, und den Schlüssel stecke ich in meine Tasche."

Als die Mädchen eine Stunde später zum Arbeitssaal hinüberliefen, trachtete Ulrike danach, an Gabys Seite zu kommen. „Du", sagte sie, „ich habe mir alles überlegt. Ich weiß, du meinst es gut. Aber dein Plan hat erhebliche Lücken."

„Kein Wunder, daß du das gemerkt hast", sagte Gaby. „Ich habe ja auch erst die Hälfte erzählt."

„Du hast zum Beispiel nicht eingerechnet, daß Katja oder Gerti die Sache mit dem Bleistiftzeichen verraten könnten."

„Meinst du? Ich habe mir zusätzlich die Registriernummer des Scheines aufgeschrieben." Sie zog einen Zettel aus ihrer Tasche und ließ Ulrike im Gehen einen Blick darauf werfen. „R 7959285 W, Serie 1960... was sagst du nun? Aber das darf niemand außer uns beiden wissen."

„Trotzdem", sagte Ulrike.

„Ich weiß, ich weiß! Paß mal auf, ich sehe zu, daß ich so schnell wie möglich mit meinen Aufgaben fertig werde. Warte nachher... ja, wo denn? Im Park ist es schon verflixt kalt..."

„Im Stall", schlug Ulrike vor.

„Ausgezeichnet! Warte also im Stall auf mich!"

Ulrike hatte ihre Aufgaben wie immer in erheblich kürzerer Zeit als Gaby erledigt, und sie mußte eine gute halbe Stunde auf die Freundin warten. Sie setzte sich im Stall auf die Futterkiste und baumelte mit den Beinen.

Endlich kam Gaby. „Bist du allein?" fragte sie.
„Das siehst du ja!"

Mit dieser Antwort gab sich Gaby nicht zufrieden. Sie schaute in jeden Winkel, rüttelte sogar an der verschlossenen Tür zum Büro, um sich zu vergewissern, daß sich wirklich nirgendwo ein Lauscher verborgen hielt.

„Was ich dir jetzt sagen will, ist nämlich streng geheim", erklärte sie. „Wenn eine einzige Menschenseele irgend etwas ahnt, ist alles verloren."

„Ich ahne nicht einmal, wovon du sprichst."

„Du wirst es sofort erfahren." Gaby schwang sich neben Ulrike auf die Futterkiste und flüsterte: *„Du wirst morgen die Diebin entlarven!"*

Ulrike wollte widersprechen.

„Pst!" mahnte Gaby. „Denk daran, um was es geht. Du mußt deine Unschuld beweisen!"

„Aber wenn du mich morgen einschließt..."

„Mumpitz! Dann steckt die Diebin den Geldschein ein und verschwindet auf Nimmerwiedersehen damit. Wir können schließlich nicht alle Läden im Ort alarmieren, jeden Zehnmarkschein auf ein Bleistiftzeichen oder auf die Registriernummer hin zu prüfen."

„Eben. Das wollte ich dir ja vorhin sagen..."

„So weit darf es gar nicht kommen! Du mußt die Diebin schnappen!"

„Und wie?"

„Höchst einfach. Du versteckst dich in Prinz Philipps Büro."

„Das ist immer abgeschlossen."

„Stimmt nicht. Tagsüber ist es meist offen, jedenfalls

einen Spalt breit. Durch diesen Spalt kannst du genau da vorn auf den Kleiderrechen gucken, und dann siehst du..."

„Ich kann doch nicht einfach Prinz Philipps Büro benutzen! Außerdem würde man mich sehen, wenn ich in den Stall hineingehe!"

„Nein", sagte Gaby, „wir werden zusammen durch den Park zur Gärtnerei marschieren, so, als wenn ich dich in den alten Geräteschuppen einsperren wollte. Bis dahin verfolgt uns bestimmt niemand, und dort werden wir uns trennen. Ich gehe in den Burghof zurück und du hinten herum zum Stall. Du kletterst von außen durch das Fenster ins Büro..."

„Und wenn es nun gar nicht offen ist?"

„Es wird offen sein."

„Aber Prinz Philipp?"

„Den müssen wir natürlich einweihen. Keine Sorge, Ulrike, der verpetzt uns nicht. Der ist ein viel zu feiner Kerl, um uns hineinzureißen."

Ulrike war nicht sehr überzeugt von Gabys Plan, aber da ihr etwas Besseres auch nicht einfallen wollte, erklärte sie sich schließlich zu allem bereit.

Am schwersten fiel ihr der Gang zu Herrn Philipp. Doch es stellte sich heraus, daß Gaby den Reitlehrer völlig richtig eingeschätzt hatte. Ohne viel zu fragen, erklärte er sich bereit, sein Büro für die Verbrecherjagd zur Verfügung zu stellen, und versprach auch, das Fenster offenzulassen.

Trotzdem fühlte Ulrike sich sehr beklommen, als sie am nächsten Tag durchs Fenster in das Reitbüro kletterte. Vor Schrecken wäre sie fast rücklings wieder hinuntergefallen, als sie bemerkte, daß Herr Philipp noch da war.

Sein Lächeln beruhigte sie sofort! Er zwinkerte ihr zu, legte den Finger auf die Lippen und reichte ihr die Hand, um ihr hereinzuhelfen.

Ulrike sprang hinunter und stand verlegen da.

Herr Philipp nickte ihr noch einmal ermutigend zu, dann ging er, die Tür einen Spalt breit offen lassend, in den Stall hinaus, wo seine Schülerinnen dabei waren, die Pferde zu satteln. Ulrike stand eine Todesangst aus, daß jemand auf die Idee kommen könnte, einen Blick ins Büro zu werfen! Sie versteckte sich auf alle Fälle hinter der Tür.

Doch nichts geschah. Sie hörte das Trappeln der Pferdehufe, die fröhlichen Stimmen der Mädchen. Dann wurde es still.

Sie wagte einen vorsichtigen Blick durch den Türspalt. Der Stall war leer. Sie trat auf alle Fälle einen großen Schritt zurück. Von hier aus konnte sie den Kleiderrechen und Gabys Jacke, die erste auf der Seite zum Büro hin, sehr gut im Auge behalten, ohne daß sie von dem helleren Stall aus gesehen werden konnte.

Sie stand und wartete, wartete und stand. Die Zeit wollte und wollte nicht vergehen, und sie kam sich allmählich höchst albern vor.

Aber gerade, als sie überlegte, ob sie sich nicht wenigstens setzen sollte, kam ein Mädchen durch die offene Stalltür. Es war ein kleines Mädchen, ihre Umrisse hoben sich deutlich von dem hellen Grund der Türöffnung ab. Sie stand im Gegenlicht, so daß Ulrike ihr Gesicht nicht erkennen konnte.

Ulrikes Herz klopfte bis zum Halse. War diese Kleine die Diebin? Das Mädchen sah sich suchend um ... kam dann geradewegs auf das Büro zu. Ulrike hatte eben Zeit, sich wieder hinter der Tür zu verstecken.

Die Tür wurde von außen aufgedrückt, und eine helle Stimme fragte: „Herr Philipp?"

Ulrike hielt sich mucksmäuschenstill.

Das Mädchen verharrte einen Augenblick in der halbgeöffneten Tür, dann zog sie sie mit einem Ruck ins Schloß.

Ulrike stand wie versteinert: Damit hatten weder sie noch Gaby gerechnet! Jetzt war es unmöglich zu beobachten, was draußen im Stall vor sich ging.

Was nun? Ulrike mußte blitzschnell handeln: Sie riß die Türe auf, stürzte in den Stall – und erkannte Gerti.

Gerti Moll starrte sie entsetzt mit weit aufgerissenen Augen an. Sie hielt den Geldschein zwischen den zitternden Fingern.

Lob und Anerkennung

Gerti legt ein Geständnis ab, aber Ulrike verdonnert alle Mitschüler und erntet viel Lob

Die beiden Mädchen sahen sich an – Ulrike mindestens so entsetzt wie Gerti. Dann machte Gerti eine blitzartige Bewegung auf die Stalltür zu und wollte verschwinden.

Aber Ulrike war schneller. Sie packte die Kleine beim Arm und schrie: „Hiergeblieben! Das könnte dir so passen!"

In Gertis Augen stiegen Tränen. „Ich hab's doch nur deinetwegen getan, Ulrike!"

„Was?"

„Das Geld genommen! Damit du aus dem Verdacht kommst."

Einen Augenblick lang war Ulrike durch diese neue Wendung der Dinge verblüfft. Dann faßte sie sich und sagte: „Und die anderen Male, das warst du auch! Oder willst du leugnen?"

„Ich war's nicht", stammelte Gerti. „Ganz bestimmt ... ich war's nicht!"

„Na schön. Dann komm. Gehen wir also zusammen zum Eisenbart. Ich hab's jetzt satt. Die Sache muß endlich geklärt werden!"

„Nein", wimmerte Gerti, „nein ... bitte nicht!"

Ulrike drehte Gerti an den Schultern so zu sich herum, daß sie ihr in die Augen sehen konnte. „Du warst es also doch?"

„Ja", schluchzte Gerti, „ja, ich..."

Ohne ein weiteres Wort schob Ulrike ihre Gefangene in das Büro hinein, schloß, ohne sie loszulassen, mit der rechten Hand die Tür von innen zu, steckte den Schlüssel ein und gab Gerti erst dann wieder frei.

„Du bist wohl von allen guten Geistern verlassen?" sagte sie. „Was ist dir bloß eingefallen, solche Sachen zu machen?"

Gerti konnte vor Schluchzen kein Wort hervorbringen.

Ulrike hatte begreiflicherweise eine richtige Wut auf die Diebin gehabt, solange sie nicht wußte, wer es war. Jetzt merkte sie verblüfft, daß ihr Zorn verrauchte. Gerti war eine solche Jammergestalt – mit ihrem kurzgeschnittenen Haar, dem vom Weinen verzerrten Gesichtchen, daß man eigentlich nur Mitleid mit ihr haben konnte.

„Hör auf zu heulen", sagte Ulrike. „Setz dich, putz dir die Nase und erzähle mir, wie es dazu gekommen ist..."

Gerti fummelte nach einem Taschentuch, aber sie hatte keines bei sich und zog hoch. Ulrike drückte sie auf den Stuhl, gab ihr ihr eigenes Taschentuch und schwang sich selber auf die Schreibtischplatte.

Gerti versuchte ihre Tränen zu bekämpfen. Es gelang ihr nicht. „Jetzt ist doch alles aus", schluchzte sie. „Nun komme ich in die Erziehungsanstalt!"

„Red keinen Blödsinn", sagte Ulrike. „Das würde dein Vater nie tun!"

„Du kennst ihn nicht", sagte Gerti. „Du weißt nicht, wie es bei uns zu Hause ist. Er hat mich kein bißchen mehr lieb, seit er die neue Frau hat! Für ihn gilt nur noch das Brüderchen."

„Das bildest du dir nur ein."

„Bestimmt nicht! Sie sind froh, wenn sie mich los sind."

„Na", sagte Ulrike, „wahrscheinlich hast du dich auch entsprechend benommen, wie?"

„Wirst du mich melden?" fragte Gerti mit zitternder Stimme.

„Das kommt ganz darauf an", erklärte Ulrike. „Erst

möchte ich einmal wissen, wie du überhaupt dazu gekommen bist, deine Kameradinnen zu bestehlen. Das ist das Gemeinste, was es überhaupt gibt, weißt du das nicht?"

„Ich wollte es gar nicht", behauptete Gerti, die sich jetzt einigermaßen gefaßt hatte.

„Ach nee! Jetzt sag bloß noch, jemand hat dich dazu gezwungen!"

„Nein", sagte Gerti leise.

„Also – was war dann?"

„Ich ... ich wollte es wirklich nicht. Gabys Fünfmarkstück, du weißt doch noch, das war gar nicht in ihrer Tasche, es lag auf dem Boden unter dem Kleiderrechen..."

„Das sieht Gaby mal wieder ähnlich!" sagte Ulrike.

„Ich lief in den Stall, um mich auszuweinen ... Damals, als ich beim Reiten solche Angst gekriegt hatte und alle mich auslachten ... Ich wollte allein sein, deshalb lief ich hierhin. Und da sah ich das Geld." Gerti sah Ulrike flehend an.

„Immerhin", sagte Ulrike, „du mußtest wissen, daß es irgend jemand gehörte. Oder willst du behaupten, du hättest es für eine Art herrenlosen Hund gehalten?"

„Ich weiß selber nicht, warum ich es genommen habe", sagte Gerti. „Ich glaube, ich wollte mich rächen. Weil alle so gemein zu mir waren."

„Nur weiter", sagte Ulrike. „Bei dem einen Mal ist es ja nicht geblieben!"

„Nein", gab Gerti zu.

„Los, los, weiter", drängte Ulrike. „Ich möchte die ganze Geschichte hören!"

„Wenn du es den anderen erzählst – das überlebe ich nicht!"

„Paß mal auf, Gerti", sagte Ulrike, „ob ich es erzähle oder nicht, das liegt jetzt nur bei dir. Sag mir ehrlich, wie es gewesen ist!"

Gerti putzte sich noch einmal die Nase. „Na ja", sagte sie, „mit dem Reiten war es dann ja nichts, und alle zogen mich damit auf..."

„Wir doch nicht", sagte Ulrike.

„Nein. Aber die Mädchen aus meiner Klasse."

„Ich dachte immer, du wärst so beliebt?"

„War ich auch. Damals, nachdem ich ausgerissen war. Da haben sie ein großes Theater mit mir gemacht. Inzwischen ..." Gerti zuckte die Schultern. „Ich bin eben nur eine halbe Portion."

„Hast du deshalb geklaut?" fragte Ulrike.

„Erst wollte ich versuchen, wieder in den Theaterklub zu kommen. Wie das ausgelaufen ist, weißt du ja selber."

„Stimmt", sagte Ulrike mit einiger Beschämung. „Ich glaube, wir waren nicht gerade nett zu dir."

„Das kann man wohl sagen. Ich hab's dann noch bei ein paar anderen Klubs versucht, und schließlich landete ich bei den Naturfreunden. Du weißt doch, die dürfen für ihre Forschungen das Internatsgebiet ohne Sondererlaubnis verlassen. Na, und dadurch haben sie auch öfter mal Gelegenheit, ins Dorf zu kommen. Natürlich nicht zum Kuchenessen, dafür reicht die Zeit nicht. Aber man kann schnell mal rüberspritzen und was einkaufen."

„Ich weiß", sagte Ulrike.

„Ich hatte die fünf Mark", sagte Gerti, „und eigentlich wollte ich sie wieder zurückgeben, ich wußte nur nicht, wie. Die anderen hatten alle schwarzes Geld, und da wollte ich nicht zurückstehen und habe sie ausgegeben. Da war ich plötzlich sehr beliebt."

„Du hast die anderen freigehalten?"

„Ja. Aber nachdem ich nichts mehr hatte, war es mit der Beliebtheit wieder aus. Und dann habe ich bei der nächsten Gelegenheit gestohlen ... diesmal wirklich und ganz bewußt ..., und den anderen habe ich erzählt, ich hätte wieder Geld geschickt bekommen." Gerti zuckte die Schultern. „Und so ist es weitergegangen. Ich selber, ich habe kaum was davon gehabt, das mußt du mir glauben. Mir schmeckte es gar nicht, weil ich wußte, daß es von gestohlenem Geld gekauft worden war."

„Sag mal, Gerti, kriegst du denn nie was extra von zu Hause?"

„Nein. Ich habe meinem Vater schon gesagt, daß alle Extra-Geld haben, aber er meinte, was alle haben, interessiere ihn nicht, er tue nur das, was Vorschrift ist."

„Hm", machte Ulrike.

„Ich weiß natürlich, daß es gemein war, Geld zu klauen", sagte Gerti, „aber als ich damit angefangen hatte, ging's eben immer weiter. Ich konnte nicht mehr zurück."

„Und die Idee, dich zu stellen, nachdem ich verdächtigt wurde, ist dir wohl gar nicht gekommen?"

„Doch", sagte Gerti, „ganz bestimmt. Ich wußte schon, daß es richtig gewesen wäre. Aber ich hatte nicht den Mut dazu."

„Na ja", murmelte Ulrike. Sie dachte an die schreckliche Zeit, die sie selber durchgestanden hatte.

„Es war schlimm für dich", sagte Gerti, „aber du hattest doch wenigstens ein gutes Gewissen."

Ulrike dachte nach. „Das hat mir sehr wenig geholfen."

„Ich habe es wirklich nur getan, damit die anderen nett zu mir waren", behauptete Gerti.

„Auf so eine Nettigkeit", rief Ulrike, „würde ich jedenfalls pfeifen!"

„Du schon. Dir liegt ja auch nichts daran, beliebt zu sein."

„Jedenfalls würde ich mir Beliebtheit nicht mal erkaufen, wenn ich das Geld dazu hätte. Und stehlen, um ein paar alberne Figuren für mich zu gewinnen, das fiele mir nicht im Traum ein."

„Ich weiß ja selber, daß es falsch war."

Es wurde gegen die Tür geklopft, dreimal lang, dreimal kurz – das verabredete Zeichen. Ulrike rutschte vom Tisch, zog den Schlüssel aus der Tasche und öffnete die Tür vorsichtig einen Spalt breit, so daß Gaby hereinschlüpfen konnte. Dann schloß sie gleich wieder ab.

„Da sie mal einer an", sagte Gaby verblüfft. „Wer hätte das gedacht? Unsere Kleine!" Sie war noch erhitzt und verschwitzt vom Reiten, ihr wuscheliges braunes Haar war zerzauster denn je.

„Ich hab sie erwischt", sagte Ulrike nicht ohne Stolz.

„Gratuliere, alte Bohnenstange! Also ausgerechnet du, Gerti, das ist wirklich ein tolles Stück!"

Gerti fing wieder an zu schluchzen.

„Was wollen wir jetzt mit ihr machen?" fragte Ulrike.
„Hat sie ein volles Geständnis abgelegt?"
„Ja. Hier ist übrigens der Zehnmarkschein. Du kannst ihn Katja zurückgeben."

„Danke", sagte Gaby und steckte ihn achtlos in die Seitentasche ihrer Niethose.

„Aber paß auf! Verlier ihn nicht! Das erste Mal hattest du das Geld nämlich wirklich verloren. Es lag auf dem Boden, und Gerti hat es gefunden."

„Wer's glaubt, wird selig!"

„Dann bin ich es schon", sagte Ulrike. „Ich glaube es nämlich."

„Und was hat sie mit dem zusammengeklauten Geld angefangen? Sich den Bauch vollgeschlagen? Oder Weihnachtsgeschenke an die liebe Familie geschickt?"

„Weder noch. Sie hat eine ganze Bande von gierigen kleinen Fledermäusen damit freigehalten. Sie wollte sich damit beliebt machen."

„Nicht möglich!" sagte Gaby. „Und hat keine jemals gefragt, woher du das viele Geld hattest, Gerti?"

Die Angeklagte schüttelte den Kopf.

„Das wollten sie bestimmt gar nicht so genau wissen", meinte Ulrike.

„So was Blödes", sagte Gaby. „Sich beliebt machen wollen! Wenn ich das schon höre. Soll ich dir mal sagen, was du wirklich wolltest, du halbe Portion? Eine Rolle spielen! Diejenige sein, welche!"

„Wollt ihr denn das nicht auch?" fragte Gerti.

Gaby und Ulrike wechselten einen betroffenen Blick. Sie mußten zugeben, daß Gerti mit dieser Bemerkung nicht so unrecht hatte.

„Aber doch nicht auf so eine Art", sagte Ulrike. „Man kann sich wirkliches Ansehen nicht erkaufen."

„Und noch dazu mit Geld, das man zusammengeklaut hat! Wenn man Freunde haben will, muß man versuchen, besonders anständig und kameradschaftlich zu sein. Stehlen ist ein Verbrechen! Damit kann man nur in Gaunerkreisen Ehre einlegen."

„Komm jetzt bloß nicht und erzähle uns, daß du noch zu klein bist, um Recht und Unrecht voneinander zu unterscheiden", sagte Ulrike. „Daß man nicht stehlen darf, das weiß schon jedes einigermaßen aufgeweckte Baby!"

„So zurückgeblieben kannst du doch nicht sein", sagte Gaby.

Gerti ließ alles schweigend über sich ergehen. Sie gab nicht zu erkennen, ob die Worte der Freundinnen überhaupt einen Eindruck auf sie machten.

„Es tut mir leid", erklärte sie schließlich. „Mehr kann ich wirklich nicht sagen."

„Das ist ein bißchen wenig", erklärte Ulrike. „Wer gibt uns die Gewähr dafür, daß du bei der nächsten besten Gelegenheit nicht wieder in fremde Taschen greifst?"

„Ihr wollt mich laufenlassen?" fragte Gerti hoffnungsvoll.

„Kommt ja gar nicht in Frage!" rief Gaby. „Wie stellst du dir das vor? Wenn wir dich laufenlassen, bleibt Ulrike bis in alle Ewigkeit ein schwarzes Schaf!"

„Aber ich verspreche euch ..."

„Spar dir deinen Atem. Uns kannst du nicht einseifen."

„Was habt ihr denn mit mir vor?" fragte Gerti verzweifelt.

„Höchst einfach", sagte Gabi. „An Eisenbart wenden wir uns natürlich nicht, das ist Ehrensache. Diese Angelegenheit müssen wir ganz unter uns erledigen. Wir werden eine geheime Versammlung einberufen..."

„Nein!" schrie Gerti.

„Natürlich", sagte Gaby, „du hast dir diese Suppe eingebrockt und wirst sie gefälligst auch auslöffeln. Du mußt in aller Öffentlichkeit ein Geständnis ablegen."

„Das kann ich nicht! Verlangt von mir, was ihr wollt – nur das nicht."

„Na, wenn's dir besser paßt, dann wird Ulrike eben erzählen, wie sie dich erwischt hat, und ich werde..."

„Nein, nein, nein!" Gerti barg ihr Gesicht in den Händen und weinte fassungslos.

„Hör mal, Gaby...", begann Ulrike.

Gaby stutzte bei ihrem einlenkenden Ton. „Nun sag bloß nicht, du willst Gnade vor Recht ergehen lassen!"

„Ich meine nur", sagte Ulrike, und es fiel ihr sehr schwer, das auszudrücken, was sie empfand, „Gerti ist eigentlich nicht die Alleinschuldige..."

„Wieso? Habe ich etwa gestohlen? Oder du?"

„Das nicht! Aber Fehler gemacht haben wir alle. Das fing schon bei der Reitstunde damals an. Es war schäbig von uns, Gerti auszulachen, bloß weil sie es mit der Angst zu tun bekam. Das kann jedem passieren."

„Aber nicht jeder geht nachher hin und klaut Geld."

Ulrike ließ sich nicht beirren. „Wir sind alle schuld, weil wir uns Geld von zu Hause haben zustecken oder schicken lassen, obwohl wir alle wissen, daß es verboten ist. Und keine von uns ist je auf die Idee gekommen, sich wenigstens einen Strafpunkt dafür aufzuschreiben."

„Das können wir ja immer noch", sagte Gaby.

„Du bist selber besonders schuld an allem, was später passiert ist, weil du mit deinem Geld schlampig umgegangen bist und dadurch Gerti in Versuchung geführt hast."

„Hört! Hört!" sagte Gaby.

„Und ich und alle anderen vom Theaterklub sind schuld, weil wir aus Eitelkeit und Rachsucht Gerti nicht wieder aufgenommen haben. Irgendeine Aufgabe hätte sich bestimmt für sie finden lassen."

„Bist du jetzt fertig?" fragte Gaby.

„Noch nicht. Es ist eine Affenschande, daß diese Fledermäuse um ein Mädchen herumscharwenzeln, bloß weil es Geld ausgibt. Dadurch haben sie Gerti ja geradezu zum Verbrechen getrieben."

„Ach, ich verstehe", sagte Gaby spöttisch. „Schuld sind also wir anderen, und die liebe, arme, kleine Gerti ist der reinste Unschuldsengel, wie?"

„Nein, das will ich nicht behaupten. Sie hätte natürlich nie und unter keinen Umständen stehlen dürfen. Aber es ist auch nicht recht, wenn sie allein bestraft wird."

„Das, meine liebe Ulrike, kannst du ja alles vor versammelter Mannschaft erklären!"

„Das werde ich auch, worauf du dich verlassen kannst!"

„Also, dann sind wir uns ja einig."

„Keineswegs. Ich werde Gerti nämlich nicht verraten.

Ich kann es nicht verantworten. Und du kannst es auch nicht, Gaby. Daß Gerti ihre ganze Schulzeit hindurch verfemt wird. Sie hat's schwer genug durch ihr Zuhause und durch ihren eigenen komischen Charakter. Möchtest du etwa in ihrer Haut stecken?"

„Dann", sagte Gaby, nun doch unsicher geworden, „wird der Verdacht an dir hängenbleiben."

„Ich werde alles erklären. Daß wir die Diebin gefangen haben, aber ihren Namen nicht preisgeben wollen und warum nicht!"

„Sie werden dir nicht glauben."

„Das ist mir egal. Ich habe ein gutes Gewissen, sollen sie von mir denken, was sie wollen. Im übrigen bin ich sicher, daß du die Hartensteinerinnen unterschätzt. Es wird bestimmt eine ganze Anzahl geben, die verstehen, warum ich nicht anders handeln kann."

„Und die anderen?"

„Die sollen mir den Buckel runterrutschen."

Gaby grinste von einem Ohr bis zum anderen. „Du sprichst ein großes Wort gelassen aus!"

„Du machst also mit?" fragte Ulrike erleichtert.

„Ehrensache. Aber was tun wir wirklich mit diesem kleinen Mistkäfer hier? Straflos dürfen wir sie doch auch nicht ausgehen lassen."

„Ist auch gar nicht nötig." Ulrike wandte sich an Gerti, die ihren Kopf wieder erhoben und gespannt der Auseinandersetzung zwischen den beiden Freundinnen gelauscht hatte. „Paß mal auf, Kleine! Du wirst jetzt sofort einen Strafmarsch nach Pochingen antreten. Wenn du dich beeilst, kommst du gerade noch rechtzeitig zum Abendbrot zurück."

„Ist das alles?" Gerti sprang erleichtert auf.

„Nein. Nächste Woche gibst du dir so viele Strafpunkte, daß Samstag gleich wieder ein Strafmarsch fällig ist... und nächsten Samstag wieder. Wenn du das hinter dir hast, ist die Sache abgebüßt."

„Und ihr beide... ihr werdet es mir auch nicht immer wieder vorhalten?"

„Nur, wenn deine Hand sich noch einmal in fremde Taschen verirren oder dein Gehirn wieder einmal auf krummen Touren laufen sollte", sagte Gaby, „sonst nicht!"

Ulrike schloß die Tür auf. „Na, lauf schon!"

„Ich weiß gar nicht, wie ich euch danken soll", stammelte Gerti.

„Durch ein gutes Benehmen, wie mein Vater sagen würde", erklärte Gaby schmunzelnd. „Also ab dafür!"

Gerti sauste davon.

„Ob wir es ihr nicht doch zu leicht gemacht haben?" fragte Gaby, der wieder Zweifel kamen.

„Ach was", sagte Ulrike, „denk mal daran, was sie in den letzten Wochen durchgemacht haben muß. Ein so bitterböses Gewissen würde ich nicht einmal meinem schlimmsten Feind gönnen. Nein, darüber mach dir keine Gedanken. Gerti ist gestraft genug!"

Gaby berief für den nächsten Sonntag nach der Kirche eine Versammlung in der Aula ein, und alle, alle kamen – auch Gerti, die sich erst hatte drücken wollen, dann aber doch von Gaby und Ulrike zur Teilnahme überredet wurde.

In dem großen, ein wenig düsteren Saal mit der

schweren, geschnitzten Balkendecke summte es wie in einem Bienenkorb, als Gaby sich aufs Podium schwang und heftig mit einer kleinen Glocke bimmelte.

„Ruhe!" schrie sie. „Alle mal herhören. Ruhe! Wir sind doch hier nicht in einem Affenstall!"

Es wurde gelacht, aber nachdem Gaby noch ein paarmal gebimmelt hatte, trat endlich Stille ein.

„Ihr alle wißt", rief Gaby, „was in den letzten Wochen auf Hartenstein los war. Es ist geklaut worden, und man hat Ulrike Moeller verdächtigt, die Diebin zu sein..."

Wieder wurden Zwischenrufe laut, und Gaby mußte sich anstrengen, damit ihre Stimme den Lärm durchdrang.

„Das war eine Verleumdung!" schrie sie. „Wir können es beweisen! Wir haben die wirkliche Diebin entlarvt!"

„Wo ist sie?" schrien die Mädchen. „Wer ist sie?" - „Wir wollen sie sehen!"

„Die Diebin", schrie Gaby, „hat ein volles Geständnis abgelegt..."

„Zeigt sie doch endlich, wenn es sie wirklich gibt!"

„Nein, das werden wir nicht!" schrie Gaby, die Hände wie ein Sprechrohr vor dem Mund.

„Schiebung!" riefen die Mädchen. „Alles Theater!" - „Auf so etwas fallen wir nicht herein!"

„Ja seid ihr denn ganz und gar belämmert!?" rief Gaby. „Wollt ihr mich nicht wenigstens mal ausreden lassen..."

Der Lärm war unvorstellbar geworden, ihre Stimme ging darin unter.

Ulrike stieg neben Gaby aufs Podium. „Warte ab", sagte sie, „die werden sich schon ganz von selber beruhigen!"

„Sie glauben uns nicht", gab Gaby zurück. „Habe ich es dir nicht gesagt?"

„Na, wenigstens werden sie uns anhören, ihre Neugier ist viel zu groß!"

Renate unten im Saal war auf einen Stuhl geklettert und fuchtelte mit den Armen. „Seid ihr denn alle vom blauen Puma gebissen?" brüllte sie in den Lärm hinein. „Wir sind doch zusammengekommen, um zu hören, was los ist. Wie können wir etwas erfahren, wenn ihr solch ein Geschrei macht!"

Dann trat allmählich Ruhe ein.

Ulrike nahm Gaby die Glocke aus der Hand und läutete noch einmal.

„Wir zwingen niemanden, uns zu glauben", sagte sie, gar nicht besonders laut, aber sehr deutlich. „Alles, was wir möchten, ist, daß ihr uns zuerst einmal anhört..."

Atemlose Stille trat ein, und zwar so plötzlich, daß es Ulrike mehr verwirrte, als wenn wieder alle versucht hätten, sie niederzuschreien. Unwillkürlich sah sie sich nach Gaby um, aber die war von ihrer Seite verschwunden und hatte sich zwischen zwei Mädchen in die erste Reihe gequetscht.

Ulrike hob den Blick und – begegnete den Augen Direktor Heilmanns! Er war, ohne daß sie es bemerkt hatte, in die Aula gekommen. Vor Entsetzen errötete Ulrike bis in die Wurzeln ihres hellblonden Haares hinein.

Direktor Heilmann bemerkte ihre Verwirrung, aber

er lächelte nur. „Laß dich nicht stören, Ulrike", sagte er, „ich bin genauso gespannt wie alle anderen. Sprich dich nur aus."

Ulrike verkrampfte die Hände. „Wir alle", sagte sie und konnte nicht verhindern, daß ihre Stimme zitterte, „sind schuld an dem, was geschehen ist. Wir alle haben gegen die Gesetze von Hartenstein verstoßen."

Sie gewann ihre Sicherheit zurück. „Ich möchte fast wetten", sagte sie, „daß nicht eine hier in der Aula ist, die nicht gelegentlich oder regelmäßig außer dem erlaubten Taschengeld Extra-Geld von zu Hause bekommen hat..."

„Die Wette hast du verloren", rief Hertha Kaiser. „Ich kriege nie einen Pfennig extra!"

„Ich auch nicht!" – „Ich auch nicht!" schrien ein paar andere.

„Finger hoch!" bat Ulrike.

Einige folgten diesem Aufruf, und Ulrike zählte. „Zehn", sagte sie, „zehn von über hundert! Gerade das beweist doch, wie berechtigt dieses Gesetz ist, das wir mißachtet haben. Wenn die große Mehrzahl über viel Geld verfügt, aber einige wenige in die Röhre gucken müssen, so kann das einfach auf die Dauer nicht gutgehen. Ihr habt ja selber erlebt, was passiert ist. Im übrigen sind in meinen Augen nicht einmal die entschuldigt, die kein schwarzes Geld bekommen. Sie haben einen anderen Fehler gemacht."

„Da bin ich aber mal gespannt!" rief Hertha.

„Was ich jetzt sage, ist nicht gegen dich gerichtet, Hertha", sagte Ulrike. „Du mußt selber entscheiden, ob dir der Hut paßt. Aber Tatsache ist, daß es Hartensteinerinnen gibt, die es darauf anlegen, sich einladen zu lassen, die um die mit reichlich Geld versehenen Mädchen herumscharwenzeln, um was abzubekommen. Tatsache ist weiter, daß die Diebin das geklaute Geld gar nicht für sich benutzt, sondern nur für andere ausgegeben hat. Um Freundinnen zu gewinnen, um sich beliebt zu machen... Und es ist eine Affenschande, daß so etwas überhaupt auf Hartenstein vorkommen kann!"

Jetzt kam der erste Beifall.

„Sehr richtig!" riefen einige Mädchen. „Ulrike hat vollkommen recht!" – „So was ist eine Gemeinheit!"

Aber die blonde Christel aus Köln gab sich nicht so einfach zufrieden. „Woher willst du überhaupt wissen, daß es so war?" fragte sie.

„Weil die Diebin es uns – mir und Gaby – erzählt hat!"

„Und der willst du glauben!?"

Auch Christel bekam Zustimmung.

„Zeig uns die Diebin!" wurde gerufen. „Nenn uns wenigstens ihren Namen!" – „Laß sie selber sprechen!"

„Das werde ich nicht tun", erklärte Ulrike mit Nachdruck. „Ich habe es ihr versprochen und werde mein Wort halten!"

„Diese Mistbiene hat keine Schonung verdient!" rief ein kleines Mädchen aus der letzten Reihe.

„Jeder, der bereut, was er getan hat, verdient Schonung", sagte Ulrike. „Und was hättet ihr schon davon, wenn ihr wüßtet, wer es war? Euer Geld bekämt ihr doch nicht zurück, denn sie hat keines, das sie euch geben könnte. Außerdem hattet ihr nicht mal das Recht darauf, es zu besitzen, denn es war ja verboten."

Katja stand auf. „Du selber, Ulrike", sagte sie, „solltest doch das größte Interesse daran haben, daß der Name der Diebin bekannt wird. Denn sonst kannst du reden, was du willst, der Verdacht wird an dir hängenbleiben."

„Das ist mir egal", sagte Ulrike. „Wer mich kennt, wird so etwas bestimmt nicht glauben. Außerdem habe ich ein gutes Gewissen, und das ist mir Trost genug."

Jetzt sprang Gaby auf. „Ich kann bezeugen, daß es diese Diebin wirklich gibt, daß Ulrike sie geschnappt hat", rief sie. „Und wer noch ein Wort über Ulrike sagt, der kriegt's mit mir zu tun! Sie hat vollkommen recht! Einer Hammelbande wie euch kann man niemanden preisgeben! Ihr begreift gar nicht, um was es geht ... nämlich, daß diese Diebin einfach ein armes Ding ist..."

„Stimmt genau!" rief Ulrike. „Wir alle haben sie in Versuchung gebracht, und es wäre ungerecht, jetzt noch auf ihr herumzuhacken. Ihr könnt euch darauf verlassen, Gaby und ich haben ihr gründlich Bescheid gesagt. Jetzt muß es aber genug sein. Ich will nicht, daß ihr diese dumme Geschichte womöglich bis zum Abitur anhängt!"

Im Eifer des Gefechtes hatten die Schülerinnen die Anwesenheit Direktor Heilmanns fast vergessen. „Bravo!" schrien sie. „Hört, hört!" – „Bravo, Ulrike!" und „Vollkommen richtig!"

„Wer es war", rief Ulrike, „das spielt keine Rolle! Es war eine von uns, und wir alle waren mit schuld, daß es geschehen konnte. Wir müssen jetzt die Lehre daraus ziehen. Wir alle müssen uns bei unserer Ehre verpflichten, nie wieder Extra-Geld ins Internat zu schmuggeln."

„Wie stellst du dir das vor?" rief Christel. „Unser Taschengeld ist doch viel zu knapp. Das langt gerade für Seife, Zahnpasta, mal einen neuen Kamm oder ein Gummiband! Kommst du etwa damit aus?"

„Nein", mußte Ulrike zugeben.

„Na also", sagte Christel und setzte sich hochbefriedigt.

„Aber trotzdem...", wollte Ulrike beginnen. Doch sie kam wieder nicht zu Wort.

„Alles Mumpitz!" wurde ihr zugerufen. „Quatsch keine Opern!" – „Wenn Eisenbart nicht hier wäre, würdest du anders reden!"

Ulrike nahm das Stichwort auf. „Ich freue mich, daß Direktor Eisenbart..." Sie merkte, daß sie sich versprochen hatte, und verbesserte sich rasch unter dem Gelächter ihrer Zuhörerinnen. „Ich freue mich, daß Herr Direktor Heilmann hier ist, denn jetzt kann ich meinen Vorschlag nicht nur euch, sondern gleichzeitig ihm unterbreiten! Ich beantrage eine Erhöhung unseres Taschengeldes, und zwar mindestens auf das Doppelte!"

Durch diesen einen Satz schlug die Stimmung in der Aula zu ihren Gunsten um. Ohrenbetäubender Applaus belohnte sie.

Ulrike wartete geduldig, bis die Ruhe einigermaßen wieder eingetreten war. Dann läutete sie noch einmal und zum letztenmal mit ihrer Glocke.

„Wir wären nicht mehr gezwungen, Extra-Geld einzuschleusen", sagte sie, „und wir würden fest versprechen, alles Geld, was uns etwa noch von wohlmeinenden Tanten geschickt wird, in eine Sonderkasse zugunsten der Allgemeinheit zu tun. Wenn wir soviel Taschengeld haben, daß wir damit auskommen können, werden wir bestimmt nicht mehr in Versuchung geraten ... und auch andere nicht mehr in Versuchung bringen. Deshalb noch einmal: Ich beantrage eine Erhöhung des Taschengeldes!"

Unter donnerndem Beifall kletterte Ulrike vom Rednerpult und setzte sich in eine der vordersten Reihen, wo ein paar Mädchen ihr Platz machten.

Jetzt erhob sich der Direktor und stieg auf das Podium.

„Meine lieben jungen Damen", sagte er schmunzelnd, „zuerst einmal möchte ich meiner Vorrednerin für ihre ebenso lichtvollen wie bemerkenswerten Ausführungen danken!" Er verbeugte sich leicht in Richtung zu Ulrike hin, die dadurch einigermaßen verlegen wurde.

„Ich habe ihren Worten kaum etwas hinzuzufügen", erklärte Direktor Heilman, „aber ich meine, ihr alle solltet euch das, was eben gesagt wurde, zu Herzen nehmen. In einer Gemeinschaft wie der unseren ist jeder einzelne für den anderen verantwortlich. Und wenn einer wirklich einmal über die Stränge schlägt, so ist es fast immer so, daß auch die anderen zumindest eine gewisse Mitschuld trifft. Niemand hat das Recht, sich auf das hohe Roß zu setzen und eine Mitschülerin in Bausch und Bogen zu verurteilen. Es ist besser, viel besser, statt dessen in die eigene Brust zu horchen und sich einmal ganz ehrlich zu fragen, ob man nicht auch selber einiges falsch gemacht hat."

Alle saßen schweigend, die meisten hatten die Augen niedergeschlagen.

„Das wäre der eine Punkt", sagte der Direktor und räusperte sich. „Im übrigen halte ich den Antrag, das Taschengeld zu erhöhen, für durchaus überlegenswert. Ich werde mich auf der nächsten Lehrerkonferenz darüber mit meinen Kollegen beraten, und ich hoffe sehr, daß ich ihr Einverständnis und natürlich vor allem das eurer Eltern für diesen Vorschlag erhalten werde!"

Wieder brauste Beifall auf; Ulrike, Gaby und auch Gerti schrien vor Erleichterung, daß alles so gut abgelaufen war, am lautesten.

„Hiermit", sagte Direktor Heilmann, „erkläre ich die Versammlung für aufgelöst. An die frische Luft mit euch! Aber rasch, wenn ich bitten darf! Es bleibt nur noch eine halbe Stunde bis zum Mittagessen!"

Die Mädchen ließen sich das nicht zweimal sagen. Alle hatten es plötzlich eilig, ins Freie zu kommen. Draußen, auf dem Burghof, drängten sich viele um Ulrike, um ihr ihr Vertrauen auszusprechen und sie zu beglückwünschen.

Ulrike verzog sich, sobald es ihr möglich war. Sie hatte gelernt, daß allzu große Beliebtheit sehr rasch ins Gegenteil umschlagen kann und daß es besser ist, einige wenige gute Freundinnen zu haben als einen großen Anhang wankelmütiger Verehrerinnen.

Aber daß Katja sich ein Lob abrang, freute sie doch von Herzen.

„Das hast du großartig gemacht, Ulrike", sagte sie.

„Ich bin sehr froh, daß alles so glattgegangen ist", erklärte Ulrike.

Katja überwand sich. „Ich muß mich bei dir entschuldigen, Ulrike."

„Glaubst du jetzt nicht mehr, daß ich diejenige war, welche?"

„Das habe ich in Wahrheit nie getan, Ulrike, und das ist gerade das Schändliche. Ich habe die Diebstahlsache nur zum Vorwand genommen, dich aus dem Theaterklub hinauszuboxen."

„Also hat Gaby doch recht gehabt", entfuhr es Ulrike.

„Ein kluges Kind", sagte Katja mit einem bitteren Lächeln. „Ich weiß selber nicht mehr, wie ich mich so blöd benehmen konnte. Es ist manchmal, als wenn der Teufel einen beim Schlafittchen hätte."

„Mach dir nichts draus, Katja", sagte Ulrike großmütig. „Wahrscheinlich bin ich euch allen furchtbar auf die Nerven gegangen."

„Du kommst jetzt doch wieder?" fragte Katja.

„Lieber nicht", erklärte Ulrike. „Das Theaterstück ist ja fertig und meine Aufgabe damit erledigt. Nimm dir Gerti als Regieassistentin. Ich wette, mit der Kleinen kommst du besser zurecht."

„Und du ... was wirst du machen?"

„Ich werde mich mit meinen Weihnachtsgeschenken beschäftigen, keine Sorge, mir wird die Zeit schon nicht lang werden."

Tatsächlich vergingen die wenigen Wochen bis zum Schulschluß wie der Wind. Überall auf Burg Hartenstein herrschte Vorweihnachtsstimmung, obwohl noch nicht eine einzige Schneeflocke gefallen war. Es regnete statt dessen, aber die Mädchen machten sich nichts daraus. In allen Klubs wurde gemalt, gebastelt, gestickt, gestrickt, gehämmert und gesägt. Die letzten Tage vergingen im Nu, weil alle Angst hatten, nicht rechtzeitig fertig zu werden.

Dann war der erste Ferientag da, gerade als der Regen endlich aufgehört hatte. Ein klarer, blauer Winterhimmel leuchtete über der Burg.

Vom frühen Morgen an trafen Eltern und Verwandte ein, um die Mädchen nach Hause zu holen. Katja hatte – so fanden alle – das große Los gezogen. Ihre Eltern hatten ihr eine Flugkarte nach Hollywood geschickt, und man beneidete sie heiß um dieses Abenteuer. Gerti wurde nicht abgeholt. Ihr Vater hatte ihr geschrieben, daß sie groß genug sei, die Heimreise allein anzutreten, und dieses Vertrauen erfüllte sie mit einer gewissen Befriedigung.

Tante Emmy und Tante Sonja kamen kurz nach dem Mittagessen in ihrem kleinen Auto angereist. Sie wollten sich die Theateraufführung ansehen und dann mit Ulrike und Gaby nach Hause fahren.

Sie staunten, daß Ulrike nicht aufgeregt war. Doch Ulrike hatte nicht mehr das Gefühl, daß es ihr eigenes Stück war, das heute nachmittag in der Aula aufgeführt werden sollte. Es hatte einen neuen Titel bekommen, es hieß jetzt: „Man hat's nicht leicht!" Katja und die anderen waren sehr stolz darauf. Ulrike wäre am liebsten bei der Aufführung gar nicht dabeigewesen, aber sie wollte den Tanten nicht die Freude verderben. Sie war auf allerhand gefaßt, doch als der Vorhang aufging und die Gestalten ihrer Phantasie Leben gewinnen sollten, stiegen ihr doch die Haare zu Berge. Alles war ganz anders, als sie es sich vorgestellt hatte. Zwar waren die Sätze, die sie geschrieben hatte, kaum oder gar nicht verändert – aber wie wurden sie gebracht!

Das Spiel wirkte übertrieben, unecht und höchstens komisch. Merkwürdigerweise schien sie die einzige zu sein, der es nicht gefiel. Die anderen Zuschauer lachten und klatschten, und die Schauspieler durften sich zum Schluß unter lautem Beifall verbeugen.

„Na, wie hat es dir gefallen?" fragte Katja nachher ein bißchen unsicher.

Ulrike hatte eine herbe Bemerkung schon auf den Lippen. Aber sie riß sich zusammen. „Du hast bestimmt das Beste daraus gemacht", sagte sie.

„Nicht wahr?" sagte Katja erleichtert. „Weißt du, ich mußte es auf komisch inszenieren. Anders wäre es zu langweilig gewesen."

„Du hast sicher recht", murmelte Ulrike.

Ihr Ton ließ Katja aufhorchen. „Du weißt ja selber, was für Schauspieler das sind!" verteidigte sie sich. „Sie bringen halt keinen echten Satz heraus."

Ulrike überwand sich. „Es war sehr nett, Katja, wirklich. Schließlich war es eine Schüleraufführung, da kann man keine Meisterleistungen verlangen. Erst bei der Aufführung habe ich gemerkt, daß mein Stück recht schwach war. Na, Hauptsache, es hat allen Spaß gemacht."

„Ja, das hat es wirklich!"

Sie schüttelten sich die Hände, wünschten sich alles Gute und waren beide froh, daß es nicht noch in letzter Minute zu einem Streit gekommen war.

„Olga war zum Abschießen", sagte Gaby, als sie nachher dabei waren, ihr Gepäck im Auto der Tanten zu verstauen. „Zu schade, daß du dieses Jahr nicht die Kritik schreibst. Der müßte einmal jemand eins auf den Deckel geben."

„Nicht ich", sagte Ulrike und zog den Kofferriemen fester. „Ich glaube, ich habe etwas sehr Entscheidendes gelernt."

„Ja, was denn?"

„Daß Kritisieren auf alle Fälle sehr viel leichter ist als Bessermachen!"

„Dein Stück war prima, Ulrike!"

„Das findest du vielleicht, Gaby, und ich danke dir dafür."

„Deine Tanten sind auch sehr angetan."

„Kann alles sein. Aber wenn ich die Kritik zu schreiben hätte, würde ich es in Grund und Boden zerreißen."

Gaby sah die Freundin ungläubig an. „Dein eigenes Stück?"

Ulrike lachte. „Ja! Denn, ganz ehrlich, es ist reichlich fad. Du siehst also, wieviel besser es ist, wenn ich die anderen kritisieren lasse!"

„Hört mal", rief Tante Sonja, „ihr sollt nicht reden, dazu habt ihr unterwegs noch Zeit genug, sondern einpacken! Wir warten schon!"

Doch so schnell sollten sie nicht fortkommen, denn gerade als Ulrike endlich einsteigen wollte, kam eine der Fledermäuse auf sie zugerannt.

„Gut, daß ich dich noch erwische!" rief sie atemlos. „Du sollst zu Eisenbart kommen!"

Ulrike folgte dieser Aufforderung mit Bangen. Direktor Heilmann war nicht in seinem Arbeitszimmer, sondern stand mit einigen Eltern an der Tür zum Speisesaal. Als Ulrike kam, nahm er sie sofort beiseite.

„Bevor du fährst, wollte ich noch ein paar Worte mit dir sprechen."

„Über das Stück?" fragte Ulrike. „Ich weiß selber..."

Direktor Heilmann fiel ihr ins Wort. „Es ist besser, als du glaubst, Ulrike", sagte er. „Für einen ersten Versuch ist es sogar ausgezeichnet. Und selbst wenn es wesentlich schlechter gewesen wäre, hätte ich es immer noch begrüßt, weil eine Hartensteinerin es geschrieben hat und weil es sich mit einem echten und heutigen Problem befaßt."

Ulrike errötete vor Freude über dieses Lob, das sie wirklich nicht erwartet hatte.

„Aber deswegen habe ich dich nicht holen lassen, Ulrike", sagte Direktor Heilmann, „sondern ich wollte dir einen Vorschlag machen. Ich sähe es gerne, wenn du nach den Ferien den Posten einer Zimmerverantwortlichen übernähmst."

„Ich?" rief Ulrike. „Ausgerechnet ich?"

Direktor Heilmann lächelte. „Ja, du. Nur keine Sorge, ich will dich nicht von deinen Kameradinnen trennen. Nur Katja brauche ich für ein anderes Zimmer. Du wirst also mit Gaby und Gerti zusammenbleiben, aber noch ein anderes Mädchen übernehmen müssen. Na, willst du?"

Ulrike wußte, daß es keine größere Anerkennung geben konnte. Direktor Heilmann vertraute ihr, er war mit ihr zufrieden.

„Ich danke Ihnen, Herr Direktor", sagte sie, „und ich werde alles daransetzen, meine Sache gut zu machen."

Er lächelte sie an. „Davon, meine liebe Ulrike, bin ich überzeugt!"

Schwere Geduldsprobe

Ulrike ist für eine Neue verantwortlich und versucht mit viel Geduld, sie in ihrem Wesen zu verstehen

Ulrike kam nach den Weihnachtsferien voll guter Vorsätze ins Internat zurück. Sie war stolz auf ihren Posten als Zimmerverantwortliche und hatte sich fest vorgenommen, ihre Aufgabe vorbildlich zu lösen. Vor allem freute sie sich auf die Neue, die zu ihnen stoßen sollte und unter der sie sich ein kleines hilfloses Wesen vorstellte, das ihre Überlegenheit anerkennen und für jeden guten Rat dankbar sein würde.

Doch als sie dann der Neuen gegenüberstand, erhielt ihre freudige Erwartung den ersten Stoß. „Carmen Leprecht" stand auf dem Zettel, den ihr Fräulein Faust gleich nach ihrer Ankunft in die Hand gedrückt hatte. Ulrike verbrachte eine lange Zeit auf dem Burghof, um nach dieser Carmen Ausschau zu halten. Aber da sie sich immer nur unter den Jüngsten umsah, fand sie sie erst, als sich die meisten schon verlaufen hatten und die Autobusse abgefahren waren.

Ein einziges Mädchen war übriggeblieben, das in Frage kam. Ulrike ging nach einigem Zögern auf sie zu.

„Bist du ... Carmen Leprecht?" fragte sie.

„Du sagst es", erwiderte die andere von oben herab.

Ulrike hielt der Neuen die Hand hin. „Ich heiße Ulrike Moeller! Komm mit, ich führe dich auf dein Zimmer."

Carmen reichte ihr nur gerade die Fingerspitzen. „Na, endlich", sagte sie. „Würdest du wohl bitte den Hausdiener veranlassen, daß er mein Gepäck hinaufbringt."

„Hausdiener?" fragte Ulrike verdutzt. „Nein, so etwas gibt es hier nicht. Du mußt deine Koffer schon selber hinauftragen."

„Scheint ja ein reichlich dürftiger Laden zu sein!"

Ulrike kam jetzt erst dazu, Carmen richtig anzusehen. Sie war ein großes Mädchen mit rabenschwarzen Locken, die ein schmales Gesicht mit blitzenden dunkelbraunen Augen umrahmten. Für Hartensteiner Verhältnisse war sie verblüffend elegant gekleidet, trug einen Ledermantel mit braunem Pelzbesatz, Stulpenhandschuhe, die ebenfalls mit Pelz verbrämt waren, und keck auf den schwarzen Locken eine hohe Pelzmütze. Die Koffer, die neben ihr am Boden standen, waren schneeweiß und hochmodern.

„Du wirst dich daran gewöhnen müssen", sagte Ulrike ruhig.

Wäre Carmen nicht so anmaßend aufgetreten, hätte sie ihr sicher geholfen, die Koffer zu tragen, so aber sollte die Neue sich ruhig damit abschleppen.

„Wie alt bist du?" fragte sie, als sie nebeneinander quer über den Burghof schritten.

„Zwölf, wenn du nichts dagegen hast."

Ulrike dachte daran, daß sie genauso alt gewesen war, als sie vor über einem Jahr nach Hartenstein kam, und es wurde ihr klar, daß ihr Auftreten damals kaum einnehmender gewirkt haben mußte. Diese Erkenntnis stimmte sie milder.

„Warst du bisher immer zu Hause?" fragte sie.

„Was geht das dich an?" entgegnete Carmen patzig. Ihre schmalen Wangen hatten sich durch die Anstrengung des Kofferschleppens gerötet.

„Ich dachte nur", sagte Ulrike, „dann ist es natürlich eine gewaltige Umstellung für dich. Aber es wird dir schon gelingen." Sie nahm Carmen einen der beiden Koffer aus der Hand. „Komm, gib schon her."

Carmen blieb im Treppenhaus stehen, um sich zu verschnaufen. „Meine Mama hatte mir erzählt, daß Hartenstein ein sehr vornehmes Internat wäre", sagte sie schmollend.

„Vornehm? Wie meinst du das?"

„Na, daß nur Mädchen aus ausgezeichneten Familien hier wären."

Ulrike mußte lachen. „Darüber kann ich dir nichts sagen. Die Eltern sieht man ja bloß, wenn sie ihre Töchter bringen oder zu den Ferien abholen. Aber die Mädchen sind alle nett, nur keine Sorge."

Carmen rümpfte ihre kleine gerade Nase. „Nett! Das soll schon was sein!"

Ulrike konnte nicht länger an sich halten. „Jedenfalls ist das ein Eigenschaftswort, das auf dich nicht zuzutreffen scheint!"

„Um so besser. Ich lege nicht den geringsten Wert darauf, nett zu sein."

„Du solltest es aber mal versuchen. Dann würde dir manches leichter fallen!" Ulrike nahm energisch den einen Koffer wieder auf und stieg, ohne sich nach Carmen umzusehen, weiter nach oben.

Gaby und Gerti waren auf dem Zimmer und packten ihre Koffer aus. Ulrike hatte Gerti schon begrüßt. Jetzt blickten beide neugierig zur Tür, als Ulrike eintrat.

„Na, hast du sie aufgegabelt?" fragte Gaby mit einem Blick auf den weißen Koffer.

„Wie ist sie?" wollte Gerti wissen.

Ulrike gab die Tür frei. „Seht und urteilt selber", sagte sie.

Die beiden starrten die elegante Erscheinung der Neuen verblüfft an.

Gaby pfiff durch die Zähne. „Uih! Welch Glanz in unserer armseligen Hütte!"

Carmen stellte ihre Koffer ab und sah sich mißbilligend in dem einfach möblierten Raum um. „Mir scheint, ein bißchen Glanz kann hier nicht schaden!"

Die anderen lachten.

„Auf den Mund gefallen bist du jedenfalls nicht", sagte Gaby gutmütig. „Das ist schon etwas."

Sie machte sich wieder daran, ihre Koffer auszupacken, und auch Gerti kümmerte sich nicht weiter um die Neue.

„Hier ist dein Schrank", sagte Ulrike und öffnete die Tür. „Fang gleich an auszupacken, denn..."

„Was?" rief Carmen entsetzt. „Dieses schmale Ding! Da kriege ich ja nicht die Hälfte drin unter!"

„Deinetwegen werden wir bestimmt nicht anbauen", erklärte Gaby, ohne ihre Tätigkeit zu unterbrechen.

„Das geht den meisten so, die neu nach Hartenstein kommen", erklärte Ulrike geduldig. „Aber das, was man wirklich braucht, paßt ohne weiteres hinein. Du mußt eben einen Teil deiner Sachen in den Koffern lassen..."

„Aber die bleiben nicht im Zimmer", erklärte Gerti, „die kommen auf den Dachboden und stehen dort bis zu den nächsten Ferien."

„Ja", sagte Ulrike, „deshalb ist es wichtig, gut zu überlegen, was du unten behältst. Wenn du willst, kann ich dir helfen."

„Nein, danke", sagte Carmen spitz. „Ich brauche keine Kinderfrau!"

„Vielleicht eine Zofe?" stichelte Gaby.

Carmen fuhr zu ihr herum. „Und wenn du platzt: Ja, ich bin an eine Zofe gewöhnt! Zu Hause hatten wir immer eine und..."

„Dann wird es höchste Zeit, daß du dich umgewöhnst", unterbrach Gaby sie seelenruhig. „Hier wirst du niemanden finden, der dir deine Sachen nachräumt!"

„Hör auf damit, Gaby", sagte Ulrike, „bitte!"

Sie war tief enttäuscht. Sie hatte so sicher erwartet, daß jetzt, da sie selber die Verantwortung tragen mußte, alles glatt ginge. Natürlich erwartete sie nicht, daß die Neue sich ohne weiteres in die bestehende Zimmergemeinschaft einfügte, doch so schwierig hatte sie sich die Sache nicht vorgestellt.

Im tiefsten Herzen war sie wütend auf Direktor Heilmann. Er kannte sie doch, er kannte auch Gaby und Gerti.

Was war ihm bloß eingefallen, ausgerechnet eine solch eingebildete Pute wie diese Carmen Leprecht auf ihr Zimmer zu verlegen?

Seufzend machte sie sich daran, ihre eigenen Sachen auszupacken und in ihrem Schrank zu verstauen.

„Guck mal, Ulrike, was die Neue da hat!" rief Gerti plötzlich.

Ulrike wandte sich Carmen zu, und auch Gaby kam neugierig näher.

Carmen hatte inzwischen ihren Mantel ausgezogen, trug darunter ein sehr schickes rotes Kleid mit weißem breitem Kragen und Lackgürtel.

„Pah!" sagte sie hochnäsig, doch es war ihr anzumerken, daß sie die Aufmerksamkeit der anderen genoß. „Habt ihr etwa noch nie eine Schmuckkassette gesehen?" Sie stellte ein kleines lederbezogenes Kästchen mitten auf den Tisch.

„Was ist denn darin?" fragte Gerti.

„Faule Eier!" erklärte Carmen spöttisch. „Weißt du, ich habe auf allen meinen Reisen immer einen Vorrat an faulen Eiern dabei. Sie eignen sich vorzüglich, aufdringliche Menschen loszuwerden."

Ulrike bemerkte Gertis Verwirrung und sagte: „Schmuck ist drin! Daher der Name Schmuckkassette!"

„Jedenfalls tut Carmen so, als ob", sagte Gaby ungerührt.

„Nun, wenn ihr mir nicht glaubt", sagte Carmen, die auf dieses Stichwort nur gewartet zu haben schien, „bitte!" Sie nahm ein Schlüsselchen aus ihrer Geldtasche und schloß die Kassette auf.

Auf dunkelblauem Samt funkelten goldene Reifen, verschiedene Ringe, eine silberne und eine goldene Halskette.

Carmen sah sich, Bewunderung heischend, im Kreis um. „Da staunt ihr, wie?"

Aber die erwartete Wirkung blieb aus. Nur Gerti war beeindruckt; sie brachte kein Wort hervor.

„Ganz schöner Klempnerladen", sagte Gaby und ging zu ihrem Koffer zurück.

„Du bildest dir doch hoffentlich nicht ein, daß du diese Sachen hier tragen kannst?" fragte Ulrike.

„Und ob ich das tun werde! Und zwar, ohne dich vorher um Erlaubnis zu fragen."

„Das geht nicht", sagte Ulrike. „Niemand von uns hier trägt Schmuck!"

„Kann ich mir lebhaft vorstellen! Weil ihr keinen habt!"

„Wie treffend!" warf Gaby aus ihrer Ecke heraus ein. „Wir sind in der Kohlenkiste gewiegt und in Lumpen gewickelt worden!"

„Du darfst diesen Schmuck nicht mal auf dem Zimmer aufbewahren", sagte Ulrike.

„Und wer will mir das verbieten? Du etwa? Laß dich doch nicht auslachen! Du bist ja bloß neidisch. Alle seid ihr neidisch!"

Gaby stieß ein wieherndes, unnatürliches Gelächter aus.

„Ich bin die Verantwortliche für dieses Zimmer", erklärte Ulrike mit fester Stimme, „und deshalb wirst du dich wohl oder übel meinen Anordnungen fügen müssen."

„Ich denke gar nicht daran!"

„Schließ die Kassette ab, und bring sie zur Hausvorsteherin!"

„Hältst du mich für irrsinnig?!"

Das war offener Widerstand. Ulrike überlegte, was jetzt zu tun war. Sie hätte zu Fräulein Faust laufen und ihr den Fall vortragen können; bestimmt hätte die Hausvorsteherin Carmen zur Vernunft gebracht. Aber damit hätte sie, Ulrike, offen zugegeben, daß sie der neuen Verantwortung nicht gewachsen war.

Sie trat auf Carmen zu, streckte beide Hände nach der Kassette aus und befahl: „Gib her!"

Carmen tat das Gegenteil, sie preßte die Kassette an ihre Brust. Sie lachte Ulrike einfach aus.

Aber nicht lange. Gaby trat von hinten an sie heran, umklammerte ihre Handgelenke mit schmerzhaftem Druck. Mit einem Aufschrei ließ Carmen die Kassette fallen. Das Kästchen polterte zu Boden, öffnete sich, und Ringe und Armreifen rollten auseinander.

„Heb auf, Gerti", sagte Ulrike.

Gerti ging in die Hocke und machte sich daran, Carmens Schätze wieder einzusammeln.

„Das ist eine Gemeinheit!" schrie Carmen und versuchte vergebens, sich aus Gabys Griff zu befreien. „Das lasse ich mir nicht bieten! Ich werde mich beschweren!"

Gaby lachte. „Tu nur, was du nicht lassen kannst!"

Gerti gab Ulrike die Kassette, in die sie die Schmuckstücke hineingelegt hatte.

„Ist alles drin, Carmen?" fragte Ulrike. „Ja oder nein?"

„Mit dir spreche ich kein Wort mehr!" fauchte Carmen.

„Doch", sagte Gerti und warf noch einen Blick unter den Tisch, „ich glaube, ich habe alles gefunden." Sie gab Ulrike den Schlüssel, der im Schloß gesteckt hatte und beim Fallen herausgerutscht war.

Ulrike steckte ihn wieder ein, drehte ihn um, legte ihn auf den Tisch. „So", sagte sie, „das wäre erledigt. Ich werde jetzt runtergehen und Gretchen den Kasten bringen! Du kannst loslassen, Gaby!"

„Lieber nicht", sagte Gaby. „Sieh du erst zu, daß du außer Reichweite kommst. Dieses Biest ist zu allem fähig!" Sie gab Carmen, die versuchte, nach hinten auszutreten, einen kräftigen Puff mit dem Knie.

„Laß das, du Mistbiene, sonst beziehst du Prügel! Oder willst du es wirklich darauf ankommen lassen, wer von uns beiden die Stärkere ist?" hörte Ulrike sie noch sagen, während sie selber schon das Zimmer verließ.

Sie rannte die Treppe hinunter, um Carmens Schatz in Sicherheit zu bringen. Die Hausvorsteherin warf nur einen kurzen Blick auf ihr erhitztes Gesicht, fragte aber nichts – und Ulrike dachte auch nicht daran, von ihren Schwierigkeiten mit Carmen zu erzählen.

„Sehr vernünftig von dir", sagte Fräulein Faust und schloß die Kassette ein. „Was diese Mädchen heutzutage mit sich herumschleppen, kaum zu glauben."

„Kann ich wieder gehen?" fragte Ulrike. „Ich habe noch nicht ausgepackt..."

In diesem Augenblick läutete die Turmglocke schon zum Abendessen.

„Ja, lauf nur", sagte Fräulein Faust, „das heißt ... einen Augenblick noch! Du bist in diesem Jahr zum erstenmal Zimmerverantwortliche, nicht wahr? Das wird manchmal nicht ganz einfach sein. Denk daran, daß du jederzeit zu mir kommen und dir bei mir Rat und Unterstützung holen kannst."

„Danke", sagte Ulrike – sie wußte, daß Fräulein Faust es gut meinte, aber sie war fest entschlossen, niemals um Hilfe zu bitten, sondern allein mit ihrer Aufgabe fertigzuwerden.

In den nächsten Tagen kam dieser Entschluß allerdings erheblich ins Wanken, und Ulrike mußte mehr als einmal an sich halten, Carmen nicht links und rechts ein paar hinter die Ohren zu geben oder sich an Fräulein Faust zu wenden und eine Beschwerde vom Stapel zu lassen.

Carmen war unausstehlich. Auf jeden Rat, auf jede Bitte, ja auf jede Anrede hin gab sie eine freche oder überhaupt keine Antwort. Und leider war es auch unmöglich, sie einfach links liegenzulassen, denn sie stellte das ganze Zimmer auf den Kopf.

Ulrike hatte Gaby immer für reichlich unordentlich gehalten, aber im Vergleich zu Carmen war sie geradezu eine Perle. Carmen räumte niemals auf, sie machte nicht einmal den Versuch dazu; sie ließ alles einfach dort stehen und liegen, wo sie es zuletzt gebraucht hatte. Sie war nicht imstande, ihr Bett selber zu machen, auch nicht, nachdem Ulrike es ihr dreimal hintereinander gezeigt hatte.

„Ich kann nicht", sagte sie einfach, und damit war die Sache für sie erledigt.

Leider nicht für Ulrike, die wegen der mangelhaften Ordnung einen Tadel durch Irene Sievers, die Verantwortliche für das Stockwerk, einstecken mußte.

„Warum versuchst du es nicht wenigstens, Carmen?" fragte Ulrike verzweifelt.

„Warum sollte ich wohl?" entgegnete Carmen kühl. „Etwa dir zuliebe?"

„Carmen, ich bitte dich..."

„Das kannst du dir sparen. Das kommt bei mir nicht an. Ich habe nicht den Ehrgeiz, Aufwartefrau zu werden!"

Es blieb Ulrike nichts anderes übrig, als dauernd hinter Carmen herzuräumen. Es war ein Glück, daß Gerti sie dabei unterstützte und Gaby sich wenigstens Mühe gab, ihren eigenen Kram zusammenzuhalten. Aber eine Belastung und ein Ärgernis blieb es dennoch.

Carmen machte sich auch anderswo keine Freunde. In ihrer Klasse, im Sportklub, dem sie sich anschloß, und im Reitverein schien es ihr einzig und allein darauf anzukommen, anzugeben und die anderen zu übertrumpfen. Sie konnte turnen, und sie konnte reiten – sie hatte es schon daheim gelernt. Aber beliebter machte sie sich dadurch auch nicht.

Dauernd und überall erzählte sie von ihrem großartigen Zuhause, von ihrem Vater, der angeblich drei Autos besaß, von ihren herrlichen Villen – eine in Stuttgart und eine an der französischen Riviera –, von allen Reisen, die sie schon gemacht und von den luxuriösen Hotels, in denen sie gewohnt hatte.

Allen hing dieses Gerede schon zum Hals hinaus,

aber Carmen schien es nicht zu merken. Sie bildete sich ein, daß die anderen nur nicht zeigen wollten, wie sehr sie sie bewunderten und beneideten, und prahlte unausgesetzt weiter.

Ulrike wurde beinahe die Reitstunde dadurch verleidet. Ja, wirklich – Ulrike hatte sich nach den Weihnachtsferien zum Reiten angemeldet! Sie hatte sich nicht deshalb dazu entschlossen, weil sie plötzlich eine Vorliebe oder einen sportlichen Ehrgeiz entdeckt hätte, sondern aus einem ganz anderen Grund. Sie tat es Herrn Philipp, dem Reitlehrer, zuliebe. Sie schwärmte ein bißchen für den sympathischen, gutaussehenden jungen Mann.

Natürlich gab sie das vor niemandem zu, nicht einmal vor sich selber. Dennoch klopfte ihr das Herz jedesmal heftig, wenn er ihr in den Sattel half, und wenn er sie grob zurechtwies – im Unterricht war Herr Philipp nicht gerade rücksichtsvoll, und deshalb hatten viele das Reiten inzwischen wieder aufgegeben –, nahm sie ihm das nicht übel. Manchmal aber lobte er sie auch wegen ihrer guten Haltung. Dann fühlte sie sich wie im siebenten Himmel.

Daß Gaby besser ritt als sie, ärgerte sie nicht, das war ja selbstverständlich. Aber daß ausgerechnet die anmaßende und unausstehliche Carmen so sicher im Sattel saß und sehr elegant galoppieren konnte, das kränkte sie in tiefster Seele.

„Reiten", erklärte Carmen eines Tages voller Hochmut, als die Mädchen nach dem Training die Pferde in den Stall zurückführten, „wirklich reiten, das werdet ihr alle nicht lernen."

„Vielleicht doch", sagte Gaby, „wenn du es uns nur oft genug vormachst."

Carmen empfand ihren Spott gar nicht. „Das nützt nichts. Man muß mit Pferden aufgewachsen sein."

„Aha", sagte Eva und zwinkerte Gaby zu, „du bist im Stall groß geworden! Daher auch deine Manieren."

„Nein", sagte Carmen, jetzt doch verärgert, „mein Vater hat einen eigenen Rennstall!"

„Gehabt, meinst du wohl", erklärte Eva nüchtern.

Carmen fuhr herum. „Was soll das heißen?"

„Nun, ich glaube, das weißt du sehr gut!"

Ulrike, die inzwischen ihre Alta in die Box gebracht, ihr den Sattel abgenommen und sie abgerieben hatte, mischte sich ein. „Hört auf zu streiten", sagte sie, „das ist sinnlos. Reiten kann Carmen, besser als wir alle, das steht fest. Vielleicht wäre es aber mindestens so wichtig, wenn sie ihr Bett machen und ihre Sachen in Ordnung halten könnte."

„Für mich nicht!" rief Carmen hochmütig. „Eine Dame der Gesellschaft hat so etwas nicht nötig!"

Alle lachten, und Carmen verließ hocherhobenen Hauptes den Stall – sie trug als einzige von allen Hartensteinerinnen richtige Reithosen und blanke Lederstiefel mit kleinen Sporen daran – eine Tatsache, die sie den anderen bei jeder Gelegenheit unter die Nase zu reiben pflegte.

„Noch nie in meinem Leben", sagte Gaby aus tiefster Überzeugung, „ist mir eine solche angeberische Mistbiene begegnet wie diese Carmen! Ich weiß wirklich nicht, womit wir es verdient haben, ausgerechnet dieses Ekel ins Zimmer zu bekommen!"

„Mach dir nichts draus", tröstete Eva. „Du weißt ja: Wer angibt, hat's meist nötig."

„Carmen doch nicht! Die tut es aus reiner Bosheit."

„Wenn ihr wüßtet", sagte Eva geheimnisvoll.

„Nun red schon!" sagte Ulrike und schwang sich auf die Futterkiste. „Wir haben längst gemerkt, daß du was auf dem Herzen hast. Spuck's heraus, bevor du platzt!"

Eva ließ sich nicht zweimal bitten. „Also paßt auf, das ist wirklich das Tollste, was ihr je gehört habt! Carmens Eltern sind überhaupt nicht so reich, wie sie immer tut, das heißt, sie sind es längst nicht mehr. Ihr Vater hat schwere Verluste in seiner Firma gehabt, er hat die Villen und die Pferde und die Autos und alles verkaufen müssen..."

„Woher weißt du das?" fragte Gaby.

„Eine Kusine von mir wohnt in Stuttgart, und sie hat mir geschrieben und mich gefragt, ob ich Carmen kenne. Sie hat gehört, daß sie nach Hartenstein gekommen ist. Und ich habe zurückgeschrieben, ja, und was sie für ein Widerling ist, und da hat sie mir im nächsten Brief alles erzählt."

„Vielleicht weiß Carmen gar nichts davon", gab Ulrike zu bedenken.

„Und ob sie das weiß!" rief Eva. „Das Tollste kommt noch! Ihre Mutter hat sich scheiden lassen – ob nun daraufhin oder aus einem anderen Grund – jedenfalls lebt sie jetzt in einer kleinen, bescheidenen Wohnung."

Ulrike schämte sich, weil sie sich über diese schlimmen Neuigkeiten freute. „Das ist ja keine Schande", sagte sie, „und Carmen kann nichts dafür!"

„Das behauptet auch niemand!" rief Gaby. „Bei jedem anderen Mädchen wäre uns so was egal, aber ausgerechnet bei Carmen! Warum muß sie angeben wie eine Tüte Mücken!"

„Vielleicht gerade deshalb", sagte Ulrike.

„Ach, bilde dir bloß keine Schwachheiten ein", erklärte Eva. „Meine Kusine schreibt, sie wäre immer schon unausstehlich gewesen – verwöhnt, daß es einem geradezu weh tun könnte, und angeberisch wie zehn gestiefelte Affen!"

„Trotzdem", sagte Ulrike, „behalte diese Geschichte bitte für dich, Eva! Und auch du, Gaby, red nicht darüber, selbst wenn es dir schwerfällt. Es wäre nicht anständig, das als Waffe gegen Carmen zu gebrauchen."

Beide versprachen es, und doch waren diese Neuigkeiten in wenigen Tagen im ganzen Internat herum.

Es wurde niemals geklärt, ob Carmens Familiengeschichte vielleicht noch auf einem anderen Weg nach Hartenstein gedrungen war.

Eines Nachmittags – Ulrike war nach der Reitstunde auf ihr Zimmer gegangen, um sich umzuziehen – stürmte Carmen mit hochroten Wangen geradezu zornbebend herein.

„Wo sind meine Koffer?!" rief sie. „Ich will sofort wissen, wo meine Koffer sind!"

„Bei dir piept's wohl?" sagte Ulrike verblüfft.

„Ich will fort! Ich will fort!" rief Carmen. „Ich will nach Hause!" Sie warf sich auf ihr Bett, vergrub den Kopf mit den schwarzen Locken in ihren Armen und schluchzte herzzerreißend. „Mama! Mama! Ich will zu meiner Mama!"

Ulrike brauchte nicht lange zu überlegen, um zu begreifen, was passiert war. Die anderen hatten es Carmen gesagt, daß sie längst im Bilde darüber waren, was es mit dem Reichtum ihrer Eltern auf sich hatte – und das war mehr gewesen, als Carmen ertragen konnte.

Die Versuchung war groß: Wenn sie Carmen jetzt ihrer Verzweiflung überließ, würde die vielleicht wirklich ausreißen. Und da sie eine Mutter zu haben schien, die ihr keinen Wunsch abschlagen konnte, würde sie sicher nie mehr zurückkommen. Damit wäre Ulrike sie los, und der Frieden auf dem Zimmer wäre wiederhergestellt.

Aber Ulrike verbot sich diesen Gedanken sofort. Nein, das ging nicht, das wäre unverantwortlich. Mit Recht würde Direktor Heilmann schwer enttäuscht von ihr sein, wenn gerade mit einem ihrer Schäfchen so etwas passierte.

Also zog sie sich einen Hocker an Carmens Bett, setzte sich still hin und wartete ab, bis der erste Tränenstrom versiegt war.

„Es ist schwer, ich weiß", sagte sie dann, „aber du mußt dir klarmachen, daß du es dir selber zuzuschreiben hast!"

„Gemein!" schluchzte Carmen. „Ach, so gemein!"

„Stimmt", sagte Ulrike ruhig, „die können sehr gemein sein!"

Carmen warf sich herum und zeigte Ulrike ihr tränennasses Gesichtchen – sie wirkte gar nicht mehr hübsch und herausfordernd, sondern wie ein jammervolles kleines Wesen. „Du gibst mir also recht, Ulrike?"

Ulrike nahm die Hand der Jüngeren, drückte sie tröstend. „Das nun nicht gerade, Carmen. Du hast dich sehr dumm und sehr falsch benommen."

„Ist es denn meine Schuld", rief Carmen, „daß mein Vater Pech im Geschäft gehabt hat? Ich kann doch nichts dafür! Es ist eine Gemeinheit, mir das vorzuhalten!"

„Natürlich ist es seine Schuld, Carmen", sagte Ulrike, „aber genausowenig ist es dein Verdienst, daß dein Vater mal viel Geld verdient hat. Du hättest nicht so angeben sollen."

„Aber ich wollte doch nur ... ich hatte gehofft ... ich wollte nicht, daß jemand mich schief ansah", stammelte Carmen.

„Vollkommener Blödsinn. Den Mädchen hier ist es ganz gleichgültig, was die Eltern machen. Es kommt bloß darauf an, wer und wie und was man selber ist. Weißt du eigentlich, daß fast ein Drittel aller Schülerinnen hier gar nichts bezahlt? Sie sind Stipendiaten. Ihre Eltern könnten sich das Internat aus eigenen Mitteln nicht leisten."

„Mein Papa zahlt bestimmt für mich!"

„Kann schon sein, ist aber gar nicht wichtig. Niemand weiß, wer bezahlt und wer nicht. Es ist auch völlig egal. Es sind bestimmt viel ärmere Mädchen hier, als du es bist, Carmen."

„Aber nur auf mir hacken sie herum!"

„Weil du sie herausgefordert hast."

Carmen wollte Ulrike die Hand mit einem Ruck entreißen, aber Ulrike hielt sie ganz fest.

„Dabei hast du das doch gar nicht nötig", sagte sie.

„Ein Mädchen wie du, so hübsch und so sportlich! Wenn du bloß diese blöde Angeberei lassen würdest, dann könntest du so beliebt sein."

„Danke! Darauf lege ich nicht den geringsten Wert!"

„Na", sagte Ulrike, „wenigstens hättest du keine Schwierigkeiten mehr. Wenn du jetzt ausreißt oder deiner Mutter auch nur schreibst, sie sollte dich holen... Sie würde kommen, nicht wahr?"

Carmen nickte.

„Damit würdest du allen eine riesige Freude machen. Sie würden sich was darauf einbilden, dich vergrault zu haben."

„Das ist mir egal", sagte Carmen störrisch.

„In Stuttgart würdest du ebenfalls das Mädchen sein, das man aus Hartenstein hinausgeekelt hat. Dort hast du wohl auch keine wirklichen Freundinnen, oder?"

„Ich brauche niemanden."

„Das glaubst du doch selber nicht. Uns brauchst du zum Beispiel, Gerti und mich, damit wir hinter dir herräumen."

„Zu Hause macht das meine Mama."

„Bist du sicher, daß sie es gern tut? Nein, Carmen, so geht das nicht. Wenn man schon nicht beliebt sein will – glaub mir, das kann ich verstehen –, dann darf man von den anderen auch nicht dauernd Gefälligkeiten verlangen."

„Das habe ich nie getan!"

„O ja. Durch dein Verhalten zwingst du uns dazu... und daheim deine Mutter. Wenn du unabhängig sein willst, mußt du auch mit deinem eigenen Kram fertigwerden."

Carmen schwieg. Dann sagte sie: „Ich werde es versuchen!"

„Du willst also bleiben? Das ist der vernünftigste Entschluß, den du je gefaßt hast. Laß dich nicht einschüchtern, zeig den anderen die Zähne, pfeif auf ihr Gerede! Du wirst sehen, eines Tages werden sie dich achten."

Ulrike brachte Carmen tatsächlich dazu, aufzustehen, sich das Gesicht zu waschen und mit ihr zu den anderen hinunterzugehen. Sie hatte ein merkwürdiges Gefühl dabei, so als wäre sie selber ein ganzes Stück gewachsen.

Sie hatte sich überwunden, sich nicht von ihrer Abneigung gegen Carmen leiten lassen, sondern sich in die Lage der anderen versetzt und ehrlich versucht, ihr zu helfen.

Das war ein großer Sieg; kein Wunder, daß er sie mit einer nie gekannten Freude erfüllte.

Der große Schwarm

Ulrikes heimlicher Schwarm ist „Prinz Philipp". Doch unerwartet kommt die kalte Dusche

Die nächsten Monate verliefen ohne besondere Zwischenfälle. Carmen war nicht von heute auf morgen ein kleiner Engel geworden; es gab noch mancherlei Schwierigkeiten mit ihr. Aber sie war wenigstens zur

Einsicht gekommen, daß sie vieles falsch gemacht hatte, zeigte guten Willen und hatte großes Vertrauen zu Ulrike gewonnen. Sie war kein hoffnungsloser Fall mehr.

Ulrike nahm ihre Aufgaben als Zimmerverantwortliche nach wie vor ernst, aber immer mehr gerieten die Reitstunden und Herr Philipp in den Mittelpunkt ihres Denkens und Träumens. Es machte ihr nichts aus, daß die Schneeverhältnisse in diesem Jahr nicht günstig waren und daß die Schikurse deshalb abgeblasen werden mußten. Es wäre ihr schwergefallen, das Internat auch nur für drei kurze Wochen zu verlassen.

Sie hatte sich sehr darauf gefreut, am Ende des Schuljahres wieder nach Hause zurück zu dürfen. Ihre Mutter versicherte ihr in jedem Brief, daß es diesmal mit der Heimkehr aus Persien klappen und daß Ulrike von den großen Ferien an wieder mit ihren Eltern vereint sein würde.

Ulrike wurde hin- und hergerissen zwischen ihrer Sehnsucht nach den Eltern und ihrer Schwärmerei für den Reitlehrer. Sie wußte selber nicht mehr, was sie eigentlich wollte.

Ihre Schulleistungen ließen nach, weil sie zu sehr mit ihren eigenen, privaten Problemen beschäftigt war. Es fiel ihr schwer, sich aufs Lernen zu konzentrieren; ihre Gedanken glitten immer wieder ab zu Herrn Philipp.

Manchmal kam sie sich dabei sehr albern vor. Wer war sie denn? Nichts als eine Schülerin, eine unter vielen. Was konnte sie Herrn Philipp bedeuten? Gar nichts, weniger als nichts.

Und doch! Wenn er sie ansah, wenn er mit ihr

sprach, hatte sie immer wieder das Gefühl, daß er sie besonders gerne mochte, daß etwas wie ein geheimes Einverständnis zwischen ihnen bestand. Sie fühlte sich zu ihm hingezogen wie noch nie zuvor zu irgendeinem Menschen. Sie hatte dieses Gefühl noch nie gehabt – es konnte einfach nichts anderes als Liebe sein.

Natürlich konnte er ihr seine Sympathie nicht offen zeigen, durfte nichts tun, was auch nur den Anschein erweckt hätte, daß er sie vorzog – aber in seinen blauen, von vielen kleinen Lachfältchen umgebenen Augen glaubte Ulrike zu lesen, daß er sie mochte.

Eines Tages packte Gaby sie in der Pause aufgeregt am Arm. „Ulrike", schrie sie, „alte Bohnenstange, weißt du schon das Neueste?"

„Weißt du es?" erwiderte Ulrike.

„Höre und staune: Ich darf nach den großen Ferien nach Hause zurück! Mein Vater hat geschrieben."

Aufgeregt zerrte sie einen Brief aus ihrer Rocktasche und las in feierlichem, höchst geziertem Ton: „Mein liebes Kind, da Deine Schulleistungen sich in bemerkenswerter Weise gebessert haben und Dein Lerneifer nichts mehr zu wünschen übrig läßt, haben Deine Mutter und ich beschlossen..." Sie ließ den Brief sinken. „Was sagst du dazu! Ist das nicht wundervoll!"

„Gratuliere", erklärte Ulrike nüchtern.

Gaby riß die braunen Augen auf. „Nanu? Paßt es dir etwa nicht, daß ich auch wieder nach Hause darf?"

Ulrike riß sich zusammen. „Natürlich ... ja, nur ... ich weiß nicht, ob du das verstehst..."

„Nicht, bevor du mir gesagt hast, wo dich der Schuh drückt! Ich bin ja schließlich keine Hellseherin!"

„Nun ... wird dir das Internat nicht doch fehlen?"

„Ganz bestimmt", erwiderte Gaby prompt, „aber man kann eben nicht beides zugleich haben – Internat und Familie! Und zu Hause ist es im Grunde doch noch schöner, meinst du nicht auch?"

„Aber zum Beispiel die Reitstunden..."

Gaby lachte unbekümmert. „Wenn das alles ist! In unserer Stadt gibt es auch eine Reitschule, weißt du das nicht? Da melden wir uns einfach an!"

Ulrike war froh, daß das Zeichen zum Beginn des Unterrichts dieses Gespräch unterbrach. Sie hatte Angst, Gaby könnte sie durchschauen, und sie kam sich ungeheuer lächerlich vor bei dem Gedanken, jemand könnte auch nur das geringste von ihren Gefühlen für „Prinz Philipp" ahnen.

In der nächsten Stunde war sie natürlich wieder nicht bei der Sache. Sie schämte sich plötzlich, weil sie nicht den Mut gehabt hatte, sich zu ihrer Liebe zu bekennen – nicht einmal Gaby, ihrer einzigen wirklichen Freundin und besten Kameradin gegenüber.

So albern war das Ganze schließlich nicht! Sie war erwachsen, jedenfalls erwachsener als die meisten ihrer Altersgenossinnen. Nur noch drei Jahre – drei kurze Jahre –, und sie würde sechzehn und damit heiratsfähig sein. Vielleicht wartete Herr Philipp genau wie sie auf diesen Zeitpunkt, um sich ihr dann zu erklären?

Als Dr. Schütz sie unversehens aufrief, wußte sie beim besten Willen keine Antwort. Mit hochrotem Kopf stand sie da und begriff nicht, über was er gesprochen hatte.

„Bist du krank, Ulrike?" fragte der Lehrer erstaunt.

„Nein, nur ... ich weiß selber nicht", stammelte Ulrike.

„Das macht der Frühling", erklärte Dr. Schütz.

Alle lachten, und Ulrike lachte erleichtert mit, weil sie noch einmal so davongekommen war. Sie nahm sich fest vor, wieder besser aufzupassen, aber es fiel ihr furchtbar schwer.

Am nächsten Sonntag kontrollierte sie wieder einmal die Schränke ihrer Zimmergenossinnen auf Ordnung und Sauberkeit. Als sie Carmens Schrank öffnete, traute sie ihren Augen nicht. Das Mädchen hatte auf der Innenseite ihrer Schranktür ein großes Foto von „Prinz Philipp" mit Reißzwecken angeheftet. Es war ein hübsches Bild, es zeigte den Reitlehrer in lässiger Haltung, jung, schlank und elegant, neben Tasso, dem großen Fuchswallach.

Ulrike schoß das Blut in den Kopf. „Wie kommt das Foto hierher?" fragte sie.

„Ich habe es angepickt", erklärte Carmen unverfroren. „Hast du was dagegen?"

„Ja. Sehr viel sogar."

„Da bin ich aber mal gespannt."

„Carmen", sagte Ulrike mühsam. „Herr Philipp ist unser Lehrer..."

„Dein Lehrer, wolltest du wohl sagen! Ich konnte schon reiten, als ich nach Hartenstein kam."

„Aber das ändert doch nichts an der Tatsache..."

„Doch. Eine ganze Menge. Ich nehme nur Stunden, um in seiner Nähe zu sein. Mir bedeutet er viel mehr als jeder anderen."

Gerti und Gaby waren neugierig näher gekommen.

„Ich habe schon immer gewußt, daß du hochgradig spinnst!" sagte Gaby belustigt.

Carmen fuhr zu ihr herum und fauchte sie an: „Sei du still! Du hast ja keine Ahnung!"

„Meinst du?" Gaby lachte. „So rätselhaft ist die Sache ja denn doch nicht. Du gehörst einfach zum KdS!"

„Was heißt das schon wieder?" fragte Ulrike.

„Klub der Schwärmerinnen", erklärte Gaby vergnügt. „Er ist zwar noch nicht offiziell gegründet, aber stille Mitglieder hat er jede Menge. Sag mal, Ulrike, bist du eigentlich blind? Das halbe Internat schwärmt doch für Prinz Philipp!"

„Das habe ich nicht gewußt", sagte Ulrike betroffen.

„Ist aber Tatsache."

„Ich für mein Teil", erklärte Carmen hochnäsig, „gehöre jedenfalls nicht zu diesem blödsinnigen Klub! Meine Beziehungen zu Georg sind rein persönlich!"

„Brich dir nur nicht die Zunge ab", sagte Gaby.

Und Gerti rief verblüfft: „Was? Du redest ihn mit dem Vornamen an?"

„Nur in Gedanken sicherlich", sagte Ulrike.

„Hast du dich jetzt überzeugt, daß mein Schrank aufgeräumt ist?" fragte Carmen spitz. „Darf ich mit deiner gütigen Erlaubnis die Tür wieder schließen? Oder hast du dich an Prinz Philipps Foto immer noch nicht satt gesehen?"

„Das Foto muß weg", sagte Ulrike.

„Und wer will das bestimmen? Du etwa?"

„Carmen, bitte, nun nimm doch mal Vernunft an..."

„Du bist ja nur eifersüchtig, Ulrike."

Gaby zog Ulrike fort. „Laß sie doch, Ulrike, du

merkst ja, daß sie spinnt! Die braucht keine Zimmerverantwortliche, sondern einen Irrenarzt!"

Ulrike war Gaby für ihr Eingreifen dankbar. Sie hatte wirklich nicht mehr gewußt, wie sie sich verhalten sollte. Hatte sie das Recht, dieses Foto gegen Carmens Willen zu entfernen? War sie nur deshalb so aufgebracht, weil Carmen versuchte, sich zwischen sie und Herrn Philipp zu schieben?

Ulrike war völlig verwirrt. Am schwersten setzte ihr die unangenehme Ahnung zu, daß das, was sie für „Prinz Philipp" empfand, gar keine Liebe war, sondern nur eine Schwärmerei wie bei allen anderen.

Aber das konnte nicht sein! Sie konnte sich über ihr eigenes Gefühl doch nicht so täuschen!

Für den Nachmittag war eine Besprechung der Stockwerk- und Zimmerverantwortlichen angesetzt. Bei einer solchen Gelegenheit pflegten die verantwortlichen Mädchen Erfahrungen auszutauschen, Beschlüsse zu fassen und einander kameradschaftlich zu beraten.

Es war die zweite Versammlung dieser Art, an der Ulrike teilnahm, und es war ein großartiges Gefühl, zu den wenigen Auserwählten zu gehören. Im ganzen waren es zwölf Mädchen ihres Hauses, die im Zimmer von Irene Sievers zusammenkamen. Sie ließen sich nieder, wo eben Platz war. Manche hatten sich einen Stuhl mitgebracht, andere hockten sich auf die Betten, den Tisch oder das Fensterbrett. Eine Weile ging es sehr zwanglos zu, alle redeten und lachten durcheinander. Endlich gebot Irene Ruhe. Sie war ein großes, schlankes, blasses Mädchen. Nachdem sie einige Wochen krank gewesen war, hatte sie angestrengt arbeiten müssen, um ihre Lücken im Unterricht aufzuholen.

„Meine lieben Kolleginnen", sagte sie, „auf der heutigen Tagesordnung steht ein Punkt von besonderer Wichtigkeit, und ich denke, wir sollten ihn zuerst behandeln. Ihr wißt sicher alle, um was es geht: die Schwärmerei für Prinz Philipp hat beunruhigende Formen angenommen!"

Ulrike wurde rot. Sie hoffte, daß niemand es bemerkte.

Aber Katja stieß sie an und flüsterte: „Hast du auch Ärger deswegen?"

Ulrike nickte nur.

„Schwärmerei ist nichts Neues auf Burg Hartenstein", fuhr Irene fort. „Sie tritt mit schöner Regelmäßigkeit immer dann auf, wenn ein neuer Lehrer an die Schule kommt. Die Älteren unter euch werden sich sicher noch daran erinnern, was für ein Theater es gegeben hat, als Dr. Schütz vor vier Jahren hier auftauchte..."

„Dr. Schütz?" fragte Ulrike ganz verblüfft. Der Biologie- und Physiklehrer war ein freundlicher Herr mit beginnender Glatze, kein allzu strenger, ein sehr beliebter, ein wenig langweiliger Lehrer; eine interessante und anziehende Persönlichkeit war er gewiß nicht.

Alle lachten.

„Stimmt haargenau", sagte Katja. „Unser guter Dr. Schütz, da staunst du, was? Seinetwegen hat mal das ganze Internat fast Kopf gestanden. Einige haben sich sogar richtig in den Haaren gelegen. Erinnerst du dich noch, Irene?"

„Und ob", erklärte Irene. „Ich werde es nie vergessen. Es war grauenhaft."

„Aber ... das kann ich mir beim besten Willen nicht vorstellen!" gestand Ulrike. „Wie kann man sich in jemanden wie Dr. Schütz verlieben!"

„Na, schön ist er gerade nicht", gab Irene zu.

Katja nickte lachend.

„Du verwechselst Liebe mit Schwärmerei, Ulrike", belehrte sie Traudel Simson, die Chefredakteurin des „Hartensteiner Boten", der Schulzeitung, an der Ulrike im vorigen Jahr noch mitgearbeitet hatte. „Natürlich, nach allem, was man so in Romanen liest, kann man sich auch in die unmöglichsten Menschen verlieben ... aber ein Mädchen, das schwärmt, ist eben doch noch wesentlich kritikloser."

„Und wenn du es dir recht überlegst", sagte Katja, „ist Dr. Schütz mindestens so interessant wie Prinz Philipp. Bestimmt ist er wesentlich gescheiter. Prinz Philipp versteht nur etwas von seinen Pferden, vielleicht noch etwas von Sport im allgemeinen, dann ist es aber auch aus."

„Das glaube ich nicht!" erklärte Ulrike impulsiv.

„Und warum nicht?" fragte Traudel. „Wenn er sich noch für etwas anderes interessiert, wäre er doch nicht ausgerechnet Reitlehrer geworden. Ich habe nichts gegen das Reiten, versteh mich richtig. Es ist ein feiner Sport. Aber um ihn zum Hauptberuf zu machen, muß man schon wirklich etwas ... etwas..." Sie suchte nach dem richtigen Wort.

„Einseitig sein", ergänzte Katja. „Und genau das ist Prinz Philipp. Einseitig bis zum äußersten. Er benutzt die Schulbibliothek, und wißt ihr, was er liest? Was glaubt ihr? Romane, Reisebeschreibungen, Lebensgeschichten großer Menschen? Nein, nur Bücher über Pferde, Pferdezucht und Reiter."

Alle, außer Ulrike, lachten. Ulrike spürte den heftigen Wunsch, für den Reitlehrer einzutreten, aber sie wagte es nicht. Sie hatte Angst, sich lächerlich zu machen.

„Er sieht gut aus", sagte Irene, „mehr steckt nicht dahinter."

„Und er kann reiten", ergänzte Traudel. „Das muß ihm der Neid lassen! Außerdem ist er der einzige junge ledige Mann im ganzen Internat."

„Das ist nicht der Hauptgrund für diese Schwärmerei", erklärte Katja.

Die anderen sahen sie an.

„Nein, wirklich nicht", behauptete Katja, „es ist etwas anderes. Schwärmereien kommen überall vor, auf jeder Schule. Aber im Internat bricht so etwas viel stärker aus, weil uns allen der Vater fehlt."

Die Mädchen schwiegen betroffen. Für einige Sekunden war es ganz still in dem kleinen überfüllten Raum.

Dann platzte eine der Jüngeren heraus: „Das stimmt auf keinen Fall! Einem Vater würde man doch nie die Fäden aus der Tweedjacke ziehen!"

„Tut das jemand?" fragte Ulrike erstaunt.

„Und ob!" sagte Irene. „Mehr als eine! Prinz Philipp wird sich demnächst eine neue Jacke zulegen müssen!"

„Sein Foto", erzählte ein Mädchen, „hängt in sämtlichen Schränken..."

„Und eine aus meinem Zimmer hat sogar mit Rotstift darüber geschrieben: Mein Geliebter!"

Alle lachten – auch Ulrike, obwohl ihr tatsächlich eher nach Weinen zumute war.

„Was tut man nun dagegen?" fragte sie.

„Am besten gar nichts", erklärte Katja.

„Wir sollten diese albernen Gänse tüchtig auslachen", schlug Traudel vor. „Vielleicht wäre es das richtige, ich würde mal einen geharnischten Artikel darüber im ‚Boten' veröffentlichen!"

„Nur nicht", sagten Katja und Irene fast gleichzeitig.

Sie sahen sich an, und dann erklärte Katja: „Dadurch würden sich die Schwärmerinnen nur noch immer mehr in ihre verkorksten Gefühle hineinsteigern. Je weniger man sie beachtet, desto schneller wird sich dieser Überschwang legen."

„Aber diese Fotos in den Schränken", sagte Ulrike unsicher. „Wenn Fräulein Faust mal nachschaut..."

„Dann kann sie etwas dagegen unternehmen, wenn sie will. Unsere Sache ist das nicht", behauptete Katja.

Damit war das Thema „Prinz Philipp" erledigt, und man ging zu anderen Punkten der Tagesordnung über. Ulrike war nicht mehr recht bei der Sache. Alles, was sie heute erfahren hatte, wirkte wie eine kalte Dusche auf sie. Sie nahm sich fest vor, ihr Gefühl für den Reitlehrer – was es auch immer sein mochte, Verliebtheit, Liebe, Schwärmerei oder Sehnsucht nach einem Vaterersatz – aus ihrem Herzen zu streichen. Das war nicht so einfach, denn gegen ein starkes Gefühl ist mit dem Willen und dem Verstand allein kaum etwas auszurichten.

In der Reitstunde machte Ulrike sich gut. Der tägliche Dauerlauf und die vielen Turnstunden hatten ihren Körper gestählt. Außerdem kam ihr auch beim Reiten ihre Intelligenz zugute. Sie hatte sehr schnell heraus, wie man die Zügel und die kleine Gerte halten, wann und wodurch man sein Pferd antreiben mußte und wie man es am besten beherrschen konnte.

Sie hätte eine gute Reiterin werden können, wenn ihr nicht das Entscheidende gefehlt hätte: Mut.

Zweimal in der Woche mußte sie wie alle anderen Reitschülerinnen „ihr" Pferd, die weiße Stute Alta, putzen, ihr Heu und Hafer vorwerfen, den Stall ausmisten, und jedesmal wieder kostete es sie Überwindung, in die Box zu treten. Sie gab es nicht zu, nicht einmal vor sich selber, aber sie hatte Angst, daß die sanfte Alta ausschlagen oder sie beißen könnte. Wenn nicht ausgerechnet Herr Philipp der geliebte Lehrer gewesen wäre, hätte sie das Reiten längst an den Nagel gehängt.

Genauso unangenehm war es ihr, das Pferd über den Hof in den Reitsaal zu führen oder ihm gar – wie alle es taten – auf der flachen Hand Zucker oder Brot anzubieten. Sie mußte sich sehr zusammennehmen, um ihre Hand nicht allzu hastig zurückzuziehen, wenn Alta danach schnappte. Und wenn sie im Sattel saß, hatte sie stets ein beklemmendes Gefühl von Unsicherheit. Man saß so hoch da oben, so schrecklich weit vom sicheren Boden entfernt! Erst wenn sie einige Runden getrabt war, begann sie sich allmählich daran zu gewöhnen und ihre Angst zu vergessen – aber sobald Alta allzu schnell trabte oder aus der Reihe brach, war die Unsicherheit wieder da.

Herr Philipp schien nichts davon zu merken, jedenfalls verlor er kein Wort darüber. Er korrigierte ihren Sitz, lobte ihre Zügelhaltung, spornte sie an, schimpfte auch zuweilen – aber er schien ohne weiteres vorauszusetzen, daß sie gerne ritt und sich im Sattel wohl fühlte.

In der letzten Reitstunde vor Ostern ließ Herr Philipp die kleine Gruppe, zu der auch Ulrike gehörte, zum Galopp antreten. Ulrike wollte ihre Alta schon in die Mitte führen, denn bisher hatte sie den Galopp nie mitgemacht.

Doch Herr Philipp kam ihr zuvor. „Na, wie wär's, Ulrike?" fragte er. „Willst du es nicht auch mal versuchen?"

Nein, hätte Ulrike am liebsten gerufen, aber sie bezwang sich und sagte, ehe sie sich noch ganz über die Folgen klar war: „Ja!"

„Bravo!" sagte Herr Philipp. „Also reihe dich ein!"

Theoretisch wußte Ulrike, wie man galoppierte – Zügel kurz nehmen, treiben, Gewicht zur Seite verlagern. Sie biß die Zähne zusammen, spürte, wie sich Schweißperlen auf ihrer Oberlippe bildeten, wartete auf das Kommando von Herrn Philipp. Sie kam als letzte dran. Ihre Vorreiterinnen, Gaby an der Spitze, hatten ihre Runde schon ohne Zwischenfälle absolviert.

Ulrike riß sich zusammen und – schaffte es, zu ihrer eigenen Überraschung. Alta galoppierte los, es war gar nicht so schlimm. Es ging nur rauf und runter, als wenn sie auf einem Schaukelpferd säße.

„Aufsitzen!" rief Herr Philipp. „Aufsitzen, Ulrike!"

Sie hatte gar nicht gemerkt, daß sie unwillkürlich

aufgestanden war, um den Stößen auszuweichen. Jetzt klemmte sie sich fest in den Sattel, brachte Alta kurz hinter dem letzten Pferd zum Stehen.

„Sche-ritt!" kommandierte Herr Philipp, und dann, als die Mädchen sich von der Anstrengung erholt hatten: „Im Arbeitstempo... Ta-rab!"

Ulrike empfand das leichte Traben nach dem ungewohnten Galopp plötzlich als reine Wonne.

„Sche-ritt!" kommandierte Herr Philipp wieder. „Durch die ganze Bahn wenden! Jetzt wollen wir noch einmal galoppieren... Linksgalopp!"

Diesmal war sich Ulrike ihrer Sache schon sicherer, und als Herr Philipp sie aufforderte, galoppierte sie los – aber sie hatte den rechten Zügel zu kurz genommen. Statt in einem weiten Bogen, galoppierte Alta einen kleinen Kreis und verfiel in ein geradezu wildes Tempo. Ihr Kopf war zurückgebogen, ihre Mähne wehte nur so.

Jetzt falle ich runter, dachte Ulrike, jetzt ist es aus!

Und in diesem Moment flog sie auch schon in großem Bogen bäuchlings in die weichen Sägespäne. Eine Sekunde lang wußte sie von gar nichts mehr.

Dann drang Herrn Philipps Stimme an ihr Ohr. „Liegenbleiben, Ulrike... bleib ganz ruhig liegen!"

Jetzt war er bei ihr und beugte sich über sie – sie hatte sein männliches Gesicht mit den Lachfältchen um die strahlend blauen Augen noch nie so nahe gesehen.

„Tief durchatmen", sagte er. „Versuch mal aufzustehen!"

Er half ihr auf die Beine, und Ulrike fühlte sich in seinem Griff geborgen.

„Weh getan?" fragte er.

„Ein bißchen", sagte sie schwach.

„Alle Glieder noch heil?"

„Ja", antwortete sie und versuchte zu lächeln.

Alta, das wilde alte Pferdemädchen, war inzwischen mitten in den Reitsaal gelaufen, so, als hielte sie die Stunde für beendet. Sie warf den Kopf in den Nacken und wieherte laut.

Ulrike schien dieses Wiehern wie ein Hohngelächter. Zorn packte sie! So ein heimtückisches Biest: erst sie, Ulrike, die ihr nie etwas getan hatte, abwerfen – und dann noch so unverfroren triumphieren!

„Herr Philipp", sagte sie, „darf ich es noch einmal versuchen?"

Er sah ihr in die Augen – unendlich lange schien es Ulrike, und sie errötete unter seinem Blick.

„Gut", sagte er dann, „wenn du willst!"

Ulrike, noch reichlich unsicher auf den Beinen, humpelte zu Alta und saß auf. Ihr rechter Arm und ihre ganze rechte Seite schmerzten, aber es machte ihr nichts aus. Niemand sollte über sie lachen dürfen, weder die Kameradinnen noch die Pferde. Sie würde es ihnen schon zeigen.

Sie beugte sich zu Alta herunter und sagte ihr ins Ohr: „Trau dich, so etwas noch mal zu machen, du Biest! Dann kannst du was erleben!"

Herr Philipp und die anderen lachten.

„Der Fehler lag bei dir, Ulrike", sagte Herr Philipp.

„Ja, ich weiß. Ich hatte den rechten Zügel zu kurz genommen. Aber deshalb hätte sie trotzdem nicht so biestig zu sein brauchen!"

„Also, versuch's noch mal! Und wenn diesmal was schiefgehen sollte, dann halte dich mit beiden Händen am Sattelknauf fest – ich möchte dich nicht noch einmal auflesen!"

Ulrikes Wut, ihr Ehrgeiz und ihr Wunsch, sich vor Herrn Philipp zu bewähren, waren so groß, daß sie überhaupt keine Angst spürte. Sie ordnete die Zügel, diesmal richtig, verlagerte ihr Gewicht, preßte die Schenkel an und gab Alta einen leichten Schlag mit der Gerte gegen den Hals. Alta schüttelte den Kopf, als wäre sie über Ulrikes Zähigkeit sehr verwundert. Ein zweiter Schlag, und Alta galoppierte los, diesmal ganz richtig im weiten Bogen und in einem gemäßigten Tempo.

Dann war die Stunde aus, und Herr Philipp half, was er sonst nie tat, Ulrike eigenhändig aus dem Sattel. „Gratuliere, Ulrike", sagte er. „Du warst großartig! Ich glaube, heute hast du die Feuerprobe bestanden!"

Nachher im Stall war Ulrike Mittelpunkt. Aber Lob und Bewunderung der Kameradinnen bedeuteten ihr gar nichts. Sie machte sich auch nicht das geringste aus ihren Prellungen, die immer schmerzhafter wurden – sie fühlte sich wie im siebenten Himmel.

Mochte das ganze Internat für „Prinz Philipp" schwärmen, ihr war das gleichgültig. Jetzt war sie ganz sicher, daß er sich aus ihr mehr machte als aus allen anderen – noch nie war er zu einer seiner Schülerinnen so nett gewesen.

Als sie später über den Hof lief, bemühte sich Carmen, an ihre Seite zu kommen. „Du, Ulrike", sagte sie, „ich habe ein Problem... Meinst du nicht auch, daß ich Prinz Philipp jetzt endlich sagen muß, wieviel er mir bedeutet?"

Ulrike lachte. „Tu, was du nicht lassen kannst! Aber ich warne dich, du wirst dich nur blamieren!"

Doch Carmen war nicht abzuschrecken. „Nach den Osterferien sage ich es ihm bestimmt. Oder ich schreibe ihm von zu Hause einen Brief! Er muß es schließlich wissen, denn sonst..."

Ulrike ließ Carmen reden, sie hörte nicht einmal hin. Sie war ganz sicher, daß sie, nur sie, die Auserwählte war.

Ulrikes Zeugnis war nicht so glänzend ausgefallen wie in den vergangenen Jahren. Besonders in den naturwissenschaftlichen Fächern war die Verschlechterung deutlich.

Ulrike machte sich nichts daraus. Was hatte es schon zu bedeuten, ob ihre Noten etwas besser oder schlechter waren? In wenigen Jahren würde sie verheiratet sein, und dann fragte kein Mensch mehr danach.

Auch die Tanten waren deswegen nicht böse.

„Es wird eben Zeit, daß du endlich aus dem Internat herauskommst", sagte Tante Sonja.

Und Tante Emmy fügte hinzu: „Ihr treibt so viel Sport, daß euch einfach keine Zeit bleibt zum richtigen Lernen. Wenn du erst wieder zu Hause bist, wird alles besser werden."

Ulrike ließ sie bei diesem Glauben. Sie hatte keine Lust, ihnen zu widersprechen. Was hätte das für einen Sinn gehabt? Sie würden sie ja doch nicht verstehen.

Die kurzen Osterferien vergingen unendlich langsam. Tag und Nacht träumte sie von Georg Philipp, und sie zählte die Tage, bis sie endlich wieder in seiner Nähe sein durfte.

Von den Eltern in Persien kam ein Brief, daß sie ganz bestimmt rechtzeitig zu den großen Ferien zurück wären und sich schon sehr auf das Wiedersehen und das Zusammenleben mit Ulrike freuten.

Ulrike war nahe dran, ihnen mitzuteilen, daß sie lieber im Internat bleiben wollte. Sie unterließ es dann doch. Bis zu den großen Ferien waren noch ein paar Monate Zeit. Wenn „Prinz Philipp" erfuhr, daß sie das Internat verlassen sollte, würde er vielleicht den Mut finden, ihr seine Gefühle zu gestehen. Ja, darauf hoffte Ulrike von ganzem Herzen, und die Szene, in der das geschehen sollte, malte sie sich immer wieder in leuchtenden Farben aus.

Noch nie war ihr der Abschied von daheim so leichtgefallen, noch nie war sie mit strahlenderen Hoffnungen ins Internat zurückgekehrt. Die Enttäuschung, die sie dort erwartete, warf sie fast um.

Katja war es, die sie ihr beibrachte. Sie war die Ferien über auf Hartenstein geblieben und empfing die Rückkehrer im Burghof. „Wißt ihr das Neueste?" rief sie, kaum, daß sie sich Zeit nahm, Ulrike und Gaby zu begrüßen. „Ihr ahnt es nicht! Das wird ein Heulen und Zähneklappern geben!"

„Müssen wir morgens noch 'ne Stunde früher aufstehen?" fragte Gaby. „Mach's nicht so spannend, Katja, wir platzen sonst noch!"

„Ratet doch mal! Versucht es nur! Aber das wird euch nicht gelingen, das sage ich euch gleich!"

Ulrike hatte ihren Koffer abgestellt. „Augenblick mal", sagte sie, „ich bin gleich zurück..."

Katja hielt sie am Ärmel fest. „Wo willst du hin?"

„In den Stall. Meiner Alta guten Tag sagen." Sie errötete, weil sie nicht ans Pferd, sondern nur an Herrn Philipp dachte.

„Damit hängt es zusammen", sagte Katja geheimnisvoll.

Gaby riß die runden braunen Augen auf. „Mit Alta?"

„Nein. Mit Prinz Philipp!"

Ulrike hatte sich aus Katjas Griff befreit und strebte in die Richtung des Stalls. Bei der Erwähnung des geliebten Namens blieb sie plötzlich wie angewurzelt stehen. „Wieso?" fragte sie. „Es ist ihm ... doch nichts passiert?"

„Ich wußte ja, daß dich das interessiert", sagte Katja vergnügt. „Also schön, Kinder, ich laß die Bombe platzen! Prinz Philipp hat geheiratet!"

„Nein!" war alles, was Ulrike vorbringen konnte.

„Doch", sagte Katja, „ihr könnt Gift drauf nehmen. Ich mache euch nichts vor."

„Aber wen denn?" fragte Gaby.

„Hört und staunt: Gretchen!"

„Donnerwetter", sagte Gaby, „da sieh mal einer an! Solche Heimtücker! Und getan haben die beiden, als kennten sie sich kaum. Immer fein per Sie und auf Abstand!"

„Das mußten sie wahrscheinlich, solange sie noch nicht verheiratet waren."

„Ob Eisenbart es gewußt hat?"

"Ganz bestimmt, dem kann man doch nichts vormachen."

"Ja und", fragte Gaby, "wie geht's weiter? Zieht Prinz Philipp jetzt in unser Haus?"

"Natürlich nicht", erklärte Katja. "Wie stellst du dir das vor? Fräulein Faust bleibt bei uns bis zum nächsten Schuljahr. Dann kriegen wir eine neue Hausvorsteherin."

"Ein Glück, daß wir dann schon fort sind. Gretchen war zwar auch nicht die Perle aller Perlen, aber an eine Neue würde ich mich bestimmt sehr schwer gewöhnen", sagte Gaby. "Du doch auch, Ulrike?"

Ulrike hatte sich auf ihren Koffer gesetzt. Es war ihr, als ob ihre Beine sie nicht mehr tragen würden. Eine Welt war für sie zusammengebrochen. Sie war unfähig, auf Gabys Frage zu antworten.

Jetzt erst sahen die beiden Mädchen die Freundin an.

"Was ist los mit dir?" fragte Gaby.

"Du bist ja ganz blaß", sagte Katja.

"Ich weiß selber nicht", brachte Ulrike hervor. "Mir ist so komisch..."

"Das kommt vom Omnibusfahren", behauptete Gaby rasch, "da kann einem schon schwummrig werden. Atme mal tief ein und aus! Du wirst sehen, gleich ist es vorüber!"

Ulrike tat, was Gaby ihr geraten hatte, sie atmete tief durch, zwang sich sogar zu einem Lächeln. Zu allem Kummer wollte sie nicht noch ausgelacht werden. Das wäre zuviel gewesen.

"Ich glaube, es geht schon wieder", sagte sie.

"Na, siehst du!" Gaby half Ulrike hoch. "Jetzt gehen

wir erst mal hinauf und bekakeln die Neuigkeit. Ich bin gespannt, was Carmen für ein Gesicht machen wird! Der geschieht's ganz recht... Laß nur, Ulrike, ich nehme deinen Koffer!"

Als sie das Treppenhaus betraten, kam die Hausvorsteherin gerade aus ihrem Zimmer.

„Hei!" rief Gaby vergnügt. „Stimmt es, was Katja uns erzählt hat? Dürfen wir gratulieren?"

Eine winzige Sekunde lang hoffte Ulrike noch, alles würde sich als Spaß aufklären. Aber dann sah sie, wie „Gretchens" hübsche kleine Nase vor freudiger Erregung zuckte, und ihre Hoffnung erlosch so jäh, wie sie entflammt war.

„Ja", sagte die Hausvorsteherin mit einem leicht verlegenen Lächeln, „wir haben geheiratet!"

Gaby stellte die beiden Koffer ab und reichte ihr die Hand. „Herzlichen Glückwunsch, Frau Philipp!"

„Ich gratuliere auch", sagte Ulrike mit Überwindung. Dann gingen die beiden Mädchen in ihr Zimmer.

Ulrike war noch immer wie betäubt. Von dem ganzen Wirbel, den die unerwartete Heirat verursachte, nahm sie kaum etwas wahr. Katja behielt mit ihrer Prophezeiung recht: Es gab Heulen und Zähneklappern unter den Anhängerinnen des Reitlehrers. Außer Ulrike scheute sich keines der Mädchen, seiner Enttäuschung und seinem Kummer Luft zu machen. Einige nannten den Reitlehrer einen Verräter und schworen ihm ewige Feindschaft. Andere behaupteten, daß die Ehe mit der Sportlehrerin bestimmt schiefgehen würde. Eine dritte Gruppe bezog die junge Ehefrau einfach in die Schwärmerei mit ein.

Carmen zeigte sich am wenigsten erschüttert. „Pah, das habe ich kommen sehen!" behauptete sie. „Nachdem er mich nicht kriegen konnte, hat er sich eben getröstet..."

„Wieso konnte er dich nicht kriegen?" fragte Gerti. „Du warst doch Feuer und Flamme für ihn!"

„Na, wenn schon! Aber geheiratet hätte ich ihn doch nie! Einen Reitlehrer! Das wäre doch nicht standesgemäß gewesen!"

Alle lachten.

„Du hast ganz recht, Carmen", sagte Gaby mit unverhohlenem Spott. „Du hast ja noch Jahre Zeit bis zum Heiraten. Warte ruhig ab, bis ein wirklicher Prinz um deine Hand anhält... oder ein Multimillionär! Darunter würde ich es an deiner Stelle auch nicht tun!"

Ulrikes Selbstbeherrschung hielt bis zum Abend an. Blaß und stumm wie ein Gespenst ging sie unter den schwatzenden, lachenden, schimpfenden Mädchen umher. Zu ihrem Glück waren alle viel zu aufgeregt, um auf sie zu achten.

Am Abend, als sie endlich in ihrem schmalen Bett lag, konnte sie plötzlich nicht mehr. Sie brach in bittere Tränen aus.

Sie hatte schon lange nicht mehr geweint und fühlte sich eigentlich zu erwachsen dafür. Diesmal ging es jedoch nicht anders. Sie war enttäuscht, kam sich verlassen und allein vor. Am liebsten hätte sie nach ihrer Mutter und ihrem Vater gerufen. Aber die Eltern waren weit fort in einem fremden Land und wußten nichts von ihrem Elend. Die Zimmergenossinnen schliefen schon längst – oder doch nicht?

Auf leisen Sohlen kletterte Gaby das Leiterchen hinunter und setzte sich zu Ulrike auf den Bettrand, strich ihr ganz sanft und tröstend über das Haar.

„Wein dich nur aus", sagte sie leise. „Das wird dir guttun. Ich kann es verstehen, das war ein richtiger Schock für dich."

„Gar nichts verstehst du", schluchzte Ulrike wild.

„O ja", sagte Gaby. „So blöd bin ich nun doch nicht."

Ulrikes Tränen versiegten vor Schreck. „Glaubst du, daß auch die anderen was wissen?!"

„Ach wo", sagte Gaby, „die kennen dich doch nicht so gut wie ich. Und außerdem: Die sind viel zu sehr mit sich selber beschäftigt, um über was anderes nachzudenken."

Erleichtert ließ Ulrike sich auf ihr Kissen zurücksinken.

„Brauchst du ein Taschentuch?" flüsterte Gaby.

„Nein, danke", flüsterte Ulrike zurück, „ich nehme den Bettuchzipfel!"

Plötzlich mußte sie über sich selber lachen, denn die Situation war sehr komisch – und Gaby lachte bereitwillig mit.

„Gott sei Dank", sagte sie. „Ich wußte ja, du würdest wieder vernünftig werden. Darf ich dir jetzt gratulieren?"

„Mir? Wozu denn?"

„Daß du erst dreizehn bist... und daß Prinz Philipp sich nicht in dich verliebt hat... und daß du ihn nicht zu heiraten brauchst!"

„Hältst du das für so ein Glück?"

„Und ob! Überleg mal, was das heißt, verheiratet zu

sein! Du müßtest ihm dauernd die Anzüge ausbürsten und die Flecken rausmachen und vielleicht sogar die Stiefel putzen! Und dein Leben lang hier im Internat bleiben und den Betriebseintopf essen! Fünfzig Jahre hintereinander! Und die ganze Zeit müßtest du mit ihm über Pferde reden, morgens, mittags und abends, denn für etwas anderes interessiert er sich ja nicht. Entsetzlich! Gretchen kann einem direkt leid tun, aber schließlich ... sie ist erwachsen und hätte es sich vorher überlegen müssen."

„Vielleicht liebt sie ihn", sagte Ulrike leise.

„Sicher", sagte Gaby. „Um so schlimmer für sie. Seien wir froh, daß wir jung sind, daß wir noch lernen dürfen, daß das ganze Leben noch vor uns liegt ... Stell dir bloß vor, nach den großen Ferien dürfen wir wieder nach Hause!"

„Ja", sagte Ulrike verträumt, „das wird herrlich werden!" Nie zuvor war ihre Sehnsucht nach den Eltern so groß gewesen.

„Na also", sagte Gaby, „dann schlaf mal schön!" Sie wollte wieder hinaufklettern.

„Gaby", flüsterte Ulrike.

„Ja?"

„Du, ich glaube, ich liebe ihn schon gar nicht mehr."

„Du hast ihn nie geliebt."

„Woher willst du das wissen?"

„Richtige Liebe ist anders."

„Wie denn?"

Gaby dachte nach. „Weiß ich auch nicht", sagte sie. „Aber eines Tages werden wir es schon herausbekommen. Wenn wir älter sind."

„Hoffentlich nicht so bald", sagte Ulrike. „Ohne Liebe... ich meine, ohne diese Art von Liebe... ist es viel schöner!"

„Du sagst es", bestätigte Gaby und kletterte jetzt endgültig zu ihrem Bett hinauf.

Wenige Minuten später war sie eingeschlafen, und auch Ulrike schlummerte bald tief und fest.

Als sie am nächsten Morgen erwachte, spürte sie zu ihrem eigenen Erstaunen, daß ihr Kummer vergangen war. Von ihrer heißen Schwärmerei war nichts übriggeblieben, nichts als eine winzige Erinnerung, über die sie schon lächeln konnte.

Ganz unbefangen ging sie zur Reitstunde – nicht mehr Herrn Philipp zuliebe, sondern weil ihr das Reiten wirklich Freude machte. Das ganze Leben schien heller geworden zu sein. Das Lernen machte wieder Spaß, und es fiel ihr nicht mehr schwer, im Unterricht aufzupassen.

Den letzten Rest von Kummer reagierte sie in einer kleinen Geschichte ab, die sie für den „Hartensteiner Boten" schrieb und die allgemeinen Beifall fand.

Die wenigen Monate bis zu den großen Ferien vergingen im Nu. Manchmal hatte Ulrike den Eindruck, als würde ihr der Abschied von Hartenstein schwerfallen, aber dann überwog doch die Vorfreude, endlich wieder nach Hause zu kommen. Mit Gaby zusammen machte sie Pläne, und wenn sie das alles hätten durchführen können, was sie sich vornahmen, dann hätte das Jahr tausendundfünfundneunzig Tage haben müssen.

Drei Tage vor Schulschluß kam Gaby ganz aufgelöst zu Ulrike gestürzt – ihr rundes Gesicht war so blaß, daß die kleinen Sommersprossen, die auf ihrer bräunlichen Haut sonst gar nicht auffielen, wie dunkle Farbspritzer wirkten.

„Ulrike", rief sie atemlos, „es ist etwas Entsetzliches passiert: Meine Eltern hatten einen Autounfall!"

Ulrike erschrak zutiefst. „Sind sie ... tot?"

„Nein, aber schwer verletzt. Außer Lebensgefahr, schreibt meine Oma. Sie werden Monate im Krankenhaus bleiben müssen, und dann braucht meine Mutter noch einen Erholungsurlaub, und deshalb... und deshalb..." Tränen erstickten Gabys Stimme.

Ulrike konnte sich den Rest schon zusammenreimen. „Darfst du nun nicht nach Hause?"

Gaby weinte und schüttelte verneinend den Kopf. „Und ich hatte mich schon so darauf gefreut!"

Ulrike überlegte keine Sekunde. „Dann", sagte sie, „kommst du eben zu mir!"

Gaby starrte die Freundin aus tränennassen Augen erstaunt an. „Zu dir? Willst du das wirklich?"

„Ja", sagte Ulrike, „natürlich will ich das!"

Sie hatte sich brennend gewünscht, endlich wieder einmal allein im eigenen Zimmer zu schlafen, sich von der Mutter verwöhnen zu lassen, viel zu lesen und ihre eigenen Wege zu gehen. Doch es tat ihr keinen Augenblick leid, darauf verzichten zu müssen. Ihre Freundschaft zu Gaby war ihr mehr wert als ihr altes Eigenbrötlerdasein.

„Werden es deine Eltern auch erlauben?"

„Ich werde sie jedenfalls sofort darum bitten. Weißt du was, wir schicken ihnen jetzt gleich ein Telegramm!"

Das taten sie, aber sie erhielten keine Antwort, und die drei Tage bis zu den großen Ferien vergingen unter Hangen und Bangen, jedenfalls für Gaby, und Ulrike zitterte mit ihr.

Dann war der große Tag da! Die Eltern fuhren mit dem Auto in den Burghof, und Ulrike fiel ihrer Mutter mit einem Jubelschrei in die Arme, ehe sie noch recht ausgestiegen war. Dann rannte sie auf die andere Seite und begrüßte ihren Vater genauso innig.

Gaby hielt sich während dieser kleinen Szene ganz im Hintergrund.

„Mutti ... Vati!" rief Ulrike. „Habt ihr mein Telegramm bekommen? Darf ich Gaby zu uns einladen? Sie kann mit mir in meinem Zimmer schlafen, und wir werden euch auch gar keine Arbeit machen ... und ..."

„Natürlich darf sie", sagte Frau Moeller lächelnd und strich ihrer Tochter übers Haar.

Plötzlich kamen Ulrike Bedenken. „Ihr seid mir doch nicht böse, daß ich euch darum bitte? Ich meine, wenn ihr lieber mit mir allein sein wollt ... Aber Gaby ... wenn ich sie nicht gehabt hätte ..., sie ist doch meine beste Freundin!"

„Im Gegenteil, Ulrike", sagte der Vater, „wir sind sehr froh, daß du dich so entschieden hast. Denn jetzt wissen wir, daß du wirklich langsam anfängst, ein Mensch zu werden, ein Mensch, der weiß, was eine gute Freundschaft wert ist!"

„O Vati ... Mutti!" Ulrike fiel ihren Eltern noch einmal um den Hals und küßte beide ab. „Gaby, Gaby ... du darfst mit uns kommen! Freu dich doch ... freu dich! Es wird wunderbar werden!"

Nur einmal wurden sie wehmütig: Als sie nach herzlichem Abschied, viel Händeschütteln und Winken zum Burgtor hinausfuhren, sagte Gaby leise:
„Schön war's im Internat, Ulrike!"